スクール カウンセリング
モデル100例

読み取る。支える。現場の工夫。

かしま えりこ
神田橋 條治

創元社

まえがき

　学校カウンセリング現場のための理論と技術の整備は焦眉の急である。施策としてのカウンセラーの配備と養成は着実に進められているように見える。だが学校現場を見ると、カウンセラーが役に立っているようには見えないことが少なくない。ときとしてカウンセラーの活動が混乱を増大させ、カウンセラーへの忌避感を醸成していると思われる状況すらある。瞥見するところ、原因は以下の2点である。

1．学校カウンセリングの方法論はいまだ揺籃期にあり、とりあえず個人カウンセリングや集団心理療法での知見や技術を援用して試行し、その限界が露わになり、新たな工夫が模索されている段階にある。

2．臨床心理畑の人々の多くが、専門家として優れていても、社会人としてはしばしば未成熟であり、学校現場や地域社会と関わるのが下手である。指導的地位にいる人ほどそうである。これは奇妙なことではない。政治学者が政治の素人であり、優れた医学研究者は治療が下手であるのと同じ理由である。

　有用な方法論を築いてゆくために、今は現場での経験を出し合うことが必要であると著者両名は考える。まず本書の出自について述べる。

　著者の一人かしまは、音楽の道を志したが、さまざまな事情によって断念した。早くから人間心理に関心を持っていたので、九州大学文学部で実験心理学を学んだ。卒後は人材開発関係の企業で雑誌編集の仕事をし、結婚して2児を育てたが、その間も人間心理への関心はむしろ濃くなっていった。ようやく子育てが一段落して1996年、九州大学大学院教育

まえがき

心理学専攻の大学院生となった。すでに40代半ばであった。待望の臨床心理学の世界は新鮮ではあるが満たされなかった。いろいろな心理療法の技術に触れてみても、どれも窮屈な人間理解に感じられた。なによりも、論文を書くという作業になじめなかった。自分が追い求めてきたものとは異質であった。学校カウンセリングに出会って、生き返った。社会人として・家庭人として・親として・夢を抱き続けた人としての体験が、臨床心理学の知識と化合し、かつ音楽になじむ感性が学問への志向と補いあう場であった。ひたすら現場の要請に応え続ける間に、関係した小・中学校は約20校、事例は280例以上に達した。

学校カウンセリングのかたわら、かしまは1998年より神田橋の指導を求めて鹿児島に通うようになった。2001年4月からは、毎週1回のスーパーヴィジョンと陪席を現在まで続けている。その中で神田橋は、かしまによる何でもありの学校カウンセリングの経験がこのまま埋もれてしまうのは惜しい、公開することで他を裨益すること大であると確信し、出版を勧めた。次に本書の内容について述べる。

事例集はプライバシーの問題を避けられない。そこで本書は以下の手順で書き進めた。

まず、かしまが280以上の自験例から100例を選び、それを原事例として、ありのままの経過と解説と簡単なフォローアップを記述する。それに対し神田橋がコメントを行う。次に解説とフォローアップとコメントに関連した事実部分をできるだけ残して、事例の背景の部分をことごとく変造した。その結果、見立てと対応の部分だけは真実であるが、客観的なデータは変造され、原事例の当事者にすら同定が難しいほどのフィクションに作り上げた。

したがって、本書の核心は解説と、そこから導き出される総論にあり、その理解を助けるべく、架空のモデル事例が添えられていることになる。神田橋によるコメントは、少し異なった視点を示すことで、モデル事例全体を味わいなおせる

ように工夫した。

　100例それぞれ種々の援助技術が駆使されているが、もとより一個人の経験集であるから、かしま自身の人間観や社会観、音声としぐさに対する感受性の資質が底流にある。自己の人間観や社会観、個体としての資質を見据えることなしには、援助を行い難いのがカウンセリングの技術の特質である。心理臨床にかぎらず、すべて現実の生の人生に関わる技術ほど、行為者の自己が問われることを避け得ない。学校カウンセリングはマニュアル化に最もなじみがたい場である。本書の活用も、読者のニーズに基づいて行われることが最良である。だが著者の希望する活用の流れについて、次に述べておきたい。

　本書の活用の仕方の1例。

1．100例のモデルを9つのジャンルに分けて、それぞれ1章としているので、まず目次から、読者の関心をひくジャンルを選択する。
2．そのジャンル（章）の概説を読む。
3．概説を参照しながら、各モデルの解説を読む。
4．次いで、フィクション化されたモデル事例とその後を読む。
5．神田橋コメントを読んだ後、モデル事例を再読する。
6．関心のある1章を読了したら、初めて総論を読む。

　本書が、読者各人が独自の理論と技術への道を拓いてゆかれるのに役立つことを祈念する。

　　　2006年　夏

かしまえりこ
神田橋　條治

まえがき

付記　第2章以下の各モデルにおいて、「筆者」とは、かしまを指す。また一般名称としてのスクールカウンセラーを「スクールカウンセラー」とし、スクールカウンセラーであるかしま個人を「SC」と記した。かしまの発言を〈　〉で示し、かしま以外の人の発言を「　」で示した。
　対象の児童・生徒の父親は「Fa」、母親は「Mo」、祖父は「Gf」、祖母は「Gm」と略記した。
　「対象の児童・生徒」の項目に示した学年は、標記のテーマについて、かしまが関与することになった時点での学年を示す。

スクールカウンセリング モデル100例 目次

まえがき　i

第1章　総　論

はじめに　3

第1節　スクールカウンセラーの役割 …………………………… 4

　　　　カウンセリングか、相談か　　　4
　　　　努力をつなぐ　　　6
　　　　健康な部分を見出す　　　8
　　　　未利用の資源を発掘する　　　11
　　　　成長に委ねる　　　13

第2節　スクールカウンセラーの仕事 …………………………… 14

　　　　守秘義務について　　　14
　　　　チームを組む　　　18
　　　　スクールカウンセラーの居場所　　　22
　　　　逆らわず、流されず　　　26
　　　　スクールカウンセリング文化の創生　　　29
　　　　触媒としてのスクールカウンセラー　　　30
　　　　トレーニング　　　32

まとめ　34

第2章　教師との連携

概　説　35

model 001　保護者を呼び出した話し合いの場で、教師とFaのつなぎ役として機能したSC（中2男子） …………………………… 38

model 002　性的被害を訴える中学生に、養護教諭、心の教室相談員と連携して対処した過程（中2女子） …………………………… 41

model 003　マッサージで涙を流した様子をきっかけに、生徒への認識が変化した養護教諭（中2男子） …………………………… 45

目次

model 004　場面緘黙の女児についての短時間のコンサルテーションを生かした教師の工夫（小4女子） ……… 48

model 005　失立などの身体化症状を繰り返す女子中学生を支えた養護教諭、担任との連携（中3女子） ……… 52

model 006　登校をしぶる女子生徒への対応について、緊急性を優先して破ったSCの守秘義務（中1女子） ……… 56

model 007　スクールカウンセラーに対する反感を露骨に示した教師と連携できるまでの過程（中2男子、中2女子） ……… 59

model 008　不登校支援専従の教師と、卒業式参加を目標に教室復帰の手順を模索した過程（小6男子） ……… 63

model 009　知的能力が高いのに、特殊学級へ転籍を希望する生徒のMoに迷いながら対応した過程（中2女子） ……… 67

model 010　相談室登校から教室に戻れない生徒に対応した、ふたりの教師による役割分担方式（中3男子） ……… 71

model 011　意欲の表出に乏しい不登校中学生を支えた、両親と担任とSCの連携の過程（中2男子） ……… 75

model 012　不幸せな歴史を持つ対教師暴力生徒のMoと学校との間で板ばさみになったSC（中2男子） ……… 79

model 013　さまざまな人のつながりの中で誤解されていたMoと担任をつないだ過程（中3女子） ……… 82

model 014　Moと特殊学級担任との関係を抱えた、専門家としてのSCと素人としてのSC（小6男子） ……… 86

model 015　MoとSCが率直な話し合いを重ねるうちに回復した、Moと担任との信頼関係（小4男子） ……… 90

model 016　Moとの面接が深まるとともに生じた担任とのディスコミュニケーション（中2女子） ……… 94

model 017　場面緘黙と不登校を続ける男児について、Moと担任の関係調整を試みた過程（小6男子） ……… 98

第3章　家庭訪問

概　説　103
　　　家庭訪問のコツ7か条　　106
　　　家庭訪問から教室復帰への8段階　　107

model 018　毎朝、不登校児童を迎えに行く担任の創意工夫を折々の電話でサポートした過程（小2男子） ……… 108

model 019　不登校になった原因の追究をせずに、担任による家庭訪問をサポートした過程（中3男子） ……… 111

model 020　内省能力の高い不登校児童に家庭訪問を続ける担任とMoを面接で支えた過程（小6男子） ……… 115

model 021　姉と同様の緘黙を示す生徒に、異なる対応が適切と判断して担任を支えた過程（中1女子） ……… 119

第4章　家族の要因

概　説　　123

model 022　腹痛が母子のコミュニケーションとして機能していた不登校生徒のMo面接（中1男子） ……… 126

model 023　秘められたMoの怒りを取り上げずに終結した息子の呼吸発作に関するMo面接（中1男子） ……… 130

model 024　Moの不適応を代理で表現していたらしい過敏性大腸炎による不登校男子生徒（中2男子） ……… 134

model 025　不登校と強迫行動の背景にあったMoの"仕事"への葛藤が明らかになっていった過程（中2女子） ……… 138

model 026　Faの資質と不安を取り入れていた不登校低学年女児とMoとの3回の面接過程（小1女子） ……… 141

model 027　家族間の葛藤の影響を明らかにしないまま終結した不登校男児のMo面接（小2男子） ……… 145

model 028　担任の体罰によって不登校になったと訴える両親の思いを受け止めた面接過程（中2男子） ……… 149

model 029　家出を繰り返す女子児童と悲惨な歴史を持つMoをつないだトランプ合同面接（小5女子） ……… 153

model 030　Moの嘆きへの共振れから緘黙と不登校に陥った男子児童が求めたMo面接（小6男子） ……… 157

model 031　親と縁の薄い両親の歴史をMo面接で傾聴するうちに回復していった不登校児童（小6女子） ……… 161

model 032　親子が敬語で話す家族関係の中で、祖母の財布から盗みをしていた女児のMo面接（小5女子） ……… 165

model 033　Moの「べし」文化に取り込まれていた、発達障害も疑われた不登校女子生徒（中3女子） ……… 169

model 034　「言えない」歴史を持つMoとFaの間の溝に働きかけた不登校児童のMo面接（小5男子） ……… 173

model 035　機能不全の家庭から離れて、施設で生活することで危機を乗り越えた女子生徒（中3女子）……………………………… 177

model 036　不登校によって、軽度知的障害のMoと離婚したFaの間をつなごうとした男子児童（小5男子）……………………………… 180

model 037　Faの病気が不適応の一因と理解して、治療への導入に取り組んだMo面接の過程（中1女子）……………………………… 184

model 038　心の内にも外にも居場所を得られなかった少年の教師面接と家族面接の過程（小5男子）……………………………… 188

model 039　関係ができかけた矢先の離婚で終結になった、虐待が疑われた継母の面接過程（小2男子）……………………………… 192

model 040　両親それぞれの思いを背景にした"愛情"が重荷だったらしい不登校男子生徒（中1男子）……………………………… 196

model 041　たくさんの親族の愛情に包まれて身動きがとれなくなっていた不登校女子生徒（中1女子）……………………………… 200

第5章　カウンセリング

概　説　　204

model 042　不安に触れずに現実対応を話し合って、迷いを共有した不登校児童のMo面接（小6男子）……………………………… 207

model 043　誤解されて無気力になっていたMoの話を傾聴し、親と和解するまでを支えた過程（中3女子）……………………………… 210

model 044　MoにFaのカウンセラー役を勧めた、人見知りする不登校男児のMo面接（小3男子）……………………………… 214

model 045　「体調不良」による不登校生徒のMoの、抑えた怒りを感じ続けた面接過程（中3男子）……………………………… 218

model 046　家庭内暴力をFaの悲しみの代弁と理解し、教師と連携して対処を試みた過程（中2男子）……………………………… 222

model 047　好きな絵を介して、深刻な事態に踏み込まないままに推移した本人面接の過程（中2女子）……………………………… 226

model 048　嘔吐を繰り返す生徒に演技による対人対処法を示唆して短期終結した過程（中2女子）……………………………… 229

model 049　『はずす』と言わない約束が奏功したトラブルを起こす女子生徒との短い面接（中1女子）……………………………… 233

model 050　「こころに穴が開いている」と言い、淡々と話し続けた男子生徒の本人面接の過程（中2男子）……………………………… 237

model 051　カウンセリングを希望した女子生徒が、抜毛を経て、現実に戻っていった過程（中3女子） ……………… 240

model 052　核心に触れぬまま、複数のサポートの連携で支えた不登校女子児童の回復過程（小6女子） ……………… 244

model 053　保護者への対応で「うつ」になった教師が怒りを自覚して復職するまでの過程 ……………… 248

model 054　学級経営に失敗した中学教師の切り離された感情にからだからアプローチした過程 ……………… 252

第6章　問題行動

概　説　257

model 055　友だちに配る小物を繰り返し万引きしていた少年と担任の関係調整をした過程（中1男子） ……………… 261

model 056　盗みをメッセージとして受け止め、Moと教師の間の通訳として機能した過程（中1女子） ……………… 264

model 057　人間関係をうまく結べない女子生徒が万引きを自ら明らかにするに至った過程（中2女子） ……………… 268

model 058　具体的内容を明らかにしないまま終結した盗みをした小学生の母子面接の過程（小5男子） ……………… 272

model 059　躁うつ体質者らしい資質を発揮したシンナー依存・夜間徘徊の生徒のMo面接（中3男子） ……………… 275

model 060　不登校と家庭内暴力の男子中学生にMo面接と家庭教師の導入で対処した過程（中2男子） ……………… 279

model 061　大人の気分に振り回されて育った少女が、自ら警察に保護を求めるまでの過程（小1女子） ……………… 283

model 062　母子ふたりの関係を守る第三者を得られずにきた"問題児"とMoとの面接過程（小1男子） ……………… 287

model 063　Faの寄る辺なさに共振れして、荒れていた不登校・非行の生徒のMo面接（中2男子） ……………… 291

第7章 障害

概説　295

- model 064　乱暴行為と非行に、気づかれにくい視覚認知上の困難が影響していたらしい不登校生徒（中3男子）……………… 298
- model 065　対人関係の困難が発達障害によるという理解から新しい道を選んだ男子中学生（中2男子）……………… 302
- model 066　「わがまま」の背景に軽い知的発達の遅れが隠れていた愛らしい不登校生徒（中2女子）……………… 306
- model 067　学校の対応に不満を持つMoと教師の橋渡しをした学習障害児のMoとの面接過程（小5女子）……………… 310
- model 068　先天的な障害から過保護になっていたMoの認識の変化で不登校が改善した過程（中2女子）……………… 314
- model 069　息子の軽度知的障害を受け入れられない両親の怒りと悲しみを受け止めた過程（小5男子）……………… 317
- model 070　環境要因の影響が大きい発達遅滞児の感性に働きかけたMoからの毎日の手紙（小2男子）……………… 321
- model 071　ADHDの子を育てる過程で自分らしさを失っていったMoに付き合った過程（小6男子）……………… 325
- model 072　アスペルガー障害児のMoの"人並み"を求める切ない思いに付き合った過程（小5女子）……………… 329
- model 073　おっとりした家庭教師による対応が奏功した軽度知的障害のある男子中学生（中1男子）……………… 333
- model 074　アスペルガー障害と思われる男児を両親、担任との連携によって支えた過程（小3男子）……………… 337
- model 075　行動化の理解が両親の関係改善を導いた軽度知的障害のある中学生のMo面接（中2男子）……………… 340

第8章 躁うつ体質

概説　345

- model 076　部活の人間関係と窮屈さから離れることで気分の波が穏やかになった女子生徒（中3女子）……………… 350
- model 077　離婚した両親の間で揺れてリストカットしていた軽い双極性障害の女子生徒（中3女子）……………… 354

model 078	両親の躁うつ体質を受け継いだ兄妹を育てていた継母の面接と教師対応の過程（小6男子、妹中2）……………… 358
model 079	精神科デイケアに通う姉を持つ、顎関節症と頭痛による不登校生徒の面接過程（中1女子）……………… 362
model 080	気分障害に環境の要因が加わり対応困難だった知的障害と診断された女子児童（小5女子）……………… 366
model 081	Moと同じ気分の波を自覚し、対応を工夫して不登校から立ち直っていった男児（小4男子）……………… 370
model 082	Moの双極性障害の治療とともに、不登校状態から改善していった女子中学生（中1女子）……………… 373
model 083	気分の波を点数化する工夫を案出して、Moへの暴力から立ち直った男子生徒（中3男子）……………… 377
model 084	「結果を出したい」と訴える、躁うつ体質を親から継いでいたらしい女子生徒の本人面接（中3女子）……………… 381
model 085	SCの異動への対応が、その後のケースの進展に影響した不登校児童のMo面接（小5女子）……………… 385
model 086	親友の死を契機に、自覚されずにいた緊張が希死念慮となった教師の本人面接……………… 389

第9章　医療との関わり

概説　393

model 087	「考えが人に伝わる」と言う中学生を担任や部活顧問の理解を得て支えた過程（中1男子）……………… 396
model 088	学校に伝えずに終結した「妄想」で精神科受診を勧められた男子児童のMo面接（小1男子）……………… 399
model 089	「統合失調症」と誤診されていた生徒を正しい治療に導入したMo面接の過程（中3男子）……………… 403
model 090	オナラ不安による不登校生徒のMoの「もれる」不安に、「つなぐ」対応をした過程（中2女子）……………… 407
model 091	奇妙な薄笑いから統合失調症を心配したが間違いだった不登校生徒のMo面接（中2男子）……………… 412
model 092	初期統合失調症（疑）の生徒の才能開花を家庭教師、医療と連携して支えた過程（中1男子）……………… 415
model 093	遺伝負因から精神疾患を懸念した不登校生徒を受診につないだMo面接の過程（中1女子）……………… 419

model 094 　甲状腺機能亢進症と診断された女子中学生と昼休みの面接で
　　　　　つきあった過程（中 2 女子） ………………………………… 423

第10章　失敗例

概　説　　427

model 095 　関係を求めて同じ話を繰り返す Mo の困難を理解しきれない
　　　　　ままに至った終結（小 3 男子） ………………………………… 429
model 096 　Mo の不安を受け止めきれずに中断した、場が読めない女子
　　　　　生徒の Mo 面接（中 2 女子） …………………………………… 432
model 097 　援助を求める Mo の屈折した表現をやり過ごす SC が隠れ蓑
　　　　　にした心理臨床の常識（小 4 女子、妹小 3） ………………… 436
model 098 　現実を支える術を持たない SC の限界を超えられなかった不
　　　　　登校生徒との関わり（中 3 男子） ……………………………… 440
model 099 　やっかいな Mo に対して中立であろうとして傷つきを理解し
　　　　　しきれずに招いた中断（小 2 男子） …………………………… 444
model 100 　「息子と会話が成り立たない」と訴える Mo の寂寥感とすれ
　　　　　違った SC の理解（中 2 男子） ………………………………… 447

あとがき　　452

スクールカウンセリング
モデル
100
例

第1章　総　論

はじめに

　庭のコスモスの丈が伸びてきた。犬小屋の屋根のひさしにぶつかると、避けて茎を曲げ、さらに丈を伸ばしている。気づいて、犬小屋の位置をずらしてやると、数日で茎はまっすぐになった。

　コスモスは、光を求めて伸びていくように、遺伝子にプログラムされている。さえぎるものがあれば、自身をたわめてでも、光を求めて伸び続ける。さえぎるものがなくなれば、また一直線に光を求めて伸び続けていく。それが、いのちと呼ばれるもののありようである。

　海岸で強風にさらされる松は、地を這うように幹を伸ばす。それも松のいのちのありようである。

　大蛇のようにうねる幹は、松原の景観として賞賛されるが、茎の曲がったコスモスの市場価値は低い。だがコスモスを愛する人々の中には、曲がった茎を、コスモスの味わいとして好む人もいるだろう。

　価値は、人が作り上げた文化によって規定される。いのちはただ、遺伝子にプログラムされたように生きて、死んでいくことのみを求める。

　学校は、人が作り上げてきた文化を教え、伝える場であり、いのちを育み、伸ばす場でもある。

　いのちは文化を生み、文化はいのちを支える。文化といのちとは本来、相補的なものであるが、ときとして文化というファントムは、いのちを置

き去りにして暴走し、いのちを傷つける。文化が犬小屋のひさしになったり、松原を吹きすさぶ強風になったりすることもある。

　文化の暴走を止めることは、スクールカウンセラーの仕事ではないし、いのちを守る力もスクールカウンセラーにはない。

　スクールカウンセラーにできることは、関わる人々それぞれが、今、起きている事態について、より肌理細やかに、より幅広く認識を得るように、働きかけるのみである。

　認識に基づいて、どのような行動をその後、選択するかは、それぞれのいのちと文化との折り合いに委ねられる。

第1節　スクールカウンセラーの役割

カウンセリングか、相談か　スクールカウンセラーになって数年が経過した頃、かしまは教育相談担当の教諭から、「カウンセリングというのはよくないですね」と話しかけられた。教諭は「やはり、相談と言うのがいいと思います」と続けた。

　教諭は、「保護者にスクールカウンセラーと会うように勧めるときに、『カウンセリングを受けてみませんか？』と言うより『相談してみませんか？』と言うほうが、保護者に受け入れられやすいと感じる」と話した。

　話題になったのは表現の違いだったが、教諭の言葉は、すでに日常語となった「カウンセリング」という言葉の含意について指摘していた。カウンセラーが口にした「カウンセリング」と、来談者が聞いた「カウンセリング」とが、それぞれの内側でまったく異なる意味で機能している状況がもしかしたら思いのほか、多く存在しているかもしれない。

　さらに言えば、「カウンセリングを受ける」のは当事者であり、「カウンセリングをする」のは非当事者だが、逆に「相談を受ける」のは非当事者であり、「相談をする」のは当事者である。「相談をし合う」のは、ほとんど「相談する」と同義であるが、「カウンセリングをし合う」は、特殊なカウンセリングの形態を意味する。

　「カウンセリング」という言葉の助言、忠告の側面が強調されて、ある

いは特殊な施術というイメージから、「受ける」という表現が生じたのだろう。「受ける」という言葉の向こう側には、「授ける」者の存在が想定されている。カウンセリングの理論と実際が日本に導入されて、かなりの年月を経てもなお、「カウンセリング」は誰かから何かを授けられるもの、と位置づけられている。この事実からも、カウンセリングが多くの日本人にとって、いまだ目新しい外来文化であると推測できる。

カウンセリングの発展形の一つであるスクールカウンセリングとなると、文化としてさらに目新しく、曖昧さはいっそう増す。

スクールカウンセリングの先進国であるアメリカと日本では、学校教育のあり方も、教師と生徒、教師と保護者の関係性も異なる点が多い。それぞれの国のスクールカウンセラーに求められる役割もまた、当然、異なるはずである。

日本のスクールカウンセリング事業は、まだ十数年の歴史しか持たない。これから長い模索を経て、日本の文化に合ったスクールカウンセリングのあり方が築き上げられていく段階にある。

一方、多くの人々にとって、スクールカウンセラーは人生で最初に出会う臨床心理士である。その中のかなりの率の人々にとっては、最後に出会った臨床心理士にもなるだろう。しかも医療などの場で出会った臨床心理士については、話題にすれば、自らの個人的事情も同時に明かすことになるので話題にされにくいが、スクールカウンセラーの場合はそういう事情も少ないので話題にされやすい。

このことは、スクールカウンセリングが、いまだ適切な日本語訳を得られずにいる曖昧な外来語、「カウンセリング」の社会一般での意味を定義づけ、「カウンセリング」の有効性と有害性を判断する物差しにまで拡がりかねないことを示唆する。もしかしたら、日本におけるカウンセリングの社会的評価は、スクールカウンセリングによって定められることになるかもしれない。その責任にスクールカウンセラーは思いを致しながら、仕事をしなくてはならない。

著者らは本書において、かしまの体験に基づいて、日本のスクールカウンセリングについての私論を述べる。もちろん、すべてを網羅してはいないが、確実に現場に根ざした試論（私論）ではある。すなわち、著者らが示すスクールカウンセリング論は、日本におけるカウンセリング論にまで

敷衍され得るものという考えで、本書は書き進められる。

　ちなみにかしまは、上記の教諭の示唆を受けて、「保護者や生徒に来談を勧めるときには、カウンセリングという言葉を使わずに、『スクールカウンセラーに相談してみませんか？』と伝えてください」と、言うようになった。

　カウンセリングを必要とする状況に置かれているとき、脳の負担は平常より増している。意味の曖昧な言葉を使えば、さらに負担を増やすことになる。また「受ける」よりも、「する」という、「ともに場を作っていく」心のありようで来談するほうが、来談者の利益になると考えるからでもある。

努力をつなぐ

　カウンセラーに「相談」として持ち込まれるのは、関与する人々の何人か、もしくは全員の、それぞれの行動が一つのパターンとなって繰り返されて、二進も三進もいかない、硬直状態になった事態である。事態が流動的である間は、人々は好転を期待したり、変転する事態への対処に追われていたりするので、第三者であるカウンセラーに相談しようとまでは思わない。

　一見、動いているようであっても、それが堂々巡りだと、誰かが意識的あるいは無意識的に気づけば、その人の意識に、第三者へ相談するというアイデアが浮かぶ。突発的な事件や事故の後、その反応がいかに一時的なもののように見えても、その向こうに硬化したパターンが透けて見える場合には、治療やカウンセリングの利用が検討されるようになる。

　人の社会的行動におけるパターンは、いのちが、その人を取り巻く文化との折り合いをつけようと努力してきた結果として生じる。学校現場のスクールカウンセリングでは、子どもたちのパターンが問題として取り上げられることが多いが、教師や保護者、スクールカウンセラーなどの、子どもたちに関わる大人たちにも、それぞれのいのちがあるのだから、当然、パターンが生じる。

　学校などの組織も、バーチャルな人格として把握されるようないのちがある場合にはパターンが生じる。いのちを失い、すでに形骸化された組織であれば、硬い枠組みが一時期、人々のいのちを妨げても、いずれ朽ち、崩れていく。

パターンとパターンが相容れず、ぶつかり合ったときに、事態は紛糾する。その場合に、パターン相互の違いの程度は事態の展開にさほどの影響力を持たない。双方が、パターンの可塑性をどれほど維持できているかが、事態の展開を決める。
　一般に、いのちが文化と折り合いをつけようとして、自身をたわめてきた期間が長いほど、いのちは可塑性を失い、パターンの改変は難しくなる。一年草のコスモスと、大地を這う松との違いである。
　大人は子どもよりもパターンの形成に長い期間を経ているので、多くの場合、可塑性に乏しい。ぶつかり合いの結果、より柔軟な子どもの側がパターンを改変することで、事態が円満に収束する場合が多い。伝統・家風などの文化伝承はこの機制に由来する。
　だが、いのちがぎりぎりの状況に置かれていたり、いのちをたわめているものの力が強大であったりする場合には、子どもたちにとってもパターンの改変は容易でない。学校でスクールカウンセラーが出会うのは、このような状態に置かれた子どもたちのいのちであり、事態に戸惑う大人たちのいのちである。
　大人たちが、自らのパターンを改変するのは困難である。だが大人の側に、「子どもたちのパターンもまた、自身が生きてきたと同じような歴史を経て、いのちと文化との折り合いをつけようと努力した結果、出来上がったもの」という理解と認識が生じたとき、大人のパターンを硬く繋ぎとめていたくさびのいくつかが緩む。自身の内にあるものとの共通点を見出したとき、人は許容する力を少し増す。"人類はみな兄弟"という標語が力を持つ所以である。
　スクールカウンセラーはその外部性と専門性に依拠することによって、子どもたちのパターンを、それまで、子どもたちを取り巻いていた大人たちが立つ位置とは少し異なる角度から、眺めることが可能である。異なる角度から眺めるということは、"岡目八目"の機制であり、子どもたちのいのちが、文化と折り合いをつけようと努力してきた足跡の陰影を見出す可能性が高くなるということである。
　取り巻く大人たちのこころを、子どもたちの足跡の陰影を見出しやすい位置に誘うことができれば、大人たちの理解と認識と許容のプロセスを、幾分かスムーズにするだろう。子どもたちが重ねてきた努力の中に、大人

たちが、自ら重ねてきた努力と共通するものを見出すことによって、お互いに理解し合い、認め合い、力を合わせる状況を作り出すことができるかもしれない。

大人たちが、それぞれのいのちと文化との折り合いを求めて、生きるパターンを身につけてきたと同様に、子どもたちもそれぞれが置かれた環境の中で、いのちと文化との折り合いをつけようとして、パターンを身につけてきた。

結果として、身についたパターンは異なっていても、そこに至る道程で、それぞれが置かれた環境に適応しようと努力を重ねて、必然的にそこにたどり着いたプロセスを持つという点では共通である。

後に提示するモデルの基となった原事例のいずれにも、かしまは以上の物語をベースにして、理解し、対応してきたと振り返る。

なお、ここまでいのちと名付け、文化と名付けて述べてきたものたちの折り合いの事情については、神田橋の『「現場からの治療論」という物語』（岩崎学術出版社、2006）に詳しい。

健康な部分を見出す　　犬小屋のひさしを避けて、茎をたわめたコスモスを切り取って、室内で眺めると、茎の曲がった部分が不自然で、美しいと感じ難い。だが庭に戻して、根からの連続の中で眺めると、光を求める一途さが透けて見えて、美しく、いのちのありように感動さえ生じる。いのちは、その根底からたどったとき、その本来の姿を現す。

不登校の子どもたちの中に、かなりの割合で昼夜逆転が見られる。朝、登校時間に間に合うように起こしても、目が覚めない。そこで前夜にまで因果論が伸びて、「夜、早く寝ないから」と理由づけられる。本人もその因果論を受け入れて、「夜、早く寝ないのは、寝ないのではなく、寝つけないから」という理由が登場する。

そこで「睡眠導入剤を利用すれば、寝つけるだろう」と、因果を絶つ解決方法が提案される。だが寝つくことはできても、やはり、朝の目覚めは改善しない。ここで「長い間の朝寝の習慣だから」という新たな理由が創出されて、「経過を見よう」と思っているうちに、睡眠導入剤を飲んでも眠れないという事態が生じて、「薬にからだが慣れてしまったから」と、

さらなる因果論が付け加えられる。

　だが子どもの生活を長く見ていると、睡眠導入剤を飲まなくても、休みの前日は寝つきが良かったり、楽しみなイベントのある朝は、前夜、遅くまで起きていても、早朝から元気よく目覚めたりすることに気づく。するとここで、犬小屋のひさしは「学校へ行きたくない」という子どもの気持ち、すなわち「怠け心」だという理解が成立する。

　「怠け心」という納得できる理解を得た大人のこころは、子どもの「怠け心」を消滅もしくは矯正することができれば、不登校という今、直面している問題を解決できると期待する。

　ここで「怠け心」は敵視されているようであるが、実は不登校の問題に困惑している人々にとっては、取り付く島のないテーマに取り付く、格好の取っ掛かりを得たということであり、「怠け心」は不登校という問題に対処するうえでの、パートナーともとらえ得るものである。「怠け心」という理解を得て、関与する人々の間でそれを共有できたときには、人々にとりあえず、事態を把握し得たとの安堵の気配が漂う。

　だが安堵の気配の中に、一抹の戸惑いの気配も見出される。「怠け心」は誰にでもあり、消滅したり、矯正したりするのは不可能であることは、体験から誰しもが気づいていることだからである。「怠け心」は適度の休息をもたらすものでもあり、いのちを文化の侵襲から守る防波堤でもある。

　だが勤勉を文化とする土壌では、しばしばこの戸惑いは意識に上ることなく、捨て去られ、「怠け心」は消滅もしくは矯正すべき対象として位置づけられる。

　対象化するには、その存在が明確でなくてはならない。大人たちは、その子どもに、こころの内に潜む「怠け心」の存在を明確にするように求める。そして上述のように、誰にでもあるものだから、探せばいくらでも見つかるのが「怠け心」であり、そのやり取りの中で、子どもの自然なこころの動きの多くが否定されるべきものとして、位置づけられていく。

　一見、大人の言うことを聞かないように見える子どもたちが、意外にも素直に、大人からの、この働きかけに応じていることは、そのような状態に置かれた子どもたちから、自己肯定的な発言が少ないことから明らかである。そして、自身の内側にネガティブなものばかりを見出す子どものいのちが、次第に勢いを失っていくのは、当然の結末と言える。

そしてまだ、生命力がいくらか盛んな子どもなら、起死回生の試みとして、いわゆる「問題行動」を生じさせることができる。「問題行動」が見られるなら、まだ事態は回復の可能性を失っていない。

　だがここで、「怠け心」という理解をとりあえず脇に置いて、子どものいのちのありようをじっと見ていると、朝の目覚めの悪さの中に、怠け心の気楽さだけではない"もがき"のようなものがあることに気づく。さらに、遅くまで起きてテレビゲームにのめりこんでいるように見える姿に、ゲームを楽しんでいるよりも、暇つぶしの空虚さがあることにも気づく。

　それは、「怠け心」という理解からの連続の中に納まりきれない。そこで、いまいちど、いのちの根っこから透かして見ると、朝の目覚めの悪さや、ゲームにのめり込んで夜更かししている姿の中に、封じ込まれたいのちが出口を求めて、さ迷っている努力の片鱗のようなものを見出すことができる。それは周囲の人々の目には、努力と認め難い。

　だがいのちの根っこから見通すと、確かに連続しているいのちの意志である。茎をたわめたコスモスを庭に戻して眺めたときに、透けて見えたと同じものを、そこに見ることができる。

　そして、それまでの理解からは不連続なこの部分に「おやっ」と気づくことが、周囲の大人たちのこころと子どものこころとが、不登校というテーマに関してともに考えていく場を作り出す取っ掛かりとなる。この取っ掛かりを見出したときの安堵には、「怠け心」を見出したときのような、戸惑いは見られない。

　ここで目を凝らすと、目覚めのときの"もがき"や、暇つぶしの空虚さの中に、不登校という状態を「困る」ことができている、子どものこころが見えてくる。それは現実の状況に即した子どものこころの「健康な部分」である。そして、このことに気づいたとき、大人のこころと、子どものこころは理解し合い、協力し合える拠りどころを得る。

　このようなとき、試しに「今、あなたの生活の様子を聞いていて、あなた自身も"困って"いるのではないかと感じたが」と言ってみると、子どもの表情に、まるで異国で母国語を耳にした瞬間のような、「通じた」という、健康な安堵感が広がるのが見て取れる。

　そして、いのちの根っこから連続する健康な試みとしての昼夜逆転であり、テレビゲームであるという理解が共有されると、「もしかしたら不登

校も同様の試みではないか」という理解が双方の内に導き出され、より囚われの少ない両者のこころが、新たな道の模索を始めることが可能になる。

ここに挙げた例と似た不連続に、スクールカウンセラーは面接室の中でしばしば出会う。たとえば不登校を続けた場合の将来を話題にしたとき、将来のことなど何も考えていないように見える子どもの表情に一瞬よぎる不安の影がそれであり、親の心配を話題にしたときの、反抗的に見える子どもの顔にかすかに浮かぶ切ない表情もそれである。

「おやっ」と感じ取った違和感を、その場で、できるだけ丁寧に言葉にして返すと、身構えていた子どもの姿勢が緩んで、安堵した反応が返ってくる。

その「こころの健康さ」と名付けることができる部分が、カウンセリングにおける連携可能な部分であり、実りある対話を生み出し、対話によって認識を細やかにしていく作業の入り口となる部分である。その健康さを、子どもにも、教師にも、保護者にも見つけ出す作業が、スクールカウンセラーの仕事のスタートである。

不登校の子どもたちに限らず、どんなに深刻な心理的困難を抱える人であっても、こころのどこかに必ず、これまで述べたと同じ健康な部分を見出すことができる。

未利用の資源を発掘する

「こころの健康さ」を見つけ出す作業は、カウンセリングのスタートでもあるが、同時にゴールでもある。健康さとの連携が可能になれば、その後のカウンセリング作業は来談者の内側で自ずと展開していく。カウンセラーはその作業に付き合っていればよい。

見出された健康さは、次の健康さを引き出す糸口となる。引き出された健康さがまったく新しい、それまでその人のどこにも見出すことがかつてなかったような現象であることは少ない。多くの場合、それまで不健康、もしくは不健康さを補うための行為と見なされていた現象のさまざまな側面が再認識されるようになって、認識されたことで、その現象の向こう側に透けて見えていた、その個体の優れた資質が発露し、さらに新たな認識を導くというプロセスをたどる。

激しい家庭内暴力が実は、筋肉行動の優秀さの表れである場合がある。

イライラが、繊細な芸術的感性が発揮の場所を求めてのことである場合もある。幻視・幻覚が、豊かなイメージ能力を示すものであることはよく知られている。「怠け心」が実は、極限状況にあった心的負担から、心身を守る工夫であったとわかる場合も少なくない。

そして正しく理解されたとき、人は、光を求めるコスモスと同じように、本来のプログラムに従って、さらに伸びていく。いのちはそのようにできている。コスモスはコスモスのように、松は松のように伸びていく。

それまで不要なもの、有害なものとして扱われていた特質が、活用できる資源として、人生に役割を与えられる。多くの子どもたちの中に、未利用のまま眠っている資源の存在に気づくきっかけ作りが、スクールカウンセラーの仕事である。その後、資源をどう活用していくのかについては、その子どもの人生に委ねられる。

だがしばしば、現在の、現実の重要な他者との関係が、資源の発掘作業を妨害する。スクールカウンセラーが出会う子どもたちの人間関係においては、親や友だちや教師などとの関係が占める比重が高い。スクールカウンセラーは子どもたちが生活する学校の現場に立ち会っているのだから、当の友だちや教師とも直接に触れ合う機会がある。

そのとき、「双方にとってのよりよい方向」に進むようにと働きかける技術がスクールカウンセラーに求められる。一般のカウンセリングで、保護者との並行面接あるいは合同面接で行っていることを、友だちや教師との関係に援用するのである。

働きかける場は、相談室とは限らない。すれ違う廊下の片隅であったり、昼休みの教室であったり、職員室での立ち話であったりする。

人生において、出会った誰かのたったひと言がこころに残り、その後を支えるということは少なくない。カウンセリングでは密室でじっくり話を聞くことが多いが、心理臨床の仕事は、そのような狭義のカウンセリングに限られるものではない。すれ違いざまのひと言も、目が合った瞬間のちょっとした表情も、こころに届くようにと、臨床家の内側で意識されているならば、心理臨床の仕事である。

そして、これまでの論述で明らかなように、それらの行為は心理臨床の専門家でない人々が日常的に行っていることである。だから心理臨床家が依拠する理論は伝わらなくても、心理臨床家が行う行為は容易に周囲の

人々に伝播していく。

　心理臨床家の理解に基づく、双方がよい方向に進むようにという働きかけは、スクールカウンセリングの場において、教師に伝わり、教師がそれぞれの内に持っていた教師自身の未利用の資源をも発掘する。それは多くの場合、その教師が教職を志した初心に根ざすものである。発掘された資源は必ず、子どもたちに還元される。

　それが、学校文化とは少しだけ質の異なる心理臨床の文化を持つスクールカウンセラーが、学校現場に日常的に配置されて得る成果の、最大のものである。

成長に委ねる　ここまで述べてきた「こころの健康さ」とは、上述のように、悲しい出来事を悲しむことができ、困った事態を困ることができるということである。そこにある感情を、あるがままに感じる機能が正常に働くということであって、幸せであるか、不幸であるかなどは、感情の内容であって、こころの健康さとは関連しない。

　そして緊急事態に、感情をとりあえず凍結して、棚上げすることも、緊急事態への対応として、健康なこころの働きである。緊急事態が去り、内的にも外的にも環境が整って、凍結した感情を解いて、感じる準備ができるまで、棚に上げたままにしておけるのも、こころの健康さであり、それをそっと見守ってやるのが、周囲の人間の思いやりである。

　いずれ時期が来て、凍結されていた感情が動きはじめれば、いろいろな反応が出てくる。「健康な部分を見出す」の項で述べた不連続、「おやっ」と感じる違和感と同じものが、その反応である。

　そのとき、もし、長く棚上げしてきたために、動きはじめた感情が引き出す反応にその個体がうまく対応できないようならば、心理臨床家の手助けが役立つかもしれない。精神分析で言う抑圧の解除である。抑圧は人間のこころの健康の維持に必要だから、長い脳の進化の歴史の中でも、淘汰されることなく残ってきた機能である。まだ必要とされている抑圧を、時期を待たずに無理やりに解除すれば、それは新たな外傷をもたらす。

　こころは、その個体のいのちのありようのままに、動き、変化するのが本来である。「こころの健康さ」を見出し、育て、守ろうとする、どのような働きかけも、それぞれの個体のこころの動きに従うべきであって、働

きかけが先導するものであってはならない。

　スクールカウンセラーの関わりも、子どもたちのこころが自由に成長していくことを妨げないようにすることが第一である。犬小屋のひさしを除けてやれば、自然に伸びる方向へ伸びていくのがいのちのありようである。伸ばしてやろうと外から意図的な力を加えれば、必ず、いのちを傷つける。

　カウンセラーに限らず、教師も親も、子どもたちを取り巻くすべての大人たちは、子どもたちが持つ成長していく力を信じて、妨げない関わり方をすることが第一である。

　ことに心理臨床家は、事態の核心にまで迫ることが専門性であるかのように思い込みがちである。核心は自己成長力の最も精妙な働きが行われている場であり、そこに人工的な操作を加えることは、しばしば粗野な仕事になる。

　核心によい作用を及ぼすようにと祈りつつ、あえて核心には触れぬように周辺に働きかけ、できるだけ早く専門家による非日常的な関与を解消して、後は子どもたちが生きていく場に委ねるというスタンスが、成長期の子どもたちに関わるスクールカウンセラーとして、程よいと思う。その具体的なあり方を、第2章以下の各モデルに示した。

第2節　スクールカウンセラーの仕事

守秘義務について　　かしまのスクールカウンセラーとしてのスタートは、自治体雇用の拠点校方式のスクールカウンセラーとしてだった。

　自治体内のすべての小中学校（2中学校と3小学校）に在籍する約2400名の児童・生徒に、若干の追加予算が組まれはしたものの、原則として年間280時間という限られた勤務時間数で対応しなくてはならず、拠点校以外の教師との日常的な関係づくりは困難と思われた。

　加えて、当時はまだ、スクールカウンセラーという存在に初めて出会うという教師が多かったので、まず、かしまのスクールカウンセリングについての考え方を知ってもらうことが必要と考えて、各校で教師研修会の場

を設けてもらうことにした。

　その研修会の場で、守秘義務については、「学校内でのことは教師と共有するのが、スクールカウンセラーの基本姿勢だと考えています。最初は『先生には内緒で』と来談された方も、カウンセリングが進むうちに、『学校や学級でのことはやはり先生と一緒に相談したい』とおっしゃるようになるものです。その方向をスクールカウンセラーは目指しています」と述べていた。

　その頃は、学校もスクールカウンセラーも相談システムのあり方を模索している時期で、学校側が「必ず担任もしくは教育相談担当の教諭を通じて相談の申込を」と主張するのに対して、かしまは、「スクールカウンセラー紹介のパンフレットに、相談室直通の電話番号を記載して、スクールカウンセラーに直接、申し込む経路を設けてほしい」と要求し、交渉して、認められたという経緯があった。それを踏まえての、上記の説明だった。

　この言葉について、今も考えは変わらないが、年月が経過して、振り返ってみると、守秘義務について、ある盲点があったことに気づく。

　当時、守秘義務については、スクールカウンセラーから教師へ秘密が明かされることのみが注目されて、話題にされていた。逆に、教師の側から秘密を明かすことへの不安は、さほど話題にはならなかった。これは心理臨床家の間においてだけではなく、教師の間においても同様だったと記憶する。

　スクールカウンセラーは非常勤職員として、一時的に導入された人員に過ぎず、国家資格以前の臨床心理士の守秘義務は倫理規定に過ぎないが、教師の守秘義務は地方公務員法第34条に明記されているにもかかわらず、である。

　その理由は大きく二つが考えられる。一つは、教師はチームワークに慣れていたが、スクールカウンセラーの側はチームワークの経験がほとんどなかったことである。

　「相談は必ず担任もしくは相談担当教諭を通じて申し込むこと」というのは、チームワークに慣れた学校にとっては問い直すまでもない、あってしかるべきルールであり、それにスクールカウンセラーから異議が出されるとは、思いもよらないことだっただろう。異議が出されたことによって、教師は、個人への対応について考え直す機会を得た。

第1章 総論

　一方、個人と個人の相談業務にしか経験を持たない臨床心理士にとっては、カウンセリングの場で語られた内容はもとより、来談の事実も、基本的に他者との共有を許さない事柄だったので、スクールカウンセリングというチームワークの場で機能していくためには、「集団守秘義務」という概念を創出する必要があった。

　さらに大きなもう一つの理由は、カウンセラー個々の依拠する理論にもよるだろうが、カウンセリングは秘密が語られることによって展開するという思い込みが、カウンセラーの側にも、教師の側にもあったことである。おそらく精神分析の「心に浮かんだことを隠さず、すべて話すように」という自由連想法の手技がカウンセリング全般に援用された結果だろうが、精神分析学派以外のカウンセラーの間にも、「カウンセリング・ルームは安心して秘密を話せる場所」という位置づけが根強い。

　その結果、教師よりもスクールカウンセラーのほうが、高度な秘密を知る立場にあるという思い込みが生じて、カウンセラーの側が守秘義務についての一方的な負担感と責任感とを負うことになった。

　さらに、情報を持つ側は、持たない側よりも社会的関係の操作に有利なので、一部の学校現場では、スクールカウンセラーが持ち込んだ「守秘義務」に対して緊迫感と不信感とが生じて、スクールカウンセラーと教師との間で情報戦の様相を見せることさえもあったと聞く。

　だが秘密を「話す」ことも行動であり、トーク・アウトというアクティング・アウトの一種である。ちなみに、心理臨床の場で言う「アクティング・アウト」とは、外的現実や行動が生じることによって、本来、心の中で進むはずだった自己省察が阻害されることを意味する。

　「実は」と来談者が秘密を話そうとしたとき、どうして、今、ここで、カウンセラーに秘密が打ち明けられようとしているのかという問いが、かすかでも、必ずカウンセラーの内側に生じる。

　その問いを消し去ることなく、カウンセラー自身の内側で保持し続けること、もしくは、可能であり、適切であると判断できれば、来談者とカウンセラーの両者によって、その問いについて、ともに検討を重ねることが、カウンセリングの本質へと進む作業である。

　秘密が語られてしまえば、多くの場合、その作業は中断する。秘密の内容や、実際に秘密が語られるか否かは、カウンセリングの展開において、

二次的な要因に過ぎない。

　「なぜ、今、語られるのか」と検討する作業のないままに、秘密を「聞く」という行為に進んだ結果、その後の守秘義務の対応に誤りや困難が生じることも多い。

　さらに後々の対応に困難を生じるのは、カウンセラーの側に「秘密を聞き出そう」という姿勢が無意識に、わずかでもある場合である。多くの場合、カウンセラーが聞き出そうとして聞き出した「秘密」は守秘義務への対応に混乱を引き起こす。

　「秘密」が、来談者の内側で話すべきときが来るまで熟成されて、話された場合には、守秘義務についてカウンセラーが頭を悩ませるような事態になることは少ない。話すべくして話された秘密については、「語られた秘密内容に関して、現実的にどう対応するか」をテーマに、カウンセラーと来談者とで話し合うことも容易である。

　そして来談者の内側で熟成されるプロセスこそが、カウンセリングの本質であり、カウンセラーとの対話はその道しるべとなるに過ぎない。熟成される以前にカウンセラーが秘密を聞いてしまうことは、カウンセリング本来のプロセスをカウンセラーが横取りする行為だと言ってよい。

　また、カウンセラーが重要な秘密として受け取った内容が、来談者にとってはさほど重要ではなく、その周辺の感情の動きや、些細なこととカウンセラーには思えた出来事が、来談者にとっては重要な秘密であることが、カウンセリングにおいては少なくない。その判断を間違わずにできるほどには、多くのカウンセラーは万能ではない。

　さらに、まれには、スクールカウンセラーから教師に伝えられることを期待して、来談者から「秘密」が語られる場合もある。そのことにカウンセラーが気づかないままに話を止めると、事例の展開に不要な渋滞をもたらすことになる。「秘密」という言葉に託されたものに思いをやるべきで、「秘密」という言葉に囚われると、大切なものを見落としてしまうことになる。

　無論、守秘義務は決してないがしろにされていいものではない。スクールカウンセラーも教師も心して守るべき重要な義務である。だが守秘義務が破られて、来談者を傷つける場合と同じくらいに、スクールカウンセラーが「秘密」として専有していたために、対応に失敗が生じている危険が

潜伏していることに、スクールカウンセラーは思いを致さなくてはならない。

そして「守秘義務」という言葉が脳裏に浮かんだときには、それによって守られるのは、子どもたちや事例に関与する人々であるのか、それともカウンセラー自身なのかの自己吟味が行われると、事例の理解をさらに深める契機にもなる。

なお、スクールカウンセリング事業のスタート当初より話題にされることが少ないままにきたが、教師の側には、スクールカウンセラーに秘密を明かすことについての不安が、スクールカウンセラーが抱いたと同程度もしくは、より強くあり、多くの事実がスクールカウンセラーに伏せられたままになっているのが、学校現場における現実である。そのことへの連想を広げてみると、次に述べる「チームを組む」ことへの示唆が得られる。

チームを組む　個人面接を主とする一般のカウンセリングの場での守秘義務への対応は、スクールカウンセリングの場におけるよりもシンプルな問題だった。カウンセラーと来談者との関係と、カウンセラーと来談者以外の人々との関係の違いが、一般の個人面接の場では、カウンセラーにも来談者にも、周辺の人々にもかなり明確なので、カウンセラーは「秘密を明かさない」という原則に従って、まれに例外への対処について迷うだけですんだ。

だが学校という新たな仕事の場を得て、上述のように、カウンセラーは守秘義務のテーマについて、いっそうの検討を常時、求められることになった。学校でスクールカウンセラーは、チームの一員として仕事をすることになったからである。

学校現場でスクールカウンセラーが関与するチームには、いくつかの層がある。

──まず、心の教室相談員やヤング・アドバイザー、家庭訪問指導員などの、さまざまな呼称で雇用されている、専門家や準専門家もしくは素人による、教師以外のメンバーで構成される、心理的援助を専門的に行うチームである。学校によっては、心理学や教育学を学ぶ大学生や大学院生のボランティアなども加わる。

多くは自治体の教育委員会による雇用だが、最も専門性の高い職種とし

て、スクールカウンセラーがそのまとめ役や、場合によっては指導的役割を担わされることが多い。

ひとりの生徒に複数のメンバーが関わることになるので、スクールカウンセラーよりも、勤務時間数がはるかに多い心の教室相談員のほうが、生徒と、より深い心理的絆ができて、カウンセリング的関わりを果たすことになる場合がしばしば生じる。そして、「トレーニングすると下手になる」（神田橋條治　実践情報通信・マインディックス、4：1、1991）と言われるように、スクールカウンセラーよりも、まったくの素人である心の教室相談員のほうが、効果的関わりができる場合が少なくない。

また相談の相手を選ぶ権利は、子どもにあるのだから、「カウンセリングはスクールカウンセラーの業務」と主張しても、実際にはあまり意味を持たない。

そのような状況でのスクールカウンセラーの専門性とは、カウンセリング的関わりをしているチームのメンバーに、今後、予測される事態についての対応をアドバイスすることにある。たとえば、生徒の恋愛感情の高まりや、精神疾患発症の危険や、保護者や教師との連携において齟齬を来たす危険性などが、近い将来に予測されるのであれば、その事態についての見立てを伝え、対処法をともに検討しておくことである。

相談を受けているメンバーがすでに心理的に巻き込まれていて、今後、危険な状態が予測される場合には、教師や他のチーム・メンバーの協力を要請することも必要である。その判断と対応の工夫に、スクールカウンセラーの専門性が生かされる。

そしてそのとき、スクールカウンセラー自身が行っている行為が、チームの仲間としてのアドバイスなのか、それとも指導的立場としてのスーパーヴィジョンなのかの区別を、スクールカウンセラー自身の内で自覚しておくべきである。スーパーヴィジョンとして行うのであれば、誰からのどのような依頼に基づくのかについて、その根拠を明確に意識しておく必要がある。

また、そのような状況では、スクールカウンセラー自身の内にある「立場を失う不安」が、無意識裏に作用することが少なくない。そのこころの動きを自覚できていることが、心理臨床家としての専門性である。

　――次に、教師を含む職員全員を一つのチームとしてとらえ、そのメン

バーのひとりとしてのスクールカウンセラーについて考える。

学校は日々の課業とともに、年間計画によって動いているので、スクールカウンセラーも大体の学校行事を把握しておくと、活動がスムーズに行く。

たとえば体育会の前の数週間は、全校が準備と練習であわただしい。体育科の教師は生徒指導も担当していることが多いので、この時期に落ち着いて話し合いの時間を持つことが難しいうえに、生徒は浮き足立っているので、事故が起こりやすい。スクールカウンセラーが全体に目配りしておくと、多忙な教師を側面から援助できる場面が少なくない。

また体育会の練習を見学している生徒はいろいろと困難を抱えていることが多く、見学テントの中で一緒に過ごすと、後々の援助のヒントがたくさん得られる。

新学期、合宿指導、定期考査の前後、夏休みの部活動の対外試合や発表会の前後、合唱コンクールや芸術活動などの学校行事は、児童・生徒の心理状態にさまざまな影響を与える。修学旅行の前は、経済的な不安のある家庭の生徒は、内心に動揺を抱えていることがある。受験期が近づくと、３年生の担任は進路指導や内申書の記載、願書の準備や提出などの気を遣う仕事の連続で、疲れ果てている。

そのような外的な刺激要因を把握して、子どもたちのこころの理解に役立てることができるのが、スクールカウンセラーが個人心理臨床の場から飛び出して、学校現場に配置されたメリットの一つである。学校全体の大まかな流れを知り、生徒のみならず、教師の心理的状況を把握しておくことは、学校チームの一員としてスクールカウンセラーが仕事をしていく上で、案外、重要なポイントである。

──そして、相談事例に直接、間接に関わる人々で構成されるチームがある。

このチームに参入したスクールカウンセラーがまず、なすべき仕事は、それまで関与してきた人々が、どのような自助努力を行ってきたかについての詳細を把握し、理解することである。

新たな働きかけは、必ず波乱をもたらす。特に「心理臨床の専門家」という位置づけからの働きかけは、人々に問答無用の働きかけとなりがちなので、事態の詳細が把握できて、スクールカウンセラーがチームの一員と

して定着するまで控えるほうが無難である。

　それまでの、関与してきた人々の自助努力をつぶさに把握し、理解しようとするスクールカウンセラーの働きかけは、必ず、自助努力の中の有効であった部分の発展を促し、無効であった部分を後退させていく。

　「理解」や「受容」の効果はそれであり、時間がかかったり、行きつ戻りつしたりしていても、全体の矢印が進展の方向にあるなら、諦めずにこの作業を続ける。だがその方向にないなら、カウンセラーの理解や受容の働きかけが、「迎合」になっているということである。

　矢印の向きの判断が難しいが、コスモスの光を求めて伸びていくありように似たものが、チームの中に透けて見えてくるようになるかどうかが、その目安となる。

　それは、メンバーそれぞれの遺伝子プログラムが甦ったような感じであり、その人らしさが生き生きと動き出す様が見て取れるような感じである。そして新しい、意外な動きであっても、「なるほど、この人は本来、こういう人だったのか」と発見する気持ちが、こちらの内に起きてくるときには、一見、後退しているように見えても、矢印の総体は自助努力の有効な部分を発展させる方向に向いている。それは第１節で述べた「こころの健康さ」と共通するものである。

　この段階を経て、もしくはこの段階に並行して、スクールカウンセラーの経験や専門知識に基づく対処のアイデアを提案し、実行していくと、混乱が少なく、効果をあげることができる。

　そして、このチームの活動において忘れてならないことは、事例の当事者、すなわち子ども自身をチームのメンバーに加えることである。たとえスクールカウンセラーが子どもに会うことができない状況であっても、スクールカウンセラーの意識の中で、子どもをメンバーの一員としておくと、事例の展開を支えることになる。

　たとえば不登校のテーマについて、本人に働きかけようとするときに、「あなたの将来について、どう考えているの？」と問いかけると、混乱を引き出すばかりになる。だが「将来の○○さんについて、現在の○○さんはどう考えているの？」という問いかけは、本人の中に、事態を客観的に見る姿勢を無意識に引き出すので、アイデアが出てきやすい。

　これは神田橋の言う「三角形の対話」（『治療のこゝろ巻六』1996、『対話精神

第２節　スクールカウンセラーの仕事

21

療法の初心者への手引き』1997、どちらも花クリニック神田橋研究会）の援用であり、将来の〇〇さんについて、ともに考えるチームのメンバーとして現在の〇〇さんを迎え入れているということである。

同じように、それぞれのテーマに応じて、「喫煙をする〇〇さん」、「いじめに遭っている〇〇さん」、「自殺したくなる〇〇さん」などについて、一緒に考える「今、ここにいる〇〇さん」をチームのメンバーに迎え入れるセンスをスクールカウンセラーが持っていると、他のメンバーの助力の意図も引き出しやすくなる。

このやり方は、子どもの健康度が高い場合に、テーマへの本人の参加意識を高めるだけでなく、万が一、精神疾患などの病理を抱えているような子どもの場合にも、医療機関への紹介などについて、ともに検討する関係を作り出しやすい。

スクールカウンセラーの居場所

スクールカウンセラーは事例に対応するチームの一員であると同時に、子どもたちを取り巻く大人の一人であり、子どもたちにとって日常的に出会う現実的環境の一員でもある。このことが、スクールカウンセラーと他の領域で仕事をする心理臨床家との決定的相違点である。

そして、そのことを明確に意識し続けていることが、心理臨床家であるスクールカウンセラーの専門性であり、カウンセリングという非日常と日常のあわいで機能するスクールカウンセラーと、現実的環境を構成する他の人々との決定的相違点でもある。

二つの相違点を踏まえて、よりよく機能するスクールカウンセラー像を求めて、かしまはあえて相談室から出て、現実の関係の中に積極的に身を置くスクールカウンセラーのあり方を模索する試みを行った。

スクールカウンセラーになって3年目に、新たに勤務することになった中学校において、「職員室常駐を原則とするスクールカウンセラー」というあり方を、「実験として」学校に提案し、実行したのである。

必要最小限の個人面接は相談室で行うが、原則として勤務時間のほとんどを職員室や、ときには保健室、校内のあちらこちらで過ごし、教師コンサルテーションを日常的場面で行うことを、スクールカウンセラーの業務として引き受けることにした。個人面接においても、来談者の承諾が得ら

れれば、担任や養護教諭に積極的に同席してもらうようにした。

　この提案は、前任校で筆者とともに仕事をした養護教諭や管理職（彼らが、自治体単費でかしまを雇用するように働きかけてくれたのだった）に、まず歓迎された。彼らの前任校で一緒に仕事をしていたときにも、かしまはなるべく職員室で教師と話し合う時間を持つようにしていたが、次第に個人面接の比重が高くなり、限られた勤務時間の中で、相対的に職員室で過ごす時間が短くなって、スクールカウンセラーとしては機能不全に陥っていたからである。

　養護教諭や管理職がかしまの提案を、他の教師に積極的に説明してくれたおかげで、職員室のほぼ真ん中に専用の机が置かれ、机の上には、養護教諭の心配りで、仕事に疲れた教師が自由につまむことができるように、チョコレートや煎餅を入れた小箱が置かれた。教師はお菓子をつまみに来たついでに、「こういう生徒がいるんですけれど」と相談のような、雑談のような話をし、かしまも対応の小さなアイデアで答えていた。

　間もなく、全員の教師との間に、親しい関係が出来上がって、かしまは校内を自由に歩き回り、授業をのぞき、ときには帰りの会に参加したりすることもできるようになった。

　その実験の経過を通じて、スクールカウンセラーと教師の関係が緊密になることは、スクールカウンセリングにとって、利益は予想したよりもはるかに多く、害は予想したよりもはるかに少ないことがわかってきた。

　利益の一つは、職員室にいるスクールカウンセラーに、「なんとなく」という雰囲気で教師が相談してくるテーマほど、内容が深いと、気づくことができたことである。

　スクールカウンセラーに手続きを踏んでコンサルテーションを求めてくるテーマは、すでに「問題」としての輪郭が定まっており、多くの場合、他の教師とも事態がある程度、共有されている。「どう対処したらいいのかわからない」という相談は、「対処法が問題」というレベルまでテーマが整理されており、教師の気持ちは、方法がわかれば対処できるというところまで達している。

　だが「なんとなく」の相談として、スクールカウンセラーに持ちかけられている話題は、対処法を自分の力で見出せない自身の教師としての能力や適性への不安であったり、同僚に相談できない自身の性格や、職場の雰

囲気などの、もっと曖昧で扱いにくく、自身の存在にまで関わるような深いテーマに関するものが含まれることが多い。

そのようなテーマを、カウンセリングとして、真正面から取り上げる必要があることはあまり多くない。職員室にいるスクールカウンセラーになんとなく話し、スクールカウンセラーもなんとなく聞いているだけで、多くの場合、整理がついていく。その整理によって、日常的に教師と接している生徒たちが得る利益は、週に数時間やってくるだけのスクールカウンセラーから直接、得る利益をはるかに上回る。

これは本来、先輩教師や管理職が果たすべき機能だという意見もあるかもしれないが、この場合の教師にとってのスクールカウンセラーは、生徒にとっての養護教諭と同じ位置にある。職場のラインから外れた、スクールカウンセラーの外部性が役立っているのである。内部の事情を理解しつつも、部外者であるという境界性が、教師が提示してきた深いテーマに寄り添うことを可能にする。

そしてもし、教師から話されたテーマの内容に、カウンセリングや医療の対象として取り上げる必要を感じた場合には、改めて、その対応をすればよい。

職員室に常駐して得た、もう一つの利益は、生徒や来談した保護者との関係がより安定したことである。

当初、「スクールカウンセラーが職員室にいつもいて、教師と親しく話している様子を見たら、生徒も保護者も『話が筒抜けになる』と心配して、スクールカウンセラーを敬遠したり、必要な話ができなかったりするのではないか」という危惧がなくもなかった。だが実際に、そういう状態になっていると感じることは、まったくなかった。

むしろ、教師の対応に誤りがあった場合には、保護者からも生徒からも率直に異議が伝えられる印象があった。また、教師批判に終始して、カウンセリングが進まないというようなケースにも出会ったことがない。たまたまそういうケースに出会わなかったのかもしれないが、かしまが自己検証する限りにおいて、職員室常駐の試みは、来談者とスクールカウンセラーの信頼関係に、よい結果をもたらしていると判断できた。

その理由はさまざまに推定できるが、おそらく、両親の関係が良好であるときに、子どもは安心して気持ちをありのままに表現できるという事実

と相似すると考えられる。

　生徒や来談する保護者にとって、教師とスクールカウンセラーは、父性的もしくは母性的な立場の人として位置づけられる。その両者の関係が安定しており、情報や意見の交換がスムーズであると確信できるとき、生徒も来談した保護者も安心して話をし、相談をすることが可能になる。

　不登校や問題行動など、スクールカウンセラーが対応する生徒の中には、不安定な両親の関係が影響していると考えられるケースが少なくない。また保護者面接の経験から、親である保護者自身も、不安定な両親の関係に傷つきながら成長してきた人々が少なくないと感じる。そのような人々にとって、教師とスクールカウンセラーが円満な関係を維持し、率直に意見交換をしている様子を目の当たりにすることは、安心感を与えはしても、不信感は生じにくいだろう。

　そしてもし、スクールカウンセラーが相談室にこもって、教師との関係を絶つならば、それは両親の関係に傷ついた子どもたちの心には、両親が家庭内別居している状態の不安を、無意識のうちに連想させるものになるかもしれないとさえ思う。

　さらに守秘義務についても、「お父さん（お母さん）に内緒」と打ち明ける子どもの気持ちと重ね合わせて、考えることができる。子どもが最も望んでいるのは、父親（母親）に秘密が伝わらないことではなく、秘密を聞いて、心配をし、母親（父親）にアドバイスをしながらも、対応は任せることができる父親（母親）の態度であり、両親の信頼関係だと考えると、守秘義務についても、より実りある議論ができそうである。

　なおスクールカウンセリングの場においても、一対一のクリニック・モデルでの対応が必要と思われるような重篤なケースに出会うことは、もちろんある。だが、そのようなケースに、友だちやわが子が通う学校の中で、クリニック・モデルで対応することが適切なのかという疑問が残る。また、かなり重篤なケースでも、上に述べたようなオープンな状況での対応が、より効果を持つ場合も少なくない。

　もしクリニック・モデルが不可欠なケースだと見立てたら、スクールカウンセリングの場で対応するには限界のあるケースであり、そのようなケースは学校外の相談機関や医療機関に紹介するのが適切である。その見立てや外部機関につなぐ技能が、スクールカウンセラーの専門性である。

スクールカウンセラーは学校にいるカウンセラーである。スクールカウンセラーの居場所は学校であり、校内に自由に居場所を見出すことができるスクールカウンセラーでありたいし、それを受け入れる学校であってほしいと願う。

逆らわず、流されず　学校の文化は教え、指導する発信の文化である。それに対して、心理臨床の文化は傾聴し、理解する受信の文化だと言える。両者が出会ったとき、本来、アクティブな志向を持つ学校文化に、パッシブなありようを本質とする心理臨床の文化が飲み込まれてしまうのではないかという不安が、心理臨床家の側に生じたとしても、無理のないことだった。

加えて、ほとんどの自治体の教育委員会が作成している「スクールカウンセラー活用事業実施要項」などの書類には、「スクールカウンセラーは、校長の指揮監督下に業務を行う」と明記されている。すなわち、スクールカウンセリングにおいて、カウンセラー固有の心理臨床の文化は、その成り立ちから学校文化の下位に置かれるように定められている。

かしまはスクールカウンセラーの仕事を始めた頃、教師の研修会に講師として招かれて、開始に先立って、教師全員が起立した場で、代表の教師から「ご指導ください」「ご助言ください」という挨拶を受けるたびに戸惑っていた。その戸惑いは、「指導」「助言」という学校文化に飲み込まれる不安に起因するものだったと内省する。

一方、学校の側も、初めて受け入れる教師以外の専門家に不安を感じていた。特に心理臨床の「受容」の文化が不安を引き起こした。「受容」が、学校文化の主軸の一つである「指導」と相容れない、と受け取られていたからである。「何でも受容していたら、指導なんかできないじゃないか」という、教師の戸惑いの言葉を、かしまも何度か耳にした。教職員を対象としたカウンセリング能力向上の研修会が盛んだが、参加した教師にはその後、「受容」と「指導」の間で葛藤する人々が少なくない。

だが、「受容」は「指導」に対立するものではない。「受容」は心的現実の範囲にとどまるものであって、行動の領域にまで侵襲するものではないからである。受容しつつ指導することは可能であり、指導しつつ受容することも可能である。「人を殺したい気持ち」を理解し、受容しつつ、「人を

殺さないように」と指導することは可能である。

　もしカウンセラーが「受容」を行動の領域にまで広げて、「指導」と一致させようとするならば、それは心理臨床で言うアクティング・アウト（16ページ参照）をカウンセラー自身が行っていることになる。すなわち、指導と「一致させる」という行動をすることによって、「受容」するこころの動きや、受容にまつわるこころの動きについて、本来なら、こころの内側で進むはずだった省察を、カウンセラー自身が中断し、阻害していることになるのである。

　「受容と指導が共存し得る」ということに象徴されるような、心理臨床の文化と学校の文化の共存を教師に伝え、理解を得る努力が、スクールカウンセラーが学校で機能するうえで求められる。その要諦は「逆らわず、流されず」と考える。

　逆らう動きには、必ず反撃の力が加わり、緊張が生じる。緊張は動きを不自由にする。教師は教師の文化に従って動くのが自然であり、学校は学校の文化に従って動くのが自然である。スクールカウンセラーもカウンセラーの文化に従って動きつつ、かつ学校で機能する以上は、学校の文化に従って動くのが自然である。二つの文化を両立させるありようが、「逆らわず、流されず」である。

　たとえば無気力な不登校の生徒に、スクールカウンセラーがカウンセリングで話を傾聴し、気持ちを受容して、共感的に応答して、登校する意欲を引き出そうと試みている最中に、いっこうに改善しない事態にたまりかねた教師が、生徒を叱責して、無理やり、登校という行動を引き出そうと働きかけるというような出来事は、スクールカウンセリングの現場でしばしば起こる。

　そのとき、叱責した教師に対して、スクールカウンセラーが否定的になれば、それは「逆らう」動きである。あるいは、教師の叱責に同調して、カウンセリングでの対応を放棄するならば、それは「流される」動きである。

　否定せず、教師の行為を、生徒を思う当然の気持ちの表れとして評価し、認めたうえで、「さまざまな人に、さまざまな対応をしてもらうことが、子どもたちには必要。社会に出れば、さまざまな人がさまざまな対応をしてくるのだから」というような言葉を添えるならば、スクールカウンセラ

ーは逆らったことにも、流されたことにもならない。

「さまざまな対応」のうちには、教師の叱責による対応と同時に、スクールカウンセラーによる教師とは異なる対応も含まれるからである。

実際のところ、社会では、人によって対応が異なるのが当然であり、同じ人でも日によって違う対応をすることなどは、日常茶飯事である。子どもたちは、いずれそういう制御しがたい社会の波に洗われることになる。

一方、学校の生徒指導の基本となる概念の一つに、「教師の共通理解に基づく指導」がある。教師全員が同じ理解に立って、一貫した指導を行おうとする姿勢である。いまだ成長段階にある子どもたちに、指導を徹底するための方策であり、教師のチームワークを支えてきた概念でもある。これは学校という教え、育てる場において、非常に有効な概念である。

そこでスクールカウンセラーがもし、心理臨床の文化を共通理解として、教師にもカウンセラーと同じ対応を求めるならば、スクールカウンセラーは学校の「共通理解」という文化に流されたことになる。

そして実は、学校の中でも「共通理解」が実効性を持つのは、ごく限られた場面においてのみである。人のこころは「共通理解」でくくることができるほどに単純ではない。だが有効で強力な方法がしばしばそうであるように、「共通理解」も金科玉条となって、教師のこころと行動をしばり、学校を窮屈な場にして、学校文化を硬化させる。

硬化したものに対しては、必ず、それを破砕しようとする動きが起きる。また硬化したものは脆く、崩れやすくなる。そこに、学校の文化と心理臨床の文化とを両立させようとするスクールカウンセラーの「逆らわず、流されず」のありようは、学校文化の硬化した部分を柔らかく揉みほぐして、学校という場の再生の一助となりうる。

「逆らわず、流されず」とは、定点に立ち止まり続けるということである。人は、指標となるものがなしに、定点に立ち止まり続けると、自身の位置がわからなくなる。人間観なり、よって立つカウンセリング理論なり、教育論なりが指標になるかもしれない。

指標となるものがない場合には、ときどき、少しだけ逆らってみたり、少しだけ流されてみたりすると、自身の位置を確かめることができる。逆らって、周囲からかかる負荷の程度を量ったり、流されて、周囲の景色の見え方の変化を知ったりすることで、今、立っている位置がわかる。

さらに言及するなら、指標そのものが変化したり、指標と自身との関係が変化したりしたときに、立つ位置も自ずと動いていくものだが、外的な指標を絶対としていると、その変化に気づきにくい。外的指標を絶対とすることは、ときとして妄信になる。

　そこで外的指標を基準とするよりも、自身が少し逆らってみたり、流されてみたりすることで、今、立っている位置を確認し続けるほうが、大きな間違いが生じにくい。加えて、自身のからだを通して得る位置感覚を研ぎ澄ますことは、対話の相手が今、立っている位置を正しく把握するセンスを鍛える。

　モデル32の神田橋コメントにおいて、"関与しながらの観察"について神田橋が述べていると同じような言葉遊びを「逆らわず、流されず」についても行ってみると、日常のスクールカウンセラーとしてのあり方を振り返ることができる。かしま自身は、自覚していたよりも「逆らって、流されて」いたり、「逆らわず、流されて」いたりすることが多く、「逆らって、流されず」にいることが難しいと気づいた。

スクールカウンセリング文化の創生

　第1節の冒頭で述べたように、カウンセリングという言葉自体がわかりにくい上に、カウンセリングで用いられる用語も、わかったようで、わかりにくい。わかりにくいものは人の心を不安にさせるので、わかりやすいものにいずれ飲み込まれていく。

　スクールカウンセリングの場において、心理臨床の文化は早晩、学校の文化の中に飲み込まれていくだろう。

　飲み込む、飲み込まれるという「食べる」行為に関連するメタファーに沿って、さらに連想を進めるならば、飲み込まれたものは、飲み込んだものの内側で消化され、元の形を失って排泄されることになる。だが、飲み込まれた側の基本要素は栄養素となって、飲み込んだ側の中に取り込まれ、飲み込んだ側の細胞やエネルギー源となって、新たないのちを形成することになる。飲み込まれた側の基本要素が、状況によっては、飲み込んだ側の遺伝子に働きかけて、その本質をも変化させる場合があるかもしれない。

　飲み込まれた側が、飲み込んだ側の一部となって、新たないのちを得て、その本質を成すものとなるということは、異なる文化が出会って、新たな

文化が創生する過程のいずれの場合にも共通するメタファーである。

スクールカウンセラーの導入は、あたかも外側から学校文化に衝撃を加えるかのような印象を人々に与えたが、そのようなありようは、心理臨床の本来の文化に反する。受容し、共感することで、来談者の内側でもつれた糸がほぐれ、新たな整合性が生まれていく過程にともにあるのが、心理臨床の本来だろう。外からの衝撃ではなく、内からの崩壊と再生を目指すのがカウンセリングだと考えると、飲み込まれるありようは、心理臨床の文化の本質に沿う。

心理臨床の文化が、学校の文化の健康に資するような要素を多く含むものであるように努めたいと思う。

触媒としてのスクールカウンセラー

心理臨床の文化は、いったん学校文化に取り込まれて、その後、両者の融合によるスクールカウンセリングの文化が創生することになるだろう。創生する文化は、どのようであるのが望ましいのだろうか。それを考える手がかりとして、触媒としてのスクールカウンセラーというありようを提案したい。

かしまは前述のように、自治体雇用のスクールカウンセラーとしてスタートしたが、その際、限られた勤務時間数で機能する工夫の一つとして、ある小学校からの求めに応じて、出張コンサルテーションという試みを行った。

小学校を訪問できる時間数は限られていたので、たまにやって来るスクールカウンセラーの話を聞いてみたいと思われたのだろう。相談事例の子どもの担任だけでなく、同学年の教師や、手の空いた教師も同席していた。

その子どもについて、複数の教師の見解を聞くことができて、かしまは理解を深めることができて助かったが、加えて、かしまが提示した子どもを理解するヒントや臨床心理学からの知見、対応の小さなアイデアに対して、参加した教師から、あれこれと意見や、対応についての新たな提案が出されはじめた。重層的な理解が共有されるようになって、部外者である、かしまの介入が、教師相互の意見交流を触発した印象があった。

さらに回を重ねるごとに、その子どもの仲良しを担任している教師、あるいは兄弟姉妹児の担任などが参加するようになり、その際の雰囲気から、

かしまが学校にいない間も、職員室の日常的な場で、教師相互のコンサルテーションが活発に行われるようになっている様子がうかがわれた。
　それまでも教師は、子どもたちを巡る問題や対応のあり方について相談し合っていただろうし、部外から講師を招いて、指導を受ける機会も多かっただろう。だが、学校内の様子や地域の状況をある程度、把握しており、単発的にではなく、継続的に関わり続けるスクールカウンセラーからの助言や提案は、かつてない新鮮な刺激となって、教師の意欲を引き出すものだったらしい。
　教育学の隣接領域である心理臨床学の知見は、それまで教師たちがなんとなく感じ取ってはいても、うまく把握できずにいたものを言語化する。新たに得た知見は教師の意欲を刺激して、潜在的に持っていた子どもに関わる能力、関わりを工夫する能力を引き出す。言語化されたものは、職場を共にする仲間の教師の間で共有を可能にするので、ひとりの教師の能力の開花は、他の教師の能力の開花を導いていく。
　それは、似ているが異なる視点からの言語化は、新たな連想を次々と引き出すというメカニズムによる。引き出された連想はアイデアを生み、アイデアが生まれれば、意欲が高まる。そういう、ひとりの教師のこころの中に生じた連鎖反応は、さらに教師と教師の関係における連鎖反応を導くものとなり、いずれは学校全体に連鎖反応を引き出す。もしかしたら学校文化にまで、その連鎖反応は及ぶかもしれない。
　そこで引き出されたものも、引き出された結果、生じたものも、本来、教師が備えていた能力であり、資質である。スクールカウンセラーは、その変化を促進したに過ぎない。そしてこの「触媒」としての機能が今後、スクールカウンセラーの主要な役割として位置づけられるようになるだろう。
　触媒としての機能を果たしていくには、スクールカウンセラーに、従来の心理面接で蓄積してきた専門技能に加えて、「学校」という集団に対して機能する技能が求められる。的確な助言ができる心理臨床に関連する分野の専門知識のみならず、教師集団と生徒集団の両方を視野に入れながらの、スクールカウンセラーとしての専門技能が求められるのである。
　その専門技能は、心理臨床家がこれまで蓄積してきた技能の延長上にあるものである。スクールカウンセリングの場を得て、心理臨床家はさらに

厳しい研鑽を求められているが、それは心理臨床領域全体のレベルアップにつながるチャンスである。スクールカウンセリングの文化の創生はおそらく、心理臨床の新たな文化の創生の契機となる。

トレーニング　心理臨床のトレーニングの中核は、個人スーパーヴィジョンである。スクールカウンセリングにおいても、個人面接は主要な業務の一部なので、個人とのやり取りに焦点を当てた個人スーパーヴィジョンは有効であり、必要である。

一方でスクールカウンセリングは、チームを組んで、集団とともに、集団を対象として仕事をするという特徴を持つ。集団にまつわる仕事について、マンツーマンのスーパーヴィジョンだけで学ぶのは、効率が悪いだけでなく、いくつかの側面について学ぶ機会を失うことにもなる。

しかも医療の現場などと異なって、ひとりで勤務する職場であり、同僚や先輩の仕事ぶりから学ぶ機会も得られない。さらにもう一点、医療の現場と大きく異なるのは、一緒に仕事をする教師集団が、仲間であると同時に、教師集団から相談を受け、コンサルテーションもするので、業務の対象にもなるという点である。

そのような複雑な状況で仕事をするスクールカウンセラーのトレーニングにおいては、職場で勤務する先輩スクールカウンセラーの仕事ぶりを実際に、間近で見て、学ぶ機会を得ることが欠かせない。すなわち、一般の企業や組織でごく普通に行われている人材育成の手法であるOn the Job Training（OJT；仕事の現場で、実務を通じて行う教育訓練）を、スクールカウンセラーの現場に導入する必要がある。

これまで心理臨床の業務が密室でのカウンセリングを主体としてきたために、研修は、講義によるものや、個人もしくは集団、あるいは公開のスーパーヴィジョンなどに限られていた。これらはすべてOff the Job Training（OffJT；仕事の現場を離れての教育訓練）である。

On the Job Trainingをスクールカウンセラーの現場で行っていく具体的な方法としては、複数のスクールカウンセラーが同じ日に勤務できるのが理想的だが、行政の財政上、難しい。そこで、多くの自治体が導入している心の教室相談員制度などを利用して、スクールカウンセラーを核とするチームによる援助活動に加わり、学校現場で実際に体験学習する方法があ

る。

　このとき、心理臨床業務の特性を踏まえて、個人スーパーヴィジョンを受ける場合と同様に、個々の研修希望者が、自己の資質に合う先輩スクールカウンセラーを選んで、そのスクールカウンセラーが勤務する学校に研修の場を求めるようにしたい。

　個人を対象にする面接室での心理面接の陪席が可能な状況はかなり限られるが、スクールカウンセラーの仕事はこれまで述べてきたように学校全体に広がっているので、On the Job Trainingの場は幅広い。

　生徒との関わり方をはじめとして、教師との関係の持ち方、職員室での日常的コンサルテーションや生徒指導委員会での発言のありよう、教師と生徒の関係への介入の仕方、校内の人間関係への気配りなど、1日の仕事をともにすると、さまざまな陪席体験を得ることができる。

　陪席したスクールカウンセラーによる個人あるいはグループ・スーパーヴィジョンを受けることができれば、業務の体験を共有しているので、より現場に即した的確な指導を受け、生徒や学校への理解を深めることができる。

　かしまは神田橋の診療の陪席を長期にわたって続けてきたが、スーパーヴィジョンや講義では得られない臨床センスを学び取ることができた。個人スーパーヴィジョンで神田橋から学ぶ内容も、より正確に理解できていると思う。

　神田橋自身もまた、若い頃から幾多の先達に陪席を求めて、面接技法の修練の場としてきたが、古稀を過ぎた現在もなお、漢方治療について、指導者の陪席をして、研鑽を続けている。

　心理臨床の修練に陪席体験は不可欠だが、従来の個人面接では実現できる場が限られていた。スクールカウンセリングにおいて陪席の体験者が増えるとともに、その効果が広く認識されるようになると、スクールカウンセリングのみならず、心理臨床分野全体のレベルアップに貢献することにもなるだろう。

まとめ

　スクールカウンセラーは、学校が初めて外部から受け入れた専門家だった。日本の学校制度の100年余りの歴史の中で画期的なことであり、広く注目を集める出来事だった。

　新興の専門家が注目を集めるときにはいつもそうであるように、スクールカウンセラーの仕事もまた、「お手並み拝見」という厳しい目にさらされながらのスタートだった。その厳しさが、容易に緩むことはないだろう。一人ひとりのスクールカウンセラーが、それぞれの現場で実績を積み、学校の一員として受け入れられ、なじんでいく努力を重ねていくしかない。

　今後、スクールカウンセリング制度は幾多の変遷を経ていくだろうが、スクールカウンセラーが日本の学校文化の中で不可欠の存在として機能していくことは間違いない。注目を集める時期から、基盤を担う一員として、堅実な活動を求められる時代を迎えつつある。

　学校は子どもたちが育つ場であり、その場をしつらえるのは教師である。スクールカウンセラーはその活動を陰で補助する黒衣のような存在であり、スクールカウンセラーの動きが注目されるなら、それは専門家として、技術の修練がいまだ不十分だということである。

　「スクールカウンセラーのおかげで」という言葉を、スクールカウンセラーへの賛辞と受け取ってはならない。教師それぞれが本来の力を発揮し、子どもたちの生命があるべき姿であり、その陰でスクールカウンセラーが機能しているならば、そのときの言葉にされない感謝が、スクールカウンセラーへ与えられる最大の賛辞だろうと思う。

第2章　教師との連携

概説

概　説　教師と連携するのはスクールカウンセラーではない。教師と連携するのは、直面する問題に、その子なりに対処しようとしている子どものこころである。その連携ができるだけスムーズに進むように、側面から援助するのがスクールカウンセラーの仕事である。

そして友だち、保護者、仲間の教師やその他の機関など、周辺の人々の力を活用し、教師と子どもの連携をサポートするネットワークを作っていく工夫が、スクールカウンセラーの技術となる。

スクールカウンセラーは黒衣であり、添え木であり、できるだけ早く用済みになるように努めるのが本来である。神田橋（1990）はリエゾン活動における精神療法家のありようとして、「異物としての専門家は、これまで努力してきた主体の自助活動を障害することがないように気配りする」のがよいとしている。スクールカウンセラーの基本姿勢だと理解する。

したがって相談室での面接以外での、わずかな関わりを介して機能する技術が、スクールカウンセリングにおいては、より重要になる。モデル1の保護者召喚の場面での補助、モデル2の緊急の判断を求められた養護教諭へのサポート、モデル3の保健室での生徒との短い関わり、モデル4の担任との立ち話コンサルテーションの中に、その例を示した。

また教師がすぐに使える技術や心理臨床関連の専門知識を提供することによって、スクールカウンセラーは教師の自助努力を損なうことなく機能できる。モデル4では場面緘黙への対応、モデル5では過換気発作や失立発作などの身体化症状への対応、モデル6ではフラッシュバックについて、モデル7では精神疾患の見立てと対処、モデル8では学級復帰の段階的サ

ポート、モデル9では了解困難な事態への対応、モデル10では教師の役割分担方式という、筆者の技術や専門知識を教師に提供した例を、それぞれに示した。

筆者が提供した技術の多くは、教師と対話しているその場で思いついたアイデアである。臨床心理の経験が学校現場で生かされるには、日常から学校の文化に触れ、理解を深めておく必要がある。

モデル11に示したように、スクールカウンセラーは教師と保護者あるいは生徒との橋渡し役として機能する場面が多いが、ときとして板ばさみにもなる。そのようなとき、学校の文化とどう折り合いをつけていくかというテーマは、多くの教師が長く悩んできたことであり、スクールカウンセラーも悩みを共有していく必要がある。その一端を教師と保護者の橋渡し役として機能したモデル1、教師と保護者の間で迷い続けたモデル9とモデル12に示した。

また守秘義務の問題は、対応のあり方によっては、教師とスクールカウンセラーの信頼関係を損なうことにもなりかねない。ケースを通じて、スクールカウンセラー個々が考えを整理していく必要があるが、モデル6では緊急の対応を求められた場合について、モデル12では当事者の事例理解に役立つと思われる重要な秘密への対応について、モデル2では秘密の内容について、モデル13では守秘義務とスクールカウンセラーの機能の案配について、モデル14では守秘義務の捉え方について、モデル15では当事者の特性に応じた守秘義務への対応について、筆者の考えを述べた。

第8章躁うつ体質でも述べているが、教師という職業を選択する人には、その仕事の特性から躁うつ体質者の比率がかなり高い。モデル14、16、17に登場した教師は、子どもと意欲的に関わるありようから、躁うつ体質だろうと筆者は推測した。

躁うつ体質者は人との関わりに天賦の資質を持つ。自己の働きかけによって、対象が利益を得ることが喜びであり、それが自身の精神的健康の源にもなる。躁うつ体質者の教師は、子どもに熱心に働きかけ、親密な心理的関係を築く能力に優れているので、特に小中学校において、優秀な教師となる。

だが親密な関係を築くがゆえに、躁うつ体質者の教師は、生徒との関係においてトラブルや困難に出会う危険も高くなり、スクールカウンセラー

が対応を求められることが少なくない。加えて躁うつ体質者は、その資質のゆえに、仲間はずれの状況に弱いという側面も持つので、スクールカウンセラーが介入した結果、かえって事態が混乱したり、仲間はずれの状況への直面を避けようとして、教師が子どもとの関係から退いてしまう状況が生じたりしがちである。

　モデル2の解説で述べたように、スクールカウンセラーは子どもへの直接援助者の役割を振り当てられやすく、スクールカウンセラーも引き受けがちだが、配慮を欠くと、スクールカウンセラーが「抱え込む」という状況になる。そして、モデル16に示したような、現場での援助に齟齬を来たすことが少なくない。

　躁うつ体質者ならずとも、いったん、はずされた関係を再構築するには、かなりの心理的エネルギーを必要とする。スクールカウンセラーは、常にその生徒と教師の関係に自身がどのように作用しているかを意識しておくことが必要である。つまり教師と児童・生徒とが、これまで努力してきた自助活動を障害することがないように気配りするありようが、スクールカウンセラーの専門性となる。

　参考文献　神田橋條治　『精神療法面接のコツ』岩崎学術出版社　p.184　1990

model 001

保護者を呼び出した話し合いの場で、
教師とFaのつなぎ役として機能したSC

　　　　対象の生徒　中２男子Ａ男
　　　　相　談　者　担任　Fa

経過の概要と対処　　Ａ男はそれまで特に問題になるような行動はなかったが、１ヵ月前から、授業中に投げやりな発言をしたり、ホームルームでの話し合いにおいても、学級のまとまりをわざと壊そうとするかのような態度をとったりすることが増えていた。担任は機会を見ては声をかけたりしながら、気をつけて、様子を見ていた。筆者も職員室での雑談の折などに、担任から話を聞いていた。

　Ａ男の自宅は数週間前、一戸建てから小さなアパートに引っ越していた。自営業のFaの仕事がうまくいっていないらしいという噂が、誰からともなく、担任の耳にも届いていたが、Ａ男がそういう話をすることはなかった。その影響かと案じはしても、担任からそのような話を持ち出すことはできなかった。

　そうした状況の中でたまたま、全校生徒を対象に、学校生活についてのアンケートが実施された。いじめ問題への対応のために実施されたアンケートだったが、Ａ男は回答欄に「質問の意味がわからん」「こんなアンケート、意味がない」「バカ」などと乱雑な字で書いていた。それが集計の際に、他の教師の目に触れて、すぐに学年の教師が集まって、話し合いがもたれ、Ａ男に早急の指導が必要ということになった。

　担任は「家庭内の事情もあるようなので、まず僕が保護者と連絡を取ってからにしてほしい」と申し出た。担任がＡ男の自宅に電話をすると、Faが出た。状況の概略を伝え、「一度、会ってお話ししたい」と申し入れたところ、Faからは「家庭に問題があると言うのですか？」と硬い口調での応答があった。だがFaもＡ男の状態については心配していたようで、Faの仕事の都合がつく数日後に来校が約束された。

　その日はちょうど、筆者が勤務する日だった。相談室は宿直室だった部屋を改装したもので、家庭の居間のような雰囲気がある。Faの口調から、

担任は和らいだ雰囲気のある相談室を使いたいと考えたらしく、筆者に「面接の空き時間があったら、使わせてもらえないか」と頼んでこられた。たまたま空き時間があったので、了解すると、担任が大まかな経緯を話してくれた。そこで〈よろしかったら私も入りましょうか〉と言うと、担任は少しためらっている様子だったが、〈なるべく私は発言しないようにしますから〉と言うと、同席を承諾された。

やってきたFaは丁寧に挨拶されたものの、表情は硬かった。筆者が〈スクールカウンセラーです。週1日だけの勤務です〉と自己紹介すると、学校の関係者ではあるが、教師とは違う立場の人間だと、了解してくれたようだった。複数の人間が対応するので、一対多の関係にならないように、筆者は担任の横の座席を避けて、三人が三角形の位置になるように動いて、〈どうぞ〉とFaをソファに誘った。

担任がまず、A男の書いたアンケートを見せ、最近の学級での様子を伝えた。黙って担任の話を聞いていたFaの表情は、ますます硬くなっていった。担任は丁寧な口調で、事実をありのままに伝えようとしていたが、Faは息子の"問題"を指摘されていると感じているようだった。

そのFaの様子に、担任の表情も次第にこわばってきた。このままでは担任の真意が伝わらないと筆者は感じた。そこで〈担任はA男君のことを心配していて、自分が見落としている彼のこころの苦しみがあるのではないかと、私にも相談されていました。それで今日もわざわざ時間をとって、お父さんに来ていただいたわけです〉と言葉をはさんだ。担任がA男のことを"問題"としてではなく、"心配"として捉えていることが伝わるようにと、何度か繰り返して〈心配〉という言葉を用いた。

話すうちに、Faの表情が次第に緩んでくるのがわかった。Faは「実は」と話しはじめ、会社の経営がうまくいっていないこと、しかし自宅を売却して、当面の資金が調達できて、なんとか持ちこたえる見通しがついたことなどを明かした。そして「子どもに心配させたくなくて、A男には事情を話していませんでした。それがかえってよくなかったのかもしれません」と話した。

Faは胸ポケットから名刺を出すと、「A男がまた先生にご心配をかけるようなことをしましたら、いつでも電話をください」と携帯電話の番号を書き込んで、担任に渡した。担任への信頼感が生まれたのを感じた。筆者

はFaに〈熱心でこころの優しい先生ですから、A男君のことは何でも気軽に相談されるといいですよ〉と言い添えた。

　翌週、担任と廊下ですれ違ったとき、〈どうですか？〉と声をかけると、「お父さんと連絡も取れますから」という返事が返ってきた。一言だけのやり取りだったが、担任の表情は明るく、その後は支障なく経過しているらしい様子が感じ取れた。

　その後、他の教師から、担任が職員室で「助かった。スクールカウンセラーはこれからの学校に絶対必要だと思う」と話していたと聞いた。

その後　A男は次第に落ち着いて、担任に自分から話しかけてくるようになり、家庭の事情について、それらしいことを話すこともあった。3年になって担任は交代したが、旧担任が担当する生徒会の委員に、自ら立候補してなった。立候補など、かつてのA男にはなかったことで、周囲は驚いた。その後、志望した高校に進学していった。

解説　A男のFaは、自身が直面しているものを硬直した学校文化だと想定して、身構えていた。同じように働きかけても、教師の立場からでは、一対多の関係になって、Faの気持ちは緩まなかっただろう。スクールカウンセラーという教師に似て非なる立場からだったので、筆者の言葉がFaの心に届いた。

　似て非なるものの差は、こころの奥深くを揺さぶる作用を持つ。見かけが似ているほど、その効果は尖鋭になる。スクールカウンセラーが学校文化を揺さぶり、スクールカウンセリングの文化を創出できるとしたら、それは教師に似ていながら、教師とは非である姿勢をどれだけ維持できるかにかかっているのだろう。

コメント　A男の態度を"投げやり"と捉える味覚を担任が持っていたことが、決定的であった。"投げやり"とは目的のない感情の暴発であり、もはや内的葛藤を持ち続けられずに投げ出した、の意である。その点で非行と異なる。そのセンスでA男の言動に接した担任は、悲鳴に似た叫びを聞き取ることができた。担任とFaが、A男への共感を共有したとき、認識作業を業務の中心とする専門

家は不要となる。このモデルで、カウンセラーは"読み・見立て"という専門家としての中核の作業に専念した。つまり、このモデルはスクールカウンセラーの仕事の純粋形を提示している。(神田橋)

model 002
性的被害を訴える中学生に、養護教諭、心の教室相談員と連携して対処した過程

対象の生徒　中2女子B子
相　談　者　養護教諭　心の教室相談員Cさん　Mo

経過の概要と対処

B子は小学生の頃から仲間はずれにされることが多く、欠席も多かったが、6年生の担任とは気が合って、欠席も減っていた。中学入学後は、1年生の間は数日続けて休むことが何度かある程度だったが、2年生になると「いじめられる。無視される」と言うようになって、次第に欠席が増えた。夏休みが明けるとほとんど学校に来なくなって、担任に勧められて、Moが来談することになった。

Moは和服が似合いそうな美人で、来談するときはいつもきれいに髪を結い上げていた。「夜の仕事を始めた」と聞いたときには、てっきり接客業だと思ったほどだが、実際はパンの製造工場の仕事だった。職場にすぐになじみ、人手が足りないときには朝から勤務を頼まれることもあって、「1日に10時間以上も働くことがある」とうれしそうに語った。

B子の両親は数年前に離婚していた。Faはブランド衣料品メーカーで営業の仕事をしており、全国の大手百貨店を月単位で巡る生活で、営業先が近いときには、B子の家に泊まって、通っていた。Faが家にいるとき、B子の表情はよく、欠席も少なかった。Faを泊めることについて、Moは「夫婦のよりが戻ったわけではない」と強調した。何か事情があるようだったが、詳細は聞いていない。

B子の担任は中年の男性だった。担任が家まで訪ねてくることを「嫌だ」と言っているそうだったが、Moの話からは、心待ちにしている様子が感

じ取れた。そこで担任に伝えて、小まめな家庭訪問を勧めた。しばらくするとB子がMoに「学校に行ってみたい気もする」と言うようになった。ちょうどその頃、大学生数人による心の教室相談員が配置されることになったので、担任から相談室登校を誘ってもらった。B子は「教室に入りたい。相談室はさみしい」と言っていたが、次第に相談室登校をするようになってきた。

　筆者はたまたま相談室で勉強しているB子と出会ったが、華やかなMoの子とは思えないほど、地味な雰囲気の子だった。B子には兄がおり、Moは「兄は心配ないが、B子は何を考えているかわからない」と言っていた。卒業生である兄を知っている教師に聞くと、兄にはMoにそっくりの華やかな雰囲気があるということだった。

　3年生ではB子が希望した友人と一緒のクラスになり、欠席もほとんどなくなった。筆者はまだ終結には早いと思ったが、Moは登校するようになったので安心したらしく、「仕事が忙しい」と来談しなくなった。教室で授業を受けるようになっていたが、昼休みや放課後は必ず相談室にやってきて、親しくなった心の教室相談員と楽しそうに話している姿が見られた。中でも男子大学生のCさんに特別の好意を持っているようで、養護教諭も筆者も「あぶなっかしい」と感じながらも、見守るしかないまま経過していた。

　半年ほどたったある日、出勤して職員室へ行くと、養護教諭が待ちかねたように駆け寄ってきた。昨日、B子が保健室に来て、「家に出入りしているFaの仕事仲間の男性から、性的被害を受けている」と打ち明けたと言う。

　その男性のことは、筆者もMoから聞いて知っていた。「夜遅くまで、家でFaと話し込んでおり、家が狭いのでB子も私も眠れない。そのために朝、目が覚めなくて登校できない」という話だった。さぞ迷惑だろうと思ったが、MoはFaの仕事を優先しているのか、さほど迷惑でもない様子だったので、印象に残っていた。

　B子は被害の状況を具体的に話しており、まんざら作り話でもないと思われた。養護教諭は「秘密」とことわったうえで打ち明けられたので、うかつに生徒指導の場に持ち出すこともできず、しかし被害の状況を考えると放置もできず、どうしたものかと迷っていた。相談を受けて、筆者はそ

れまでの関わりから、B子がその被害について「秘密」にすることを望んでいないと直感した。

　そこで養護教諭に、Moに被害の状況を伝えることについて、B子の了解を得るように勧めた。養護教諭は「B子が拒否するだろう」と納得できない様子だったが、〈ともかく聞いてみるように〉と勧めた。養護教諭は早速、休み時間にB子を呼んで、話をしたが、「拍子抜けするほど、すんなりと承諾した」ということだった。

　養護教諭からMoに連絡すると、Moはぴんと来ない様子だった。しかし養護教諭の説得に、「B子が男性とふたりきりにならないように配慮する」と約束した。このまま終息する可能性もあったが、重大な事態に発展して、緊急の対応が必要になる場合に備えておく必要もあった。筆者は、養護教諭に〈とりあえず管理職へ報告を〉と勧めた。

　B子は保健室にもよく来ていたので、その後も養護教諭は、ふたりで話す時間をできるだけ持つように努めて、性的被害についてもそれとなく聞くようにしていたが、B子が話題にすることはなかった。確認すると、相変わらず、その男性は家に出入りしているということだったが、B子に特に変わった様子はなかった。

　訴えから1ヵ月近くが過ぎたある日、B子が好意を寄せている相談員の男子大学生、Cさんから筆者に相談の電話があった。B子が「教室の本棚の陰に小人がいる。その話し声が聞こえる」と言ってきたと言う。CさんはB子が接近してくる感じに困惑しており、気を引こうとして、幻覚のようなことを言っているのかと思う一方で、精神病を発症しているのではないかという心配もしていた。

　筆者は数日前にB子と会っており、そのときの印象から、精神病の危険について、早急に対処する必要はないように感じた。そこで、〈さらに変化があった場合には、すぐに養護教諭に連絡して、養護教諭からMoに受診を勧めてもらうように〉と伝えるとともに、距離を保ちながら見守っていく方策をCさんと話し合った。

　①B子に限らず、生徒が入室中はドアを閉めてしまわないこと、②精神病症状を含めて、身体に関する相談があったときには、原則として「養護教諭に報告しておく」と答え、養護教諭に報告すること、特に女子生徒の場合は原則を守ること、③「C君」と友だちのように呼ぶときがあるとの

model
002

性的被害を訴える中学生に、養護教諭、心の教室相談員と連携して対処した過程

ことだったので、「C先生」と呼ばせるようにすること、などのアイデアを出し合って、確認した。

その後 精神病を心配するようなエピソードが再現することはなく、希望した高校に合格して、卒業していった。高校でも、無事に過ごしていると聞く。

解説 虐待などの重大な事態が懸念されると、専門家に対応が求められることが多い。本モデルの養護教諭も当初は、筆者に引き継ぎたいと考えていたようであった。

だが緊急に加害者から引き離す必要がある場合などを除いて、多くの場合、子どもの現実生活を支える人々に対応してもらいながら、専門家はその後方で、全体に目配りしながら、援助者への援助に当たるのが望ましい。

深刻な事態であるほど、子どもを支える現実の関わりは脆弱であることが多い。子どもを永続的に支えるのは、現実をともに生きる人々である。専門家の介入はしばしば、それでなくとも希薄な現実の関わりを、さらに毀損する結果になる。

本モデルでは、現実の学校生活を共有する養護教諭をキーパーソンと位置づけ、その機能を援助することで、B子の現実検討力を支えた。

コメント 重大な情報を打ち明けられた人は、それを"秘密"だと決め込む。しかし今この時期にB子がその情報を打ち明けたのは何故か、養護教諭を相手として選んだのは何故かと問うてみることが大切である。B子に問う前に、自問してみることが殊に大切である。打ち明けるという行動はB子本人の対処行動であり、その意図の延長上に援助行動を置きたいからである。B子にとって性的被害はいじめの一種であり、大学生への恋心の方が"秘密"だったのである。秘密は擬似幻覚さえも生む。（神田橋）

model 003

マッサージで涙を流した様子をきっかけに、
生徒への認識が変化した養護教諭

　　　　　対象の生徒　中２男子Ｄ男
　　　　　相　談　者　養護Ｅ教諭

経過の概要と対処　その中学に配置されて、最初に出勤した日、養護のＥ教諭は全学年の気になる生徒一人ひとりについて、詳細な説明をしてくれた。それはデータというよりも、Ｅ教諭が関わった中で受けた印象であり、Ｅ教諭の物の見方が色濃く反映されたものだった。それだけにＥ教諭が生徒と関わっている様子がそのままに伝わってくるようであり、全校生徒の姓名とその担任をほぼ正確に覚えている事実とともに、筆者には好ましく感じられた。この数時間で、筆者とＥ教諭との間に連携の絆ができた。

　Ｅ教諭も筆者を好ましく思ってくれたようで、管理職にかけあって、職員室の真ん中に筆者の机を置くように計らってくれた。また他の教師と話がしやすいように、いろいろな話し合いの場に筆者を誘い入れてくれた。おかげで筆者は自由に校内を歩き回ることができるようになり、気になる生徒の授業中の様子を廊下から見たり、教室に入って、そっと話しかけてみたりすることも可能になった。筆者は保健室もよく訪ねて、Ｅ教諭と生徒の談笑に加えてもらったりしていた。そういう状況の中で、Ｄ男と出会った。

　ある日の昼休み、保健室に入っていくと、入り口近くのソファに男子生徒がひとり、うつむき加減に座っていた。それがＤ男だった。〈どうしたの？〉と声をかけると、Ｅ教諭が代わって「熱と頭痛で早退するので、Ｍｏの迎えを待ってるところ」と答えた。そして、さり気なく筆者の腕を取って廊下に連れ出すと、「あの子が例の、友だちの首にナイフを突きつけた子」とだけささやいて、何事もなかったように、保健室に戻っていった。

　数ヵ月前のそのトラブルについては、養護教諭と担任から概略を聞いていた。Ｄ男が放課後の教室で、同級生のひとりを後ろから羽交い絞めにし

て、首筋にカッターナイフを当てて「金を出せ」と言い、それを振り払おうとして、同級生が手にケガをしたということだった。大きな事故にもなりかねないことであり、厳しく指導が行われたが、日頃は特に問題を起こす生徒ではなかったので、「悪ふざけが過ぎた」ということで落着していた。

筆者はE教諭に遅れて、ぶらぶらと保健室に戻った。相変わらずD男はうつむいていたので、〈熱はどれくらい？〉と声をかけながら、額と後頭部を触ってみた。D男は黙っていたが、E教諭が「37.1度だったかな」と答えた。しかし後頭部は熱っぽいと言うよりも、ひんやりしていた。

そこで首筋や肩を触ってみると、がちがちに固まっており、ひどい肩こりのようだった。なんとなくマッサージをしてやりたい気分になって、首筋をもんでやった。イヤがるかと思ったが、されるがままにしているので、〈気持ちがいい？〉と問うと、小さくうなずいた。

中学生とは思えないほどにこっているからだがかわいそうになって、〈辛抱している、からだだね〉と声をかけながらマッサージをしてやっていると、ちょうど手が空いたE教諭が、D男の顔を見て、「あら、涙」と小さく声をあげ、ティッシュを手渡した。

保健室には数人の生徒がいた。他の生徒の前で、筆者は出過ぎたことをしたのかもしれないという思いがよぎった。同時に、D男が恥ずかしく感じているとしたら申し訳ないと思い、〈痛いことをしたね〉と周囲に聞こえるように声をかけた。そして少しだけマッサージを続けて、〈こうしておくとよく眠れるから、家に帰ったら、ゆっくり寝なさいね〉と言い置いて、職員室に戻った。

しばらくして、D男のMoが迎えに来た。保健室に向かって歩いてくるMoと廊下ですれ違ったので、〈スクールカウンセラーです〉と名乗って、〈ずいぶん辛抱しているからだ。中学生と思えないほどに肩こりがひどい〉と話しかけてみた。だが「ああ、そうですか」と他人事のような口調で返事があっただけだった。いきなり初対面の人間に声をかけられて戸惑っているのかとも思ったが、子どものからだを心配する母親の温かみがないようにも感じられて、もう少し話しかけたい思いが強くなった。だが事情を把握していない状況で、それ以上の深入りはためらわれて、結局、会釈をして、そのまま別れた。

E教諭がD男とMoを送り出して、職員室に戻ってきたので、筆者の印

象を伝えると、E教諭も「Moと話すといつも、SCと同じような感じを持つ」ということだった。E教諭はそれまでにも何度か、D男の様子についてMoと話し合おうとしてきた。だが身構えたような返事をされて、「『立ち入ってこないで』と言われている感じがしていた」と言う。

そしてE教諭は、筆者が保健室を出た後も、D男がぽろぽろと涙を流して泣き続けていたこと、昼休みが終わって、他の生徒たちが保健室から出ていくと、さらに激しく、小さな子どものように、しゃくりあげながら泣いていたことを話してくれた。

D男の成績は群を抜いており、得意の英語の弁論大会では見事なスピーチをやってのけた。運動能力も高く、体育会ではリレー競争のアンカーとして、大役を立派に果たした。だが生徒の間での評判はあまりよくない。E教諭は「彼の言葉にときどき、ぞっとするような冷たさを感じる」と言い、「こころを許せる友だちはひとりもいないのではないかと思う」と話した。

E教諭は、ナイフ事件以後、D男の様子を気にかけて見ていた。姿を見かけると必ず声をかけ、他の生徒に対するよりもはるかに多く、関わりを持っていた。だが、どうしても「かわいい」と思えないでいた。そのD男が子どものように泣いたことは、E教諭にとって衝撃であったらしい。いつになく真面目な表情で、「勉強になった」とつぶやいていた。

その後　1ヵ月近くが過ぎた頃、〈D男はどうしている？〉と聞くと、E教諭は「あれから保健室に来ないんですよ」と答えた。一言だけのやり取りだったが、口調から「来てくれたら、これまでとは違う対応をしてあげられるのに」という思いが伝わってきた。

解説　スクールカウンセラーが配置されるまで、生徒の心理面でのケアの多くは、養護教諭に任されてきた。現在、スクールカウンセラーが行っている仕事のほとんどは、養護教諭がすでに数十年にわたって研鑽し、実績を積み上げてきた分野だと言っていい。スクールカウンセラーはそこに、わずかな専門知識と、専門家としての対し方を持ち込んだに過ぎない。さらに、原則として一校にひとりの配置という共通点もある。スクールカウンセラーが、先達である養護教諭から学ぶべきことは非常に

model 003

マッサージで涙を流した様子をきっかけに、生徒への認識が変化した養護教諭

多い。E教諭と出会って、筆者はたくさんのことを学んだ。

"からだ"と"こころ"は常に通い合っている。身体面からのアプローチを主とする養護教諭と、心理面からのアプローチを主とするスクールカウンセラーとが連携できるならば、子どもたちの得る利益は相乗的に倍加する。

コメント　「触れあい」を大切にする考え方がある。その姿勢は正しいが、言葉としては「溶けあい」が好ましい。子犬たちがじゃれあったり、親犬に甘えたりしているのを見るとき、触れあっているのではなく、溶けあっているのだと思って眺めてみるといい。人はさまざまな垣根で切り分けられてしまっている。このモデルでは、職制、部屋という空間の仕切り、皮膚というからだを包むもの、37.1度という数字、そして何よりそれらの基盤となるさまざまな言葉が仕切りの垣根を作っている。人の生体は「溶けあい」に飢えている。（神田橋）

model 004
場面緘黙の女児についての短時間のコンサルテーションを生かした教師の工夫

　　　　　　　　対象の児童　小4女子F子
　　　　　　　　相　談　者　3〜4年の担任G教諭　5〜6年の担任H
　　　　　　　　教諭　教育相談担当I教諭

経過の概要と対処　小学校の職員研修会に招かれた帰り際、筆者との連絡窓口を引き受けてくれた教育相談担当のI教諭は、玄関まで見送ってくれる際にも、熱心にあれこれと質問してこられた。その中の一つが「緘黙の子どもにはどう対処したらいい？」という質問で、4年生のF子のことだった。担任のG教諭も一緒にいたので、立ち止まって話をすることになった。

　F子は入学当初からまったく話をせず、G教諭は3年生から担任して1

年以上が過ぎたのに、一度も声を聞いたことがない。Moは病弱で寝たり起きたりの生活をしている。Faは毎日帰宅できる仕事ではないらしく、G教諭は何度も家庭訪問をしたが、一度も会ったことがない。家庭の経済状態もかなり困窮しているらしいということだった。

概略を聞いて、厳しい状況にじっと耐えている少女の姿が浮かんだ。そこで〈きっと幼い頃から"物言えば唇寒し"を何度も体験してきたのだろう。言葉を介さなくても、思いは通じる、わかりあえるという体験を、しっかり積み重ねさせてあげることが必要だと思う〉と答え、学校でできることとして、担任との間で、ふたりだけに通じるサインを決めることを提案した。

何か困ったときや、授業でわからないときなど、たとえば机の定位置に消しゴムを置くなどのサインを決めておき、担任がそれに気づいたら、すぐにそばに行くということを、F子と約束するように勧めた。そして学校教育では、話さない子には話させるように指導する傾向があるので、〈緘黙の子どもには、話さないことを認めてあげることが指導の第一歩〉と言い添えた。

根気強い関わりが必要だろうから、教師が諦めないように、側面から支えるのがスクールカウンセラーの仕事だと、そのときは思った。だが立ち話でのコンサルテーションであり、F子の名前すら聞かなかったので、その後、筆者の記憶から、この出来事はすっかり抜け落ちていた。

数ヵ月後、同小学校のPTA研修会に招かれて話す機会があった。その際、〈子どもは土の中で芽を出そうとしている種のようなもの。どれだけ芽を出したかと確かめたくなって、土を掘ると枯らしてしまう。親にできることは、温かい光と水を注ぎながら、信じて待つことだけ〉と話した。まったく別の話題から連想して、そのように話したのだが、F子に関わっている教師らには、筆者の言葉がエールのように聞こえたと、後に知らされた。

学年末になって、別の事例のコンサルテーションで、その小学校に出向くことがあった。そして教育相談担当のI教諭から、担任らが、筆者の〈サインを決める〉という提案に「ハンドサイン」と名前をつけて、実行し続けてきたことを聞いた。その積み重ねの結果、「最近では、聞いてほしいことがあると、自分から担任に寄ってきて、シャツの袖を引っ張って、耳元でかすかに言葉が出るようになったんですよ」ということだった。

また担任が上手に誘って、誰もいない教室で作文の音読を録音し、それ

を学級で聞いてもらう体験をさせたということだった。筆者の、半年以上も前の思いつきによる短いアドバイスは、教師らの地道な努力によって生かされていた。

翌年、5年生からF子を担任したH教諭が、別の児童の件で来談した。ついでのようにF子の話題が出て、「またまったく話さなくなった」ということだった。「G教諭が担任していたときには、少し話すようになっていたので」と言い、指導力の限界に直面させられて、苦悩しているらしい様子が伝わってきた。「G教諭はSCに相談していたと聞いた」と言う様子から、F子が来談の本題だったのだろうと感じた。

H教諭は、G教諭から〈話させようとしないことが大切〉という筆者のコメントを伝え聞いたとのことで、日記でコミュニケーションを図っているということだった。筆者は〈よい工夫だと思う〉と評価したが、H教諭には焦りがあったのだろう。日記のコメントに、「話せなくなった理由は何?」と書いたということだった。

F子は「幼稚園のときに、『私に話しかけないで』と友だちに言われたから」と返事を書き、それから日記の提出が滞るようになった。入学前の出来事を理由に挙げることに、直面化を避けて、緘黙という状態を選択せざるを得ない、F子のこころのありようが示されているように感じた。

そこでH教諭の努力を評価し、焦りに共感しながら、筆者自身がH教諭の思いにゆっくりと接していくことで、直面化させずにゆっくりと接していくことの大切さを伝えることができればと思いつつ、ひととき語り合った。短時間の関わりだったが、H教諭は「徐々に内面に触れていくようにします」という言葉を残して、帰っていった。

それから数ヵ月が経って、教育相談担当のI教諭から、「F子が全校放送で話すことができました」という手紙を受け取った。「マイクから流れる声はとてもかわいらしく、初めて聞くF子の声に胸がいっぱいになりました」と書かれていた。

教室で発表するようなことはできないままだったが、数人の親しい友だちと話せるようになって、小学校を卒業していった。

その後 中学の教師によれば、2年生に進級した頃から次第に欠席が増えて、家に引きこもるようになった。担任やその中学に配置さ

れていたスクールカウンセラーが働きかけて、相談室登校をするようになったが、心の教室相談員として配置されていた、聴覚に障害がある女子大学生と仲良くなって、大きな声で会話をするようになった。それとともに、よく話すようになり、中学での様子しか知らない教師は、F子が緘黙だったと聞いて驚くまでになった。

3年生になると教室復帰を希望して、受験勉強にも意欲的になり、家庭の経済状態も好転して、志望した高校に進学していった。

解説　「症状」あるいは「問題行動」と呼ばれるもののほとんどは対処行動である。置かれている内外の環境に、ベストではないがベターな対処方法として、とりあえず選択された行動である。対処行動の結果は新たな環境となって、次の対処行動を促す。そのように事態を理解すると、対応のアイデアが浮かびやすい。

教師コンサルテーションの目的は、問題となっている生徒の行動が対処行動であるとの認識を共有することである。G教諭に対して筆者は、サインを決めるという提案などを通じて、F子の緘黙が対処行動だと伝えようとした。その後は教師のアイデアに基づく、教師自身の対処行動に任せると、自ら選択した行動であるから、実行する意欲が自ずと湧いて、事態が展開していく。

H教諭の場合は、さらに踏み込んだコンサルテーションとなった。生徒への働きかけについてのコンサルテーションは、スクールカウンセラーと教師の関係が、教師と生徒の関係の入れ子構造になるように工夫するとうまくいく。たとえば生徒の行動を受け入れることができない教師には、受け入れないことが、その教師自身の対処行動だとカウンセラーが受け入れていると、事態が自ずと展開する。人のこころはそういうふうにできているらしい。

コメント　一つの異常事態には数個の主要原因と無数の付加原因とがあるのが世の常である。それゆえ因果関係を解明しようとする作業は不毛であり、ときにはその働きかけ自体が主要原因を一個あるいは数個増やす結果となる。芋の葉の上にかたつむりを置き、水を振りかけてしばらく待つと、かたつむりは首を出し這いはじめる。

> すべて生きものはそうである。緊急事態ではさほどのんびりと対応するわけにゆかぬのは当然だが、緊急事態だとの早合点が多すぎる。（神田橋）

model 005
失立などの身体化症状を繰り返す女子中学生を支えた養護教諭、担任との連携

　　　　対象の生徒　中3女子J子
　　　　相　談　者　養護教諭　担任　Mo　Fa

経過の概要と対処　ある日、事務室で3年生担任の教師と雑談していると、廊下でドサッと音がして、人が集まる気配があった。出てみると、その教師が担任するクラスのJ子が倒れていた。すぐに養護教諭がかけつけ、担任の手を借りてJ子を抱きかかえ、保健室に連れていった。

　後で聞くと1週間ほど前から突然、倒れることが数回続いているそうで、筆者が見たときの状況から考えて、心理的な葛藤が身体機能の障害として表れる"転換ヒステリー"による失立発作が疑われた。

　"ヒステリー"は学校現場では誤解されやすい言葉だと思ったので、「心理的な理由が背景にあると考えられる。今後、食事がとれなくなったり、息が苦しくなったり、声が出なくなったりする可能性がある」と言い換えて、担任と養護教諭に告げた。

　その後もJ子は度々倒れ、間もなく過換気発作を起こした。養護教諭はすぐに紙袋を口に当てさせて、適切に対応した。落ち着くのを待って、「何かあったの？」と問うと、クラス内の友人関係がうまく行かずに苦しんでいることが話された。それから担任は気をつけて様子を見ていたが、小さないざこざはあっても、さほどのことではなく、担任も養護教諭も釈然としないまま経過した。

　筆者は養護教諭から相談を受け、〈どんなに苦しそうに見えても、過換気発作で死ぬことはまずないから、手当てをしながら、同時に『何があっ

たの？』と聞いてみたら〉と助言した。数日後にJ子は再び過換気発作を起こした。養護教諭が紙袋を口に当てさせ、その場で背中をさすりながら「何があったの？」と問うと、突然、涙をぽろぽろ流して、大泣きしはじめた。そして家庭内の不満を一気にぶちまけはじめた。

　「弟がすごくわがままで、ちょっとしたことでかんしゃくを起こす。すると両親はうろたえて、言うがままになる。その様子が我慢ならない」と、J子は腹立たしげに語った。これ以後J子は、しばしば発作を起こしては「両親は家族団らんというと、旅行や食事に行くことだと考えている。私がしてほしいのはそんなことじゃない」などと、養護教諭に泣きながら訴えるようになった。

　J子の発作が頻発するようになると、他の教師たちは、養護教諭が不在のときの発作を心配しはじめたが、J子が発作を起こすのは、養護教諭が目の届く範囲にいるときに限られており、出張の日や、多忙でJ子にかまってやれそうもない日にはまったくなかった。筆者がそのことを指摘すると、養護教諭も他の教師も「言われてみれば、そう」と納得し、安心した様子だった。

　間もなく筆者は、J子が「息子の対応に困っている」と数週間前から来談している両親の娘だと知った。両親は口を揃えて、「娘には一切問題がない」と言い続けており、筆者はまさかJ子がその娘だとは思ってもみなかった。J子は確かに成績もよく、教師の評価も高かった。だが両親の断定するような言い方の裏に不安が潜んでいるようにも感じていたので、〈やはり〉という気持ちも湧いた。

　Faはいつも年休を取って来談しており、両親の夫婦仲はよい様子で、子どもへの愛情も豊かな様子だった。だが、それぞれにつらい子ども時代の歴史を抱えており、そのことが繰り返し語られた。

　Moは「私はいじめられても、親に相談もできなかった。それなのに、どうしてこんなに子どものことでわずらわされるのか」と怒り、筆者がその怒りに十分に共感しきれないと、「子どもはうざい」とまで言い放った。Faは息子がかんしゃくを起こすと、制止できずに、派手な暴力を振るった。そのような家族の中でいちばん知的能力が高く、しっかり者のJ子を、Moは頼りにしながら、一方で「親を馬鹿にして」と腹を立てた。

　親面接は息子への対応を中心に進んだが、J子の進路に話題が及んだと

き、Moは「わが家の家計では大学にやれないことはわかっている。高卒で働くことになるのだから商業高校へ」と主張した。担任に確認すると、J子は部活が続けられる普通科の高校を志望しており、成績もいいので、合格は十分可能ということだった。

筆者は〈普通科の高校からも就職は可能〉と説明し、〈J子が希望するなら、大学は奨学金やアルバイトでも行ける〉と話したが、Moは聞く耳を持たなかった。その様子は、思うに任せなかった自身の人生への悲しみをわが子に転嫁して、筆者に訴えているように見えた。

筆者が親面接での印象を担任に伝えておいたところ、担任は進路を最終決定する三者面談において、J子のために特別に数時間を充てた。担任も一緒になっての説得に、Moも折れて、本人が希望する高校を受験できることになった。

ところが、その途端に、以前から兆候のあった拒食がひどくなった。養護教諭は「希望が通ったので、受験がプレッシャーになったのだろう」と言い、「失敗に直面しなくてすむように、入試当日に倒れそうな気がする」と心配した。

そこで筆者は養護教諭に、〈先生から『万一のときはすぐに私が迎えに行く。倒れても名前と受験番号だけは書いてくるように』と言ってあげて〉と伝えた。J子の学力なら、試験場に入ることさえできれば、解答できると判断したからだった。

養護教諭から筆者の助言内容を聞いた担任は入試前日、J子に「合格のおまじないに、養護教諭に会っておいで」と気を利かせた。

J子は志望の高校に合格した。喜んだ担任は「SCから状況を聞いていたので、私もMoの説得にねばることができました」と報告に来て、立ち去りかけて、ふと振り返り、「何が臨床心理士だ、何がスクールカウンセラーだと思っていたけれど、SCが予測した通りに進んだ。参りました」と笑いながら話してくれた。

その後　志望校に進学したが、失立や過換気の発作を起こして、入退院を繰り返し、結局中退した。いくつかの病院にかかったが、J子が「医師がMoを馬鹿にした」と腹を立てるなどして、どこも長続きしなかった。どうにか元気を取り戻して、アルバイトを始めたが、そこで知

り合った中年女性に教わることがあったらしく、別の高校に入学しなおして、無事、卒業した。次の夢に向かって、勉強を始めているらしい。

解説　スクールカウンセラーの助言がすぐに役立つには、その知恵や技術が教師のこころの中で、意識化の一歩手前まで達している必要がある。

筆者が提示した、過換気発作のそのときに話を聞くという対処法も、「定石通りの対応ではタイミングがずれる」という養護教諭の意識化一歩手前の実感があったので、実行が容易であった。J子が倒れるのは養護教諭がいるときに限られていることも、進路決定におけるMoの真意も、それぞれに教師のこころの中で意識化の一歩手前まで達していた。

「言われてみれば、そう」ということは、日常、少なくない。自己の内側から湧いた言葉に、「そう言えば、そう」と納得できれば、それが洞察となる。

「誰もいない場所で発作を起こしたら大変」とうろたえる両親に、〈そういうことが、かつて一度でもあった？〉と問い返したとき、Moは「あらっ」と声をあげ、Faは「そう言えばありませんね」と答えた。この問いをきっかけに、両親面接の質が少し変わっていった。洞察の体験が、両親のJ子への理解を変えたのだろう。

コメント　心理療法では"洞察"が重視される。洞察とは、自己と自己を取り巻く状況について認識することである。そのためには、新しい視点から事態を見直す必要がある。言いかえると視点を移動する作業である。

しかし人生は"生きる"場であり、"観察する"対象ではない。視点の移動は最小限にとどめたい。学校カウンセリングの場は、右に左に揺れながら生きる成長事例に関わる営みである。子どもが豊かな体験を積み重ねるように援助するほうが、洞察より栄養になる。

行動によって人生を変化させる可能性が少なくなるにつれて、洞察が主役となる。残された少ない可能性を有益に生かすためである。だから教師やカウンセラーには洞察が必要となる。（神田橋）

model 006
登校をしぶる女子生徒への対応について、
緊急性を優先して破ったSCの守秘義務

対象の生徒　中1女子K子
相　談　者　学年主任L教諭　担任　養護教諭　Mo　Fa

経過の概要と対処　入学から数ヵ月たったある日、生徒指導委員会でK子の名が挙がった。この数日、登校をしぶっており、Moが車で送ってくるが、なかなか降りようとしない。理由を聞いても「教室に入りたくない」と言うだけで、教師には「甘え」としか見えなかった。K子の担任は小柄な女性なので、Moの承諾を得て、学年主任のL教諭ら学年の男性教師が抱きかかえるように車から降ろして、教室まで連れて行っているということだった。

生徒指導委員会を終わって、会議室から出ようとしたとき、教育相談担当の教師から「SCの今日の面接予定に30分の空きがあるようだが、そこにK子と保護者の面接を入れてほしい」と頼まれた。えらく急な話だと思ったが、先ほどの生徒指導委員会の雰囲気からも、「今が勝負時」という教師の判断があるように感じたので、〈K子に、①本人だけ、②本人と親、③親だけのどれがいいかを選ばせて〉という注文をつけて、承諾した。K子は「どれも嫌」と答えたらしいが、L教諭は自宅に電話をし、両親が来談することになった。

考える時間もなく、また短時間の初回面接でもあるので、とりあえずの関係作りをするだけの心積もりで両親を迎えた。大体の状況を確認した後、〈Moが送ってくるようになったのはいつから？〉と問うと、Moが「過保護と思われるかもしれませんが」と一瞬言いよどんで、「幼稚園からずっと送り迎えしています」と答えた。〈何か理由が？〉と問い返すと、Faが「幼稚園の頃に、見知らぬ男性から性的被害に遭うことがあったので」と答えた。

未遂であり、大きな被害があったわけではないが、両親が受けた心理的ダメージは重く、自宅の周辺は人通りが少ないということもあって、事件以後、ひとりで登校させる決断ができないままに、送迎を続けてきたとい

うことだった。

　生真面目そうな両親は、「過保護」と誤解されても、K子が傷つくことを恐れて、周囲に事情を説明することもできずにきたらしい。その苦悩が、静かな口調の中ににじんでいた。もっと確認しておくことがあると思ったが、次の来談者が来たので、次回の約束をして、あわただしく別れた。

　その日の予定の面接をすべて終えて職員室に行くと、かなり遅い時間だったが、養護教諭が待っていてくれた。K子の様子についても、その場に立ち会っていたのでよく知っていた。K子は男性教諭に抱きかかえられると、手足をばたつかせて、まるで幼い子どものように泣き叫ぶ。Moはその横で、おびえたように立ち尽くしているということだった。

　事実関係を確認しながら話を聞くうちに、筆者の中に〈教師の対応の仕方が、事件のときの状況をそのまま再現することになっている。すぐにやめてもらわなくては〉という思いが強く湧いてきた。

　職員室を見渡すと、1年生の担任がほぼ全員残っていたので、すぐに集まってもらった。性的被害の件について、教師に話すことの了解を両親から得ていなかったことが悔やまれたが、来週まで放置することは危険だと思われた。自宅に電話をして、承諾を得ることも考えたが、K子が嫌がったのに、両親の来談を受け入れた経緯からためらわれた。

　なんとか事件の話はふせたままで伝えることができればと思いつつ、教師との話し合いにのぞんだが、L教諭は「今、甘やかしたら、立ち直れなくなる。僕らが頑張ってやらないと」と強硬だった。筆者はやむを得ないと思い「守秘義務の厳守を」とことわって、事件のことを話した。

　K子の幼い子どものような反応は、男性教諭が抱きかかえたことが、事件のときの恐怖を呼び覚ましたからでは、と考えられたので、フラッシュバックについても簡単に説明し、〈強引な対応が、思いがけない結果を引き起こす危険もある〉と話した。

　L教諭が考え込むようにソファの背にもたれると、それまで黙っていた担任が口を開いた。「実は幼稚園のときの被害については、Moから聞いて知っていた。だが『内緒に』と言われていたので、黙っていた」と言い、筆者の説明に、自身のこれまでの対応が適切だったのかと考えはじめた様子だった。一方で筆者も、両親が担任に内緒にしてくれるように求めていたと聞いて、独断で事情を明らかにしたのは、やはり拙速に過ぎたのでは

model 006

登校をしぶる女子生徒への対応について、緊急性を優先して破ったSCの守秘義務

ないかという不安を感じはじめていた。

　話し合いの結果、男性教諭は身体的接触をせず、言葉をかけるだけで教室へ誘導するということになった。L教諭に困惑の様子があったので、〈これまで強い対応をしてきているので、今後は言葉をかけるだけでも十分効果があると思う〉と言い添えた。

　翌週、L教諭に様子を聞くと、「あれからMoに友だちの家まで送ってもらって、そこからふたりで歩いて登校するようになった。黙って様子を見ているが、そのまま教室に入る。声をかける必要もない」とのことで、「何がどうということもないんですよね」と拍子抜けした表情だった。

　その日、Moの面接の予約が入っていた。来談したMoに、〈無断だったが、事件のことを学年の教師に話した〉と理由とともに伝えて、謝ったが、すでに担任から聞いて、承諾ずみだった。

　〈K子は事件を覚えている？〉と問うと、「忘れているかと思っていたが、先日、変な男性につけられることがあり、『なんで私ばかりが』と言っていたから、覚えているのだろう」とのことだった。そこで〈再発を防ぐには、被害を忘れないでいることが有効だと言われている〉と伝え、事件をタブーにせず、防ぐ手立てを親子で話し合っていくように勧めた。

その後　L教諭はフラッシュバックのことが気にかかっていたらしく、再度、説明を求めて来られた。筆者は〈過去の症状や思い出したくない記憶が、何かをきっかけに突然よみがえること。無意識のうちに生起し、作用するので、どういう反応を引き起こすか予測できない。フラッシュバックだと本人が自覚できるようになると危険度は減るが、K子についてはまだ幼いので、無用な刺激は当面、避けるのがよい〉と説明した。

　K子は、部活にも参加するようになって、特に問題になるようなこともなく、卒業していった。

解説　スクールカウンセラーの現場で、「守秘義務」という言葉を使って、有益に作用する可能性は低い。以下の二つの場合に、使用は限られるべきであろう。一つは本モデルのように、やむを得ない緊急の情報公開であることが双方に確認されることが必要な場合である。この場合は、守秘義務は破られるものと位置づけられる。

もう一つは、情報を得た側が、第三者もしくは当事者にその情報を伝えるときに、自身の責任において明らかにすると自覚していることが、その後の事例の展開に有益に作用すると期待できる場合である。カウンセリングの場で聞いたことを教師に伝えざるを得ない場合、「守秘義務に違反しているが」と一言添えておくと、教師の対応に慎重さと思いやりが増して、その後の生徒と教師の関係が、予想を超えて好転することがある。この場合も、守秘義務は破られる瞬間に意義を生む。

　"守秘義務"はトリッキーな言葉である。秘密は秘密とされた時点で、漏れ、ばれる危険性も同時に負う。また、自分にはその情報が伝えられていなかったと知ったとき、人は対応する意欲を決定的に失う。守秘義務の順守に徹するあまり、学校現場でスクールカウンセラーが有害に機能している例は少なくない。

コメント　守秘義務のテーマに限らず、臨床場面では判断や行動選択に迷い・悩み・葛藤する場面が必発である。そうでないならば、臨床活動になっていないのだ、机上の論を現場に持ち込んで、不毛な状態を作り出しているだけだ、と言ってもよい。机上の指針が、判断や行動を決めるのに用いられるとき、結果は最悪となる。迷いなく行動が選択されたときに決まって、悔いが残る結果となる。当初のL教諭はその例である。確かな指針とはしばしば、硬化した指針である。（神田橋）

model 007
スクールカウンセラーに対する反感を露骨に示した教師と連携できるまでの過程

　　　　　　　対象の生徒　中2男子M男、中2女子N子
　　　　　　　相　談　者　担任O教諭　不登校対応専任P教諭

経過の概要と対処　　O教諭らが在籍する中学に配置されて、筆者はまず、自身を知ってもらい、また筆者のスクールカウンセ

リングの考え方を理解してもらうことを目的に、教師研修会を行った。ほとんどの教師とは、その日が初対面だった。会議室の丸テーブルを囲んで、筆者が話しはじめると、参加した教師は熱心に耳を傾けてくれていた。

　十数分も経った頃、乱暴にドアを開けて、ひとりの男性教師が入ってきた。それがO教諭だった。筆者が配布していたレジュメを手に取ると、ちらっと見ただけでテーブルの上に戻し、足を組んで椅子に反り返りながら聞く様子は、学校に乗り込んできたスクールカウンセラーという異物への反感を、教師を代表して表現していると言わんばかりだった。

　ひと通りの話を終わって、質問を求めると、O教諭がすぐに手を挙げた。そして、筆者が生徒の行動を促す方法の一例として、"気持ちを汲む教師"と"行動を指示する教師"の役割分担方式を示したことに対して、「どうして同じ教師がやったらいかんのですか。僕はずっと、ひとりで両方やってきた。経験のある教師なら誰でもできることですよ」と、教育現場に経験のない臨床心理士の指図など受けてたまるか、という思いをあからさまに向けるように質問をしてきた。

　筆者は「もちろん、ひとりで両方をできる先生が、現場にはたくさんいらっしゃると思います」と答えた。O教諭が「経験」という言葉にわずかに力を入れているように感じていたので、筆者も「現場」という言葉をわからない程度に強調して返した。「でも行動を指示する言葉のすぐ後に、『気持ちがわかる』という言葉を言うのは難しいと感じる先生も、中にはいらっしゃるかもしれませんね」と続けると、筆者の近くの席にいたベテランらしい教師が小さくうなずいていた。

　筆者は連携の思いをこめて、少し話を続けたが、O教諭がどう受け取ったのかはわからなかった。その後、他の教師からもいくつかの質問が出て、研修会は終わった。

　廊下へ出ると、研修会でうなずいていた教師が、追いかけてきたのか、偶然なのか、筆者を追い越しざまに「O教諭は行動を指示するだけの教師の典型なんですが」と一言、声をかけていかれた。その後、校長室に案内されて、幾人かの教師と雑談したが、誰もその話題に触れなかったのは、O教諭に共感するところがあったからかもしれないし、初対面の筆者に気の毒だという思いがあったからかもしれない。

　その2週間後、不登校対応専任のP教諭が、中2の生徒M男を相談室に

連れてきた。O教諭が担任する生徒であった。O教諭は研修のため、長期出張に出たとのことで、筆者はP教諭と連絡を取り合いながら面接を続けた。

　1ヵ月後、O教諭は出張から戻ってきた。O教諭が、久しぶりに会うM男に声をかけたとき、それまでO教諭からの働きかけに無反応だったM男が、はにかんだような笑顔を向けただけでなく、一瞬だけだが、小さく手を振った。筆者はM男と面接を終えて別れるときに、必ず手を振っており、M男も振り返してくれるようになっていたが、同じことをO教諭に対しても行ったらしい。

　この出来事はO教諭には非常な驚きだったようで、それをきっかけに、O教諭の筆者に対する評価が一変し、「O教諭が『SCはすごい人だ』と言っている」と複数の教師から聞いた。そのストレートな表現は、反感を全身で示していた姿と容易に重なるものだった。

　そして間もなく、O教諭から、担任する不登校生徒N子の親面接の依頼があり、当日の朝、「事前にお話ししておきたい」という連絡があった。相談室にやってきたO教諭は、筆者の前に直立の姿勢で立った。あまりの変化に戸惑いつつも、同時に率直な人柄に親しみと好感が湧いてくるのを感じながら話を聞くと、「N子のFaの様子がおかしい。どう理解したらいいのか」という相談だった。

　早朝の校門付近に異臭のするゴミがばら撒かれることがあり、生徒の登校前に気づいた教師が片づけたが、その夜遅く、学校に「今朝、校門のあたりに何かあったでしょう？」という電話があった。偽名だったが、声から見当をつけた教師が「N子さんのお父さんでしょ？」と問うと、あっさり認めたということだった。

　その腰砕けの様子から、重篤な病理の人ではないかと思ったが、会ってみるとやはりFaの話は支離滅裂で、思考障害が明らかだった。精神病水準だと思われたが、担任も同席している場では答えにくいかと、〈体調がよくないように見えるが、どこか病院にかかっていたことはありますか？〉と問うてみた。

　Faは黙り込んだが、それまでほとんど無言でうつむいていたMoが意を決したように顔を上げ、精神科の病院の名前を言い、ずいぶん前から通院が途絶えていることを話した。その場で再受診を勧めてみたが、Faにそ

の気はまったくない様子だった。
　だが幸いにもその後、地域のネットワークと連携することができ、保健師による訪問看護につなぐことができた。
　Faの状態が病気によるものであったとわかると、O教諭には、他にも思い当たる事例があるらしかった。再び「面談の時間をとってほしい」という依頼があり、同学年の教師を誘って、相談室にやってきた。1時間の約束だったが、数人の生徒が話題になって、2時間以上も話し込むことになった。

その後　O教諭とはときどき立ち話をする程度の関わりが続いたが、何人かの教師から「O教諭から『SCに相談するといい』と勧められた」という言葉を聞いた。数年後、隣の市の中学に転出していかれた。

解説　「現場」という言葉に、筆者は「これから現場をともにしていきましょう」という思いを込めた。現場には理論より、実感がある。理論は相違する部分を際立たせるが、実感は共通する部分を通い合わせる。心理臨床の現場で筆者が得てきた実感と、教育の現場でO教諭が得てきた実感とは、共通する部分があるはずだという思いが、その場での筆者を支えた。
　生徒指導担当でもあったO教諭は、連携が取れるようになってから、筆者が関わったいくつかのケースについて、学校内で指導する際に、筆者の気持ちを汲み取って対応してくれた。立場上、特別な配慮を必要とする子どもたちとの関わりが多かったO教諭には自負とともに、不安も大きくあったのだろう。研修会で筆者に向けられていたのは、反感の衣をまとった連携のサインだったと思う。

コメント　スクールカウンセリングの現場は、通常の心理臨床の現場よりもはるかに実社会である。心理臨床の知識よりまず、実社会での知恵が必要となる。だがこのモデルが示すように、実社会の知恵で事態が好転した後、心理臨床の知識はそれを説明し、理解することを可能にする。O教諭の態度と心根を説明し、理解しようと試みてごらんなさい。その際、実社会での知恵をきめ細かにするこ

とを目指してください。知恵と知識とは本質として連携し、溶けあって機能するはずのものなのだから。（神田橋）

model 008
不登校支援専従の教師と、卒業式参加を目標に
教室復帰の手順を模索した過程

　　　　　　　対象の児童　小6男子Q男
　　　　　　　相　談　者　不登校支援R教諭　Mo

経過の概要と対処　　Q男は小6の4月、他県から転入してきた。Faの転勤による転校を繰り返してきたQ男にとっては、5つ目の小学校だった。

　Q男が欠席するようになったのは、小3の6月、前の小学校に転入して間もなくだった。Faが本社勤務にもどり、もう転勤はないと思われたので、Moも仕事に就こうと就職先を見つけた矢先に、Q男が熱を出した。熱が引いたので、学校に行かせようとすると、玄関先でかたまって動けなくなった。Moが連絡すると、担任がすぐに来て、部屋まで入って引っ張って連れていこうとしたが、青ざめてふるえ、うずくまってしまった。強行策が裏目に出たのか、以来「学校が怖い」と家を出ることもできなくなった。

　その年、中学に進学した姉がテニス部に入部した。地元有数の強豪チームだったので、土日は早朝から、親も練習試合の送迎と応援にかり出された。Moが留守の間は、FaがQ男の相手をして、散歩がてら学校まで連れていき、「校門まで」「靴箱のところまで」と徐々に教室に近づける工夫をしていた。

　そんなとき、たまたま出会った養護教諭が上手に声をかけてくれて、それがきっかけとなって、保健室登校ができるようになった。しばらくすると、同級生のひとりが同じように保健室登校するようになり、その子と一緒に登校して、教室に戻ることができた。ほっとしたのもつかの間、Faが新事業の責任者に抜擢されて、予定外の転勤が決まった。

　栄転ではあったが、せっかく登校できるようになったQ男のことを、Fa

もMoも心配した。だがＱ男自身が「大丈夫」と言ったので、Faはしばらく単身赴任とし、Ｑ男が６年生に進級して、姉が高校に進学する４月に転校することに決めた。

転校後もしばらくは順調に登校したが、間もなく始まった体育会の練習が負担になったのか、また「学校が怖い」と言って、熱を出すようになった。そこで母子登校して、図書室でMoが勉強を教えることをしばらく続けていたが、２学期初めに体調を崩して保健室に行ったことがきっかけで、保健室登校ができるようになった。

保健室では不登校支援のＲ教諭が学習の指導をしてくれることになって、Moは送迎だけを続けることになった。10月の修学旅行には、Ｒ教諭に付き添ってもらって参加できた。その後、同級のＳ男が不登校になり、Ｓ男も保健室登校をするようになったので、ふたりでＲ教諭の指導を受けるようになった。

２学期も終わりに近づいた頃、筆者が校区の中学校にスクールカウンセラーとして配置されていることを知った養護教諭の仲介で、MoとＲ教諭が来談することになった。「Ｑ男も一緒に」ということだったが、「『恥ずかしい』と言っている」と連絡があったので、〈無理をさせないで〉と伝えた。

筆者はMoがかなり不安そうであること、Ｒ教諭が来談に積極的であることから、Moを心理的にサポートしつつ、カウンセリングでは学校内での対応に焦点を当てるのが適当と判断して、〈中学進学に向けて、学級の仲間と一緒に卒業式に参加できることを目標に〉と提案して、合意を得た。

次の面接で、Ｓ男には仲良しの友だち数人が、保健室まで「一緒に下校しよう」と誘いに来て、Ｓ男はその友だちと毎日一緒に下校していること、Ｑ男は、朝の登校時にMoと迎えの約束をしなかった日だけ、Ｓ男たちと一緒に下校していることが話された。〈ときどき一緒に帰るだけでは、Ｑ男がお客さん状態になって、なかなか仲間になれないのでは？〉と問うと、怪訝そうなMoの横で、Ｒ教諭が深くうなずいていた。

そこで〈Moが迎えの約束をするのはどうして？〉と問うと、「耳鼻科に通院していたことがあったので」ということだったが、すでに通院は必要なく、迎えの約束の習慣だけがなんとなく続いているということだった。そこで〈Ｑ男にテレホンカードを持たせて、『いつでも迎えに来る』と約

束する代わりに、朝、迎えの約束をしないようにしてみたら〉と提案した。

２週間後の面接では、Ｑ男は一度もMoに電話をしてくることはなく、Ｓ男らと一緒に下校し、さらに朝の送りも、途中で「ここでいい」と言って、ひとりで登校するようになったということが、Moから話された。

Ｑ男の自立が順調に進んでいる様子だったので、〈そろそろ教室に入ることを試みたら〉と提案すると、Ｒ教諭から「委員会活動の際に、すでに数回、教室に入ったことがある」ということが話されたが、授業を受けたことはないということだった。

そこで〈Ｑ男とＳ男に相談させて、入りやすい授業を１教科選ばせる。そのうえで担任も加わって、その授業について、事前にシミュレーションをしておくと、安心度が高まってよい〉と助言した。ふたりは算数の授業を選び、担任は授業内容の予定について、説明する時間を設けた。さらに最初の数回はＲ教諭が教室まで送っていき、授業にもチーム・ティーチングとして参加したが、次第に必要がなくなって、予定した授業の時間が来ると、黙っていても、ふたりで教室に行くようになった。

次の面接では、Ｒ教諭が「次の美術の授業は版画制作で楽しいから、教室でみんなとやってみたら？」と提案すると、Ｑ男が「楽しいことは保健室で、Ｒ先生と一緒にやりたい」と言ったということが話された。〈そういうことが言えるようになったのは、楽になった証拠〉と返すと、Moも「最近はＱ男の表情にゆとりがある」と答えたが、Moの表情にもゆとりが感じられた。

卒業式の準備が始まり、学級の話し合いで、Ｑ男は作文を書いて、マイクで読み上げる役割を引き受けた。全員がひとりずつ、全体に向かって一言を言う「呼びかけ」はマイクを使わないので、Ｑ男が「大きな声を出すのは自信がない」と言ったからだった。

Ｑ男から作文のことを聞いたMoは、「そんな大役をＱ男にはとても無理」と、すぐに学校に出向いた。だが担任とＲ教諭から「作文もすでに仕上がっており、練習も上手にできている」と聞いて、驚いたり、安心したりだった。次の面接でMoは、「今になってみると、なぜ相談に行ったりしたのだろうと思う」と語った。

Ｑ男もＳ男も卒業式の前の日は全日を教室で過ごし、卒業式も無事に役割を果たすことができた。Moは涙が止まらなかったと聞いた。

model 008

不登校支援専従の教師と、卒業式参加を目標に教室復帰の手順を模索した過程

その後 　中学入学後、しばらくは順調に登校していたが、風邪で数日休んだことがきっかけで、また欠席するようになった。筆者は担任に、毎日、5分間の家庭訪問をするように勧めた。担任の根気強い働きかけが奏功して、自宅学習をしながら、短時間だが、毎日、登校できるようになった。

解　説 　Q男の状態について、過剰な不安による適応困難と理解した。幼少時の度重なる転居の影響を推測することはできるが、断定はできない。

　Q男のようなケースでは、強い対応をするべきかとスクールカウンセラーはかなり悩む。そのようなとき、教師との連携がスクールカウンセラーの助けとなる。教師は、親とは一歩異なる立場から子どもを見守り、働きかけている。親と教師の橋渡し役となり、三者の連携を意識しながら対応していると、大きな間違いをしなくてすむ。

　また、指示をできるだけわかりやすく洗練する工夫が、教師の文化と技術なので、そのありようをスクールカウンセラーも取り入れて対応すると、学校の文化となじみやすい。

コメント 　「背水の陣」とは、もう後がないと覚悟することで潜在力がひきだされるという戦略である。教育は、一歩ずつ段階を上るプロセスで潜在力をひきだす戦略である。空中ブランコでブランコから飛び出すとき、下に張ってある安全ネットの存在が勇気を支える。それより下には落下しないとの保証である。
　このモデルのそれぞれの場面で、「背水の陣」と「一歩ずつ」と「空中ブランコ」について、当事者各人の心境を推測してみると、スクールカウンセリングの場面での「読み」についての有益な修練となろう。（神田橋）

model 009

知的能力が高いのに、特殊学級へ転籍を希望する生徒のMoに迷いながら対応した過程

　　　　　　対象の生徒　中２女子Ｔ子
　　　　　　相　談　者　学級担任　特殊学級担任　Mo

経過の概要と対処　　Ｔ子は中１の終わりから、登校をしぶるようになっていた。中２に進級した頃から手洗いも激しくなった。特に帰りの会では緊張するらしく、唸りながら、教室の中をうろうろと歩き回る。奇妙な行動を心配した担任は、Ｔ子の成績があまりよくなくて、授業を理解できていない様子もあったので、試みに知的障害児の特殊学級で１日を過ごさせてみた。すると安心できたらしく、表情がよくなり、「特殊学級に入れてくれるなら、学校へ行く」と言うようになった。Moも特殊学級への入級を希望した。

　しかし特殊学級に正式な手続きをして移るには知能が高く、担任は対応を迷っていた。そこで筆者に「Moの相談相手に」という依頼があって、面接が設定された。

　その日、面接の前に時間があったので、特殊学級で過ごしているＴ子の様子を見にいった。筆者の姿を見て、無邪気に話しかけてくる他の生徒たちの中で、Ｔ子は明らかに筆者を意識しながら、無視していた。その様子から、知的な遅れはさほどではないと判断できた。

　中学の養護教諭は小学校にも勤務していたことがあり、以前からＴ子をよく知っていた。「小学生の頃も、叱られてしょげているかと思うと、数分後にはけろっとしていたり、突然、人格が変わったように暴れだしたりしていた」ということで、「当時から気がかりな生徒のひとりだった」と聞いた。

　養護教諭によれば、両親はＴ子が幼い頃に離婚して、MoがＴ子を引き取って育てており、Moはある会社で、男性社員に混じって重労働をしているということだった。養護教諭は何度か家庭訪問していたが、いつ行っても、家の中は掃除が行き届いて、食事も休みの日にまとめて手作りして、毎日の弁当にも手抜きがない。養護教諭は「かなり無理をして働いている。

何かに追われるように生きている姿が、見ていて切ない」と語った。
　面接にやってきたMoは化粧っ気もなく、浅黒く日に焼けて、やせていた。節くれだった指が、毎日の仕事の厳しさをしのばせた。
　家庭の状況を聞き、〈Faから養育費は？〉と問うと、Faはすでに再婚しており、「T子の面倒まで見られない」と言ってきたということだった。Moは「あっちにも家庭がありますので」と淡々と語り、すべてを棚上げして、未練も関係も断ち切っている印象があった。
　Moの両親は郷里に健在だが、親の反対を押し切っての結婚だったので、今さら経済的援助を頼めないということが語られた。〈だから自分が頑張るしかないと思っているんですね〉と伝えた一瞬だけ、Moの目に涙が浮かんだ。
　離婚にいたる経緯も話題になったが、T子が1、2歳の頃からFaの暴力が絶えず、Faに殴られて、Moがひどく血を流すこともあったということだった。その状景は幼いT子の情緒の発達に少なからぬ影響を与えただろうと思われ、養護教諭から聞いていた「人格が変わったようになる」のも、それが原因だったのかと推測した。
　筆者はT子の状態について正確な判断はできないままであったが、面接での印象から、Moの意見は信頼できると感じた。そこでとりあえずは希望を入れて、特殊学級で過ごさせるのがよいだろうと判断し、Moにも〈管理職と担任にそう伝えておく〉と答えた。そして〈今後の経過を見ながら判断を修正していくために、継続的に面接を〉と提案した。
　筆者と話す時間がMoにとって無駄ではないだろうと思ったが、時間と体力をぎりぎりまで使い切るような生活を思うと、面接の予約も負担になりそうだった。そこでMoの昼休みの時間に当たる13時半から14時までの時間を毎週空けておくことにして、〈都合のつく限り来談を。来られないときには連絡だけを〉と伝えた。
　面接を終えて、担任や管理職にMoと話し合った結果を伝えると、戸惑いの雰囲気もあったが、結局は筆者の判断が受け入れられて、「とりあえずは特殊学級で」と教育委員会に報告されることになった。正式な手続きは保留された。
　その後、Moは数回、来談し、Faの金遣いの荒さが離婚の原因だったこと、生活費を稼ぐためにT子の出産前後もぎりぎりまで働いたこと、T子は手

がかからない子だったことなどが話された。だが、間もなくMoの仕事の現場が遠い場所に移り、来談が難しくなって、中断となった。

半年後、担任から筆者に「Moと面接してほしい」という依頼があった。面接に先立って担任は筆者に「①特殊学級での学習が長期になり、就学委員会で正式な手続きをしなくてはならないこと、②特殊学級からでは高校の進学先が限られること、③T子の知能レベルが高いために、特殊学級の担任が全体の指導をするうえで苦労していること」を伝えてきた。

筆者は担任の意向を踏まえながらも、中立の立場で対応しようと考えながら、面接に望んだ。ところがMoは面接の内容を予期していたらしく、「卒業後は郷里で小さな会社を営む私の姉夫婦のもとで働く約束になっており、高校進学はまったく考えていない。特殊学級で継続したい」と明確であった。筆者は迷ったが、この判断をするのはスクールカウンセラーの仕事ではないと考え、Moの意向をそのまま伝えて、後の対応は学校に任せることにした。Moにもそう伝えた。

結局、正式入級が認められた。しかし「普通学級のほうが、能力を伸ばしてやれる」という教師の思いから、その後もしばしば「親学級に戻るように」と指導が行われた。T子は親学級で授業を受ける時間になると、トイレに隠れるようになり、しばらくすると再び、欠席するようになった。

3年生に進級して間もなく、Moの姉が学校にやって来た。「卒業後のことは私が責任を持つので、登校できる状態にしてやってほしい」という頼みに、3年生で特殊学級の担任になった教師は受け入れを約束し、T子は登校するようになった。

その後　引き受けたものの、特殊学級の担任には迷いもあったらしく、筆者を見かけると、よく声をかけてこられるようになった。筆者は、話す時間をできる限りとるようにして、様子を聞き、〈収入を得るようになると、T子も自信をつけていくだろう〉と話し合った。その後も何度か奇妙な行動が見られたが、無事に卒業していった。Moの姉の会社で、下働きとして仕事を続けており、Moの姉から簡単なコンピュータ操作を習ったりもしているらしい。

model 009 知的能力が高いのに、特殊学級へ転籍を希望する生徒のMoに迷いながら対応した過程

解　説　全体の経過や、Moが面接で語った言葉の端々、Moの姉の対応などを振り返って、Moも、Moの姉も、T子にかかるストレスへの不安が過剰であったと思う。

もしかしたらFaの暴力や金遣いの荒さの背景に、何らかの精神的な疾患があって、MoらはT子への遺伝を心配していたのかもしれない。T子の奇妙な行動に加えて、過剰に心配するMoの雰囲気が教師の無意識に伝わって、「不可解」という印象を生み、臨床心理士である筆者に判断が求められることになったのだろう。筆者は当時、そのような判断を持っていたわけではないが、状況に沿って動くうちに、保護的な環境作りに協力することになった。

スクールカウンセラーは、病院に患者として登場する以前の児童・生徒の状態に接する。この段階である程度の保護が得られると、発症の危険を大幅に抑えられる。日頃から守秘義務に配慮しながら、教師と情報を共有し、信頼関係を作っておくと、保護的環境の設えがスムーズに進む。

ただし未然に防ぐことができた場合、対処が適切であったか否かを検証する機会は得られないので、T子がそうであったと言うことはもちろんできない。

コメント　ヒトは自分の接する世界を切り分ける。分類し、命名し、構造化する。差別化もする。時間という概念すら、その一部分である。そうした構造の中に事態が納まっていると、「きちんとしている」と呼び、安心する。ときどき、それらを人工産物なのだと思いなおす習慣を持ちたい。「ルーズ」「はみだし」「とりあえず」「例外」「様子をみる」「迷いながら」はすべて「きちんと」よりも、より自然な態度なのだ、あるいは人工産物から自然状態への回帰なのだと思う人が増えると、世の中がいくらか生きやすいものとなり、昨今のうつ病の増加にも歯止めがかかるかもしれない。（神田橋）

model 010

相談室登校から教室に戻れない生徒に対応した、ふたりの教師による役割分担方式

対象の生徒　中３男子Ｕ男
相　談　者　養護教諭　教務主任

経過の概要と対処　　Ｕ男は、筆者が配置される前年から、相談室登校をしており、養護教諭を中心に、心の教室相談員として配置されていた大学生や大学院生が対応していた。

　筆者は直接関わることが少なかったので、Ｕ男についての詳細は把握していないが、養護教諭によれば、友人関係のトラブルから欠席するようになっていたのを、相談室登校に誘ってみると承諾したということであった。養護教諭はまた「Ｕ男の弁当のおかずが、冷凍食品ばかりなのが気がかり」と話した。

　Ｕ男は最初の頃は遠慮がちに相談室にいたが、次第に相談員が持つ「優しいお兄さん、お姉さん」といった雰囲気に甘えて、口調もすっかり友だち言葉になっていった。相談室では教室と同じ時間割で自習するという約束で、相談員はその指導に当たることになっていたが、相談員から勉強を促されても、のらりくらりとかわして、雑談をして過ごしていた。わが物顔に振る舞う様子に、教師の間では「相談室不要論」までちらほらと出はじめていた。

　養護教諭はＵ男のそんな様子を見て、「早く教室に戻さなくては」と考えはじめていた。だが、教室に戻る話を持ち出すと、途端にうつむいて、口をきかなくなる。さらに言うと涙を拭うしぐさを見せ、翌日は「体調が悪い」と休んでしまうので、対応に困っていた。

　ある朝、養護教諭が相談室に入っていくと、相談員はまだ来ておらず、Ｕ男がひとりでいた。養護教諭の気配に、Ｕ男があわててソファの下に何かを放り込んだので、のぞきこんでみると、引き出しにしまってあるはずの、相談員の記録日誌があった。

　相談員の日誌には生徒のプライバシーに関することも書かれているので、養護教諭はその場で、Ｕ男を問いただした。だがうつむいて、黙り込み、

涙を拭いはじめた。担任や相談室の運営を担当する教務主任も加わって、かなりの時間をかけて、話を聞くことになった。結局、放課後までかかって、U男はやっと、以前から誰もいないときに、日誌を取り出して、こっそり読んでいたことを認めた。読んだ理由については、「僕のことがどう書いてあるのかを知りたかった」と説明した。

そのような重要な書類を、相談室内の鍵のかからない引き出しにしまうようにしていた学校の責任がまず自問された。日誌はその日から、職員室の鍵のかかる引き出しにしまわれることになった。

そして筆者にU男への対応について相談があった。養護教諭から聞く一連の行動に、筆者はU男の対処能力の確かさと心的エネルギーの高さを感じた。教室に戻す働きかけをしても大丈夫だと思われたが、能力があるだけにさまざまな反応や抵抗が予測された。そこでふたりの教師による役割分担方式を提案すると、養護教諭と教務主任が協力してくれることになった。

筆者はまず、〈教務主任は"行動を指示する係"を、養護教諭は"気持ちを汲み取る係"を分担してほしい〉と話した。

"行動を指示する係"は、「次の時限は教室で授業を受けるように」とだけ指示する。幸い、U男のクラスは教務主任が国語科の授業をすることになっていたので、授業が5限目に当たっている日を、その指示をする日に決めた。筆者は〈そのとき決して、U男のやる気や心構えに言及しないこと〉と念を押し、〈それは気持ちの領域への侵入〉と話した。これまでの関わりにおいて、つい説教になってしまい、U男が泣きはじめて、何も言えない状態に追い込まれることの多かった教務主任は、筆者の念押しを了解してくれた。

そして、教務主任が部屋を出た後、養護教諭が入室する。教務主任から出された指示への不満と不安の受け皿となるためである。養護教諭には〈U男の気持ちをよく聞いてあげて。でも『じゃあ、教室に行かなくていいよ』と言ってしまわないように。それは『行かない』という行動の指示になってしまう〉と話した。これも、それまで「行かなくていい」という言葉をたびたびU男から引き出されていた養護教諭にとって、納得のいく指示のようであった。

そして、U男の場合はまずないと思われたが、〈もし反応の程度から、教室に行かせるのは今の時点で無理、あるいは危険と判断したときには、

『行かなくていい』という指示はその場で養護教諭から出さずに、改めて教務主任から出してもらうように〉と伝えた。〈そうしておくと、次の機会に、行動の指示がやりやすくなるから〉と説明したが、これは、両者の役割分担を再確認するという意味もあった。

翌週、結果を聞いてみると、教務主任から授業に出るように指示されたU男は、入れ替わりに入室した養護教諭に切々と体調の悪さを訴えたが、「行かなくていい」という言葉を引き出せないとわかると、「しぶしぶ」を全身で表現しながら、教室へ行った。その後、帰りの会にも出て、同級生と一緒に下校して行った。翌日からは同級生と誘い合わせて、定刻に登校し、そのまま教室に入って、授業を受けているということだった。

後日、筆者は、養護教諭の配慮でU男と面接の時間を持つことができた。〈軽い気持ちでやったことが、大きな騒ぎになって驚いたのでは？〉と問いかけると、小さくうなずいた。〈相談員も教師も信頼を裏切られた結果になって、あなたと同様につらかったと思う。だけど日誌の管理について考え直すチャンスにもなったと思う〉と伝えると、涙ぐみながら聞いていた。その間、U男は一言も発せず、うつむいたままだった。

だが、ふと、つま先に目をやると、リズムを刻むように軽く動いているのが見えた。筆者は、固く閉ざすことで守らなくてはならないこころの内側があるのだろうと感じながら、〈昼休みに相談室に遊びにおいで。相談員も待っていると思う〉と伝えて、別れた。

養護教諭らからは、「SCが提示した方法は、日常からやってきたことではあるけれども、分担を意識していなかったので、今回のような効果をあげられずにいた」と聞いた。

その後　相談室にも保健室にもまったく姿を見せなくなったが、教務主任には親しみを感じるらしく、ときどき話しかけてくると聞いた。担任らは気をつけて様子を見ていたが、積極的に同級生の輪に入る姿も見られるようになり、無事、卒業していった。

解説　スクールカウンセラーは教師の組織のラインからはずれた位置にあるので、教師のチームプレーのコーチ役を務めることができる。筆者が行ったことは、球技の試合前、コーチとメンバーがフォーメ

ーションを確認し合うことに近い。フォーメーションには、選手の配置と展開を言語で整理することによって、全員の連携を確かめるとともに、個々の選手にとっては、試合の場に臨んだときの頭の混乱を鎮めて、一瞬の行動の判断を容易にする機能がある。

　行動はからだに密着しているので、「行動を指示する係」との関係は、より肌身の実感に即したものとなる。一方、「気持ちを汲み取る係」は言語で整理されたデータのやり取りになるので、からだから遠い。言語は関係をクールダウンする。

　相談員の日誌を盗み見たU男は、自分が見ることができない日誌につづられた言葉の中に関係の実感を得たかったのかもしれない。U男の背景を詳しくは知らないが、そのような行動に駆り立てる事情があったのだろう。そのようなU男にとって、行動を指示した教務主任の言葉は、からだに密着している分だけ温かく、信じられるものだったと考えると、教務主任に親しみを感じるようになった気持ちが理解できる。

　筆者はこの養護教諭から「冷凍食品ばかりを見かけよく詰め込んだ弁当を持ってくる生徒は、話しかけても、気持ちが通じた感じがしないことが多い」と聞いた。日頃から生徒との関わりを大切にしている養護教諭ならではの観察だと感心した。〈そのような生徒が保健室に来たときには、からだに触れる時間を心もち長めにして、話しかけてみるといいのでは〉と言うと、彼女の実感となじむようであった。

コメント　個人は一個の自己・主体者であるとのイメージは、法律に代表される、たてまえ社会でのフィクションである。「私」とは種々の意向をもつ多重人格の共同体である。少なくとも、そう考えておくほうが日常体験とつじつまがあう。「わかっちゃいるけどやめられない」などは、その例証である。スクールカウンセリングの現場では、多重人格共同体の統合が未成熟な個体、あるいは一過性に破綻した状態と考えると理解しやすく、統合再建への有効な処置を発案しやすい場合が多い。処置の本質を一言でいうと、統合過程の外在化である。本モデルはその典型例である。ちなみに一過性の破綻は、児童・生徒だけでなく、親にも教師にもスクールカウンセラーにも生じうる。（神田橋）

model 011

意欲の表出に乏しい不登校中学生を支えた、両親と担任とSCの連携の過程

対象の生徒　中２男子Ｖ男

相 談 者　担任　Mo　Fa

経過の概要と対処

　Ｖ男は小学生のときは問題なく登校していた。中１になると、しばしば遅刻するようになり、Moは学校に呼ばれて、「家庭でも指導を」と言われた。中２になると、ぽつぽつと休みはじめ、6月中旬からまったく登校しなくなり、2学期が始まって間もなく、Moが来談した。

　Ｖ男は小柄で、口数も少ない子だが、Moによれば「いつも誰かがそばにいて世話をしてくれていた」そうで、いじめられた経験もまったくない。欠席が続くと、その友人たちとも疎遠になったが、寂しがる様子もなく、ひとりでゲームをしたりしている。両親が仕事で留守の間には、近くの公園まで出かけることもあるらしく、「ぼんやり座っていた」と近所の人から聞いたこともある。

　今の話し相手は小学校で同級だったＷ男だけで、ときどき遊びに来てくれる。Ｗ男の母親は親切な人で、その母親の計らいでＷ男を遊びにやってくれているらしい。Ｗ男は休まず登校しており、Ｖ男に「いつから学校に来る？」と聞き、Ｖ男も「来月になったら」などと返事をしていた。Moの来談も、PTAの講演会で筆者の話を聞いたＷ男の母親に勧められてのことであった。

　〈成績は？〉と問うと、「国語は好きな教科なのでまあまあの点数だが、他はあまりよくない」ということであった。〈登校について、両親はどう考えている？〉と問うと、Faは休みはじめた当初はうるさく言っていたが、最近は「行く気になるまで待とう」と言うようになった。Mo自身については「なんとなく学校の話題に触れられなくなった。イヤと言われるのが怖いからかもしれない」と答え、「考えるとつらくなる」と涙ぐんだ。

　学校に行きたくない理由をMoが問うたことがあるそうで、Ｖ男は「英語の時間が嫌いだから」と答えた。英語の教師は担任でもあり、Ｖ男にと

75

っては小学校入学以来、初めての男性の担任だった。Moは担任を「体育会系の熱血教師」と表現し、以前は毎日、家庭訪問に来てくれて、V男が出て来ないと部屋まで行って話をしていた。だがV男が簡単な返事をするだけなので、Moは担任に申し訳なく、また家に来られることが負担でもあったので、「先生の時間があるときだけで結構です」と言った。すると、すっかり足が遠のいてしまい、最近は連絡ノートでときどきやり取りがある程度ということだった。

担任との関係を調整することが役立ちそうであったので、Moに〈SCから担任に連絡を取ってよいか？〉とたずね、了解を得た。その夕、担任に会って、〈家庭訪問の再開を〉と頼んだところ、快諾してくれた。担任がアドバイスを求めたので、〈電話で予告してから行くこと、短時間で引き上げること、V男に会おうとしないこと〉などを話した。

2回目の面接にはMoとともにFaも来談した。「V男も一緒に来ているが、車から降りない」ということだったので、〈イヤと言えるのはとても大切なこと〉と答えて、両親と面接することにした。Faは父親が開いた割烹料理の店を継いでいた。Faの妹2人も近くに住んで、店を手伝っており、緊密な親族関係の中で、V男の不登校は大きな関心事になっている様子であった。

Faは地域の行事で子どもたちの世話役を引き受けるなど、子育てに積極的に関わっている様子がうかがわれた。その世話役仲間から「V男が英語の課題ができなくて、担任から別室に呼び出されて、泣くまで指導されることがあった」と聞いたことが話された。

筆者は担任と話したときの印象を話し、〈V男のことを気にかけており、対応を工夫しようとしている。過去に行き過ぎることがあったかもしれないが、今後はSCも担任と連携して、V男に働きかけていきたい〉と伝え、〈当面は家庭訪問によって、V男と担任のよい関係ができるように見守りたい〉と話すと、両親ともに了解されたようだった。

ちょうど修学旅行が近い時期だった。担任は家庭訪問をした際に、ちらっと姿を見せたV男に「誰と一緒の班になりたい？」と希望を問うたそうで、V男は「W男」と答えたが、W男はクラスが違ったので不可能だった。そこで担任は気の合いそうな仲間を班にそろえて、その生徒たちからV男に電話をさせるように配慮をした。すると、家庭訪問の予告があるといつ

も奥の部屋に隠れていたV男が、担任が来るのを待っていたかのように、玄関のドアを開けて、ふらっと出て来た。その日、担任が両親に修学旅行のプリントを見せていると、いつの間にかV男が自室から出てきて、後ろからのぞきこんでいた。

修学旅行には無事参加できたが、その後はまた閉じこもってしまった。担任に修学旅行の様子を聞くと、「班の仲間と自由行動を楽しそうに過ごし、同級生とも長期の欠席を感じさせないくらいになじんでいた」ということだったので、〈登校刺激をしても大丈夫だと思う。V男に1時限だけ授業を選ばせて、出席を促してみては〉と伝えた。

担任が早速、家庭訪問をして話をすると、V男は社会を選んで、登校した。担任は、事前にSCと打ち合せていた通りに、V男との約束を守って、1時限だけで帰った。すると次は、担任の英語を選んだ。喜んだ担任は、「次は2時限、出席してみようか」と提案したそうで、とたんにV男は黙り込んで、首を振った。

担任はV男の反応に戸惑った様子で「至急、相談したい」と筆者に電話をしてきた。そこで〈そういうときこそチャンス。『進み方が早すぎたみたいだね』と伝えて、事態を共有できると、ふたりで相談しながらやっていく雰囲気になると思う〉と答えた。担任はうまく対応して、だんだんと好きな授業に出る時間数が増えていった。

その矢先、筆者の配置換えが決まった。Moは継続を望んだが、どうしようもなかった。

最後の面接の日、それまで一度もキャンセルをしたことがなかったMoが現れなかった。電話をすると「朝まで、覚えていたのに、忘れてしまって」ということだった。「最近、後戻りをしているように感じる」という話がされたので、〈後任のスクールカウンセラーに詳しく申し送りをする。担任にも改めてお願いしておく〉と伝えて、電話を切った。

その後 欠席は多いものの、長期の不登校は再燃しないまま卒業した。「勉強は嫌い」と高校には進まず、Faの店を手伝っていたが、1年ほど経って、「調理師の資格を取りたい」と言いはじめ、専門学校に通学するようになった。

解説 スーパーヴィジョンを受けていると、スーパーヴァイザーから学ぶ内容もさることながら、一緒に考えてくれる人がいるという安心感が、事例の展開を促し、支える側面があることに気づく。伴走者がいる安心感である。

　教師コンサルテーションにおけるスクールカウンセラーの役割にも似た側面がある。教師は教育者の専門性から、スクールカウンセラーは心理臨床家の専門性から事態を眺め、共有することで、教師の安心感が増し、子どもへの理解がより複雑に、深く細やかなものとなる。同様のことが、スクールカウンセラーの側にも生じる。

　教師と子どもとの関係も、同じ方向を見ながら、伴走する関係ができると、子どもに安心感が生じ、意欲が引き出されてくる。向き合う姿勢は意欲を引き出しにくい。

コメント 心理療法は精神内界を標的とする。精神内界は、成人になると、一つのまとまった世界を成すが、その起源は、本人の資質と外界とが織りなすシステムの映し込みである。子ども時代で、まだ映し込みのプロセスが活発であると判断される個体では、映し込みの原資である外界システムの調整を標的とすべきであり、スクールカウンセラーの主要な活動である。発達心理学の知識を参考にしつつ、常識のセンスで方針を選択する。

　体験がどのように映し込まれて、内界へとまとまってゆくか、を想像しながら現場にいることは、スクールカウンセラーにとっての"共感能力"育成のトレーニングとなる。（神田橋）

model 012

不幸せな歴史を持つ対教師暴力生徒のMoと学校との間で板ばさみになったSC

対象の生徒　中２男子Ｘ男
相　談　者　Mo　関係教師

経過の概要と対処

　Ｘ男は小６の２学期に転入してきた。筆者はたまたま以前の配置校で、Ｘ男の姉の不登校についてMoと面接を続けていた。Ｘ男の姉は中２の３学期から不登校になっていたが、近所の豆腐店がアルバイトに雇ってくれて、それがきっかけのように元気になり、中学には戻らなかったが、高校には通うようになった。Moは早朝のアルバイトをさせるのが不憫な様子だったが、筆者が励まして続けさせた経緯があった。

　Ｘ男の家庭の状況については、そのときに把握していた。Ｘ男のFaは証券会社の優秀な営業マンだったが、うつ病の診断で長く治療を受けていた。Moの両親はすでに亡くなっていたが、Moの父親は生前しばしば、沈み込んで仕事ができなくなることがあった。またMoの母親には、病名は聞いていないが数回の入院歴があり、最期は飲酒後に吐血して、自宅の裏で死んでいるのを、Moが発見したということだった。

　Moは幼い頃、母親からしばしば激しい折檻を受けていた。Moの腕には、えぐられたような大きな傷跡があり、子どもの頃にストーブで火傷をしたが、母親に知れると叱られると思い、隠しているうちにひどく化膿したということだった。そういうエピソードを、Moは笑顔で語ったが、笑顔の頬を涙がつたい続けていた。

　Moは「子どもたちが幼い頃、Faが折檻するのを、私が止めてやれなかったことが、姉を不登校にした原因だと思う」と語った。自身が親から受けた暴力を思い出すので、目も耳もふさいだまま、部屋の隅でじっとうずくまっていたと言う。「あのとき、止めてやっていたら」とMoは自分を責めた。

　姉は引きこもるタイプだったが、Ｘ男は転入した小学校で教師に暴力を振ることがあり、中学入学時には気がかりな生徒としてリストに名前が

挙がっていた。Moは入学式で筆者に会うと、再会を喜んで、「よろしく」と声をかけてきたが、すでに諦めの匂いがあったように思う。

教師らはX男の表情が暗いことと、遅刻が多いことを心配していたが、1年生の間は特に大きな出来事もなく過ごすことができた。遅刻は、登校時間になると腹痛を起こすためだったが、2年生になると、腹痛が軽くなり、遅刻が減った。Moはその理由を「2年の担任が信頼できる人だったから」と話した。

担任は中堅の女性教師で、筆者が赴任すると早速、快活に話しかけてくるような人だったが、モットーとする「生徒の自主性の尊重」のゆえに、しばしば学校の管理体制の中で軋轢を起こしていた。だが、そのありようがMoには共感でき、安心できるものだった。

しかし事件が起きた。美術の授業中、道具を忘れて、注意を受けたX男が反抗的なそぶりを見せたと、美術科の男性教師Y教諭がこぶしを構えた。それにあおられたように、X男がY教諭の胸ぐらをつかみ、頭部を殴りつけた。Y教諭がその後、吐き気とふらつきを訴えたため、入院の騒ぎになった。

検査の結果、異常はなかったが、それをきっかけに、Moが来談することになった。事件後、姉は「私ができなかったことを、よくやった」とX男を褒めたそうで、Moも「それなりに理由のあること。いつかはやると思っていました」と、X男の行為を当然と受け止めていた。〈幼い頃のMoが今、喝采している感じがする〉と言うと、Moは涙ぐみながら、うなずいた。

筆者は、Moの怒りに共感する気持ちもあったが、暴力を容認する姿勢に超えられない距離も感じていた。そこで〈面接を、現実的対応について一緒に考えていく場にする〉と提案し、合意を得た。

Moと筆者はX男が不登校になるのではと案じたが、担任が積極的にX男を受け入れたおかげで、欠席することはなかった。しかし職員間では、かっとなりやすいY教諭に批判的な空気が生じる一方で、「X男の暴力を指導できていない」と担任への不信感も高まった。X男はクラスの一部の生徒たちの間で、ヒーロー的存在になっていった。

事件の再発を教師も筆者も心配していたが、半年後、双方が挑発しあったような形で、X男がまたY教諭を殴った。すぐに他の教師がかけつけ、

大事には至らなかったが、教師らの緊張感は高まった。連絡を受けて、Moがすぐに駆けつけたが、前回のMoの態度に疑問を感じていた教師らは、「Faの同席がなければ、X男に会わせない」と言い、Moは「まるで警察のような対応」とさらに態度を硬化させた。

　筆者には、Moの悲しい生い立ちから理解できる部分もあり、それを教師に伝えたいと思ったが、過去が悲惨であるだけに、事実をそのままに語ることはためらわれた。Faの「うつ病」については、Moから「学校には話さないでほしい」と言われていた。

　加えて筆者は偶然、Y教諭が慢性の内臓疾患を抱えていることを知った。「一部の教師にしか知らされていないこと」と聞いたので、本人に事実の確認はできなかった。だが、それが精神面に影響していることは、十分に推測できることだった。

　家庭にも学校にもそれぞれに事情があり、筆者はそれをつなぐ立場にありながら、守秘義務とのはざまで、うまく機能できないでいた。

　X男は2度目の暴行をきっかけに完全不登校になり、しばらくするとMoも、仕事に就いたことを理由に来談しなくなった。筆者が積極的にX男を擁護する側に立たないことに、いら立ちがあったのかもしれない。だがMoから「私には友人らしい友人もいない」と聞いていたので、〈これからも電話で連絡を取り合っていこうと思う〉と提案すると、Moも「そうしてください」と希望した。

　結局、筆者はそれぞれに事情をほのめかすのみで、事態をやり過ごした。不登校になったX男はかえって勉強に積極的になり、家事も手伝うようになった。Moは「いい子にすることはない」とそれも止めさせようとしたが、筆者は〈X男なりにケジメをつけようとしているのだろうから、その気持ちを大切にしてやってほしい〉と伝え、不登校ながらも生活は乱れることなく卒業していった。

その後　X男は高校に無事通学している。姉は心理臨床系の大学に進学したが、最近は進路に疑問を感じはじめているらしい。Y教諭はその後、転出したが、体調はあまりよくないと聞く。

解説 筆者はY教諭の了解を得て、授業に加わったことがある。それとなくX男に話しかけてみると、つっけんどんな応答の中に甘えてくる雰囲気があった。家族歴から、もしかしたらFaの「うつ病」は実は躁うつ病（双極性障害）で、X男は両親双方から躁うつ体質を受け継いでいるのかもしれないと推量した。だとしたら、自主性を尊重する担任の対応によって、体調も改善していたと了解できる。だがいったん、暴力行為をやってしまうと、学校の中でのびのび感を得ることは難しい。

スクールカウンセラーはしばしば、子どもと保護者と「学校側」との間で板ばさみになる。「学校側」と呼ばれる組織も、それぞれに人生の歴史と事情を抱える個人の集まりであると捉える視点が維持できると、対立構造に巻き込まれる危険が減る。

コメント 守秘義務を硬いルールと受け止めているスクールカウンセラーは硬くなる。すべてのルールは（刑法でさえ）運用の時点で人としての悩み・迷いが加えられることで、対象となる相手の"人としての部分"を触発する。本モデルに登場する人間関係のすべてを"硬い－たてまえ""柔らかい－人情"の混ざり具合として味わいなおしてみると、人の"こころ"についてのセンスが得られる。X男と姉の人生の行く末について想像をめぐらすことも、スクールカウンセラーのセンスを育てるだろう。（神田橋）

model 013
さまざまな人のつながりの中で誤解されていた
Moと担任をつないだ過程

対象の生徒　中3女子Z子
相　談　者　通級担当A教諭　校長　Mo

経過の概要と対処　Z子の兄には中学生の頃に家庭内暴力があり、Moが相当の期間、筆者との面接に通ってきていた。当時、小学生だったZ子は兄の暴力にさらされることもあったが、よく耐え

て、「しっかり者」と評判だった。

　兄の暴力は中学を卒業する頃には落ち着いていた。兄の卒業と入れ替わりに中学に進学したが、ちょうどその年にスクールカウンセラーの配置換えがあり、筆者は隣の中学に移り、Ｚ子の中学には別のカウンセラーが配置されることになった。そのため、筆者が中学進学後のＺ子と直接関わることはなかった。

　Ｚ子は２年生までは、時折、友だち関係のつまずきから教室に入れなくなって、相談室登校をすることもあったが、１週間もすると「そろそろ教室にもどらなくては」と自分から言い出して、Ｚ子なりに努力していることが認められていた。

　Ｚ子にはMoと似た軽度の構音障害があって、言葉がはっきりしなかった。それが兄の家庭内暴力にも、Ｚ子の人格形成にも少なからぬ影響を与えていたようであったが、Moの前向きな性格も、Ｚ子のふてくされているように見える暗い表情の奥に秘められた健気さも、筆者には好ましく感じられていたので、陰ながらエールを送る気持ちでいた。

　３年生に進級して間もなく、Ｚ子が小学生の頃に通級として通っていた「言葉の教室」の担当Ａ教諭から筆者に連絡があった。中学校に「言葉の教室」の制度はないので、Ａ教諭は好意から個人的にメールによるフォローを続けていたが、「最近、メールの内容が暗い。欠席も増えているらしい」ということで、Moからも相談されているということだった。

　Ａ教諭はMoに、Ｚ子の中学のスクールカウンセラーと会うように勧めたが、会話にやや不自由のあるMoにとって、一から説明するのは気が重いことであったらしい。また筆者が兄の状態についてもよく知っているので、Moは筆者への相談を希望しており、Ａ教諭も、筆者とは他の事例も含めて、親しく話し合ってきた間柄だったので、筆者に対応してもらえないかという依頼であった。そこで〈双方の中学と教育委員会、Ｚ子の中学のスクールカウンセラーの了解が得られるなら〉という条件をつけて、〈その上でなら対応可能〉と返事をした。

　Ａ教諭が奔走してくれた甲斐があって、Moが来談できることになった。やってきたMoはなつかしさで気がゆるんだらしく、遠慮がちな言い方ながら中学の対応への不満を口にした。筆者には現在の中学の様子がわからず、判断のしようもなかったが、Moの耐えてきた時間を思い、言葉のま

まに聞いた。

担任や後任のスクールカウンセラーもZ子のためにいろいろと考えてくれているようであり、それはMoも了解していた。だが、まだこころの準備が整っていないZ子に教室へ戻る計画を立てさせて、Z子もその場は「担任の教科の授業から出る」などと答えたものの、当日になると「自信がない」と頭を抱えてしまい、かえって引きこもりを強化させる結果になるようなことも起きていた。

Moは「高校進学も心配。Z子は保育士になりたいと、保育科のある私立高校を志望しているが、出席日数不足でダメだろう」と言い、すっかり諦めている様子だった。そこで〈最近、私立高校には、中学で不登校だった生徒を受け入れて、指導を工夫しているところが多い。SCが知っている生徒も中学では完全不登校だったが、Z子が志望している同じ高校に合格して、無事、卒業している〉と筆者が知っている範囲の情報を教えると、「これまで誰もそういう話をしてくれなかった。道が開けた気がする。来てよかった」と、笑顔になって帰っていった。

ちょうどその頃、Z子の中学の校長と話す機会があった。今年、赴任してきたばかりで、兄の家庭内暴力もMoの障害も把握していないとのことで、Moについては「成績と進学のことだけを心配する人だと聞いている」ということだった。「ある人から聞いた話」ということで、誰からなのかを校長は明らかにしなかったが、古くからの住民が多い土地柄で、入り組んだ人間関係から、無責任な噂話が流れているようだった。校長はざっくばらんな人柄だと感じたので、筆者の見解を率直に伝えると、「知らなかった。これから協力していきましょう」と言われ、信頼関係ができた。

次の面接には、学校を休んでいるZ子が私服のままでやってきた。進路の話になり、〈高校に行きたい？〉と問うと、はっきりとうなずいた。そこで高校や保育士の仕事の話に焦点を当てながら話すうちに、どんよりしていた表情が少しずつ明るくなっていった。高校までの交通機関が話題になったとき、Z子がぜん息に加えて、頻尿にも苦しんでいることがわかり、それが担任に伝えられていないことも明らかになった。

卒業まで残された日数は少なかったが、なんとか担任との関係調整を図ることが必要と思われた。だが筆者から面識のない担任にいきなり連絡を取るよりも、校長に間を取り持ってもらうほうがよいと思われた。そこで

Moの了解を得て、「Moの言葉は、障害の影響で慣れないと聞きとりにくい。そのために担任とのコミュニケーションに齟齬が生じているのではないかと心配している」と校長に連絡してみた。「Moが担任のせいにしようとしている」という誤解が生じないように、あえてMoの側の責任にする言葉を選んだ。校長はMoと面談の時間を持ち、いくつかの誤解を解くことができた。

それからしばらくすると、Z子はときどき教室に入るようになり、志望の高校にも合格した。卒業式には出なかったが、担任がZ子のために、教室でミニ卒業式をやってくれて、その誘いの電話は、担任から直接、Moにかかってきたと聞いた。

その後 高校ではたくさんの友人ができたらしい。在学中にホームヘルパーの資格も取得できると知って、かなりの通学距離だが、無遅刻無欠席で通している。先日、Moが電話をしてきた。「用はないけれど、SCにお礼を言いたくなったので。今、幸せ。いろんな人にお世話になったと感謝しています」ということだった。

解説 スクールカウンセラーは教師よりも、生徒についての個人的な情報を得る機会がはるかに多い。その中には、スクールカウンセラーを通じて教師に伝えられることが、クライエントの無意識によって期待されている場合が少なくない。Z子の頻尿もその一例だったろう。

カウンセリングの中で伝えたい意思を本人と確認できたら、後はカウンセラーと言えども、大人としての自然な振る舞いをするのが適当である。子どもたちは、周囲の大人の親切とお節介から、より多くを学びながら育っていくのだから。

コメント 相手や状況について豊富な情報をもっており、それを生かして対応を行うことを柔軟性という。情報の多くを無視して、既成のパターンで対応を行うことを硬直性という。情報が少ない場合は既成のパターンに依らざるを得ないから、硬直した対応と同じになる。以上は「コミュニケーションの大切さ」と呼びならわしている内容を、一人称の心理学で言いかえたものである。

model 013

Moと担任をつないだ過程 さまざまな人のつながりの中で誤解されていた

> 心理療法の要は、豊富な情報の整理・統合である。スクールカウンセリングの要は、有用な情報の発掘と伝達である。心理療法家は、その本質をじーっと眺めていると、精神内界の隙間を埋める職性であることがわかるが、スクールカウンセラーはより直接に外界にある隙間を埋めることで大きな効果をあげることができる。この機能と守秘義務との案配の工夫がスクールカウンセラー活動の醍醐味である。（神田橋）

model 014
Moと特殊学級担任との関係を抱えた、専門家としてのSCと素人としてのSC

　　　　　対象の児童　小6男子B男
　　　　　相　談　者　特殊学級担任C教諭　Mo

経過の概要と対処　小学校の職員研修会に講師として招かれた際に、事例としてB男が話題になった。

　B男は知的障害児の特殊学級に在籍していたが、5年生までは親学級との交流授業にも問題なく参加できていた。だが6年生になると、交流授業を避けるようになり、運動会の練習も「できない」と言って参加をしぶった。次第に欠席が増え、登校しても給食の時間を極度に嫌がり、Moに連絡帳に「10時半に帰してください」と書いてもらってきて、給食前に下校していくようになった。

　6年生から担任になったC教諭は教職歴数年のまだ若い女性教諭だったが、「できていたことが、できなくなった」と自身の指導力の問題だと感じているらしく、時折涙ぐんで言葉につまるなど、かなり動揺している様子だった。

　障害児教育の専門家ではない筆者に、よい対処のアイデアは湧かなかった。せめてもと〈他の子どもが容易にできることが、自分には難しいことに、B男が気づくようになったからかも〉と、変化を成長の表れと捉えて、〈諦めないで〉と願いをこめつつ、短い時間であったがC教諭の話を聞き、

答えた。

　それから1ヵ月後、C教諭が来談した。「研修会で聞いてもらって、落ち着くことができた」と言い、Moに筆者への相談を提案したということだった。Moも来談を希望しており、担任も「時間の都合のつく限りは一緒に来たい」ということであったので、筆者がMoとC教諭の関係を抱えることが、B男のサポートになるだろうと判断して引き受けた。

　翌週、MoがB男の3歳の妹を連れて来室した。「B男は車から降りようとしない」ということだったので、その日は会わないことにした。担任は所用で来談できないということだった。

　Moは「幼稚園に心理学の専門家が来て、B男を見て、『この子は自閉症。ひと目でわかる』と言われた」と話した。その専門家はB男の年子の兄についても「自閉症」と見立てたが、兄はその後、特に困難を生じることなく成長していた。Moは控えめな口調で"専門家"への不信感を語り、「きちんとした診断は受けていない」と言った。だが児童相談所でIQ＝70程度という判定は受けたそうで、療育手帳が交付されていた。

　その話をしている横で、妹は靴を室内に持ち込もうとしたり、退屈すると「帰る、帰る」とわめいたりした。Moは制止したが、言うことを聞く様子はなかった。筆者が相談室に用意していたぬいぐるみを手渡すと「捨てる」と放り投げたが、帰るときになると「持って帰る」と泣きはじめた。筆者は、ここで根気強く妹と対する姿を示しておくことが、今後のMoとの関係を支えるように感じた。幸い、時間に余裕があったので、断固譲らず、しかし穏やかな態度を崩さずに、20分以上をかけて、妹が諦めるまで付き合った。

　次の面接でも妹は相変わらず、話に割り込もうとし、Moだけでなく筆者にもつばを吐きかけるなどしたが、前回よりも少し落ち着いた印象があった。Moの表情も、前回よりも安心しているように感じられた。

　その次の面接では、C教諭も来談し、B男が絵を描き添えた学習発表会の案内状のプリント数枚を持参した。関わってくれた数人の教師それぞれに宛てた案内状だったが、C教諭が困惑していたのは、関わりの多い教師への案内状に限って、B男が大便の絵をたくさん描き込んでいることであった。担任は「感じが悪い」と教えて、描き直させていた。筆者は教育として妥当と評価するとともに、B男の親愛の情の表現として理解できるこ

とを伝えた。
　面接を終わって三人を送り出したが、すぐにＣ教諭がひとりで相談室に戻ってきた。そして「いい絵を描いているのに、描いているうちに内容がだんだん攻撃的になってくる。電車を描いているうちに、電車が人をひき殺して、血が噴き出しているような絵になる。そのうち本当に暴れ出すのではないかと心配」と話し、バッグの中から数枚の絵を取り出して、筆者に見せた。不安げな様子から、職員研修会で動揺していた姿が思い出された。「攻撃的な絵になる前に、止めさせたほうがいいだろうか」と問うＣ教諭に、筆者は〈絵の中で発散するＢ男なりの工夫。取り上げずに見守ってあげて〉と答えた。後日、Ｃ教諭から「描きたいように描かせていたら、絵の内容が落ち着いてきた」と報告があった。
　Ｍoと一緒に来談するうちに、Ｃ教諭は次第に立ち直っている様子であった。それとともにＢ男も学校にいる時間が増えて、Ｃ教諭とふたりだけなら給食を食べることができるようになった。
　Ｂ男は面接室にも何度かやって来ることがあり、妹を叱る様子が見られた。妹もＢ男の言うことは聞いており、筆者は、Ｃ教諭から聞いた話から予測していたよりも、Ｂ男の対人関係能力は高いのではないかと考えるようになり、Ｃ教諭にもそう伝えた。
　Ｃ教諭が学校行事の都合で来談できなかったある日の面接で、Ｍoの父親であるＢ男らのGfのことが話題になった。Gfにはうつ病での入院歴があり、今も睡眠薬が手放せない。うつ状態になると、イライラして怒鳴り散らすことが続く。Ｍoも「父親は大嫌い」だが、他の子どもたちはみなGfから離れていったので、仕方なくＭoが同居して、面倒を見ている。Gfは数年前まで寿司店を営んでおり、かなり繁盛して、職人を数人雇っていたこともあったが、指導に熱心すぎて、双方とも疲れ果ててみんな辞めてしまったということだった。
　Ｍoは「Gfに優しくしたいが、話しかけても、いつも冷や水を浴びせるような答が返ってくる。そのくせ手間を取らせるようなことをわざとしたりする」と話した。筆者はGfのひねくれた対人関係のありようが、Ｂ男の妹にそのまま重なると感じた。
　そして、それは寂しさと情の濃さを持て余したゆえとも理解できた。そう伝えると、Ｍoは「GfがいちばんＢ男のこころがよくわかるので、すご

いと思ってきた。B男もGfを慕っている」と言い、Gfが虫や草花に詳しく、それがB男に受け継がれていることが語られた。

　B男とGfの関わりについて話すうちに、Moの口調が柔らかくなっていくのが感じられた。ふと〈本当はあなたもGfを慕っているのでは？〉という問いが出た。Moは黙っていたが、いきなり涙があふれた。この日、妹の傍若無人ぶりにこれまでの激しさはなく、いつものように筆者に近づいてきても、じゃれる雰囲気があった。

　B男はC教諭の根気強い働きかけに応えて、終日、学校にいることができるようになり、親学級の子どもたちと一緒に給食を食べることもできるようになった。親学級に仲良しができて、放課後は一緒に遊びに出ていくようにもなった。卒業式前の最後の面接で、C教諭は「B男のこころをもっと早くわかってあげていれば」と悔やんだが、表情からは、教師としての自信を確かに取り戻しているように感じられた。

その後　中学入学後、数ヵ月は頑張っていたが、また休むようになった。Faが転職して収入が不安定になったので、Moも生活を支えるために勤めるようになり、来談する余裕がない。筆者は中学の特殊学級担任もサポートしていたが、小学校のようにマンツーマンで関わることが難しい状況で、B男は家に閉じこもったまま卒業していった。

解説　妹のわがままに付き合ったとき、筆者は心理臨床の専門家としてよりも、母親の先輩としての雰囲気がMoに伝わるようにと配慮しつつ関わった。一方で見立てという客観的作業をしながら、他方で来談者と主観的な関係を作ることが、心理臨床家の専門性である。この時点のMoと筆者との関係においては、同じ母親という非専門家の立場で関わるのが適当だろうという、筆者の専門家としての見立てがあった。妹に向けるMoの視線と筆者の視線とが物理的にも心理的にも重なるように配慮しながら、妹に接した。

　担任のC教諭とはお互いに専門家なので、より客観的な関わりとなった。B男の絵を、C教諭とほぼ正面に向き合った位置から眺めながら、筆者は違う視点を提供するように努めた。妹を叱る様子から対人関係能力の高さを推測し、それを伝えた際も同様であった。

Gfについての情報は、虫や草花についてのこと以外は担任に伝えなかった。C教諭がいない場で出た話であり、C教諭に伝えて、もう一つの視点を担任に提供するメリットが、Moと筆者の重なった視線がずれてしまうというMoとの関係におけるデメリットを超えるとは思えなかったからである。

保護者と教師をつなぐ役割もスクールカウンセラーの機能の一つだが、その際の情報の伝達について、守秘義務という視点からよりも、上述のような視点から考えるほうが、対処のアイデアが湧くことが多い。

コメント　英国の精神分析医ウィニコット（Winnicott, D.W.）は小児科医でもあった。彼は子どもの言動を観察するだけで、両親の人柄や家族関係の現状を言い当てたらしい。そのような名人芸はとうていできないが、われわれ凡人も子どもの言動の変化から親の心身の変化を推察したり、逆に親の表情の変化から子どもの状態の変化を推察したりする練習をするのが望ましい。ことにスクールカウンセラーは人々のこころをつなぐのが主たる仕事なのだから、各人の変化を相関するものとして捉えようとする姿勢が自他にとり有益である。（神田橋）

model 015

MoとSCが率直な話し合いを重ねるうちに回復した、
Moと担任との信頼関係

　　　　　　　対象の児童　小4男子D男
　　　　　　　相　談　者　Mo　養護教諭　次兄の担任

経過の概要と対処　D男は小2の9月に転入してきた。直後から「お腹が痛い」と欠席することが多く、小3の3学期末にはほとんど登校しなくなり、小4の4月、養護教諭の勧めでMoが来談した。

D男には兄が2人いたが、Moによれば「兄たちはまったく問題ない」ということだった。成績も兄たちはよいが、D男は悪いので、「ずっと気

がかりだった」と言う。具体的に聞いていくと、体育と算数は得意だが、国語は苦手で、特に漢字の書き取りができない。絵も苦手で、幼稚園児のレベルの絵を描く。「次兄が、絵が得意で賞をもらうことも多いので、劣等感からますます苦手になっているように思う」とMoは話した。

生育歴を聞くと、特に問題点を指摘されたことはなく、「末っ子なのでおっとりしているのかと思ってきた」ということだった。だが小学校に入学して、担任から「劣っている」と言われた。ひらがなも覚えられず、担任が居残りをさせて、やっと追いつく状態だった。

筆者は視機能の障害が隠れているのではないかと思い、Moにもそう伝えた。Moは「兄は2人とも近視だが、D男は視力がとてもいい」と納得できない様子だったが、筆者は〈視機能と視力は異なる。遠視が学習障害と関連するという説もある〉と説明し、今後、必要であれば、視機能の検査と訓練ができる眼科の専門病院を紹介することを伝えた。

Moはうなずきながら聞いていたが、学習面での話がひと段落すると、「転校してきたばかりで、困ったときに助けてくれるお友だちがひとりもいない」と訴えた。転入からすでに1年半を経過しており、「転校してきたばかり」という表現に違和感があったが、Moの不安がそう言わせるのだろうと思いながら聞いた。

Moはさらに「担任が長期休暇をとったときに、代わりの教師が来た。その間だけは順調に登校できた」と、婉曲に担任の対応を非難した。

筆者は今後の対応を検討していくうえで、知的能力について確認しておく必要を感じたので、特殊学級担任のE教諭に相談することと、場合によっては心理テストを実施することについて、Moの了解を得た。MoはPTA活動で、気さくな人柄のE教諭と何度か話したことがあるそうで、快諾した。

E教諭に相談すると、視知覚発達検査もできるということで、知能検査、エゴグラムと合わせて実施してくれることになった。その結果、視知覚発達検査で特に問題はなかったが、知能検査において、誤差の範囲と言えなくもない程度の発達の遅れが見られた。

エゴグラムでは、結果はNP（養育的親の自我）とAC（順応した子どもの自我）が高いN型と出たが、個々の質問項目の回答とD男の日常の姿は微妙に食い違っており、大人に期待される像に合わせて回答したらしい

様子が読み取れた。

　次の面接にはＤ男もMoと一緒にやってきたので、筆者は検査の結果を、MoとＤ男にわかりやすいように言い換えながら、フィードバックした。視知覚に心配がないことを伝えると、Moはすでに近くの眼科にＤ男を連れていっており、「『異常なし』と言われました」ということだった。だが、連れていった眼科は視機能検査のできる病院ではなかった。Moの待てなさに、不安の高さを感じた。

　筆者はＤ男にいくつかの質問をしてみた。だがすべての問いかけに、Ｄ男が答えるよりも早くMoが答えた。そこで〈Ｄ男君のことは、Moが決めてくれることが多いのかな？〉と聞いてみると、これにもMoが「兄弟は公平に、自分たちで決めるようにさせています。お菓子もジャンケンで分けさせています」と答えた。

　Ｄ男の出番がないので、筆者はアヤトリの紐を出して、MoとＤ男に勧めてみた。それまでぼんやりしていたＤ男の表情が急に生気をおび、Moも懐かしそうにＤ男に取り方を教えた。くつろいだ雰囲気になってきたので、積み木ブロックのゲームを出して、3人でやってみた。Moは声を上げて楽しみ、「どこで売っていますか？」と筆者にたずねてきた。

　面接の最後に〈お手伝いもするといいね。何をするかはＤ男君が決めて〉と言うと、Moが口を出すより前にＤ男が「Moの肩叩き200回」と答え、「夕食後にする」と決めた。

　翌週、Ｄ男の6年生の次兄の担任から電話があった。次兄もこの数日、欠席が続いているそうで、Ｄ男と同様になることを心配してのことだった。筆者は担任に次兄の様子を聞き、深刻な状況ではないように感じたので、〈先生が迎えに行っても大丈夫な段階だと思う〉と答えた。

　次の面接でMoに、次兄の担任から電話があったこと、欠席を心配していたので、上述の助言をしたことを告げた。Moが「腹痛です。不登校ではないので心配ありません」と言い切るように答えたので、筆者もそれ以上、話題にしなかった。

　翌週、養護教諭から電話があった。次兄が再び欠席して、Moが担任に連絡の電話をしてきたが、その折に「不登校ではありませんから」と強い口調で言われたそうで、若い担任は「Moが私に不信感を持ったのではないか」と不安になっているということだった。

筆者は、担任からの相談を不用意にMoに話したことを詫びるとともに、面接でのMoの様子から、話し合いで誤解は解けると思い、そう伝えたが、養護教諭は「またSCに話したのかとなっても」と言葉を濁した。

そこで次の面接で、養護教諭から電話があったことは伏せたまま、〈前回、突然、次兄のことを話題にしたので、Moも驚いたのでは？〉と問うてみた。Moは「次兄は真面目な子で、勉強もよくする。それなのに不登校だと思われてはかわいそうです」と答えた。Moは不登校を恥ずかしいことだと考えている様子だった。その上、兄弟そろって不登校となると、親の育て方の問題を指摘されると恐れている様子でもあった。

そこで筆者は〈①不登校の原因はさまざまであること、②不登校は、親や教師や周囲の大人たちが、子どものために連携するきっかけにもなること、③担任はMoと連携しようとして、SCに相談してきたこと〉をMoに話した。Moは担任の真意を理解したようで、次第に表情が緩んできた。

翌週、次兄の担任から、筆者に電話があった。三者面談があったそうで、その席でMoは「心配していただいて」と礼を言い、和やかに話が進んだという報告だった。

3ヵ月ほどの面接を続けるうちに、D男はほとんど欠席することはなくなった。筆者は養護教諭や担任と連絡を取り合い、その内容をMoに伝えた。Moは担任の気配りを理解するようになり、「遅刻して登校する日もあったが、遅れて教室に入っても、同級生が自然に迎えてくれた。担任がいろいろと配慮してくださったおかげで」という言葉も出た。

Moの表情に硬さが残っていることが気がかりではあったが、登校状況が改善したので、終結とした。

その後 D男は、遅刻をすることはあったが、欠席はしなくなって、小学校を卒業した。長兄についても、筆者は中学で、気がかりな生徒としてときどき名前を聞いていたが、その後、偶然のことから、彼も転入前の小学校で長く不登校だったことを知った。

解説 わが子が不登校になると、親は子育ての失敗ではないかと不安になる。一方で担任も、自身の指導力や学級経営力の不足のためではないかと心配する。「自分のせいではないか」という内心の不安が

あるとき、疑念が生じやすく、誤解も生じやすい。長兄に続いてD男も不登校になって、Moはかなり不安になっていたのだろう。そこに次兄の欠席が重なって、Moの不安は担任への不信として表出された。

誤解が生じたときには率直に話し合うのが、解決の早道である。誤解は解けていくプロセスで多くの洞察を生むが、スクールカウンセリングでは複数の関係が同時に進行するので、混乱も大きくなりやすい。早めに解いておくほうが無難である。

E教諭の協力を得て、D男の状態を客観的に捉える作業をしておいたことが、後の話し合いを容易にした。またアヤトリやブロック遊びで退行した時間をMoと共有していたことも、誤解の解消をスムーズにした。

コメント　医療の世界ではまず身体的・器質的・客観的所見を得ることを目指し、次の段階で心理面に目を移すという手順がある。スクールカウンセリングにおいても、同じ手順を踏むことが望ましい。確かな事実把握は関係者全員が共有できるので、事態解決への共同作業の基盤となる。ただし医療の場と異なり、スクールカウンセリングでは身体的・器質的な障害を確認する作業の過程で、心理的側面が浮出てくることが多い。したがって常に両面からの観察の姿勢を維持することが必要である。本モデルはその典型である。
（神田橋）

model 016
Moとの面接が深まるとともに生じた担任とのディスコミュニケーション

　　　　　　　対象の生徒　中2女子F子
　　　　　　　相　談　者　担任G教諭　不登校専任H教諭　Mo

事例の概要と対処　G教諭は30代半ばの女性教諭であった。担任するF子の不登校について、Moが来談することになると、Moと一緒に相談室まで出向いて、筆者に経緯を簡潔に説明してくれた。

1ヵ月ほど前に適応指導教室を紹介したということだったが、その際には自ら適応指導教室を訪ねて、受け入れ状況について確認していた。有能で熱意のある教師という印象を受けた。面談中には、初対面の筆者とMoの関係がつきやすいようにと、気さくな会話で雰囲気作りにも力を貸してくれた。

　G教諭はその後も数回、Moとともに来談したが、ある日、Moが「私の問題も、F子の不登校に関係していると思うんです」とためらいがちに話しはじめると、担任の前では話しにくい内容だと察したらしく、「試験前で忙しくて」と立ち上がり、筆者に目で合図して、「よろしく」と頭を下げて出ていかれた。

　Moの言う「私の問題」とは飲酒で、深夜、隠れてかなりの酒量を飲んでいた。それをF子が見とがめることがあり、「その頃から欠席が増えていったように思う」とMoは話した。

　その後、Moはひとりで来談するようになり、家庭内の事情が次第に明らかになったが、自宅の近くにはFaの親族が多く住んでおり、嫁姑関係を含めて、心理的葛藤が複雑であった。Faは仕事で多忙を口実に、Moの苦悩に耳を貸さなかった。どこにも向けようのないストレスのはけ口として飲みはじめた酒であった。

　だがMoには事態を楽天的に受け止める力があり、それが筆者に好ましく感じられたこともあって、面談を重ねるうちに、ふたりの間に内輪の雰囲気が生まれてきた。筆者が教師とは少し隔たった位置にあることにも、Moはこころを許したのだろう。次第に、担任への不満が語られるようになった。

　G教諭は熱心さのあまり、ときに厳しい話をMoにすることがあって、Moには、それがつらく感じられていた。筆者は、追い詰められた状況にあるMoの気持ちを当然として受け止めつつも、G教諭の言葉の真意をMoが理解することが、事態を展開させるだろうという見立てもあって、両者をつなぐことができればと思いつつ話を聞いていた。

　その間もF子はさまざまな行動を起こした。以前から、Moを叩く、蹴るなどの暴力行為が見られたが、Faが出張で不在の夜、Moと口論になって、ゴルフクラブを振り回して暴れることがあった。Moから電話で助けを求められたG教諭は、深夜にもかかわらず駆けつけた。「放火してやる」と

model 016

Moとの面接が深まるとともに生じた担任とのディスコミュニケーション

言い残して、夜中に家を飛び出したときにも、連絡を受けたG教諭は、学年の教師に協力を頼んで、町中を探し回った。〈G教諭ならではのこと〉と話すと、Moも格別に対応してもらっていることは十分に承知していたようで、感謝の言葉が語られるようになった。

筆者は、そのようなMoのこころの変化をG教諭と共有することが役に立つと気づいていたが、G教諭の授業の空き時間と筆者のスケジュールの調整がつかず、話し合う時間が取れないままになっていた。そこで、その年から特別支援の教諭として配置されていたH教諭を通じて連絡をとるようにしていたが、伝言では自ずと限界があった。

中2の3学期を迎え、Faが理解を示すようになり、両親の関係が改善した頃から、F子は次第に落ち着きはじめた。両親に進路の希望も話すようになり、気持ちが学校に向きはじめたが、学習の遅れもあって、いきなり教室に入るのは不安であったらしい。ある日、Moに「別室登校をしたい」と話した。F子の中学には、不登校傾向の生徒のための別室が用意されており、筆者が以前にその情報を伝えていた。意欲が出てきたと喜んだMoは早速、学校に出向いた。Moから連絡を受けて筆者も、以前に会ったときのG教諭の様子から、担任としていろいろな工夫をしながら積極的に受け入れてくれるだろうと期待した。

ところがG教諭は「別室ならラクができると思っているのだろう。別室は対人恐怖などで教室に入れない生徒のためのもの。F子は教室に入れるはず。F子にそういう対応はできない」と突っぱねたということであった。Moは筆者に半泣きで電話をしてきて、「せっかく立ち直ろうとしているのに、担任がF子のやる気を認めてくれない」と訴えた。

筆者も担任の様変わりが信じがたいほどであったが、一方で自身の責任も痛感した。G教諭と顔を合わす機会を持たないまま、H教諭に伝言をお願いして、それでよしとしていた筆者に、この事態の責任があることは明らかだった。

早急に対応する必要があると思われたが、筆者がG教諭に直接話すよりも、これまで連絡役を引き受けてくれていたH教諭を通じてメッセージを送るほうが穏当であるように感じた。H教諭は細やかな配慮のできる人であり、G教諭との関係もよい様子だった。

そこで〈SCが介入したことで、G先生が担任としてやりにくくなって

いるのではないかと心配している〉とだけH教諭に話してみた。伝言を頼む言葉は使わなかったが、H教諭は筆者の真意を伝えてくれた。翌週、H教諭から「G先生が『SCのその言葉だけで十分』と言っていました」と聞いた。関係の緊張が緩む感じが伝わってくるようだった。

　間もなく、G教諭からコンサルテーションの依頼があった。G教諭と筆者の連携がスムーズに行くようになると、それと並行するように、F子は学校に戻りはじめた。翌年、G教諭が転出したため、H教諭が担任になったが、高校進学を考えるようになり、欠席もほとんどしなくなって、希望した高校に進学していった。

その後　G教諭は転出先の中学に通勤する途上で、自転車で高校に通学をするF子とすれ違うそうで、その様子を折々に電話や手紙で知らせてくれていた。ある年、年賀状の片隅に「メールアドレスを教えてください」とあり、それからは現任校で担任する生徒の対応に悩むと、愚痴のような、相談のようなメールが来る。その中学にもスクールカウンセラーが配置されているので、〈セカンド・オピニオンとして〉と返事を書いている。

解説　通常のカウンセリングはカウンセラーとクライエントの2人の関係であり、その関係は時間や場所などの物理的な制限を設けることで、現実から守られる。物理的制限は、二者を守る外枠として機能する。だが何らかの事情で、外枠が曖昧にならざるを得ないとき、カウンセラーは自身の内側に準拠枠を維持しなくてはならない。こころの柔らかさを保ちつつ、内的な枠を維持するのは難しいことなので、より高度な能力がカウンセラーに求められる。

　スクールカウンセラーの場合は、たとえ非常勤の半日であっても、来談者である生徒やコンサルテーションを受ける教師と学校という現実の場を共有するので、カウンセリングの場を守る外側の枠はかなり曖昧になる。そこで外枠に固執すれば、機能できないことにもなりかねない。

　教師との関係は、事態への対処法を専門的に助言するコンサルテーションであって、来談者のこころの問題を話し合うカウンセリングとは異なるとする考え方もあるが、その区別も内的な準拠枠なので、面接の現場で、

その区別をするのは、時間や場所で区切るほどに簡単ではない。
　G教諭が席をはずしたとき、筆者に送られた"目の合図"は、同僚としての内輪の信頼関係の確認であった。その意味を筆者が受け止めそこねたことが、事態を混迷させた。内輪の関係と外部性の狭間で機能することを、スクールカウンセラーは常に求められる。

コメント　濃い情緒関係を好む資質と、薄い関係を好む資質とがあり、それぞれ天性である。いずれであるかを見極めることで、大方の方針が立つ。濃い関係を好む資質は当然、ディスコミュニケーションに強く反応する。家庭内暴力は濃い関係を好む資質の上に生まれるし、G教諭も濃い関係を好む資質である。SCとG教諭の2人には相性の良さがあったのだろう。資質は天性であるから、変えようと努めると心身が病む。H教諭はおそらく薄い関係を好む資質であろう。そのような人はバランスを保つことが必要な連携の役割が上手である。Moもそのような資質であるようだ。（神田橋）

model 017

場面緘黙と不登校を続ける男児について、
Moと担任の関係調整を試みた過程

　　　　　　対象の児童　小6男子I男
　　　　　　相　談　者　Mo　Fa　担任

経過の概要と対処　「場面緘黙で、不登校にもなっている男児について、Moの相談に応じてほしい」と、小学校の養護教諭から電話があった。養護教諭に案内されてやってきたMoは、穏やかな物言いであったが、面接の間ずっと、心を許さない雰囲気があった。
　I男の一家は、I男が2歳の頃に転入してきた。Faが脱サラして自然食品の店を開業するためであった。FaはMoに相談なしに開業を決め、Moには「手伝わなくていい」と言っていたが、従業員が思うように集まらず、Moも早朝から配達に走り回る毎日となった。配達から戻ってくると、

幼いⅠ男がパジャマ姿のままで店の前に立ち、Moの帰宅を待っていることも度々だった。

そんなある日、保育園でⅠ男がトイレに閉じ込められることがあった。Ⅰ男は大声で叫んだが、翌日の誕生会の準備で忙しかった保母には聞こえなかったらしい。夕方、Moが迎えに行くまで閉じ込められたままだった。Moによれば、「それから、Ⅰ男の緘黙が始まった」ということだった。その後は突然、冷蔵庫の卵を投げたり、コップの水をまいたりということが続いた。

小学校に入学すると、前の日までは登校を楽しみにしているが、朝になって靴をはくと、登校をしぶるようになった。どういう経緯からなのか、Moにもわからないということだったが、「なぜ話さない？」と自宅にまで、「怒鳴り込んできた」同級生もいて、次第に欠席が増え、不登校になっていった。

だが3年生になると、緘黙は続いたものの、登校はするようになった。4年生になると、親しい友だちと話すようになり、短い言葉なら授業で発表もするようになった。だが5年生になると、クラス替えの影響なのか、ぷっつりと話さなくなった。Moは友だちが自宅に遊びに来ても話そうとしないⅠ男の姿を見て、ショックを受けた。さらに6年生に進級して、しばらくすると登校しなくなった。

Moは「Ⅰ男自身が『しゃべられるようになりたい』と思っているので、何とかしてやりたくて、担任が変わるたびに、治療について相談してきた」ということだった。だが「どの担任も『治療は必要ない。そのうちしゃべるようになる』と答えるばかりだった」そうで、そのことを話すMoからは、教師への不信感が強く伝わってきた。

Ⅰ男は話さないのではなく、話せないこと、親として責任ある対応をしようとしてきたこと、それに対して学校が誠意をもって応えてくれなかったこと、それらが明確な言葉として表現されない分だけ強いメッセージとなって、筆者に伝わってきた。

Moは、5年生になって再び、状態が悪化した際に、かかりつけの小児科医に相談して、大学病院の児童精神科を紹介されていた。投薬はなく、心理カウンセラーによる母子合同面接を受けることになって、現在も通院を続けているとのことだった。そこで〈治療の効果は？〉と問うと、「幼

稚園のトイレの出来事がトラウマになっており、今も自宅ではトイレにひとりで行けない状態だが、たまにはひとりで行けるようになった。私に話しかけてくることも増えた」ということだった。

筆者は、学校ではひとりでトイレに行けることから、家族内の力動の影響が大きいようにも感じたが、そのことに触れられない雰囲気があった。病院でのカウンセリングを継続中でもあったので、スクールカウンセリングでは学校との関係調整を話し合っていくということで、Moとの面接を約束した。

翌週、筆者はたまたまⅠ男の小学校の職員研修会の講師に招かれていた。担任は筆者を見かけると、早速話しかけてこられた。養護学校勤務の経験もあるベテランの男性教諭で、教育に強い熱意がある人という印象を受けた。担任は快活な話し振りで、Ⅰ男と続けている交換日記のことなどを話してくれた。筆者は〈Moに、担任との連絡調整を約束した。担任にコンサルテーションの希望があれば応じる〉と話した。

Moは、当初は月に1回のペースで来談を希望していたが、次第に隔週で来談するようになった。

そしてⅠ男が雨の中を走って逃げるほどに担任を避けるのに、熱心に家庭訪問をされるので、やや負担に感じていること、「Ⅰ男担当」の同級生が決められており、毎日遊びに来てくれるが、Ⅰ男が隠れてしまうので、Moがその同級生の遊び相手をしなくてはならないこと、さらに担任がⅠ男との交換日記の内容を「本当は読んだらいけないんだけど」と言いながら、クラスのみんなに読んで聞かせたことで、不信感が決定的になったことなどが話された。

筆者はMoに、〈それらの不満が、Moから担任に言葉で伝えられていないことに、開業のときの夫婦のコミュニケーションのずれが繰り返されているように感じる〉と伝えた。

そしてMoの代弁はしないほうがよいと考えたので、担任には、コンサルテーションの折々に、〈MoもⅠ男も、まだ担任の熱意を受け止められる状態にない〉と指摘する程度にとどめて、対応の助言をしながら、様子を見ていた。

数ヵ月が過ぎたある日、面接にMoと一緒にFaもやってきた。Faは硬い表情で、個人懇談の順番が記された予定表を筆者の前に差し出した。「Ⅰ

男担当」の同級生が届けてくれたそうだが、プリントにはⅠ男の名前がなく、その同級生の字で欄外に書き足されていた。

Faは「不登校なのだから、書き忘れたことは仕方がない。だが気づいたら、刷りなおしてほしかった。せめて担任自身の手で書き足してくれていたら」と言い、「個人懇談に私も行って、抗議したい。その話し方が難しいと思うので、SCに相談したくて、来談した」ということであった。

筆者は〈言葉は明確に、口調は穏やかに話すと、主張が伝わりやすい〉とだけ助言した。両親には、筆者の助言よりも、お互いの気持ちを確かめ合う場として、面接が役立ったようであった。

後日、個人懇談の様子をMoに問うと、担任の反応はともかく、「Faがきちんと主張してくれたことが、うれしかった」ということだった。またMoは「私も、一度言って通じないと諦めて、それ以上言えない」と、自身の「言えなさ」をⅠ男の気持ちと重ねて話した。

その後、養護教諭から、Ⅰ男が少し話をするようになったと聞いた。担任は一時期、体調を崩していたが、次第に元気になられた。

その後　Ⅰ男の一家は間もなく、転居し、その土地の中学へ進んだ。Ⅰ男は中学でも再び緘黙、不登校になり、スクールカウンセラーが対応していると聞いた。

解　説　「雄弁は銀、沈黙は金」と言った古代ギリシャのデモステネスの時代は、銀が金より高価で、雄弁に価値があった。だが社会が成熟するとともに、沈黙が持つコミュニケートの力が高く評価されるようになり、この諺も逆の意味に取られるようになった。

言葉は事態の輪郭を明確にし、沈黙は曖昧なままに置く。曖昧は豊かであり、人のこころを揺さぶる。揺さぶられたこころは、崩壊の不安にさらされる。「なぜ話さない？」と怒鳴り込んできた子どもは、おそらくⅠ男の沈黙によって不安になったのだろう。担任も筆者もおそらく同様だった。

沈黙が伝えてくるメッセージに耳をすますには、今の学校現場は忙しすぎる。Ⅰ男のような子どもたちは、ますます黙り込むしかない。

個人懇談の予定表の件でFaが登場し、言葉によるコミュニケーションが不完全ながらも実現したことは、このモデルでのわずかな救いだった。

不完全なままに、終結してしまったことが悔やまれる。

コメント　緘黙の子は話せるようになっても、言葉に感情をのせることができなく、外国語での会話や、事務伝達のような言葉になりやすい。そして、そのような子の家庭には、言葉が事務伝達の道具にすぎない雰囲気がある。治療としては、ノンバーバルな身振り・目で合図・発声・歌など、言葉の周辺の表現活動を訓練して、言葉につなげてゆくのが有効である。便所にとじ込められたとき、Ⅰ男は戸を叩かなかったのかもしれない。戸を叩きながら叫ぶ、一種のサイコドラマを一度、Ⅰ男に提案してみたかった気がする。（神田橋）

第3章　家庭訪問

概説

　　　　　家庭訪問は、個別の対応が必要な生徒に関わるときには必須の
概　説　アプローチである。特に本章の各モデルに提示したような、集
団へのなじみにくさから不登校状態に陥っていると思われるケースに、一
対一の関係が作りやすい家庭訪問は有効である。

　家庭訪問の最大の意義は、「休み続けていても、本校の生徒、本学級集団の一員であることに変わりはない」と伝えることにある。不登校の生徒は程度の差はあるが、集団への所属感を得にくい、もしくは維持しにくい状況にあり、それが不登校の原因となっている場合もあれば、結果として生じている場合もある。いずれの場合にあっても、学級集団への所属感、学級成員としてのアイデンティティを保障するものとして、家庭訪問の意義は大きい。

　したがって担任による毎日の家庭訪問が最も効果をあげる。週に1日ないし2日の勤務のスクールカウンセラーの訪問では自ずと限界があるのみならず、学級集団への橋渡しをする際に、担任への引継ぎというワンステップがさらに必要となり、この段階でつまずいているケースが少なくない。さまざまな事情により、やむを得ずスクールカウンセラーが家庭訪問を行う際には、訪問開始の当初より、担任との連携をどのように進めていくかを視野に入れておくことが必要である。

　家庭訪問はかなり侵襲度の高い働きかけであるので、慎重に進めていく配慮が必要である。不登校の初期には、担任が家庭訪問して無理やり連れ出して、そのまま学校復帰になるケースが多くある。子どものこころが、まだ学校に向いている時期なので、行動を後押ししてやることが、気持ち

と行動が一致するための適切な援助となる。同級生に忘れられることを気にしていたモデル18のＡ男は、この段階に近かったと言える。

不登校がある程度、長引いた場合には、「行動を強要しない」という援助者（教師）側の姿勢をメッセージとして伝えることが、子どもの気持ちと行動を一致させる働きかけの第一段階となる。この姿勢をメッセージとして伝えるのに、言葉はあまり役に立たない。不登校になった子どもたちはしばしば、大人の言葉による嘘に傷ついているからである。態度で示すのが妥当であり、①始業から終業までの時間帯、特に朝の訪問を避ける、②電話で予告したうえで訪問するなどの態度が、メッセージとなりうる。

あらかじめ「君が嫌なら会わない」と保護者を通じて明言しておくことも、教師の姿勢を守る枠組みとして役立つ。「本人と会わない」と約束していても、担任が家庭訪問してくれば、「本人を出さないでは失礼」と考えるのが親の心情である。教師の側も、本人に会えれば「一歩進んだ」と錯覚しがちなので、親が子どもを無理やり引っ張り出そうとしたときに、つい同調してしまう。だが「君が嫌なら会わない」と明言しておくと、親を押しとどめる、援助者（教師）の一瞬の判断が支えられる。

そして相手の気持ちを聞き出そうとする前に、こちらの気持ちを披瀝しておくのが、関係作りを働きかける側の礼儀として正しい。家の中に入って、すべての話が本人に聞こえるように話す配慮が必要である。声をひそめてのひそひそ話は、必ず子どものこころを遠ざける。このとき、相手が嫌がりそうな話、警戒しそうな話は当面、避けるのも礼儀である。

長居をしないようにする配慮も求められる。家庭訪問は、訪問された側の親子にかなりの緊張を強いる。「手早く成果を得たい」という気持ちが、ずるずると長居をさせる。「また明日」という気持ちがあれば、短く切り上げることができる。長居は教師にも親にも負担になって、継続の意欲と力をそぐ。

筆者はこれらの考えをまとめて、後掲のプリントを作成し、教師の研修会などで配布している。家庭訪問と、家庭訪問から教室復帰へリードしていくときのポイントを提示して、その教師なりの発想を引き出す参考にしてもらうためである。マニュアルではないので、実際に家庭訪問を試みる際には、一緒に対応の各段階を検討する。

家庭訪問に不可欠なのは、教師のやる気の維持であり、やる気は教師が

創意工夫し、行った工夫に手ごたえを得ることから生まれ、支えられる。モデル18の九九の練習や一緒に本を読んだこと、モデル19の日誌のやり取り、モデル20の放課後のオセロなどは担任の創意工夫であった。

　教室復帰の際のポイントは、第8段階に示した約束を守ることである。モデル21のD子は、担任と出席する授業を相談しつつ増やしていった。瀬踏みをする子どもの気持ちを大事にする姿勢が、子ども自身の力での前進を可能にする。

　なおスクールカウンセラーが家庭訪問をしたほうが好ましい場合がある。精神疾患などの見立てが必要な場合である。このとき、担任に同行してもらうか、スクールカウンセラーが単独で家庭訪問するかの判断が、スクールカウンセラーの仕事となる。

　また一対一の関係作りを家庭訪問の目的とする場合も、スクールカウンセラーが対応できる。このとき、学級復帰はとりあえず目標としない前提に立つ。重篤な精神病理などを見立てて、学級復帰よりも個別の関係による心理的援助を優先するべきと判断した場合などである。また担任に代わって、心の教室相談員などが訪問して、学級復帰にスムーズにつながる場合があるが、もともと重篤な病理ではなかったことが、結果から判断されることが多い。

　不登校で家に引きこもっている生徒と、メールでやり取りする方法もある。この場合、短い文章で、簡単に答えられる質問を添えると、やり取りが続きやすい。メールによる家庭訪問と位置づけることができるが、筋肉行動を伴わない分だけ、侵襲の度合いが低く、スクールカウンセラーが行っても、その後に支障を来すことが少ない。

家庭訪問のコツ7か条

「君のことを気にかけ続けているよ」というメッセージとしての家庭訪問

①放課後に　「学校に引っ張り出すために行くんじゃないよ」というメッセージとして。
＊授業時間内の家庭訪問は、子どもの内に無用な緊張感を生み出すので要注意。

②電話で予告して　拒否する自由の保証として。
＊不意打ちもまた、子どもの内に緊張感を生み出します。

③本人に「君が嫌なら会わない」と保証して　もし親が無理に連れ出そうとしたらチャンス。子どもに聞こえるようにしっかり「ノー」と言いましょう。
＊「先生は僕（私）のペースを守ってくれる」という安心感が生まれるチャンスです。

④家の中に入って　何を話しているかが本人に聞こえるように。
＊子どもは聞き耳を立てています。内緒の話は疑心暗鬼を生みます。

⑤親との雑談を中心に　「へえ先生、あんな話をするんだ」と、意外な面が親しみに。
＊雑談はけっこう難しいので、日ごろからネタ収集の努力を。先生の人生も豊かになります。

⑥学校の話はできるだけしないで　「どうせする」と子どもは思っています。
＊「やっぱりした」⇒「どうせ」と「やっぱり」は、傷ついた心にいつも渦巻いている言葉。

⑦短時間ですませる　5分で十分、長くて10分。お茶が出るまでいたら失敗です。
＊お互いに負担になると続きません。
＊長居は熱意ではなく、「一度ですまそう」という手抜きのこころであることが多いのです。

家庭訪問から教室復帰への8段階

第1段階　諦めずに訪問（原則として毎日、行けないときには電話を。配布物などは黙って置いてくる）

第2段階　子どもが"なにげに"部屋の隅を通ってみたり（まだまだ……）

第3段階　子どもがあえて先生の目の前を通ってみたり（目が合えば「おう！」）

第4段階　子どもが親の横に座ってみたり（先生から学校の話はしない、がまん、がまん）

第5段階　子どもからプリントの内容について質問してきたり（興味がありそうな話題を少しだけ）

第6段階　再登校の邪魔になりそうなものについて話題をふってみる（"相談"の雰囲気を出せるかどうかが腕の見せどころ）

第7段階　「出やすい授業に1時限だけ出てみる？」と誘ってみる（どの教科が今、どういう授業をしているかの情報提供をていねいに）

第8段階　約束の授業が終わったら「帰りなさい」と帰す
　　　　　⇒いったん第6段階に戻って
　　　　　⇒らせん状にバージョンアップ
　　　　　学校に来ると子どもは元気そうに振る舞うもの。ここで欲を出して次の授業まで残すと
　　　　　⇒そのまま復活することもある（まれですが）
　　　　　⇒多くの場合、振り出しに戻る。諦めずにまた第1段階から　歩ずつ

model 018

毎朝、不登校児童を迎えに行く担任の創意工夫を
折々の電話でサポートした過程

対象の児童　小２男子Ａ男
相　談　者　担任　Mo

経過の概要と対処　　3学期が始まって間もなく、Ａ男の担任から「Moのカウンセリングをお願いしたい。その際には私も同席していいか」という電話があった。Ａ男は12月中旬に、転んで目の上に青あざを作り、それがショックだったのか休みはじめ、さらに風邪も重なって、欠席のまま冬休みに入った。3学期になれば登校するかと期待していたが、そのまま休み続けている。担任は新任数年目の若い教師で、初めての不登校児への対応でこころ細くなっている様子だったので、Moの承諾を条件に受け入れた。

当日、真剣な表情の担任の横で、Moは「私も不登校だったことがある。でも特に困らなかったし、この子もすぐに戻ると思う」とまったく心配していない様子だった。そして、年の離れた兄がふたりいる末っ子なので、過保護にならないように気をつけてきたこと、兄たちが勉強も運動もよくできるので、ついそちらに注意が向き、Ａ男にかまってやる時間が少なくなっていたこと、Faは多忙だが、最近はＡ男と遊ぶようにこころがけていることなどが話された。

Moにさほどの来談意欲があるように見えなかったので、筆者は〈これからもFaに関わってもらいながら、様子を見ましょう〉と答え、担任には、負担にならない夕方に家庭訪問を短時間、小まめにするように助言して別れた。

2週間後、担任から中学校の相談室に電話があった。「まだ登校できない。Faは関わってくれているが、登校については『学校のことを言うと、Ａ男が嫌がる』とそれっきりになっている。Ａ男が『九九ができないと学校に行けない』と言うので、毎日、一緒に一段ずつ練習する約束をしたが、こんな対応でいいのだろうか」と、さらに不安になっている様子だった。

家庭訪問のときの様子を聞くと、Ａ男はニコニコしながら出てきて、担

任と楽しそうに話をする。学級の友だちの様子が気になるらしく、「僕のことを忘れてないかなぁ」と聞くので、「みんな、A男君が登校するのを待っているよ」と答えると、うれしそうにしているとのことだった。

筆者が〈九九を一緒に練習する約束ができたことはよかった〉と評価すると、担任は少し安心した様子で、「私が朝、迎えに行ってはいけないでしょうか」と聞いてきた。家庭訪問のときの様子から考えて、大丈夫だと判断できたので、筆者は賛成した。

そして〈①あらかじめ電話で予告をしたうえで迎えに行くこと、②いきなり学校に誘うのではなく、できそうなところから一歩ずつ進めていくこと、③3歩進んだら、必ず2歩下がることが肝心〉と伝えた。また〈今、いちばん困っているのは担任。これからは担任の相談に応じていこうと思う〉と言い添えた。

担任は早速、朝の家庭訪問を始めた。1日目、A男は担任に手伝ってもらって、思ったよりすんなりと時間割を揃えた。翌日はランドセルを背負うところまでできた。ところがその翌日はパジャマを脱ごうとせず、さらにその翌日は布団から出ようとしなかった。そこで次の日、担任は学校のことに触れず、一緒に本を読んだそうで、その後の数日は、A男のほうから本を用意して、一緒に読むことを求めるようになった。

それからも担任は生真面目に家庭訪問を続けたが、両親に熱意があるようには感じられず、「迷惑がられている？」と感じることさえあり、無力感を深めていったらしい。

それまでも担任は、折々に相談室に電話でコンサルテーションを求めてきていたが、ある日、筆者の勤務日でない日に、携帯に電話をしてきた。「次の勤務日まで待てなかった」と言う。筆者も勤務日は来談者の面接で時間が取りにくく、好都合であったことから、長くは話せないことをことわったうえで、携帯電話での相談に応じることにした。

担任からは、こまごまとした相談が多かったが、日々の訪問時の様子を報告することで、安心するらしかった。筆者は、担任が自分の判断で行ったことの一つひとつに、認める言葉を添えるようにこころがけた。その上で、まだ経験の少ない教師だったので、筆者から具体的な行動の指示をいくつか行った。

その後、A男は朝の準備をひとりでするようになり、さらに「今日はあ

model 018

毎朝、不登校児童を迎えに行く担任の創意工夫を折々の電話でサポートした過程

の電柱まで」「次はあの電柱まで」と、徐々に学校に向かって、担任と一緒に歩きはじめた。数週間が経った頃、筆者は〈そろそろ親を巻き込む時期。途中まで親に送ってもらって、担任は出迎えることにしてみたら？〉と提案してみた。A男はMoと手をつないで、うれしそうに登校するようになった。

校門まであと数歩というところまで来た日の翌日は、卒業式でA男たち２年生は休みだった。担任は学年主任から、「『明日は誰もいないから』と教室に誘ってみたら」と提案を受けていた。学年主任はそれまでも、担任がA男を迎えに行くために学級を留守にする時間に、手の空いた教師が代わりに入るように学年全体の協力態勢を整えるなど、何かと援助をしてくれていた。筆者も〈チャンスだと思う〉と答えた。

翌日、A男はまったく抵抗なく教室に入った。その後、校門を入ることはないまま春休みを迎えたが、３年生に進級すると、何事もなかったかのように毎日、登校するようになった。

担任はA男の回復を喜んで報告してきたが、新担任のもとで、元気に登校するA男を見ると、不登校の原因は自身の学級経営のまずさだったのかと思えてくるらしく、落ち込んでいる様子だった。そこで〈あなたと登校の練習を始めたときから、A男は『３年生になったら』とこころに決めていたはず。進級は一つのきっかけ〉と伝えると、納得したらしい明るい声が返ってきた。

その後　担任はこの経験で自信をつけたようだった。もともとおっとりした性格で、子どもを受け入れることが上手な先生という印象があったが、数年後の職員研修会において、多動傾向の児童に副担任の立場からゆったりと関わり、そばにいるだけでその子が落ち着くという話を聞く機会があった。

解説　社会の組織はすべて一人ひとりの人間の集まりであるが、組織としてまとまったときに別個の人格を持ちはじめる。「学校として」「家庭として」という言い方は、その一例である。そこでは個人の人格は埋没する。

不登校は、「学級経営」という「集団づくり」を文化とする学校への、

個人復権の無意識の試みであるのかもしれない。したがって個人への働きかけである家庭訪問は、子どものこころに、個人と集団の架け橋として機能すると考えられる。このモデルにおいても、集団側の存在である担任が家庭訪問したことの効果が大きく、スクールカウンセラーでは象徴的意味を提示することはできなかったであろう。

　A男は中学に進んだ頃から、長期の欠席はまったくしなくなった。あまり強くない運動部のレギュラー選手となり、集団とほどほどにつきあう術を身につけたようであった。

コメント　A男は"私対全体"というイメージに捕らえられていた。新米の担任も同じ形のイメージに捕らえられていた。この形のイメージに支配されている人は、緊張や恐怖を言葉で把握しえない。身体反応や気分として自覚されるにとどまる。表出される言葉や行動は対処行動である。この囚われ人に最も必要なのは、一対一の人間関係である。一対一の関係によって、対処行動が支持されると、囚われ人でなくなり、前進が始まる。（神田橋）

model 019
不登校になった原因の追究をせずに、
担任による家庭訪問をサポートした過程

　　　　　　　　対象の生徒　中3男子B男
　　　　　　　　相　談　者　担任　Mo

経過の概要と対処　B男には夏休み前に、些細なことから同級生と取っ組み合いのケンカになり、数人が取り囲む中で負けるという屈辱的な体験があった。それから数日、欠席したが、担任が家庭訪問をすると登校するようになり、以後は特に変わった様子はないまま夏休みに入った。

　しかし2学期になると、まったく登校しなくなった。心配になったMoが来談し、担任も同席したが、ふたりとも「原因がわからない」と首をか

しげ、「あえて言えばそのケンカぐらい」ということだった。

担任はB男について「何を考えているかわからない子。ケンカで負けたことは引き金に過ぎず、彼自身が友だちとなじみにくい雰囲気を作っている」と言った。何回か家庭訪問をしてみたそうだが、B男は会おうとせず、電話もかけてみるが、出ようとしない。Moは「担任を完全に拒否しています」と言い、「担任が家庭訪問してきた後は荒れるので、今はやめてもらっている」ということだった。

MoはB男について「小さい頃から頭の回転が速く、やれば何でもできる子」と言い、勉強も、するようにうるさく言ってきたが、中学での成績はあまりよくなかった。B男は「なんで勉強しないといけない？」と聞き、Moは「男だから」と答えてきたということだった。

運動も上手だと思ったので、小学校の頃からサッカーのチームに入れた。だが試合の応援に行っても、メンバーから離れて、投げやりな態度になっているのをたびたび見かけた。それでも、誉めてやりながら続けさせた。

Moによれば、Faは本家の跡取り息子なので、その長男であるB男への、祖父母からの期待を込めたプレッシャーもかなりのものということだった。

一方、1学年下のB男の妹は、体調が悪くても「授業についていけなくなる」と、休むことができないほどの生真面目さだった。幼い頃からぜん息があり、最近は生理も止まっていると聞いて、筆者は、身体化している妹のほうが心配になった。

担任が席をはずした間に、Moは「夫婦の間にケンカが絶えない」と話した。Faは親から継いだ会社を経営しているので、Moも何かと親族の付き合いでストレスになることが多く、Faに話を聞いてほしいが、Faは聞く耳を持たないので、口論になってしまうということだった。

不登校の原因についてはさまざまな仮説が考えられた。しかしとりあえずの対処として、「B男は担任からの電話に絶対に出ないくせに、かかってこない日は寂しそうにしている」とMoが言ったこと、Moと担任の関係も、交わされる言葉が辛らつな割には、親しみのある雰囲気だったことから、短時間の家庭訪問の再開をMoと担任に提案してみた。

〈毎日が原則。ただし当面は、B男に会おうとしないこと。MoからB男に『SCから、会わせないように言われている』とはっきり告げておくといい〉と伝え、担任に〈お茶が出るまで長居したら失敗〉と言い添えた。

若い男性の担任は身軽に動ける人らしく、快諾してくれた。

２週間後の面接では、担任が家庭訪問して、Moとの雑談がはずんでいる様子が話された。Ｂ男の状態を聞くと、「家族への暴言が少し減った」ということだった。またFaがMoのストレスを心配してくれるようになり、先日は「気晴らしに」とドライブに誘ってくれた。だがMoは「私は外出が嫌いで、本当は行きたくなかった」と話した。

筆者は家族の中で思いやりがすれ違っているように感じて、そう伝えると、Moは、Ｂ男が部活でバスケットボール部を選び、背が高くないことを心配して、両親がそろって反対したことを話した。だがＢ男は押し切って入部し、それはなんとか続けてきたということだった。Moは「私が先走りして、Ｂ男に決めさせないことが多かったと思う」と話した。

その後も、担任は毎日の家庭訪問を続けた。3年生の担任は進路指導の多忙な時期を迎えており、短時間とは言え、かなりの負担だろうと思ったので、Moの前で努力を評価し、苦労をねぎらうとともに、〈諦めずに続けてほしい〉と告げた。

１ヵ月後、Moは「変わりありません」と言ったが、担任が玄関の棚に置いてくる日誌に、Ｂ男は返事を書くようになっていた。「今日はゲームをした」などのごく短く、しかもほとんど毎日、同じ文章だが、担任が返事を書くと楽しみにして読んでいるということだった。

さらに数週間後、それまでまったく外出をしなかったＢ男が散髪に出かけ、たまたま同級生と出会って、話をするということがあった。久しぶりの家族以外の人との会話だった。この頃からＢ男は、下校時間に合わせるように、夕方ふらっと、本屋に出かけることが多くなった。担任が家庭訪問すると、部屋から出てきて、ごく普通に会話をするようにもなった。

進路決定の時期を迎え、高校は不登校の生徒を受け入れるコースのある私立高校を受験することになった。まだ本屋に行く以外は外出をしない状態だったので、Moは「試験会場に行けないのでは」とハラハラしていたが、無事受験して、合格した。

合格発表後の中学での三者面談の際に、担任は別室を用意したが、Ｂ男自身がみんなと一緒の部屋を希望した。同級生と顔を合わせても平気な様子だったので、「これをきっかけに登校するかも」とMoも担任も期待したが、かえって安心したのか、自宅で気ままに過ごすようになった。「卒

業式だけでも」とMoは期待をつないだが、それもかなわなかった。

その数日後、ちょうどカウンセリングの日に、同級生の有志がB男のためにミニ卒業式を計画してくれていた。Moは「来ないと思う」と、はなから諦めている様子だったが、筆者は、拒否すると友人との関係が決定的に切れてしまい、高校への通学のハードルがさらに高くなるのでは、と心配になり、強く誘ったほうがいいだろうと考えた。

そこでMoに、家庭でのB男の様子を確認すると、「元気にしている」ということだったので、筆者から担任に、〈強引に誘ってみたら？〉と提案してみた。担任も家庭訪問で会うときの様子から、「大丈夫」という確信を持っていた。

Moに連れてこられたB男は最初、かなりふてくされていたが、担任が「君ひとりの卒業式じゃない」と本気で叱ると、同級生の輪の中に入っていった。

その後　高校に入学後しばらくは登校を続けたが、また休みはじめた。高校では中学ほどのきめ細やかな対応は不可能で、退学を求められて、通信制の高校に転校した。レポートはきちんと提出している。

解説　家庭訪問は一対一の関係であるので、細やかなやり取りが可能となる。この場合のやり取りには、「やり取りを求めない」というやり取りも含まれる。教師は家庭訪問をすると、つい過剰なやり取りをしようとするので、スクールカウンセラーの介入がペースメーカーとして機能する。

親族の期待から過剰な干渉を受けてきたB男にとって、会うことを強制されない家庭訪問は、見捨てられず、侵入されない新鮮な体験であったと思われる。効果の判断は、今後のB男の人生の展開を待たなくてはならない。

コメント　子どもに環境からのプレッシャーがかかったとき、その子なりにさまざまの思いが内側で渦を巻く。そして引きこもりやふてくされなどの行為表現は、それらの内なる思いへの自主的な対処法であると見なすほうがよい。プレッシャーとの因果の文脈で、理解

しようとしないほうがよい。その子の内なる思いへの対処行動と見なしたら、その自発的行為に添うほうがよい。ただし添っているというこちらの姿勢を言葉で伝えることがよい。「気持ちと行動とがピタッとする方向になるといいと思う」とか、「2ヵ月ぐらい自分でいろいろやってみて、その結果を話してくれるという方針はどう？」などと語りかけて、経過を見守るのが、その例である。(神田橋)

model 020
内省能力の高い不登校児童に家庭訪問を続ける担任とMoを面接で支えた過程

対象の児童　小6男子C男
相談者　担任　Mo

経過の概要と対処　C男は5年生の3学期から少しずつ休みはじめ、6年生のGW明けからは、さらに休みが増えた。まず担任だけが来談し、それまでの経過を聞いたが、Moとよく連絡を取り合っている様子だった。

担任によれば、先週も「気分が悪い」と早退した。その後、休みが続いたので、Moがかかりつけの小児科に連れていき、尿・血液の検査をしてもらった。だが異常は見つからず、大学病院小児科を紹介してもらって、心電図などの検査をしたが、ここでも異常は見つからなかった。心理士による面接もあり、いじめ、勉強、担任との関係などについて聞かれたが、C男が「特に困っていない」と答えたので、「発育途上でバランスが崩れているのだろう。様子を見ましょう」という結論になった。

そこでMoと担任が話し合って、原因をいくつか考えてみたそうで、①近くに住む幼なじみが中学に進学して、帰宅後に遊ぶ相手がいなくなったこと、②ナイーブで、いったんトラブルが起きると仲直りができにくく、孤立しやすい性格であること、③3年生の頃からオセロや囲碁、将棋が好きになり、「誰にも負けたくない」と熱中していたが、欠席が増えてきた

頃に、Faから禁止されて、Faとの関係が悪くなったこと、④剣道が好きで、かなりの腕前だが、同級生が同じ道場に通っているので、休みが増えるとともに行きづらくなって、活躍の場を失ったこと、という4項目が挙げられたということであった。

C男の成績は中の上で、C男自身は「なぜ学校に行けないのかわからない」と言っているということだった。担任はほとんど毎日、家庭訪問をしており、友だちとの関わりがほとんどなくなっているので、クラスの子どもたちに交代で1日の出来事を書かせて、それを届けているとのことだった。

2週間後、担任に伴われて、MoとC男が来談した。筆者は前回、担任から聞いた話の記録を見ながら、一つひとつ、C男自身の見解を確認していった。大学病院の診断結果については、「僕的にも、そうかな」と認め、〈繊細だと思う？〉と聞くと、はっきり「そう」とうなずいた。そこで〈大事なのは登校できるかどうかではなくて、どういう人生を生きるかだと思う〉と筆者の考えを伝え、今後についてのC男の考えを問うた。

「登校できるようになりたい」という返事だったので、1時限だけ、好きな教科を選んで出席してみる〈リハビリメニュー〉を提案してみた。C男は「学校に行くなら、最初から最後までいたい」と言ったが、筆者が〈リハビリだから、いきなり無理な計画は勧められない〉と答えると、少し考えていたが、納得した様子でうなずいた。

〈好きな教科は？〉と問うと、「体育と図工とベストワンは理科」と答え、〈どういうところが好き？〉と聞くと、「実験」ということだった。そこで〈今回のリハビリメニューも実験。登校実験をしてみて、自分の感じをよく観察して、結果に合わせて、またメニューを検討していこう〉と確認して別れた。

次の面接にはMoと担任だけが来談した。Moによれば、「実験は不発に終わった。行くつもりで準備していたのに、行けなかったのでC男は愕然としていた」ということだった。担任は家庭訪問を続けており、授業に出席できなかった代わりに、放課後の学校に誘って、オセロをしたそうで、「30分の約束だったが、C男が予想以上に強くて1時間以上の勝負になった」ということが話された。

Moからは「映画を見に連れて行ったが、子どもなのにそこまで、と思

うほどの感想を言う」ということが語られた。プールにも連れて行ったそうで、そのとき同級の男子生徒と一緒になった。その夜、C男が「あの子とずっと以前にトラブルがあって、それを長い間、言わないでがまんしていた。僕はケンカや大声が嫌いだと思っていたのに、僕の中に殴ったり、壊したりしたい気持ちがあると気づいて驚いた」と話したということだった。

筆者はMoの話を聞きながら、C男の内省力に驚き、〈今後、面接を継続していくことについて、C男の考えを聞きたい〉という気持ちになった。Moにそう伝えると、Moも「きっと何を話しているかと気にしていると思う。SCの言葉を伝えます」と答えた。

次の面接もMoと担任だけが来談した。C男はMoの来談について、「僕の気持ちがわからなくて心配だろうから、行くのはかまわない。でも話した内容については聞きたくない」と答えたということだった。

登校ができない状態が続いたが、担任が家庭訪問した際に、「このままでは通知表が書けない」と言うと、C男が「それはちょっと」と答えたので、同級生にテスト用紙を届けさせると、解答して返してきたということだった。その頃から、その同級生と、オセロや将棋で遊ぶようになった。

また夏休みに学級でキャンプが企画されており、親も希望すれば参加できるが、C男は「40％くらい参加したい気持ち。Moと一緒なら50％」と言っているということだった。

次の面接で、C男がキャンプに参加したと聞いた。「みんなから『なぜ休んだ？』と質問攻めにあったらどうしよう」と心配して、いろいろとシミュレーションをしていたらしい。そしてMoに「僕は否定的な返事をしなくてはならないことを聞かれるのが苦手だ、とわかった」と話したということだった。

夏休みの終わりには「2学期からみんなと一緒にスタートする」と言うようになり、家庭訪問してきた担任にもC男自身がそう告げた。その言葉通りに、始業式の朝、登校しようと家を出たところで、同級生の集団と鉢合わせし、「あ、みんながいる」と一瞬、立ち止まりはしたが、すぐに歩き出したということだった。その後は自身でリハビリ計画を立てて、少しずつ学校にいる時間数を増やしていき、10月には完全に登校できるようになった。

その後 　間もなく、C男は転校していった。C男が入学した中学のスクールカウンセラーによれば、C男から一度、話しかけられたことがあるそうだが、生徒指導委員会で名前があがったこともなく、不登校の気配もまったくないままに卒業していったということである。

解　説 　C男が熱中したオセロ、囲碁、将棋はどれも一対一のゲームである。そのゲームに、C男は「誰にも負けたくない」と熱中した。一対一の関係を敷衍して集団との関わりを作っていこうとするC男の、対人関係の特徴を示す言葉だった。

　筆者はまた、C男が「実験」という言葉を発したときの雰囲気から、「実験」が彼の心理状況を象徴する言葉であるように感じた。情緒的ななじみの関係に距離を置こうとする心理として理解できる言葉であり、これもC男の対人関係の特徴と考えられた。

　ギャングエイジと言われる小学校5、6年生は、集団の凝集性が高まる時期である。周囲が急速に緊密な集団を形成し、情緒的ななじみの関係を作り上げていくことに、特異な対人関係パターンを持つC男は違和感を持っていたのだろう。担任が、同級生に書かせた日誌を届ける家庭訪問を続けたことは、集団への橋渡しとして、効果的だった。

　担任の家庭訪問は、現実の生活場面への強力な働きかけであり、それに筆者の言語化を促す内面への働きかけが若干の作用をして、C男の学校復帰を導いた。

コメント 　日本の宇宙ロケットは再三失敗しているが、それは打上げの失敗であり、実験の失敗ではない。登校実験が不発に終わったが、その実験から学ぶものがあったはずである。「愕然としていた」C男は何かを内省し、学んだのだろう。そして自身でリハビリ計画を立てるときに役立てたのだろう。小学校段階では内省能力の高さは、ほとんど評価の対象にならないのでひとりで苦しむことになるが、そうした孤独な内省作業の体験も、最終的にはC男の内省を、そして人生を豊かにする。

　C男にとって幸せだったのは、MoとSCという2人の大人に、内省のごく一部を開示する機会を持てたことである。この年齢の

子にとっては、自己開示はこの程度の僅かなものであるほうが安全かつ有益なことが多い。後年、「あのときの先生の一言」などと回想し、記述されるのは、そうした開示の体験である。(神田橋)

model 021

姉と同様の緘黙を示す生徒に、異なる対応が適切と判断して担任を支えた過程

対象の生徒　中1女子D子
相談者　担任　養護教諭　Mo

経過の概要と対処　D子の姉は小学校に入学した頃から場面緘黙となり、筆者がMo面接で対応した。中学では不登校の時期もあったが、高校進学後は順調に通学して、緘黙も消失した。

Mo面接の中で、妹のD子が話題になることもあったが、緘黙の傾向はなく、友だちも多く、成績もよいということで、Moはまったく心配していなかった。

だが中学に入学すると、友人関係のトラブルで、生徒指導委員会で名前があがることが続いた。トラブルを起こすより、巻き込まれるタイプだったが、筆者も気になりはじめていた矢先、冬休み明けの生徒指導委員会で、D子が保健室登校をしていることを知った。

3学期の始業式の翌日から数日、欠席が続いたので、担任が放課後、家庭訪問した。「明日の朝、迎えに来る」と告げて、翌朝、行ってみると、制服に着替えていたので、連れてきたが、「教室に行きたくない」と言ったので、保健室で過ごさせることにした。その後は毎朝、担任が迎えに行っているそうで、泣いていることもあるが、着替えはしているということだった。

保健室で過ごすようになって、養護教諭に「中学の何もかもがイヤ。特に勉強がイヤ」と訴えることがあったが、自分から教科書とノートを出して、黙々とひとりで課題をしていた。養護教諭や、心の教室相談員の大学生などが対応していたが、養護教諭が気がかりだったのは、日に日に口数

が少なくなっていくことだった。姉を知っている教師らはみな、姉のように緘黙になるのではと心配していた。

　そこで筆者は、生徒指導委員会で〈心の教室相談員と楽しい会話ができるように配慮を。場所は教師がいない相談室内ではなく、保健室で〉と話した。教師のいる場といない場の"場面"を作らないようにするためだった。また〈厳しい話をするときには短時間で。長い時間、説教を聞かせることのないように〉とも話した。〈説教の間のだんまり体験が緘黙への引き金を引く〉と説明すると、教師は納得したようだった。

　対処行動である緘黙を、まだ幼い頃に身につけた姉と、その姉を見ながら育って、中学生になって取り入れたD子とでは、病理性が異なるように感じた。「姉と同じ」と見て、対処していくと、かえってD子を緘黙の世界に追いやってしまう危険があった。

　筆者はまた、Moに電話をして、来談を誘ってみた。Moは「やっぱり、SCの言っていたようになりましたね」と苦笑して、来談を承諾した。筆者が〈姉が元気になったら、次はD子が心配させることができるようになるだろう〉と言っていたのを、覚えていたからだった。

　Moによれば、D子は入学式の日、学級編成の発表があったときから急激に落ち込んだ。「話のできる同級生が誰もいない」と言っていたそうだが、中１のクラス編成は小学校の教師が行うので、配慮を必要としないほどに、小学生の頃のD子は元気だったのだろう。

　入学式から間もなく、数人の友だちはできたが、やはりクラスになじめずにいた。そこに、同級生からお菓子を渡され、断りきれずに食べているところを教師に見つかり、厳しく指導されることがあったのが、登校をしぶるきっかけになったらしい。筆者はMoに、家庭訪問を続ける担任と連携していくとともに、Moとの面接を継続することを提案して、約束した。

　翌週、D子が保健室にひとりでいたので、声をかけてみた。〈Moが、クラスに仲良しがいないことが原因じゃないかと言っていたけれど、あなたもそう思う？〉と聞いてみると、わずかにうなずいた。一言も発することはなく、姉とそっくりの笑顔を浮かべるだけだったが、姉の必死のつくり笑顔と比べると、自然なように、筆者には感じられた。

　そこで担任らに、〈教室へ入るように少し強く押しても大丈夫だと思う〉と伝えて、担任と養護教諭が役割分担方式（モデル10参照）で対応すること

になった。

翌日、養護教諭からメールが入った。「担任から『授業に出よう』と言われて、泣いています。もう一度、誘ってダメなら、今日は諦めます」と書かれていた。その午後、担任は再びD子と話し、「明日から1時限だけ授業を受ける」という約束を引き出したということだった。筆者は〈ずるずるとそのまま教室にいさせないように〉とだけ念を押した。

翌週の生徒指導委員会では、「数日は午後の授業に出ていたが、昨日、今日は1限目の授業に出ている」という報告があった。活力が出てきたようであった。Moが来談したので、家庭での様子を確認すると、「明るい」ということだったので、筆者は〈このまま進めても大丈夫だと思う〉と担任と養護教諭にフィードバックした。

担任に朝の家庭訪問の状況を確認すると、「泣くことはまったくなくなり、登校の準備を整えて、待っている」ということだった。担任が迎えに行ってやることが、学級に戻っていく歩みを支えているようだったので、しばらく継続することを確認しあった。

翌週は2時限に、その翌週は3時限に、D子は順調に教室にいる時間を増やしていった。同級生に誘われて、弁当を教室で食べるようになり、その弁当も自分で詰めてくるようになった。担任の朝の迎えは続いていたが、この頃には、マンションの下まで降りて、担任が来るのを待っているようになった。

その後　出席する授業をD子に選ばせていたが、他のすべての科目に出たにもかかわらず、担任の担当科目だけは、学年の最後まで拒否した。担任は寂しいようだったが、筆者は、拒否できることにこころの健康さを感じ、担任にそう伝えた。

養護教諭は「もう保健室はダメ、と言っても大丈夫な気もするが、全日、教室にいることを、今は求めないほうがいいように感じる」と言っていた。急いで全日を求めると、D子のせっかくの健康さがつぶされることを、養護教諭のセンスが感じ取っていたのだろう。

2年生に進級後は、仲良しと同級になることができ、完全に学級復帰して、担任の迎えも必要なくなった。同級生と普通に話をしている。

解　説　家庭訪問の効果は、訪問してくる人との間で、信頼関係が徐々に作られることにある。その信頼関係を頼りに、不登校の子どもたちは学級へと戻っていく。したがって学級での受け入れ当事者である担任が、毎日、短時間の訪問を続けることが望ましい。

だがそのような訪問を続けるには、かなりの根気強さが求められる。すぐに効果が現れずに、諦めていく担任が少なくない。そこで担任をサポートする役割が、スクールカウンセラーに求められる。

筆者は毎週、D子の担任に1週間の状況を聞き、Moから聞いた家庭での様子をフィードバックし、筆者の判断を伝えた。その際に、養護教諭も話の輪に加わりやすいように配慮した。その結果、両者による役割分担方式の導入もスムーズであった。職員室内に担任を中心にしたチームを作り上げるのも、スクールカウンセラーの仕事である。

コメント　「安心」は関係の確かさから生じる。「関係の確かさ感」は予測が実現されることから生じる。安心が少なくなったとき、人は表出を控えて、内側にこもり、そこから用心深く関係を観察し、確かな関係を探し求める。非力な子どもがそうした心理状態にあるとき、同じ程度の用心深さで観察し、接することが必要となるが、多忙な大人にはなかなか難しい。確かな関係を求めての恐る恐るの表出へ、せっかちな応待をしないことがコツであり、でんでん虫とのつきあいに似ている。子どもの予測を実現させ、安心を生み出す最良の方法は、小さな約束を守ることである。小さな約束は日常の対人関係にあふれており、しばしば見過ごされたり、無視されたり、忘れられたりする。「ちょっと待ってね」「あとでね」「考えとくから」などの約束が守られることは滅多にないのがそれである。（神田橋）

第4章　家族の要因

概説

概　説　スクールカウンセラーの勤務時間はほとんど、子どもたちが学校にいる時間と重なっている。本来、教室にいる時間帯に子どもたちのカウンセリングを行うことは、子どもにとって学校生活の妨げとなるだけでなく、学校現場の流れに異物を投入することによって、無用の混乱を引き起こすことにもなりかねない。スクールカウンセリングの場においては、完全不登校などの一部の例外を除いて、本人面接での対応が可能な事例は存外少なく、家族、特に保護者との面接が中心となる。

加えて、小中学生においては、家族の影響力は大きい。いじめなどの学校場面に問題が限局されているように見えるケースにおいてすら、家族のテーマが潜在していたり、家族への働きかけが有効、不可欠というケースは多い。

子どもの問題について、来談者である親と話し合ううちに、家族の問題が話題になり、カウンセリングを通じて、その話題についての親の認識が深まり、広がって、親の人生や家族の構造が再統合、再構成されて、子どもの問題も展開を見せていくという過程がスクールカウンセリングではしばしば見られる。そしてその問題の多くは、教師と保護者の関係では話題にされ得なかったものであり、外部性、専門性を備えているカウンセラーの独自性が発揮される場面である。

本章では、そのような家族の要因が特徴的だったモデルを示した。

親の無意識のうちにある不安は、子どもの心身にさまざまな影響を及ぼす。モデル22のA男のMoは社会的役割に自己像を押し込めていた。Moが自分らしさを取り戻していくとともに、A男も自分の世界を広げていっ

た。モデル23のB男の場合、Moの怒りの内容を筆者が把握するには至らなかったが、話し合ううちにB男の身体症状は消失していった。モデル24のC男、モデル25のD子はともにMoの葛藤を引き受けて、身体症状や強迫的行動、不登校で表出していた。

　Moのみならず、Faの不安も子どもに取り入れられる。モデル26のE子は明らかにFaの不安を取り入れていたし、モデル27のF男については、Moとの面接でFaの不安が話題になることはなかったが、家族の歴史やFaの関わり方から、母子分離不安の背景にFaの不安が推測された。モデル28のG男の場合、Faの不安と同種の不安を、担任も抱えていたのだろう。同種の不安を抱える人と人の間では共振れが生じて、問題はこじれた展開をしやすい。

　なお筆者の経験した範囲内では、Moの不安を取り入れた場合よりもFaの不安によるもののほうが、不登校などの社会的場面における行動の回復は早い傾向にある。Faのほうがより社会的機能を担う存在であるからかもしれないし、不安を取り入れることができるほどに、それらの事例では、Faと子どもの関わりがあるからかもしれない。逆にMoのほうは子どもとの情緒的関わりが濃厚であるために、取り入れた不安も根深いものになるからかもしれない。

　親の不幸な人生の歴史も、子どもに影響を与えるが、そのようなケースでは子どもたちは親に対して保護者としての機能を果たす。その果たし方が社会の規範や価値観と相容れないときに、スクールカウンセリングの場に登場することになる。

　モデル29のH子のMo、モデル30のI男のMo、モデル31のJ子の両親、モデル32のK子のMo、モデル33のL子のMo、彼らはみな過酷な外傷体験のサバイバーであったが、子どもたちが行動を起こさなければ、彼らが自身の人生を語り、その意味を振り返ることはなかっただろう。モデル34のO男の幼い無意識は、ケンカさえもできなくなっていた両親の関係をつなごうとした。

　最近の日本社会における貧富の二極分化を象徴するように、機能不全に陥った家族の増加にもスクールカウンセラーは直面している。モデル35のP子は養護施設によって救われたが、モデル36のQ男にも同様の援助が必要かもしれない。モデル37のR子の家族はMoによってかろうじて支

えられているが、Moが倒れたとき、どれほどの援助が得られるのだろうか。スクールカウンセリングには、社会福祉の視点が欠かせない。

　機能不全の家族のケースでは、保護者を来談に結びつけることが難しい。ここに登場した彼らは、コーディネーターの機能を果たした教師の努力と親のこころに恵まれた、まだ幸せな子どもたちである。

　機能不全とは異なるが、離婚率の上昇とともに、継父母に育てられる子どもたちも増えている。モデル38のS男の継父も、モデル39のT男の継母も、いきなり親になった状況に過剰適応しており、それが子どもたちに苦しい環境を作り出す結果になっていた。ほどよい継子との関係の持ち方をサポートする社会の枠組みが必要だろう。

　一方であふれる家族の愛情も、子どものこころや行動を不自由にする。モデル40のU男の場合、両親の愛情は豊かだが、自己中心的であったために、U男を奇妙に冷めた子どもにしていた。モデル41のV子は豊か過ぎる家族の愛情に取り囲まれて、自己コントロールを失った状態にされていた。

　家族の状況は複雑に絡み合って、容易に変化しないが、構成員の認識のわずかな変化によって生じた空間に、子どもたちは自己の生きる場を拓いていく。それが家族の持つ力なのだろう。

　ちなみに事故や事件の緊急支援の場合にも、子どものこころのケアに乗り出す前に、子どもたちの身近にいる大人が冷静に対処できるように、スクールカウンセラーはまず教師や保護者などのケアに当たるのが望ましい。周囲の大人、特に家族が落ち着いて事態を受け止めていれば、当事者以外の子どものこころにさほどの傷を残すことはまずない。

　当事者となった子どもたちの場合は、さらに家族のこころの安定が子どもを支える。不幸な事件・事故に遭っても、日常の生活や関係は変わりなく続いていくという事実が、何よりもこころの傷を癒す。それは原則として、日常生活をともにする家族によってしか、なしえない。周囲が日常的関わりを失ったり、乱したりすると、事件・事故で揺さぶられた幼いこころをさらに揺さぶり、傷口を広げる。

概説

model 022
腹痛が母子のコミュニケーションとして機能していた不登校生徒のMo面接

対象の生徒　中1男子A男
相　談　者　Mo

経過の概要と対処　A男については小5のときに、当時の担任から相談を受けていた。「体調についてMoが過剰に心配して、すぐに休ませる。家庭訪問や電話でフォローしているが、Moが恐縮するのでかえってやりづらい」という相談だった。筆者は担任の話から、Moが子育ての失敗を指摘されることを恐れて、「恐縮」という対応をしている印象を持った。

話し合ううちに、担任が「これまでは問題のあるときにだけ連絡してきたが、今後はA男のよい点を伝えていくやり方にしたい」と言ったので、筆者も〈それがMoの視野を広げる効果を持つと思う〉と賛成した。その後は次第に登校するようになり、6年生ではとときどき休む程度で、長い不登校はなく経過していた。

中学に進学すると、1学期は欠席もなく過ごしたが、2学期になると「お腹が痛い」と休みはじめた。担任は何度か家庭訪問して、登校を促したが、逆効果だったようで、完全不登校になってしまった。担任から相談を受けて、〈関係作りに困難がある子のように感じる。双方の負担にならない短時間の家庭訪問をこまめにして〉と勧めた。担任によれば、Moは「勉強が遅れる」と登校を焦っているそうで、小学校のときの対応とは変化していた。

担任が来談を勧めると、12月に入ってMoがやってきたが、それまでに大学病院や総合病院などのいくつかの心療内科を受診していた。どこの病院でも「過敏性大腸炎」という診断を受けたそうで、登校については「無理やりにでも行かせるように」と言われたり、「学校、学校とうるさく言うな」と言われたりしたということだった。

Moは、「休みはじめた当初に、医師の勧めに従って、無理やり登校させた。いろんな人から『それがいけなかった』と言われた」と淡々と話し

たが、医師への不信を語る言葉の中に、学校の対応への強い不満も同時に込められているように感じた。

症状を聞くと、5日に1回くらいしか便通がなく、お腹が張って痛むということだった。〈家事の手伝いをさせるとよい〉と勧めると、「以前に風呂の掃除をさせたが、『かがむとお腹が痛い』と言ったので、それきりさせていない」という答えが返ってきた。食べ物についても、「消化の悪いものは避けてます」ということで、便秘の治療とは反対のことが行われていた。過保護の背景に、Moの何らかの心理的ニーズが存在するように感じた。

Moは、A男の行動をすべて登校と結びつけて一喜一憂しており、それがA男の生活を窮屈なものにしている様子だった。そこでA男の楽しみを問うと、「『囲碁を習いに行きたい』と言っている」ということだったので、囲碁教室を探すように勧めた。

Moはすぐに見つけてきて、A男も喜んでいるということだったが、いざ行くとなると「頭痛がする」と言いはじめて、結局、行けなかった。Moは「症状が増えた」と心配そうな様子だったが、〈学校と結びつけた？〉と問うと、「囲碁教室に行けるなら、学校も行けるよね」と言ったとのことで、〈学校との交換条件では、好きな囲碁が葛藤の種になる。そういう状況が頭痛を生じさせる〉と説明すると、Moは「失敗でした」と苦笑した。

また、Moがパソコンや洋裁など多趣味であったが、A男の不登校以来すべてやめていること、Faは出張が多くて年の半分以上不在であり、Faの両親の介護をMoがひとりで引き受けてきたことなどが、これも淡々と語られた。面接を終わってドアまで送っているとき、Moはぽつりと「私も影響しているんですね」とつぶやいた。筆者は〈Moの寂しさが影響しているかも〉と返した。

数回、面接を重ねた頃から、A男は次第に近所へ外出するようになった。そこで適応指導教室の情報を提供すると、自ら希望して通いはじめた。電車を乗りついで行くのを楽しんでおり、「遠くまでひとりで行ってみたい」と言うようになったので、〈大いに結構〉と後押しすると、電車の終点にある町まで出かけて、町をぶらついて戻ってきた。

さらに「JRの運転手になりたい」と言いはじめ、工業高校への進学を志望するようになった。〈電車好きは両親のどっちに似た？〉と聞くと、

Moは「あらっ」と驚いた様子で、「私が若い頃、ひとりで電車に乗るのが大好きでした。忘れてました」と言った。

学年末、A男は中学にもどり、修了式に出た。春休みには「勉強の遅れを取り戻す」と意欲を見せるようになり、不登校になる前に通っていた塾に行きはじめたが、ついて行けなかった。個人経営の小さな塾なので、Moは「個人指導も可能では」と考え、頼みに行った。だが指導者から「家で復習すればできるはず。そういう他人を当てにする性格だから不登校になる」と言われて、Moはその場で退塾を決めた。その話題を語るときもMoの口調は淡々としていたが、怒りの感情は以前よりも明確に表現されていた。

Moから「家庭教師を探してほしい」と頼まれて、筆者は囲碁が得意な男子大学生を紹介した。筆者はMoにも、その学生にも、〈勉強は当分、お預け〉と念を押した。学生は囲碁によく付き合い、A男も最初は黙々と指すだけだったが、次第に「僕としては、もう1局お願いしたい」とねだるようになり、2ヵ月もすると楽しげな笑い声も聞こえてくるようになった。

A男は詰め碁の本を買ってきて、ひとりで研究するようになり、Moは「まるで、ご隠居さんのような格好」と笑いながら、その様子を筆者に話してくれた。そしてしばらくすると、家庭教師が帰った後、A男はひとりで勉強するようになった。

新学年になると、A男は遅刻をすることもなく登校するようになった。風邪をこじらせて1週間休んだが、Moは「長引くことはない気がする」と動揺しなかった。便通は2日に1回まで改善していた。定期考査を受け、成績は期待したほどはよくなかったものの、「本人はそれなりに満足しているようです」とMoは笑った。またMoはA男に刺激されて、新幹線に乗りたくなり、A男を誘って小旅行に2度出かけた。

その後　数ヵ月後、Moに〈お腹の具合は？〉と聞くと、「忘れてました。A男が何も言わないもので」ということだった。家庭教師との連携のためにMo面接を続けたが、その後、欠席はほとんどないまま、第一志望の高校に合格して、卒業していった。家庭教師の大学生は囲碁に付き合うだけで、ほとんど勉強を教えることはないままだった。

解説　Moはいつも地味な服装で、いかにも母親らしい落ち着いた雰囲気の人だった。「母親らしく」「妻らしく」と社会的役割に自己像を当てはめる生き方は、役割による関係を共有する人々に支えられて、エネルギーを得る。

Moは、Faが不在がちであったので、妻として生きるエネルギーの補給に乏しい状況にありながら、妻の役割の延長上にある嫁として、介護にかなりのエネルギーを注がざるを得なかった。さらにA男が不登校になったことによって、世間の目を気にして、「より母親らしく」と社会的役割の中に自己を追い詰めていった。不登校生徒の親の自助グループがあれば、役割による関係を共有する仲間を得て、Moの役に立っただろうと思うが、筆者にその用意がなかった。

筆者は、面接がMoに「自分らしさ」を取り戻すきっかけとなるように働きかけた。役割ではなく、自分のために生きるとき、人は自身の内側からエネルギーを得る。A男もMoも自分らしく生きるために、電車に揺られて、知らない町を旅するような非日常を必要としていた。

なお不登校生徒の家庭教師は、勉強以外のチャンネルでつながる時間をできるだけ多く持つようにすると、学習面でも効果をあげることが多い。家庭教師のありようを自己像として取り入れるからだろう。A男のように、家庭教師が帰った後、自発的に学習するようになったケースを筆者はいくつか体験している。趣味を共有できる、同性の、年齢が近い大学生が適任である。

コメント　母親が子どもの体調を気にすることと、子どもが自分の体調に敏感になることとは、悪循環の関係になりやすい。大事に育てられた子で体が弱いという例に、この悪循環が見られる。この母子のように両者の資質が同じである場合は、ことにそうである。他方、そうした母子では、一方の心が解き放たれると、他方の心もまた解き放たれるという良循環の関係も生じやすい。資質が異なる場合には、どちらのプロセスも起こりにくい。（神田橋）

model 022

腹痛が母子のコミュニケーションとして機能していた不登校生徒のMo面接

model 023

秘められたMoの怒りを取り上げずに終結した
息子の呼吸発作に関するMo面接

　　　　　　　対象の生徒　中1男子B男
　　　　　　　相　談　者　Mo

経過の概要と対処　　教頭から「1回だけでいいので、どこかで面接の時間を都合してくれないか」と依頼があって、B男のMoと会うことになった。

　教頭からは「ぜん息で専門医に診てもらったところ、『精神的な要因が大きいようなのでスクールカウンセラーに相談を』と勧められたらしい。担任は『Moが心配し過ぎの感じもある』と言っている。少し話を聞いてもらうだけでいいと思う」とだけ伝えられた。

　やってきたMoは、上品な奥様という雰囲気の人だった。挨拶をして、〈相談内容について、学校から詳しく聞いてないのだが〉と言うなり、「何を聞かれましたか？」と問い返された。Moの性急な反応に戸惑いつつも、教頭から聞いたことを答えると、「ぜん息なんかじゃありません。息が止まるのです」と返された。

　就寝中に呼吸が止まり、もがいて目が覚めるし、昼間も咳き込むと3秒くらい息が止まるので、かかりつけの小児科医から専門医を紹介してもらった。1歳の頃にぜん息と診断されたこともあったが、その専門医に「ぜん息ではない」と言われた。脳のCTも撮ったが異常なかった。夏休みに検査入院をして、睡眠時の脳波測定とビデオ撮影をすることになった。専門医から「本人はあっけらかんとしており、死ぬという恐怖感がない。睡眠時の検査で異常がなければ、思春期特有のものだろう」と言われたということだった。

　Moは「私も、B男に恐怖感なんてないと感じる」と言い、夜中にB男がもがくと、Faはすぐに起きて、かけつけるが、Moは目が覚めないことが話された。Moは「B男とは、お腹の中にいるときから親子戦争でした」と言い、〈親子戦争？〉と聞き返すと、それには答えないまま、B男の妹が未熟児で生まれて、Moが妹にかかりきりになったので、当時3歳だっ

たB男を保育園に送り迎えするためにFaが勤め先を変えたことを話した。

また、B男のクラスの生徒の間でトラブルが起きているらしく、担任が家庭訪問してきたこと、MoはB男に話を聞ききたいが、「うるさい」と言って答えず、「事情がわからないので、イライラする」ことも語られた。

Moは「発作は私への敵対心から起きているのかと思う」と言い、筆者は一度のカウンセリングですむ話ではないように感じて、Moも希望したので、再度の面接を約束した。

次にMoと会ったとき、「B男の発作はやや軽くなった」ということだった。Moからは、妹を妊娠する前にMoがひどい風邪にかかって、緊急入院したこと、そのときB男はMoの実家に預けられ、まだ離乳が終わっていなかったので、泣いて大変だったことが話された。筆者は〈そのときのB男の喪失体験が、現在に何らかの影響を与えているのかも、と感じる〉とMoに伝えた。Moはうなずきながら聞き、何も言わなかった。

だがその日、面接を終えて、立ち上がるときになって、Moは「私にも子どもの頃に骨折して親から引き離された体験があります」と言い、そのまま部屋を出ていった。

その30分後、筆者がもう一つの面接を終えて廊下に出ると、職員室の前でたたずんでいるMoの後ろ姿があった。後日、筆者は、Moがカウンセリングの後は必ず職員室に寄り、担任が授業から戻ってくるのを待って、しばらく話し込んでいくことを知った。

次の面接は、夏休みが明けてからだった。夏休みに入ると発作は消失し、入院検査も結局、受けなかった。受診はしたが、B男は医師に「発作を"制御"している」と言い、医師は「そんなことができるの?」と聞き返したということだった。Moはそれ以上、B男の発作を話題にせず、授業参観の折にB男のクラスが荒れていると感じたこと、FaがB男のことばかりを心配するので、妹の自己主張が激しくなっていることについて話し続けた。

夏休みが明けて1ヵ月たっても、B男の発作が再燃する気配はなかった。筆者はMoに〈何がよかったのかを考えてみるように、とB男に伝えて〉と話した。するとMoは「そんなこと、わかるものなのですか?」と聞き返してきた。そこで〈Moの理解としては、どう考える?〉と問うと、「B男は中学生になって、クラスの雰囲気がよくないことに気づいた。その不

model 023 秘められたMoの怒りを取り上げずに終結した息子の呼吸発作に関するMo面接

安が爆発して発作になったが、病院へ行くなど、親がそれなりに対応して、発作の回数が減った。当初は1日に4、5回もあったのが、カウンセリングに来るようになって1、2回に減った。親が参観以外でも学校に来ていることで安心したのだろう」と答えた。

　筆者はMoの口調に、発作の原因を学校に帰しておきたい気持ちと、そこに託されたMoの、おそらくは人生を通じてずっと秘められてきたのであろう怒りに似た気持ちとがあるのを感じた。またMoがその怒りについて、筆者と話し合いたい気持ちがあり、その気持ちが言語化の一歩手前まで来ているようにも感じたので、Moが自身の必要と照らし合わせて、言語化するかどうかを決めることができるように、あえて触れないままにおいた。

　話の内容によっては、他の相談機関への紹介が適当であるかもしれないとも感じたので、筆者から踏み込むのは控えたほうがよいだろうという判断もあった。

　翌週、B男が服装検査で違反が見つかり、生徒指導担当の教師から別室で指導されるということがあった。Moは「人目のない別室で、ふたりきりはやめてほしい」と、担任を通じて、学校に抗議を申し入れていた。Mo面接でそのことを聞いて、筆者はMoの怒りの行動化であるように感じ、どう対応したものかと迷ったが、B男本人は教師の指導に適切に対処しており、呼吸の発作も出ていなかった。複数の教師に聞いてみても、学校でのB男は問題なく過ごしていた。

　その頃、緊急に対応しなくてはならないケースが生じた。そこで次の面接で、当初の来談目的に関しては解消ずみであることをMoと確認したうえで、〈いったん終結〉を提案してみた。筆者も気がかりであり、Moも来談を続けたい様子だったが、やむを得ない状況であることを説明すると承諾してくれた。

その後　B男のクラスでは生徒間のトラブルが続き、B男もその渦中にいることが多かったが、元気に過ごしているようで、担任からは「特に心配ない」と聞いた。

　終結がMoの怒りの体験の再現になったのではと、筆者はずっと気になっていた。ちょうど1年後、小学校のPTA講演会の講師に呼ばれた際に、

聞きに来ていたMoから声をかけられた。「B男は相変わらず不満を言うが、元気です」と言う表情が柔らかく落ち着いていたので、少し安堵した。

model 023
秘められたMoの怒りを取り上げずに終結した息子の呼吸発作に関するMo面接

解説　スクールカウンセリングでは児童・生徒への援助を目的に、面接の契約が行われる。しかし子どもたちのいわゆる問題行動は、不登校や非行だけでなく、いじめでさえも、そのほとんどに家族という背景が関与している。特に親面接をしていると、親自身の人生のテーマや家族の問題が話題となることが多い。

そのような場合に、スクールカウンセラーはどこまで対応するべきかに迷う。来談者のニーズに添いながら、子どもの行動がどのように変化しているかを目安にしていくと、面接の目的を見失わずにすむ。そして面接の本来の目的と効果を話題にすることが、親や家族のテーマに関してもしばしば有効に作用する。

コメント　心理面接において"背景・内容・歴史"などと呼ばれる範囲に踏みこむことは、必ず相手の内側に波乱を起こす。面接者はその波乱の手当てを自らするか、他に受け皿が有るかについて配慮しつつ、"踏みこみ"の程度を加減する必要がある。その際、"背景・内容・歴史"についてのさまざまな推測・連想・察しが面接者の内側に（意識されて、あるいは無意識裏に）保持されているなら、それは決して"浅い"面接ではない。「あえて触れない」とは、その意味である。このケースについて推測・連想・察しを試みることは、読者にとり格好のトレーニングになろう。（神田橋）

model 024
Moの不適応感を代理で表現していたらしい過敏性大腸炎による不登校男子生徒

対象の生徒　中2男子C男
相　談　者　Mo　本人

経過の概要と対処　「腹痛を理由に欠席を続けている生徒の面接をしてほしい」と教育相談担当の教師から依頼があった。承諾すると早速、MoとC男がやってきた。〈Moと一緒がいい？　別々がいい？　君が決めて〉と言うと、「一緒でいいです」と返事をした。「でいい」という言い方が耳に残ったが、問い返しはしなかった。

　来談までの経過を問うと、ほとんどをMoが答えた。夏休み前から血便が続き、Moは痔だと思って、近くの肛門科に連れていったが、異常はなかった。だが腹痛と血便が続くので、総合病院の小児科へ行って、検査の結果、過敏性大腸炎と診断され、漢方薬が処方された。ある日、Moが薬を受け取りに行ったときに「家の中でいろいろとあって」と話すと、医師から「病気による欠席ではなくて、不登校だろう。学校に相談しなさい」と言われて、来談することになった。

　C男の一家は1年ほど前に、ひとり暮らしを続けていたFaの父親（Gf）と同居するために、都心部のマンションから引っ越してきた。Moは「これが間違いの始まりでした」と話した。

　Moは生活リズムをGfに合わせるようにしていたが、ある日、「晩ご飯ですよ」と声をかけたときにGfの姿がなかったので、畑仕事にでも行っているのかと思い、Gfの部屋に食事を届けておいた。ところがしばらく経ってもGfの部屋に電気がつかないので、様子を見にいくと、Gfは暗い部屋にひとりで座り込んでおり、「この年寄りにひとりで食事をさせる気か」と声を震わせた。Moは「よかれと思って」と説明したが、Gfは聞く耳を持たなかった。

　その出来事があった翌日、C男は学校に行かず、ガレージに隠れていた。Gfはガレージの入り口にC男のカバンがあることに気づいたが、Moに教えなかった。その頃からC男の血便が始まり、腹痛を訴えて、欠席するよ

うになった。

〈現在のMoとGfの関係は？〉と問うと、Gfから「C男の腹痛と不登校は、先日の言い争いが原因か？」と聞かれたことをきっかけに、話し合いをして、Moも「忘れます」と答えて、仲直りしたということだった。Moが「C男のおかげでGfと話し合う機会ができた。C男が私を動かしてくれた」と言ったので、〈今の言葉を聞いてどう思う？〉とC男に問うと、「少し、家の雰囲気がよくなったと思う」と答えた。

仲直りはしたが、Moは「今もGfと一緒の食事をするのは苦痛」と話した。「食事中ずっとGfが親戚の噂話をする。それを聞くのがイヤ」ということだったので、〈Moは食卓での会話が苦手？〉と問うと、「私の実家では、父親から『食卓では必ず楽しい会話を』と厳しく言われていました」とだけ答えた。〈夕食時にFaは？〉と問うと、「以前の住いは勤め先から近く、一緒にとることが多かったが、引っ越してからは通勤に時間がかかるので、夕食に間に合わないことが多い」ということだった。

Moはまた、C男が不登校になった理由について、「部活の顧問教師がC男の努力を少しでも認めてくれていたら」と無念そうに話した。C男は卓球部に所属していたが、その年は1年生に強い部員が多くて、2年生のC男は夏休みに行われる地区の大会で補欠に回され、試合に出ることができなかった。

そしてC男に友だちができず、寂しそうなので犬を飼ったこと、C男の妹も以前のマンションに戻りたがるが、その犬がいるので戻れないことなどが語られた。

筆者は「この町に腹を割って話せる友人がいない」と言うMoの面接を継続することにし、C男には若い男性スクールカウンセラーとの面接を提案すると、MoもC男も承諾した。

その日の面接を通じて、C男の表情も応答も自然であり、身体症状以外は健康な子と感じた。担任には〈登校を勧めても大丈夫だと思う〉と伝えた。

翌週、担任に様子を聞くと、「面接の翌日から登校している。一度だけ保健室でしぶっていることがあったが、『行くぞ』と声をかけると教室に入った」ということであった。C男の友人関係についてのMoの心配を伝えると、担任は「学級の誰とでも気軽に話せる子。友だちは多い」と意外

model 024

Moの不適応感を代理で表現していたらしい過敏性大腸炎による不登校男子生徒

そうな表情だった。
　だが次の週、血便と腹痛を理由に、Ｃ男はまた休みはじめた。来談したMoによれば、医師から「便がつまって、腸壁がただれている」と説明されたということだった。しかし週末に行われた卓球部の練習試合には参加しており、Moは「卓球が好きなのだと思う。試合の朝は、すごくいい笑顔をしていた」と話した。
　筆者は部活が立ち直りのきっかけになればと思い、顧問教諭に「欠席した日でも、夕方になって体調が回復すれば、練習に参加を許可してもらえるか？」と問い合わせた。顧問教諭は「参加を許可しようと思うが、練習ぶりを見ていても、卓球がそれほど好きという感じは受けない」と言い、さらに「レギュラーに入れなくてもＣ男はけろっとしていた。Moのほうが、がっかりしていた」と話した。Moと顧問教諭の理解が食い違っており、筆者は今後も様子を見ながら、双方と話し合っていくつもりでいた。
　だが１週間後、来談したMoから「今日、退部届けを出します」と聞いた。筆者と話し合って以後、顧問教諭は「体調が悪ければ、見学だけでも」と練習に誘ってくれていた。だが登校した日もＣ男は練習に行こうとせず、欠席の連絡もしなかったので、職員室に呼び出され、顧問教諭から長時間にわたって注意を受けた。するとＣ男は「退部する」と言い出し、Moも受け入れたということだった。
　翌週は卓球部の保護者懇親会が予定されていたが、Ｃ男が退部するので、Moは参加できなくなった。卓球部は練習試合の送迎や応援などで保護者どうしのつながりが強く、Moは「せっかく友だちができたのに」と心残りな様子だった。
　部活をやめた途端に、Ｃ男は血便も腹痛もなく、元気に通学するようになった。Moの表情にも余裕が感じられるようになったので、終結することにした。男性スクールカウンセラーとＣ男の面接は、Ｃ男の申し出によって、すでに終結していた。

その後　Moは放置されていた庭を手入れして、ガーデニングに凝るようになり、通りかかった地元の人から苗を分けてもらったり、花の育て方を教わったりして、友人が増えた。Ｃ男はFaを子どもの頃から知る近所の人に接して、「この町にいるとFaのことがわかる」と、Mo

にうれしそうに話すことがあった。その後は腹痛も欠席もなく卒業していった。

解説　Moとの面接で、以前のマンションで親しくしていたMoの友人が訪ねてくるという話題がしばしば出た。Moは以前の住いで、地域に深くなじんでいたのだろう。親しい友人と離れて、便利な都心から不便な郊外への転居、Faと過ごす時間が短くなり、望まない舅との同居と、さまざまな要因が相互に作用して、Moの不適応感を強めていた。

卓球部入部の経緯を聞いていないが、保護者の関与が盛んな部活に加わることで、Moは自身の寂しさを癒そうとしたと推察できる。おそらく卓球部入部に積極的だったのはMoのほうで、C男は「でいい」と消極的選択をしたのだろう。消極的選択をした事柄について、積極的努力をしようとすると、心身に無理がかかる。一方、退部も、男性カウンセラーとの面接の終結も、C男の積極的選択だった。

Moは不適応感を自覚できていたが、それをC男に肩代わりさせていることに気づかなかった。C男は身代わりの不快感を十分に自覚できずにいた。「でいい」が、「がいい」に変わるプロセスに筆者は付き合った。初回面接には、事例のテーマや経過がフラクタル的（モデル26参照）に現れることが多い。

コメント　経過から見て、C男の血便は明らかに心身症である。心身症について、一般に見落とされている点がある。それは、外界への適応のために、我慢を重ねた結果としての身体へのシワ寄せである点である。そこには、外界への適応の意欲と能力とが示されている。それもまた、内向きとは言え、前向きの努力である。そのような個体に対しては、新鮮な前向きの展開が用意されると、事態は解決する。新鮮な前向きの展開とは、原則として、外向きのものである。そのように考えると、心身症を呈する個体の未来は、総じて順調なものとなると予想してよい。（神田橋）

model 025

不登校と強迫行動の背景にあった Moの"仕事"への葛藤が明らかになっていった過程

対象の生徒　中2女子D子
相　談　者　Mo　Fa　担任　本人

経過の概要と対処　　D子は中2の5月頃からときどき登校をしぶるようになり、夏休みがあけるとさらに欠席が増えた。しばらくは、担任が家庭訪問をすると翌日は出てきて、登校すれば元気にしているが、またすぐに休むことを繰り返していた。その後、担任が家庭訪問をするとイヤがるようになったので、家庭訪問を控えると、まったく登校しなくなった。不登校の理由に思い当たることもないので、対応に困った担任が、Moに筆者と会うように勧めた。

　愛らしい顔立ちのMoは、明るくはきはきと、ひとり娘のD子をかわいがって育ててきた様子を話した。小学校の頃からテニススクールに入れ、試合の日には必ず応援に行った。将来に備えて、英会話も習わせた。だがどちらも、中学に入学した頃からレッスンを休むようになり、間もなくやめてしまって、ものにはならなかった。Moは「よかれと思ってやらせたが、無理強いだったのかも」と話した。

　Moは「他に話し相手もいない。SCと話すことが唯一の気晴らし」と言って、予約日には必ず来談するようになった。筆者はあれこれと家庭での対応のあり方を提案し、Moも誠実に実行していたが、登校状況は改善せず、D子は次第に家に閉じこもるようになった。だが家ではニコニコと過ごしており、Faが帰宅すると傍を離れず、その日、テレビで見た内容などを上機嫌で話し続けているということだった。

　一方でD子は、ひどい強迫的行動を示すようになった。不登校になった頃から、出かける準備に極端に時間がかかるようになっていたが、さらに夕方の儀式が加わった。5時半を過ぎると、家中の戸締りを何度も確認し、ドアが自分で決めた順番でピタッと閉まらないと気分が悪いらしく、何度もやり直して、壊してしまったこともある。ひと通りの儀式を終えると、またニコニコしており、Moはその顔を見ると、無性に腹が立つということだっ

たが、筆者にはニコニコと強迫行動がアンバランスに思えて、不可解だった。

　ある日、Moから「実は夫婦ゲンカが絶えない状態になっている」という話が出た。Faの携帯に女性から電話がかかってくることがあり、問い詰めると「接待で行ったお店の女性」という返事だった。大手メーカーの管理職であるFaは接待が多く、酔って帰宅することも少なくないが、Faは「これも仕事だ」と言う。「仕事」と聞くとMoはさらに腹が立って、ひどい言葉で罵ってしまうということだった。Faは同期の出世頭だったが、Moは「それさえも腹が立って」と話した。

　後にFaも来談したが、いかにも仕事熱心な営業部長という雰囲気だった。しかし筆者が見る限り、Moとの会話も表情も自然で、浮気を隠している夫という印象はなかった。

　だがD子の不登校と重なって、Moのストレスは深刻なようで、「私が家庭内暴力」と笑ったが、派手に行動化しているようだった。筆者は心配だったが、Moが冷静に自己観察している言葉も語っていたので、事態を見守る気持ちでカウンセリングを続けた。

　間もなく、Faの栄転による単身赴任が決まった。Moは「栄転を喜ぼうと思うのに、なぜか腹が立って仕方がない」と筆者に訴え、Faに「あなたは仕事、仕事でいいわね」と嫌味を言ってしまうということだった。単身赴任先を訪ねてみる気にもなれずにいるうちに、Faの母親が数日、泊まり込んでいたことがわかり、Moの怒りが爆発した。Mo自身もその怒りを理不尽に感じていたが、Faは「付き合いきれない」と離婚を口にするようになった。

　その経過を聞いて、筆者は〈浮気の不安は嫁姑のもつれから？〉とMoに問うてみた。Moは一瞬、躊躇する様子を見せ、「実は」と、かなり以前から夫婦がセックスレスであることを打ち明けた。その背景があって、MoはFaの浮気を疑っていた。だが筆者はFaに会ったときの印象から、多忙による軽いうつ状態があって、それが原因のセックスレスではないかと思い、〈念のために〉と言い添えて、受診を勧めた。するとFa自身も思い当たるところがあったらしく、すぐに精神科クリニックを訪ねて、治療を受けるようになった。

　Moとふたりで家に閉じこもったままのD子は、次第にMoのいちばんの話し相手となり、Moも「D子が夫の代わりのように感じる」と自覚す

model
025

不登校と強迫行動の背景にあったMoの〝仕事〟への葛藤が明らかになっていった過程

るまでになった。筆者は母子が密着している様子に、D子の強迫行動が夕方5時半から始まるのは、Faの終業後の行動に対するMoの不安を取り入れているからではないかと思いはじめた。

そこでMoに、Faの単身赴任先を訪ねるように勧め、〈D子に、Moの留守中、気持ちがどう変化するかを観察させてみて〉と指示した。実行してみるとD子は「いつまでもこんな状態ではいられない。儀式をしないように頑張ってみる」と言うようになり、しばらくイライラがひどくなりはしたが、強迫行動は次第に軽くなっていった。

この頃からMoは、自身の親子関係について語るようになった。Moの父親も一流企業に勤める会社員だったが、家庭を顧みず、Moは母親の愚痴を聞きながら育った。Moは「未だに父親を受け入れることができない」と話した。一方、Moの母親は「すべてにきちんとした人」で、しつけも厳しく、Moは「窮屈な親元から自由になりたい一心で、Faとの結婚を急いだ」と語った。

さらに面接を重ねるうちに、Faは一流大学の出身で、入社当初からエリートコースを期待されており、Faの求めで、Moは仕事を諦めて、専業主婦になったことが語られた。Moの祖母は職業人として自立しており、Moの母親も同じ職業を目指したが、挫折して父親と結婚していた。Moの母親は、専門職に就いていたMoが仕事を辞めて結婚することに激しく反対したということだった。

話し合ううちに、Moの葛藤が次第に明らかになってきた。母親に背いて専業主婦となったものの、母親から受け継ぎ、無意識に染み込んでいた"仕事"への思いが捨てきれず、それが"夫の仕事"への怒りとなっていた。妻としても、母としても機能不全に陥ったことが、怒りに拍車をかけた。

そのメカニズムがMo自身に理解されるようになり、怒りの正体が認識されてきた頃から、Moは若い頃に趣味でやっていた彫金の勉強を再開し、作品を知人の店で売るようになった。生き生きした声で、「きょうは仕事が忙しいので」と電話で面接をキャンセルしてくるようになり、間もなくD子は不登校のまま卒業を迎えた。

その後 D子は通信制の高校に進学した。次第に自身の状況に視野が広がってきて、健康な悩みが浮上してきているようである。

解説　親から受け継いだ文化は、特に意識されることもなく、人生を支える枠組みとして、人柄の中に組み込まれていく。程よい親の愛情に恵まれていれば、枠組みは必要に応じて組み替えられ、文化は発展的に継承されていく。

　D子のMoが母親から受け継いだ仕事についての枠組みには、執着の負荷がかかっていた。それがFaとの関係の軋轢となり、D子はMoの不全感の象徴として、Moとともに家に閉じこもることになった。Moが自由になったので、D子も自由を取り戻しつつあるが、学業の遅れや閉じこもりによる対人関係の経験不足など、残された課題にこれから取り組んでいかなくてはならない。

コメント　スクールカウンセリングの場は状況処理的な現実的要請に追われて、象徴解釈などが用いられる機会は少ない。ただし当事者の対処行動に象徴的な解釈が可能な場合がある。D子の強迫症状は何らかの対処行動である匂いが強いが、その象徴的な意味を明確にし得ていない。このようなとき、象徴解釈に焦点を移してはならない。それが象徴的な意味を備えた対処行動であると思うと告げるだけでよい。そして状況を変化させることで、強迫症状にどのような変化が生じるかを観察させるのがよい。それで十分、治療的である。(神田橋)

model 026
Faの資質と不安を取り入れていた不登校低学年女児とMoとの3回の面接過程

　　　　　　対象の児童　　小1女子E子
　　　　　　相　談　者　　Fa　Mo　本人

経過の概要と対処　E子は入学して間もない頃、「隣の席の子に叩かれる」と数日、欠席することがあった。席替えをすると登校するようになり、その後は特に問題なく経過していたが、3学期に

なると、体育のある日だけ欠席するようになり、次第に「お腹が痛い」と続けて休むようになった。新しい場面を不安がる様子はあったものの、体育はむしろ得意なほうだったので、担任は釈然とせず、筆者に相談の電話をしてきた。「Moがカウンセリングを希望している」とのことだったので、とりあえずMoに会うことにして、面接の日時を約束した。

　当日、Moとともに、E子とFaもやって来た。担任から「Faは教育熱心で、学校行事には仕事を休んででも参加する」と聞いていたが、この日も職場を抜けてきたということだった。数日前からE子の希望で飼いはじめたというウサギも、ケージに入れられてきていた。

　Moが筆者の前のソファに座り、E子とFaはウサギと一緒に、筆者から少し離れて床のカーペットに座った。Moを盾にして、E子と筆者の間に見えない防衛ラインが出来上がっている印象だった。筆者と話をするのはMoだけだったが、予め両親の間で細かな打ち合わせがされている雰囲気があった。

　Moから話を聞き終えたところで、E子と直接話をしようと、ウサギに話しかけながら、ゆっくりとE子の近くに寄っていった。ウサギを仲立ちに話しかけると、E子もスムーズに答えて、関係がつくかと思われたときに、Faが突然立ち上がって、「ウサちゃんにお外を見せてあげよう」とE子を連れて出ていってしまった。どうやら筆者がE子に直接、話しかけることは、Faにとって予想外の展開であったらしい。

　そこでソファに戻り、Moと向き合うと、ひとり娘の不登校を非常に心配しているFaが、E子にあれこれと理由を聞くことが話された。しかしE子が「お父さんはそればっかり聞く。だから答えない」と言い返すので、Faは「強情だ」と手を上げた。叩いた後で、Faはひどく落ち込んでしまい、Moに「お前が優しく聞けば、理由を言うかも」と話した。そこで「その手立てをSCから教えてもらおう」ということになり、来談に至ったということだった。〈Faの背中がMoに『SCのアドバイスをしっかり聞いておくように』と言っていた〉と言うと、Moは「わかりました？」と苦笑した。

　E子を連れて出ていったときのFaの様子から、担任が言っていた「新しい場面が苦手」というE子の不安は、Faの不安を取り入れたものと推測された。不登校の理由の詮索も、Faの不安に由来するものと思われた。そこでMoに〈不登校になった理由は多くの場合、本人にもわからないし、

言葉にさせて、その原因を解決したとしても、不登校の解消につながらないことが多い〉と答えて、E子の生活の様子に話題を移した。

　朝は登校に間に合う時間に起きていること、手伝いをよくすること、好きな珠算教室には休まず行っていることが話されたので、〈学校以外の生活が広がることが、子どもの成長に不可欠〉と評価した。そして〈E子の強情は、学校に戻る強さ、生きていく強さにつながる大事な資質〉と伝えて、その日は別れた。

　翌週、約束の時間きっかりに面接室のドアがノックされて、Moが雨にぬれた姿で立っていた。E子は玄関の近くまで来たが、「どうしてもイヤ」と駄々をこねているということだった。困り果てた様子に、一緒に玄関まで行ってみると、筆者の姿を見るなり、E子は駐車場に向かって走り出した。Moが追いかけて捕まえると、E子は筆者に顔を背けたまま、泣きながらMoにしがみついた。

　Moが引きずるようにして玄関の内に入れたので、筆者は距離を計りながら近づき、後ろから、しばらくE子の頭をなでていた。そしてこの時間をE子のペースに任せて過ごすことができれば、親のペースで動かされているらしい今の心理状況を緩める小さなモデルとなって、それがフラクタル的に日常全体を緩める刺激になるかもと考えながら、そのままE子が動き出すのを待った。

　しばらくするとE子が「ランドセル」と小さくつぶやいた。すぐにMoが「それはSCに関係ないことでしょ」と制止したが、E子が話したがっているように感じたので、〈なぁに？〉とささやき返した。E子は一瞬迷ったが、すぐに「お父さんがね、会社に持っていってしまった」と続けた。少し気を許した様子もあったので、〈面白いお父さんだねぇ。Eちゃんの代わりに背負っていったのかな〉と返した。

　E子はMoの下着に顔を押し当てたまま、Faがかんしゃくを起こして、ランドセルを取り上げた様子を子どもらしい表現で語った。次第に顔が上がって、筆者の顔をちらちらと見ながら、友達の名前が出てくるようになったところで、時間が来た。春休みが目前であったので、次回を新学年になってからの日時に約束して別れた。

　4月半ばを過ぎて面接室にやって来たE子は日焼けして、元気そうだった。前回のカウンセリングをFaに「楽しかった」と報告していたそうで、

それからは友達とよく遊ぶようになって、進級後は毎日登校しているということだった。「始業式の日は、Faがいちばん緊張していた」とMoは笑った。

Moはその日、「ウサギも連れてきたから」と、面接室の正規のドアからではなく、中庭に面した通用口から入ってきた。「SCと話して、私が楽になった」と話したが、通用口から入ってくる行動に、自由になったこころを感じた。E子をカウンセリングの常連にしないほうがよいと感じたので、Moは名残惜しそうだったが、〈何かあったらいつでも〉と言い添えて、終結とした。

その後　2年後、他児について「教室での様子を見てほしい」という担任の依頼で、給食を一緒に食べる機会があった。E子が偶然、同級で、隣の班にいた。思いがけない再会だったが、筆者のことを覚えているらしく、目が合うと微笑んだ。だがE子から寄ってくることも、話しかけてくることもなく、筆者からも声をかけなかった。2年生の頃に数日、欠席が続くことがあったが、その後は特に問題になるようなことはないと聞いている。

解説　新しい場面への不安の高さと、自身の意向で状況を仕切ろうとする強情さとは、同じ心理的傾向の二つの側面である。Faは、自身によく似たE子の資質に、自らの不安を重ねて、さらに不安になっていたのだろう。

親の愛情を十分に受けて育った子どもは、親から受け継いだ資質を持て余すことがあっても、いずれ自身の個性として統合していく。カウンセラーのフラクタルを意識した働きかけは、個体の本来の性向に添うものなので、小さな揺さぶりで統合を促す。ちなみに"フラクタル"とは、複雑で不規則な形は、すべての微小部分に全体と同様の形が現れる自己相似性があるということで、たとえば砂の形を次々に拡大していけば、山脈の形が得られる。自然界のすべてのものにフラクタルな構造が見られる。

すべての体験はフラクタル的に積み重なって人生を形成していくから、この体験もE子の人生に統合されて、他のさまざまな体験とともに、今後に影響を及ぼしていくと期待できる。

コメント　フラクタル構造は自然界の特質である。人間関係においてフラクタルを生み出す力は、愛憎という自然な情動である。すなわち愛憎の濃い家族でフラクタルの構造が生じる。フラクタルを感知する方法は雰囲気の感知であり、その構造への働きかけの方法もまた、雰囲気の送り込みである。因果を問う論理思考はフラクタルの世界にはなじまない。（神田橋）

model 027
家族間の葛藤の影響を明らかにしないまま終結した不登校男児のMo面接

　　　　対象の児童　小2男子F男
　　　　相　談　者　Mo

経過の概要と対処　F男のMoは、F男が幼稚園に通った3年間、PTAの役員を引き受けていた。PTA活動のさかんな幼稚園だったので、Moはほとんど毎日、幼稚園に通い、F男は1日のほとんどをMoと一緒に過ごしていた。小学校に上がってからも、PTAの委員を引き受けた。幼稚園ほどではないものの、学校に来る機会が多く、年齢が近い担任とは、女性どうしということもあって、かなり親しくなっていた。

　F男は1年生の終わりにインフルエンザで数日休んだ後、数日間、登校をしぶった。Moは「F男にもっと目を向けなくてはいけない」と考えて、2年生ではPTAの委員を引き受けなかった。ところが間もなく、朝、泣いて学校に行かなくなった。

　この欠席は数日でおさまったが、登校をイヤがった理由をMoは「入部した小学校の英会話クラブのチューターが代わって、指導が厳しくなったから」と理解していた。F男は「やめたくない」と言ったが、Moが説得して退部させるとすぐに登校するようになった。

　その後は順調に登校していたが、夏休み最後の夜に大泣きして、始業式の日は遅刻した。翌日は午後から登校して保健室へ、翌々日はなんとか教室へ、その次の日も欠席して、担任からスクールカウンセラーがいること

を聞いたMoは早速、来談を決めた。

　数日後に来談したMoはまだ少女の面影が残る人で、F男の登校の状況を、手帳につけた記録を見ながら丁寧に説明してくれた。F男が「学校に行きたくないいちばんの理由は、ママと離れたくないから」と言ったそうで、この数日、MoはF男と一緒に登校して、ふたりで保健室で過ごしたり、体育の授業を見学したりしていた。

　十分な愛情と手間が注がれている様子であり、さほど根が深い不登校とは思えなかった。筆者はその印象を伝え、今後の見通しとして、〈Moの身近な持ち物、たとえばハンカチをF男に持たせるなどしながら、段階的にMoから離れていけるように、担任にも協力してもらいながら、一緒に工夫していきましょう〉と伝えた。

　翌週は担任が来談した。担任は教職歴数年の熱心な教師だったが、筆者の見通しを伝えると、Moが教室で付き添いやすいように椅子を用意するなど、細かな配慮をすることを約束してくれた。

　その担任のクラスには、父親から虐待を受けているらしい、経済的にも厳しい家庭環境にある子どもがおり、担任が来談した本来の目的もそのケースだった。だがついつい、深刻な状況に置かれているその子どものことよりも、教室に入ってからも大泣きするF男への対応に話題は流れた。愛されて育った子が持つ庇護と関心を得る能力が、この場でも自然に発揮されていたのだろう。

　次のMoとの面接では、家庭内のことが話題になった。FaはF男の不登校を心配しているが、そのことで叱ることは一切なく、「逃げ場が必要だから」ともっぱら遊び相手になっているとのことだった。

　Faは大学卒業後、父親が経営していた会社を継いでいた。結婚して、子どもも生まれたが、離婚し、Moと再婚した。Moとの再婚の際に、FaとFaの両親が大ゲンカになり、Faは会社の経営権も資産もすべて妹夫婦に譲って、Moの実家に近い現在の場所に移り住んだ。そこで新しく事業を起こして、ゼロから再スタートしたということだった。

　Moは「結婚前にFaの実家に挨拶に行ったが、玄関に入れてもらえず、結婚式もさせてもらえなかった」と話し、Faの実家とは今も絶縁状態が続いているということだった。

　「F男は生まれて以来、Faの親族と会ったことが一度もない」と聞いて、

Faの実家の対応の厳しさから、Moが妻子からFaを奪うような結婚だったのだろうと、筆者は邪推した。だがMoによれば「Faと出会ったのは、離婚から数年後のこと」ということだった。

　大ゲンカから絶縁に至る経緯について、明確な説明はされないままだったが、筆者から問うこともしなかった。ただ〈人は自身の存在を確かにするために、ルーツを納得したいもの。Moの気持ちが許す範囲内で、Faの親族について話してあげたり、写真を見せてあげたり、できればFaの実家のお墓参りに連れていってあげたりするといいと思う〉と伝えた。その後の数回の面接で、Faの力を借りて、Moが実行している様子が語られた。

　そして、欠席が始まって2ヵ月弱が過ぎた頃から、F男は急速に教室へ戻っていった。担任が戸惑うほどにスムーズな立ち直りだった。筆者も驚き、〈何がよかった？〉とMoに問うと、「F男が好きなキャラクターをかたどったお守りを、フエルトで手作りして持たせた」ということで、その効果があったようだった。

　初回面接での、〈Moの持ち物を持たせて〉という筆者の助言を聞いて、手芸が得意なMoはすぐに思いついたそうで、F男が寝てから、こっそり作り続けてきていた。中に手紙を入れてやろうと思って、Moが書いていると、それを見て、Faも書きはじめ、ふたりで合作した手紙を入れたということだった。

　家族間の隠された葛藤とF男が示す分離不安との関係を明らかにするために、面接を継続するべきかとも思ったが、相談の目的だった不登校が解消したので、〈とりあえずの終結を〉と筆者から提案した。親族の間の葛藤をMoが話題にできるようになるにしても、時間が必要と感じたからだった。〈何かあったら、いつでも〉と言い添えて、別れた。

その後　1年近くが過ぎたある日、他児の相談の件で小学校を訪れ、同級生と手をつないで、楽しそうに話しているF男と出会った。担任から「まったく問題なく登校している」と聞いて安心したが、数日後、F男はまた休みはじめた。Moからすぐにカウンセリングの希望が伝えられたが、相談体制の変更により、他のスクールカウンセラーが担当することになった。Moは事情を説明されて、了解したということだった。いろいろな出会いがあって、かさぶたが自然にはがれるように経過していくの

が理想だろうと思い、筆者は関与しなかった。

解説 引き継いでくれたスクールカウンセラーとの面接の経過を、筆者はまったく把握していないが、また数ヵ月で学校に戻った様子である。

学校での様子から判断して、大泣きや不登校は、家族の状況へのメッセージあるいは対処方法としての意味合いが高いと理解してよいだろう。F男の両親は、大泣きや不登校に対処することで、夫婦のコミュニケーションを深めた印象があった。筆者の介入は、不登校によって、夫婦の関係性を引き出すという図式をF男の中で確かにしたのかもしれない。両親に働きかける必要性が、まだF男の中に残っていただろう。そこに筆者との偶然の再会があって、不登校が再燃したという理解が可能である。

愛されて育った子どもは、言葉を覚える以前から、コミュニケーションの体験が豊かなので、バーバルにもノンバーバルにも交流の能力に長ける。F男の両親には家族として機能する力があるようだったので、F男も成長していけば、より適切な対処方法を採用するようになっていくだろう。

本モデルのような小学校低学年の不登校には、長期化させない工夫が第一である。上手な登校刺激のアドバイスがスクールカウンセラーの仕事となる。

コメント 意図的に成員に隠されているデータ、すなわちタブーは、おのずと起こる葛藤解消プロセスを妨げるだけでなく、さまざまな邪推の温床となる。ことに空想活動の盛んな幼い子ほど、タブーの内側に空想界を拡げてゆく。タブーは光を当てられると力を失うものである。ただし成員全体の間の風通しがよくなることが効果をもつのであり、スクールカウンセラーが事実を知る必要はない。家族内の事情が成員共有の秘め事であることは集団凝集力を強めるからである。子どもが知るべき最重要な知識とは、インターネットや本では決して得られない情報、つまり家族間の事情についての知識である。（神田橋）

model 028
担任の体罰によって不登校になったと訴える両親の思いを受け止めた面接過程

　　　　　　　対象の生徒　中２男子Ｇ男
　　　　　　　相　談　者　Fa　Mo　本人

経過の概要と対処　　学年末が近づいたある日、「教頭から、SCに会ってみたらと勧められたので」とMoが相談室直通の電話で申し込んできて、両親がそろって来談した。息子のＧ男が数ヵ月前からまったく学校へ行かなくなっていると言う。

　「休みはじめたきっかけは10月にあった地域文化活動のクラス実行委員を、ジャンケンに負けて無理やり引き受けさせられたこと」というMoの言葉を受けて、Faが「もともと内向的で、統率力などないＧ男は、みんなにイヤだと言えなくて、ひとりで悩んでいたらしい」と続けた。MoはＧ男が「イヤだ」と訴えるのを、「そんなことを聞いても仕方がないと思ったので、頑張るように言っていた」そうだが、活動のある日は欠席するようになり、次第に休みが増えていった。

　「地域文化活動が終われば登校するようになるだろう」と思っていたが、その後も欠席が続き、Moは担任に相談した。担任が「本人と話してみます」と言ったので、説得してくれるものと期待していたが、ある日、両親が仕事で留守の間に家に来て、無理やり学校に引っ張っていった。両親は「登校できた」と喜んでいたが、それ以後、Ｇ男は家に引きこもって、完全不登校になってしまった。

　それから１週間後、両親が不在のときに再び担任がやって来た。そして数時間にわたって、Ｇ男を叱責し、暴力も振るわれたらしい。Moは帰宅して、Ｇ男の頬が腫れていることに気づいたが、何も言わないので放っておいた。

　数日後、担任から電話があって、Ｇ男は登校した。だがすぐに戻ってきて、布団の中で脂汗を流しながらふるえていたので、Moが問いただすと、先日の出来事について「先生から叩かれた」と話しはじめた。Ｇ男によれば、担任は平手で数回、顔を叩き、気分が悪くなったＧ男は洗面所で吐い

たということだった。

　G男は最初に学校に連れていかれたときについても、「先生に脅されたから」と言い、「どうして、すぐに言わなかった？」と聞くと、「言っても一緒やん」と答えたそうで、Moは「実行委員をやらされたときに、きちんと話を聞いてやらなかったので、話しても無駄だと思ったのだろう。私が悪かった」と後悔している様子だった。

　両親はすぐに学校に出向いて事態を話し、その日のうちに校長と教頭がそろって謝りに来た。担任も謝罪に来るという話だったが、G男が担任の名前を聞いただけでふるえだしたので断った。だが担任はその後も数回、両親が仕事で不在とわかっている時間帯に家に来たそうで、両親はG男に「鍵をかけて、出なくていい」と言っていた。

　幸いG男は「3年生になって、担任が代わったら、学校に行く」と言っているということだったので、〈4月からの登校へ向けて、対応を一緒に考えていくお手伝いはできる〉と伝えた。両親は担任とG男の関係修復はもはや不可能と考えており、担任への対応については管理職と話し合っていきたいという意向だったので、面接の目的をG男のサポートに限定することで合意できた。学習面ではすでに家庭教師に来てもらっており、「それなりに自宅学習をしている」ということだった。

　Faは「父親は父親らしくあるべき」という考え方で、以前はG男に手を上げることもしばしばだった。「4月の始業式には引きずってでも連れていく」という言葉が出たので、〈Faの対応が担任と同じにならないように〉と念を押したうえで、〈今のFaの口調には、G男への愛情が感じられる〉と返した。

　面接の最後に、Faの首から肩にかけて緊張が強いことを指摘すると、「肩こりがひどい」ということだった。ストレスマネジメントの説明をして、ゆっくりと肩の力を抜くように誘導すると、ストンと肩甲骨が降りて、Faは驚いたようにMoと顔を見合わせていた。

　翌週はG男がMoと一緒にやってきた。G男は頬を紅潮させて、緊張している様子だった。〈来談することについて、どう説明された？〉と問うと、Moが「特に何も言っていません」と答えた。そこでG男に〈来談をどう思った？〉と問いなおすと、「そんなことを考えるくらいなら、ゲームの先を考えたほうがマシ」と答えた。繊細さの一方で、ふてぶてしさも感じ

させる態度で、これが担任の過剰な反応を引き出したのだろうと思えた。

　進路の希望について聞いてみると、G男は「別に。何も考えていません」と答えたが、Moが「Faは理系に進みたかったが、難聴があったので諦めたと聞いている」と話した。Faが難聴だったとすると、担任が平手で頬を叩いたことは鼓膜を破る心配に直結しただろうと思い、聞いてみたが、Moは「Faは特になにも言わなかった」と答えた。

　だが難聴について話すうちに、Moは、Faの母親も難聴だったこと、その原因が父親からの暴力だったことを思い出した。筆者は〈夫婦で共有されていいはずの不安が棚上げされているように感じる〉とMoに伝えた。話し合ううちに、Moにも、Faの言葉にされなかった不安に思い当たるところがあるらしい様子が見えた。

　G男は面接中、緊張のためか、あくびを何度もしていた。体罰と登校が話題になると特にひどく、投げやりな応答とともに印象的だった。だが両親の話から予想したよりも健康な印象であり、登校を促しても大丈夫だと感じたので、〈長く休んでいたのだから、始業式の日は心身が不調で当然。その不調を無視しないで登校できるといいね〉と伝えた。

　面接室のドアまで送ろうと横に並んだとき、G男が筆者を見下ろすほどの長身であることに驚いた。そこで〈背が高い〉と言うと、G男は急に冗舌になり、「中学に入ってからすごく背が伸びた」と、身長と体重の数値を細かくあげながら、説明してくれた。

その後　翌週から春休みだったので、「3年生になったら登校する」というG男の言葉を受けて、次の面接は約束しなかった。〈また困るような状況が起きたら、いつでも連絡を〉と言って別れたが、その後、連絡はなかった。3年生の担任に様子を聞くと、「始業式から順調に登校している」ということで、その後、友人関係で小さなトラブルはあったが、特に問題になるようなこともなく、卒業していった。

解説　「頑張る」や「べし」はからだの声を無視する。G男が「イヤだ」と訴えるのを「聞いても仕方がない」と思ったとき、MoはG男のからだの声だけでなく、Mo自身のからだの声も無視した。だから後になって、G男の「言っても一緒やん」という言葉に接したとき、後悔の

思いが生じたのである。

　筆者がFaの肩の力を抜く手伝いをしたことは、Faのからだへの気づきを促した。Moと顔を見合わせているFaは、「唖然」という表情だった。身構えた姿勢が崩れた。

　担任も家庭訪問した当初は、G男と言葉でコミュニケートしようとしたのだろう。だが言葉ではどうにも通じない焦りから、からだとからだのコミュニケーションに突き進んだ。暴力はからだによるコミュニケーションの典型である。

　G男の不登校をめぐる一連の動きの中で、MoとG男が来談した面接において、Faの難聴が話題になり、父親の暴力にさらされていたのだろう無力な少年時代のFaの悲しみが浮かび上がって、Moによって理解されることになった。「イヤだと言えなくて、ひとりで悩んでいた」のは、幼いFaだった。今後、Faの人生において、このテーマについての検討が必要になることがあれば、改めてカウンセリングという場が求められるのかもしれない。

　担任は4月の異動で転出していかれた。筆者の勤務日と担任の出張が重なるなどして、話し合う時間が取れないままだったが、担任もFaと似た歴史を持っている人だったような気がする。

コメント　「別に」「特になにも」「そんなこと考えるくらいなら……」などは、一面では関わりの拒否である。自分の世界を守ろうとしている姿勢であるから、統合失調症でしばしば出現する。より健康な個体では、関わろうとする相手の意図への肩すかしという受け身の攻撃の技として用いられる。統合失調症の場合と異なり、的確に相手のこころを傷つける。通常「ひねくれ」と呼ばれている言動の本質はこれである。なお、この言動は甘え関係からの離脱の中間段階であり、甘え体験の薄い個体では通常、出現しない。（神田橋）

model 029

家出を繰り返す女子児童と悲惨な歴史を持つMoをつないだ
トランプ合同面接

対象の児童　小5女子H子
相　談　者　Mo　本人　担任

事例の概要と対処　　学年末が近づいたある日、H子の小学校の校長から「H子が先週末から家出して、2昼夜帰ってこなかった。担任とMoと本人を行かせるので、面接をしてほしい」という電話があった。

H子と両親には3年以上前、H子が小2の頃に会ったことがあった。「しょっちゅう教室から飛び出す。他にもいろいろな問題行動が見られるので、両親を呼んだ。SCにも同席してほしい」という前任の小学校校長からの依頼があってのことだった。

その頃からH子には家出癖があり、夜通し帰ってこないこともしばしばだった。そのようなときFaは「どうせ、いなくなるなら遠くへ行け。人に聞かれても、名前も住所も言うな」と言っているそうであった。Moは「恥ずかしいことですが」と前置きして、「H子を、夜中に山の中に捨てに行ったことがある」と打ち明けた。

その同席に先立って、校長から「Moが自律神経失調症で、食事も作れない状態」という情報を得ていた。話題が生活面に及び、Moが服薬していることを話題にしたので、〈よかったら〉と処方を聞くと、微量の抗精神病薬が含まれていた。筆者が薬剤名を理解しつつ、特に言及しないことに安心したのか、Moは精神科単科の病院名を挙げ、10年近く治療を受けてきたこと、入院して、薬漬けの状態になっていた時期もあるが、今の主治医がその状態から救い出してくれたこと、その主治医は「あなたにカウンセリングはできない」と言い、現在は投薬だけを受けていることを話した。

担任も同席していたが、言葉の端々に、子育てを満足にできないMoへの思いやりが感じられ、H子に向けるまなざしも温かく感じられた。そこで筆者は、担任へのコンサルテーションを中心に関わっていくことを提案

153

し、同意を得た。

　1ヵ月後、H子が中学生らに混じって器物損壊事件に関与することがあり、警察から児童相談所に連絡があって、保護施設収容の話が出た。担任のサポートを受けて、Moが立ち直ろうと努力しているときだったので、筆者が間に入って交渉して、しばらく様子を見てもらうことにした。

　担任はMoと頻繁に連絡をとって支えるだけでなく、H子と掃除時間のごみ捨てにふたりで行くことにするなど、学校場面で可能な対応を細やかに工夫した。H子は次第に落ち着いて、教室から出ていくこともなくなった。その後、担任が転出し、「H子は元気にしている」と小学校から聞いていたので、筆者も疎遠になっていた。

　久しぶりに会うH子はおどおどと落ち着きがなく、筆者と目を合わせようとしなかったが、担任によれば、それでも家出前に比べれば、「黒から白になるように、明るくなった」ということだった。そこで〈家出はイライラ発散に効果のある方法のようだけど、Moが心配するとかわいそうだから、①小出しにやる、②途中で電話連絡するなどの工夫を〉と言うと、素直にうなずいた。家出中の行動についても問題があったらしく、担任は話したいことがある様子だったが、あえて聞かなかった。

　Moの精神状態は相変わらずのようであったが、「継続的に来談したい」ということだったので、〈H子への対応を一緒に考えていくことを目的に〉と確認したうえで、面接の契約をした。以前に聞いていた「カウンセリングはできない」という医師の判断も考慮して、時間も短く、〈30分以内で〉と確認した。

　3回ほどMoとの言語面接を行ったが、Moの母親は、Moが子どもの頃に自死し、遺体をMoが発見したこと、母親は姉ばかりをかわいがっていたので、死んでも全然悲しくなかったことなどが語られた。Moはまた「H子は1歳半のときから、私の財布からお金を抜いていたような子」と話した。筆者にはそれが現実にありうることとは思えなかったが、Moの口調は淡々と事実を語っているようでもあり、H子に対して否定的な雰囲気はなかった。

　筆者はふらっと家を出て、数日帰宅しない家出の様子から、H子にも薬物治療が有効ではないかと考え、Moと一緒に受診するように勧めたが、医師から「私はMoの主治医なので、その子どもを診ることはできない」

と断られたということだった。

　Moは筆者に「H子と会ってほしい」と希望するようになった。Moは「家族がバラバラで、さみしい」と言い、またH子が夜、Moの前に勝手にカードを並べて、「トランプをしよう」と誘うと聞いたので、ゲームによる母子合同面接を提案した。

　初回、H子は緊張している様子だったが、筆者が何も聞かないとわかると、次第に打ち解けてきた。Moは驚くほどトランプに通じており、言語面接のときのぼんやりして、現実と非現実のあわいを漂っているような印象とは打って変わって、てきぱきとカードをシャッフルし、ゲームをリードした。「今、SCにいいカードが行った」と超能力のようなことを言ったりもしたが、カードを出す順番を筆者に的確に教えてくれたりして、知的能力の高さを感じさせた。

　50分の面接時間はほとんどトランプに使われ、H子とMoは生き生きとゲームを楽しんでいた。話はその合間に軽く交わされるだけだったが、数回の面接が過ぎたところで、Moから、H子が中学生から万引きを強要されたということが話された。〈中学の先生に連絡していい？〉とH子に確認して、生徒指導担当の教師に面接室に入ってもらうと、H子はポツリポツリとだが自分で状況を説明した。

　この頃から、Moによれば「H子が悪いことをしなくなったので」、FaがH子をかわいがるようになり、一緒に外出することが多くなったということだった。筆者が自宅に電話した際には、Faから「お世話になります」と丁寧な挨拶を受けた。以前に小学校で会ったときとは別人のように、落ち着いた口調だった。

　初回面接から1年近くが過ぎた年末、Moは数年ぶりで正月の準備をし、ねずみが住み着いていた室内を掃除した。以前に筆者は、公的なヘルパーによる家事援助を受けることが可能と思い、Moに勧めたことがあったが、Moは「散らかった家の中を見られるのが恥ずかしい」と固辞していた。

　主治医も状態が好転したと判断したらしく、抗精神病薬を半量に減らし、最初は薬が少ない状態を不安がっていたMoも、次第に慣れていった。学期末の個人懇談で、担任から「何も問題ありません」と言われたそうで、Moは「小学校入学以来、初めてのこと」と笑った。

その後　H子が中学に進学し、運動部に入部して、面接の時間が取れなくなったことから合同面接は中止したが、Moとの言語面接は月1回程度、継続した。

1年後、H子の兄が、友人が起こした事件に巻き込まれて警察沙汰になることがあり、H子の反応を心配したが、特に問題なく過ごすことができた。Moは事件に困惑して、臨時の面接を求めて来たが、動揺は予期したほどではなかった。

H子が運動部の試合に出場すると、Faが必ず応援に来ていたそうで、友人の家に無断外泊を繰り返すようなことはあったが、どうにか無事に卒業していった。

解説　不幸は本人にとって異物として認識される限りにおいて、悲嘆の対象となる。不幸が染み付いて、身の内になってしまったときには、異物として認識されないので、悲嘆も生じない。「不幸も私自身」となって、その人の内側に沈潜する。

周囲にいる人々は、時折、了解しがたい行動となって漏れ出てくるものから、悲しみの気配を察して、沈潜する不幸の大きさに思いを致す。そのような悲しみに対して、人ができるのは、ただ傍らに寄り添うことだけだろう。

最初に出会った日、Moが「医師から『カウンセリングはできない』と言われた」と話すのを聞いたとき、筆者は、「話し相手になってほしい」というMoの言外のメッセージを受け取っていた。だがMoの病気の程度を判断できない状況において、カウンセリングという非日常的空間に踏み込むことをためらって、現実的関係のレベルでサポートが可能な、担任を支えるという援助方法を選択した。

Moは、自死した母親との和解を求めながら、それを自覚することができずにいた。親のモデルを得られないままに母親となったMoの欠損に気づいたH子の無意識が、トランプという安全な交流のチャンネルを見出していたのだろう。筆者はそれを受け止め、面接室で意識的に実行し、発展させたに過ぎない。子はしばしば、親の保護者として機能する。

コメント　この一家はFa、Moともに行動優位の資質に満ちているようだ。

カウンセラーは言語優位であったり、感性優位であったりする個体とはなじんでいるものだが、行動優位の資質にはとまどいやすい。行動を言語と等価のものとして接するというのも、なかなか容易でない。しかし、この家族は全員、行動優位のコミュニケーションが得意なのだから、その関係を支持してゆけば、カウンセラーのほうは不得手な作業をしなくてすむ。（神田橋）

model 030
Moの嘆きへの共振れから緘黙と不登校に陥った
男子児童が求めたMo面接

対象の児童　小６男子Ｉ男
相　談　者　Mo　本人

経過の概要と対処　小学校の養護教諭から「緘黙の児童のMoに会ってほしい」という依頼があって、Moが来談した。小１の１学期までは普通に話していたそうだが、夏休み明けから、学校でまったく話さなくなった。だが家では問題なく話すので、「学校で何かイヤなことがあったのだろう」とMoは受け取り、「じきに話す」と思っているうちに、６年生になってしまったということだった。

相談歴を問うと、Moは「小３のとき、学校から勧められて教育センターに行ったことがある。心理テストのようなことをされたが、次の面接に行かなかったので、結果は聞いていない」と答えた。続けて通わなかった理由を問うたが、はっきりとした返事はなかった。

Moによれば、Ｉ男の性格は「几帳面な完璧主義」で、弟へのライバル意識が強く、「ひとりっ子だったらよかったのに」としばしば言うということだった。また文章表現が得意で、作文で賞をもらったこともある。

初回面接は時間の都合でＩ男が来談できなかったので、２週間後にＩ男も一緒に来談できるように、再度の面接を設定した。だがその日、Moは Ｉ男だけでなく、弟と弟の友達まで連れて来談した。面接に拒否的なのかと考えたが、特に拒絶するふうが示されない代わりに、積極的に希望する

様子もうかがえなかった。そこでI男に〈まず好きなこと、得意なことを伸ばすことが大事〉と伝えて、筆者からカウンセリングに誘う言葉は避けて、次の来談はMoの判断に任せることにした。Moがその後、来談することはなかった。

その数ヵ月後、I男が中学に進学して間もなく、担任を通じてMo面接の依頼があった。やってきたMoによると、I男が「カウンセリングに行って」と希望したということだった。緘黙は続いており、中学入学後は「仲良しと別のクラスになったから」と、登校をしぶって、欠席が増えていた。不登校の兆候に、Moも来談意欲が増しているように感じたので、隔週30分の面接を約束した。

I男がMoのカウンセリングを希望した真意はMoも量りかねている様子で、筆者も見当がつかなかった。もしかしたら具体的対応を求めているのかと考えて、Moを通じて〈担任と日誌の交換をしてみる？〉と提案してみたが、次の面接で、Moから「I男がイヤがった」と報告があったので、〈イヤなことはしないがいい〉と伝えて、撤回した。だがMoが来談するようになった、ちょうどその頃から、I男は学校を休まなくなっていた。

数回、面接を続けたある日、Moから「Faが、I男に携帯電話を買ってやる約束をした」と聞いた。Moは「メールの交換ができれば、友だちができるかも」と考えており、筆者も〈携帯電話を持たせることにはデメリットも多いが、緘黙のI男には役立つかも〉と賛成した。

その後、何度か、MoはI男を相談室に連れてきた。だがI男は、いつも「精一杯」と言わんばかりの作り笑顔で筆者を見つめるだけで、一言も話すことはなかった。Moも口数が少なく、話題はあまり広がらないままだったが、約束した日には欠かさず通ってきた。

そういうMoを受け入れることが支えになるのかと、筆者は迷いながら付き合っていたが、そうこうするうちにI男の欠席が増えてきた。「突然、怒って、物を投げたり、わめきながら壁を蹴ったりして、感情の起伏が激しくなった。夜もよく眠れていないらしい」とMoから聞いて、医療機関への紹介を考えはじめた頃、I男の携帯電話の使用料が月3万円を超えていることが明らかになった。音楽ソフトのダウンロード費用がかさんでいたのだった。

その話題から広がって、Moは、Faが給与明細などを一切見せず、一家

の収入金額をまったく把握できないこと、生活費は月に数万円が渡されるだけで、それ以外に必要なお金はその都度、Faに使途を話して、もらわなくてはならないことを話した。

さらに同じ頃、Faが病死した兄の妻だった女性からの手紙を隠し持っていたのを、Moが見つけた。Moは自身の過去についても語りはじめ、Moの成人後、Moの両親は離婚したこと、Moは結婚後も近くにひとりで住む母親の面倒を見ていたこと、ある日、Faが「また来てるのか」とつぶやいたのが耳に入り、母親の足が遠のいた数日後、母親が自宅で病死しているのが発見されたことなどが話された。Moは淡々と事実のみを語ったが、筆者は初めてMoの生の感情に触れた思いがした。

そして、日常の出来事を話すような口調で、MoがI男の弟を出産した頃、Faが幼いI男を連れて、頻繁に元兄嫁がひとりで暮らす家を訪ねていたことが話された。FaはI男を連れていく理由を、「元兄嫁が、I男と遊ぶのを楽しみにしているから」と話したそうで、その女性とFaの関係がどの程度のものであるかは、Moも把握していなかったが、よその女性の匂いを身につけて帰宅するI男を、Moが受け入れ難かったことは容易に想像できることだった。

筆者は、幼いI男が元兄嫁の家で見聞きしたことを、子どもらしく無邪気に話しただろうこと、そして何気なく口にした言葉がMoの気持ちをかき乱し、I男にとっては予測などできないようなMoの反応を引き出しただろうことを思った。自身が発した言葉の結果に戸惑うことが多かっただろうI男の幼い日々を思うと、緘黙という手段を選ばざるを得なかった気持ちが透けて見えるようだった。

元兄嫁の家にI男を連れて出かけたFaを、「生まれたばかりの弟を抱きしめながら待っていた」と言うMoは、「今も弟のほうがかわいい」とつぶやいた。

何回かの面接を費やして、過去の話をした後、Moは突然、面接をキャンセルした。「仕事を始めたから」という伝言があった。〈カウンセリングで話したことが負担になったのか〉と心配したが、この頃から、I男は順調に登校するようになった。まるでMoが働きはじめたことに歩調を合わせたかのようであった。

そしてI男が2年生に進級して半年後、再び担任から「I男がMoのカ

model 030

男子児童が求めたMo面接
Moの嘆きへの共振れから緘黙と不登校に陥った

ウンセリングを希望している」と聞いた。連絡を取るとMoはすぐに来談し、「勤め先の都合で解雇された」と話した。Moが仕事を辞めた頃から、またI男の欠席が増えていた。

　筆者には、緘黙、不登校といったI男の一連の行動が、Moの嘆きへの共振れであり、Moを支える人を求めてのことであるように感じられてきた。そしてその頃から、Moは夫に対する感情を、少しずつ言葉にするようになってきた。それまで、感情が言葉にされることはほとんどなかった。筆者はそれを〈当然の気持ち〉と受容し、聞き続けた。

　3年生になると、I男は順調に登校するようになった。親しい友人とは学校内でも話ができるようになり、行動範囲が広がってきた。夏休みには同級生の家に泊まりこんで帰宅しないことがあり、心配させられたが、この騒動の際、それまで家庭内のことに「われ関せず」を決め込んでいたFaが、積極的に相手の親と連絡を取るということがあった。

　高校進学の希望も語られるようになったが、出席日数不足に加えて、志望した高校には面接試験があるので、緘黙のI男に合格はまず不可能と思われた。だが合格し、しかも面接試験での応答が、高く評価されていた。

　卒業直前の最後の面接に、I男もやってきた。Moが誘ったわけではなく、I男が「SCに会いたい」と言って、ついてきたということだった。〈面接試験ではどんなことを話したの？〉と問うと、I男は答えようとして不意に黙り、Moに代弁を求めるように視線をやったが、〈あなたの声を聞かせてくれるとうれしい〉と促すと、小さいがはっきりした声で「将来の夢を実現するために勉強したいと言いました」と答えてくれた。

その後　高校の入学金支払いに関連して、両親の間でトラブルがあったが、Moが冷静にFaを説得した。I男は高校ではよく話をしているそうで、欠席もなく、無事、進級している。

解説　作文や面接試験での発言は、生きて流れる感情とは距離をおいた言語表現となる。それに比して、教室の人間関係の中で交わされる言葉は、本音と建前が錯綜し、複雑な言語表現となる。幼児期に両親の葛藤のただ中に置かれて、言語表現に戸惑う体験の多かったI男にとって、教室は、小学生の脳では処理しきれない言語交流の場であっただろう。

筆者はときどき校内でI男と出会ったが、遠くから笑顔で見つめてくる視線に気づくことがあった。目と目で通じ合う関係は、言葉で理解する関係より、はるかに親密である。I男は、言葉の力の限界に早くから気づいていたのかもしれない。

Moは過去を語り、働いて収入を得る体験をした後、感情を言葉にするようになった。巻き込まれていた感情から距離を取り、客観視できるようになった結果と理解した。

コメント　症状はその個体の最も優れた資質を使って発現する。I男の文章力の高さも緘黙も同等の症状である。言葉の資質が優れていることと、暗黙の関係づくりが不器用であることとはしばしば表裏の関係にある。家族とはいわば24時間の暗黙の関係の一団である。そのどこに働きかけても成員全員に影響は及ぶ。だから全員がクライエントであると同時にサポーターでもある。したがって、来談しやすい人をクライエント役にして、全体に目配りしておくだけで治療になる。（神田橋）

model 031
親と縁の薄い両親の歴史をMo面接で傾聴するうちに
回復していった不登校児童

　　　　　　　　対象の児童　小6女子J子
　　　　　　　　相　談　者　Mo

経過の概要と対処　J子は弟とふたり姉弟だった。かかりつけの小児科医から「ガラスのこころを持った子ども」と言われたこともあるくらいに繊細な子どもだったが、目の前で弟がジャングルジムから落ちて、重傷を負って入院すると、発熱し、食事も満足にとれなくなって、欠席するようになった。病院で検査を受けたが異常はなく、「精神的なもの」と診断された。

Faから「しっかりしろ」と叱責されてからは、登校時間になると玄関

で大泣きし、担任が自宅まで迎えに行くと登校したが、話を聞こうとすると、涙をぽろぽろ流した。心配した担任が筆者を訪れ、Moも来談を希望しているということだった。

　弟の看病のためにMoは病院に泊まり込むことになり、家庭にJ子の面倒を見る人がいないということで、翌週、体調のよくないJ子も、弟と同じ病室に入院することになった。弟の容態が落ち着いた3週間後、Moが来談した。J子は「何ともないのに」と看護師から冷たくされることもあったらしいが、それでも次第に落ち着いて、体重が少し増えてきたということだった。

　Moは看病の疲れをにじませながらも、抱えてきた思いを一気に吐き出すように話し続けた。Faは会社のシステム管理部門の責任者として、かなりの激務をこなしており、深夜12時に帰宅し、朝6時には出勤の毎日を続けていた。だが以前は徹夜もしばしばで、「今はマシになったほう」だった。これまで、子どもと接する時間はほとんどなかったし、Moも諦めてきたが、事故の日、仕事を終えて深夜、病院に駆けつけたFaは、息子が「痛い。わがまま言ってごめんね」と言うのを聞いて、涙を流した。Faが泣くのを初めて見たMoも、もらい泣きしたということだった。

　Faは、姉が病弱という理由で、両親から離されて、祖父母に育てられた。Faの姉は成人後、健康を回復しても自立しようとせず、親に依存した生活を続けたそうで、FaはJ子が登校をしぶると、「姉のようになる」と心配した。Faの両親は離婚しており、Moは結婚前に、舅となる父親に一度会ったきりで、姑とは会ったことがなかった。Faは寂しさをはね返すように小学校から高校まで皆勤を通したそうで、就職してからは人の倍も働いて、それなりの評価を得ていた。だが仕事のストレスを食事で紛らわそうとするかのように、よく食べ、かなりの肥満体ということだった。

　Moも両親の折り合いが悪い中で育ち、「母親（Gm）の姿を見てきて、あんな母親にだけはなるまいと思い続けてきた」ということだった。快活に話すMoだったが、生い立ちに触れたときだけは、わずかに涙を見せた。初回面接の最後に「SCに会えてよかった」と言い、継続を希望したので、弟が入院中であることを考慮して、隔週の面接を約束した。

　次回、来談したときにはJ子は退院しており、Moは病院と自宅の往復に追われていた。多忙な毎日と思われたが、さらに出産間近の知人の娘を

預かっていた。知人はMoが幼い頃に実母に代わって面倒を見てくれた人で、知人が亡くなり、後妻に来た人とその娘がうまくいかないので、Moは産前産後の面倒をみてやろうと同居させていた。

それだけでも大変だと思えたが、加えて、犬好きのFaが子犬をもらってきた。幼い頃、寂しさを紛らわすために犬を飼っていたFaは、すでに数匹の犬を飼っていたが、世話をする暇がなく、結局Moが世話をすることになっていた。Moは「こんなときに、もう」と腹を立てつつも、放っていられないらしく、子犬の世話にも追われていた。筆者はその心根の優しさを認めつつも、際限なく引き受けてしまうMoのありようが無謀にも思えて、〈今、何が大切かを見失わないで〉と繰り返すことになった。

その後、数回の面接を重ねるうちに、最初の面接で聞いたMoとGmとの関係が、Moの明るい口調から想像したよりも、はるかに深刻なことがわかってきた。Gmには昔から借金癖があり、Moが独身の頃、勤め先にも現れて、同僚から数万円を借りることを繰り返していた。同僚の一人からは通帳と印鑑を預かって、全額を引き出してしまった。その度にMoが代わって返済したが、ついに耐え切れず、絶縁を宣言して、現在に至っているということだった。

そのような話題が出ていたある日、Moの父親（Gf）が着の身着のままでMoの家にやって来た。Moは詳細を話さなかったが、何かGmと同居を続けられない事情が生じたらしい。MoはGfに代わって、Gmと離婚の交渉を進めて、Gfを引き取った。だがGfは老いた妻を捨てきれないらしく、パートの仕事を見つけてはその収入を小遣いに充て、年金の大半をMoに隠れて送金してやっていた。Moはゴミ箱にあった送金票を見て、それを知った。

FaはGfと一緒に釣りに行くのを楽しみにするようになり、何かと言うと「じいちゃんは？」と、家族の誰よりもGfを気にかけるようになった。その様子に親を求める感じがあったので、MoにFaの両親の現在について問うと、住所はおろか、生死も不明ということだった。育ててくれた祖母の死も、Faは半年以上も過ぎて、偶然、再会した地元の友人から知らされていた。

Gfが同居したことで、音信のなかったMoの親戚との付き合いが徐々に復活して、Moの母方の祖父が近県に生きているとわかったが、会うこと

model 031

親と縁の薄い両親の歴史をMo面接で傾聴するうちに回復していった不登校児童

はかなわなかった。同じ頃、Faも仕事上のトラブルが続いて気弱になり、占い師を訪ねたところ、親について問われた。それがきっかけで行方を知りたいという気持ちが起こったようだったが、思い出がよみがえるのを恐れる気持ちもあるらしく、いまひとつ積極的になれないでいた。Moは居間の片隅に、Faの亡き祖母にお茶とご飯を供える棚を設けた。

面接はFaとMoのルーツ探しの話題が中心となって、J子のことはついでのようになったが、夫婦のこころが通いはじめている感じがあったので、筆者はMoの話に沿いながら面接を続けた。しばらくするとMoはパートの仕事を始め、キャンセルの連絡があり、その後、数回電話をしてみたが、つながらなかった。J子も元気にしていることであり、中断のまま終結とした。

その後 J子は中3になり、部活で活躍している様子を担任から聞いていた。先日、久しぶりにMoに電話をしてみると通じた。Moは筆者の勤務日に学校に来ることがあると、そのたびに相談室の前まで来たが、面接中で会えなかったということだった。Faの両親探しはそのままだが、会社の運動会などに、最近は家族を連れて参加するようになった。J子はFaと「卒業まで無欠席で通す」と約束し、頑張っているとのことだった。

解説 ありきたりな日常の出来事を話すようなMoの口調から、事態の深刻さを量るのは困難だった。理解するために、筆者は何度も事実関係を問い返さなくてはならなかった。「海が深いほど、波は小さい」という比喩が何度も頭に浮かんだ。

Moと会いながら、筆者が理解や解釈を話すことはほとんどなかった。Moは語り、自身とFaが生きてきた歴史の重さを、自身で確かめていった。深さを測ることができたとき、深さが持つ迫力は減る。そうしたMoの変化が、Faの変化を導き、J子を支えることになった。このモデルのようなケースにおいては、カウンセラーは傾聴するだけで事態が展開する。

コメント 昨今の映画は奇抜なストーリーやドラマチックな映像を競うようになるにつれ、見世物となり、人の心に染み込まなくなった。以

前、映画はこのモデルのように一つひとつのエピソードが細やかさと重みをもつストーリーで構成されていた。真のドラマであった。このモデルを読むと、その昔、映画館から出てくるときに内に生じていた癒しや、やさしさの復活と同じものが湧いてくる。これはJ子の内に生じた癒しと同一のものであろう。これを味わう味覚を備えたスクールカウンセラーでありたい。（神田橋）

model 032
親子が敬語で話す家族関係の中で、祖母の財布から盗みをしていた女児のMo面接

対象の児童　小5女子K子
相　談　者　Mo　本人

経過の概要と対処

K子は小4の秋に転入してきた。友だちもすぐにできて、問題なく過ごしているように見えたが、5年生になって間もなく、同居しているMoの母親（Gm）の財布から盗んだ数万円で同級生におもちゃを配り、両親が学校に呼ばれた。FaはK子に「出ていけ」と言い、Moが「恒例の」と言う庭での夜明かしをすることになった。今回はいつの間にかいなくなったので、警察に届けたら、翌朝、近くの公園のブランコにいた。

その1週間後、K子が登校しないことがあった。前の週に両親を呼んで指導したばかりだったので、心配した担任はすぐにK子の家に電話をした。だがFaは「家は出ました」と答えるのみだった。数時間後、探しに出たMoがK子を見つけて学校まで送ってきた。担任が別室でK子に話を聞いたところ、「さみしい」と言ったので、担任はカウンセリングが必要と判断して、Moに筆者と会うように勧めた。

Moによれば、K子がGmの財布からお金を抜き取ることは、転入のかなり前から始まっていた。Gmのバッグから万単位のお金を盗んでおり、Gmは早くから気づいていたらしいが、「怒ってもしょうがない」とMoたちには黙っていた。それがわかって、以前の小学校で担任に話したところ、

「物がなくなればK子の仕業」と先入観を持たれるようになったので、転入後は学校に伝えないことにした。

MoはK子を「けっこうな根性の持ち主」と形容したが、「盗癖さえなければいい子」とも言った。Gmの手を引いたり、おいしいものを自分は食べずに、Moに「どうぞ」と勧めるなどの優しい面がある。ぬいぐるみを擬人化して会話をすることもあり、Moは「幼児性が残っている」と言ったが、筆者はつかの間のファンタジーに生きているように感じた。

翌週、Moに連れられてK子がやってきた。来談の理由について、Moは「説明していない」と言ったが、K子はよく了解していた。そこで〈どうしてお金を抜いてしまうのか、自分でもわからないんじゃない？　あなたも困っているのでは？〉と問うと、一瞬、戸惑う表情を見せたが、はっきりとうなずいた。筆者はぬいぐるみと会話ができる感性を持つ子であり、年齢からも、プレイセラピーが適当と判断したが、スクールカウンセリングの場には設備がなかった。そこで大学の相談室を紹介することにした。

Moとはスクールカウンセリングでの面接を継続した。大学の相談室には平日の夕方に通うことになったので、夕食の支度に差し障るかと案じたが、高1になるK子の姉が毎日作っているということだった。姉が中1の頃からいつの間にかそうなったそうで、運動部に入部していた姉は、「家のことをしなくてはなりませんから」と退部していた。その退部理由は顧問教諭の記憶に残り、顧問教諭が筆者に「こういう生徒がいた」と話してくれたことがあった。Moによれば、引越しの際にも両親が疲れて寝た後、K子の姉が徹夜で片づけをしたということだった。

Moは夕食の支度を「お手伝いしましょうか？」と声をかけるが、姉がいつも「けっこうです」と答えるので任せているということだった。Moが、親子の会話として語る言葉はすべて敬語だったので、〈実際に敬語で？〉と確認すると、K子も姉も両親に対して敬語を使うということだった。親が求めたわけではなく、これもいつの間にかそうなっていた。

〈家風？〉と思って質問したことから、Moの実家の様子が語られることになった。Moの父親は貧しい農家の出身だったが、会社勤めの給料をためては家を建て増しし、実家は近所でも評判の豪邸になった。だが、豪華な応接間ができたものの、座る椅子がなかった。

Moは三人兄妹の末子だったが、Moと兄たちは小学生の頃から毎月、

学校に納めるお金から小遣いまで、必要な金額を算出して、明細とともに父親に提出しなくてはならなかった。請求したお金は渡されるが、追加は認められないので、算入し忘れたお金は自分で捻出するしかなかった。Moの次兄は部活のユニフォームを買うことができず、試合に出られなかったこともある。次兄は成人後、家を出て、音信不通となっていた。

　長兄もその後、家を出て、事業を起こしたが失敗し、妻子と別れて、自殺した。写真などの自身が生きた痕跡をすべて焼き、確かな死の覚悟を感じさせる死に方で死んだ。長兄の死後、その子どもたちとも連絡が途絶えていたが、Moの父親の葬儀を出すときに探すと、長兄の息子は10代の若さで病死していた。そうしたことをMoは淡々と話したが、「長兄の娘がK子たちにお小遣いをくれ、『こういう事を一度、してみたかった』と言った」と話したときだけ、うっすらと涙ぐんだ。

　兄ふたりが実家を離れたので、Moが実家を継いだ。K子は、Moの父親が建てた豪邸に住んでいる頃に生まれた。赤ん坊のK子が泣くと家事の邪魔になるので、泣き声が聞こえない奥の部屋にベビーベッドが置かれた。

　そういう話をしながら、Moも「さみしい」とつぶやいた。きっぱりとした家族関係の中に、それぞれの「さみしい」が漂っているようだった。淡々と語るMoの話を傾聴するだけだったが、面接を開始した頃から、K子は盗みをしなくなっていた。大学の相談室に親娘で通う時間も、K子にとって、よい作用をしていると感じた。

　初回面接から半年余りが過ぎたある日、Moからキャンセルの連絡があった。少し前からFaが勤める会社が経営不振と聞いていたが、Moは「昼も夜も働くようにした」ということで、そのまま中断となった。大学の相談室はすでに中断していた。

その後　中学に進学して、しばらくは問題なく過ごしていたが、間もなく不登校になった。筆者は担任を通じてフォローしたが、担任は「親の対応が冷淡。不可解」としばしば首を傾げた。その後、保健室登校をするようになり、養護教諭が対応した。たまたま保健室で会うことがあり、人なつこい笑顔を向けてきた。筆者を覚えていたのかもしれないが、他の生徒がいたので確認はしなかった。中学在学中は盗癖の話はまったく聞かなかった。

model 032　親子が敬語で話す家族関係の中で、祖母の財布から盗みをしていた女児のMo面接

不登校生を受け入れる高校に進学し、そこで出会った友人関係に支えられて、順調に登校を続けていたが、「家庭の事情」により中退したと連絡があった。

解説　Moの父親が建てた豪邸を処分して、現在の住いに引っ越してきたのは経済的理由からだったが、Moは「小さな家に住みたかったので、うれしかった」と語った。どこにいても、家族の声が呼べば聞こえるような家が、人の住む家なのだろう。

　人の世の割り切れなさを、断ち切ってでも割り切ろうとするK子の一家のありようが、何に由来するものかはわからないままだったが、K子はGmのバッグからお金を盗むことで、なんとか切れたつながりを取り戻そうとしていたと理解する。人生のごく早期に泣き声が届かなかった体験を持つK子が上げた、悲鳴のようなものだったのかもしれない。それもGmの「怒ってもしょうがない」という独断で断たれていた。

　割り切れないものも、時を待てば、切れるべきものは切れていくだろう。K子の一家ほど極端でなくとも、"時の流れに添って生きる"ことが不得手になっているのは、現代人の一般的傾向かもしれない。カウンセリングがもてはやされる風潮も、自然の経過に任せることができない、われわれのせっかちさの表れかもしれないと思う。

コメント　"関与しながらの観察"というフレーズはサリバン（Sullivan, H.S.）の言葉とされ、精神科医療における金言となっている。そのことの裏面に、関与と観察とを両立させることがきわめて困難であるという事実がある。

　スクールカウンセラーは、観察が豊かな家族に出会ったときには関与が薄いのではないかと発想するのがよい。また関与が勝る傾向も、観察が勝る傾向も家風として伝承されるので、K子もまた観察力が優れて、その分、関与の能力が育ってなく、そのことが物品を用いての関係づくりという工夫につながっているのであろう。「関与なき観察」「観察なき関与」「観察という関与」「関与の中の観察」などの言葉遊びは、連想を豊かなものとするだろう。

（神田橋）

model 033
Moの「べし」文化に取り込まれていた、発達障害も疑われた不登校女子生徒

対象の生徒　中３女子Ｌ子
相　談　者　Mo　Fa　本人　心の教室相談員Mさん　教育委員会のＮ相談員

経過の概要と対処　　Ｌ子については、最初に心の教室相談員のＭさんから相談があった。

　Ｍさんによれば、Ｌ子は中２の２学期までは、休まず登校していたが、３学期になって、登校をしぶるようになり、Faが厳しく叱って、Moが無理やり、校門まで車で送ってくるようになった。学年末が近づいたある朝、Moと別れた後、校庭のすみに制服の上着とかばんを置いたまま、いなくなった。探していると、夜遅くになって、数十km も離れた町にあるコンビニから連絡があった。店に入ってきたＬ子の様子に、「おかしい」と直感した店員が話を聞いて、連絡してくれたということだった。

　帰宅して、親や教師から事情を聞かれたＬ子は「遠くに行きたかったわけではない。前にしか歩けないから、歩いただけ。お腹が空いたので、コンビニに入った。夜10時を過ぎると中学生はコンビニに入れないので、その前に入ろうと思った」と説明した。まだ寒い季節だったのに、上着を置いていったのは「制服を着ていると、中学生だとわかって補導されるから」と答えたということだった。筆者はＭさんの話を聞きながら、突飛な行動のさなかでさえ、枠からはみ出すことができないＬ子の窮屈さを思った。

　Ｍさんのいる相談室にはたまに来る程度だが、美術部の部活には、毎日、顔を出し、数字を組み合わせた独特のデザイン画を黙々と描いている。その絵が大きな賞をもらって、表彰式に招かれたが、親が「交通費が無駄」と出席させることを拒否したということだった。

　その後、教育委員会のＮ相談員からも相談があった。Ｌ子と会う機会があったそうで、「私のような人間は将来、ホームレスにならざるを得ない。Moが仕事から帰宅するのが遅いので、幼稚園の頃から『働かざる者、食

169

うべからず』と言われて、炊事も洗濯もしてきた。近頃は米も炊けない大学生がいる。家にはテレビもなく、することがないので勉強している。同級生からいじめに遭い、教師も守ってくれなかったので、以後、人とまったく関わらないようにしている」などの話を無表情に、一方的に話し続けたということだった。

　「あれでは集団から浮く」とMさん同様に、N相談員も心配していた。「成績があまりよくない」ということに加えて、無表情に硬い口調で話すということから、筆者は発達障害の可能性も考えつつ、とりあえずは親のカウンセリングが役立つだろうと考えて、来談を誘ってもらうことにした。

　当日、Moと一緒にL子も暗い表情で来ていた。その日は部活の話などを聞き、〈まずは得意を伸ばすことから〉と伝えた。別れ際、Moが「部活にだけ来ても出席扱いになりますか？」と聞いてきた。「出席扱いにならないなら、無意味だから来させたくない」と言うMoの横をすり抜けて、L子は部活に行ってしまった。

　次の面接にはFaも一緒に来談した。Faは大手企業に勤める会社員と聞いていたが、筆者が挨拶しても、聞こえなかったのか、そっぽを向いたままだった。Moが「親子別々で」と希望し、先にL子から話を聞くことになった。

　挨拶をしたときの様子から、Faは人付き合いが苦手かと思ったが、L子によれば「Moが仕事を始めるまでは、Faの友人とよく家族ぐるみでキャンプに行った。付き合いは好きですよ」ということだった。だがFaはかなりしつけに厳しく、暴力を振るうこともあるそうで、「今は私もこの年ですから叩かれませんが、妹が叩かれるのを見るだけでも気分が悪い」と話した。

　代わって、両親に入室してもらったが、Moと筆者が話す横で、Faは窓の外を見たり、あくびをしたりしていた。何か思いがある様子だったが、筆者には量りかねた。そして〈親族にL子と似た人がいる？〉と問うと、そのときだけは向き直って、「うちにはいません」ときっぱりと答えた。Moからは、Moのほうの親戚に知的障害のある子どもがひとりいることが話された。またL子の妹の発語が遅く、小学校1年までは特殊学級に在籍していたが、現在は普通学級にいるということが話された。

　〈L子は言葉を字義通りに受け取る子のよう〉と言うと、Moは「『お金

がないから、私立高校にはやれない』と言うのも、よくないですか？」と聞いてきた。〈頑張らせようと思って言っている親の気持ちは伝わらないかも〉と返すと、「だから、いつも言ってるじゃないか」とFaが口をはさみ、Moは「あなたが子どもたちの気持ちがわかると言うのなら、そういうふうに関わってくれたらいいじゃないですか」と言い返して、涙ぐんだ。

次の面接には、Moだけが来談した。L子は別室で定期考査を受けていた。Moが「公立高校が無理なら、私立に行かせてもいい」と伝えたら、意欲が出てきたということだった。

前回の面接を振り返って、Moは「口論はするが、夫婦仲は悪くない」と話した。〈父親は誘っても来談しないことが多いが、Faはよく来談してくれた〉と言うと、「L子を身ごもったとき、私はまだ子どもを生みたくなかった。だがFaが希望したので、生むことに決め、その代わりに子育ての分担を約束した。だから主人は来るべきなんです」と答えた。

次の面接にはL子も一緒に来談し、小学校5、6年のとき、ほとんど毎夕、往復1時間をかけて、妹を保育園に迎えに行っていたことが話題になった。同性のグループを体験する時期に、放課後に友だちと過ごす時間がまったくなく、それがL子の集団になじみにくい傾向を助長したと思われた。

Moは「同僚から『そこまで子どもを犠牲にして働かなくても』と言われた。だが子として、家の手伝いは当然するべきこと」と話し、負担が過重だったとは考えてもいない様子だった。L子も横で「他にすることもなかったし」とつぶやいた。

筆者は「べし」がMoを支えてきたのだろうと思い、Moの「べし」文化を否定しないように気をつけながら、話を聞き続けた。

だが初回面接から数ヵ月が過ぎたある日、〈『べし』よりも、したいの『たい』が能力を引き出す。L子は好きなデザイン画から、道が開けると思う〉と話す機会があった。Moははっとした表情で、「今、頭の後ろまで視野が広がったような気がした」と答えた。

そしてMo自身も親から厳しくしつけられたこと、Moはそれに反抗していたので、「私は悪い子」と思ってきたことが話された。筆者が〈L子たちを悪い子にしたくなくて、『べし』を言い続けてきた？〉と返すと、同席していたL子がポツリと「言いたいことを言うと『叱られる』ではな

くて、『捨てられる』不安がある」と言葉をはさんだ。Moは「えっ、そうだったの？」と言ったまま、L子の横顔を見つめていた。

　数週間後の面接で、Moから「仕事をやめた」と聞いた。「いざとなれば、Faに頼ればいいんだと思えてきた。しばらく子どもたちとゆっくり過ごします」ということだった。その後、Moがひとりで来談することが増え、辛抱が続いた自身の人生の歴史が語られるようになった。

　担任によれば、「Moが話しやすい人になった」ということだった。Moは「Faが付き合いやすい人になった」と言い、以前はほとんど無言だった食事の時間に、団らんの雰囲気が出てきた様子が語られた。

その後　　L子は成績を伸ばして、私立高校に合格した。Moは「バス通学は楽しいと思う」とL子に言い、自身が高校に通学していた頃の思い出話をした。L子に〈通学できそう？〉と問うと、「行くことにしたのだから、行きます」と相変わらずの口調だったが、表情は悪くなかった。中学ではまったく教室に入らないままで、卒業式の出席も拒否したが、高校には登校を続けており、バス代を倹約して、徒歩通学を続けている。高2に進級すると、数人だが同級に仲良しができて、「学校に通うのが楽しい」と言うようになった。欠席もない。

解　説　　虐待で告発された親が、「これはしつけ」と言うとき、あながちそれを「言い逃れ」と決めつけることはできないのかもしれない。「自分は悪い子だった。わが子を自分のようにしたくない」という自己否定感が基盤にあるしつけは、必ず程よさを欠く。子どもを守ってやると同時に、親の自己肯定感を育てる方策も取られなくてはならない。

　L子のMoは自己肯定感を得にくい環境で育ってきていた。だが過去を話し続けるうちに、耐えてきた自分に気づき、辛抱できた自己を再評価した。それが家族全体の構造に変化をもたらした。

　L子にはもしかしたら軽度の発達障害があったのかもしれないが、健康な発達と同様に、障害のある発達も、環境の要因に左右される割合が高いのだろう。卒業後、ときどき中学に顔を出して、部活の顧問と雑談をするようになった。その様子を聞くと、対人関係能力がずいぶんと向上しているようである。

コメント 「べし」の基盤には、正誤の論理がある。そして「正しい」「誤り」の判定は、結果がフィードバックされて、有効性が確認されると定まる。いったん、定まると、それは価値規範となり、人の行動選択を規制するようになる。受け入れている価値規範の量の多い人は、「頭の硬い人」となる。結果をフィードバックして、有効性を確かめるという正誤判定の原点に戻る作業をしばしば行う人は「頭の柔らかい人」となる。心理療法は多かれ少なかれ原点回帰の作用をもつので、こころの規制緩和であり、革命であり、破壊である。心理療法こそ、たえまなく結果をフィードバックしながら進められる「べき」である。パラドックスが生じ、それが意識化されると、こころは柔らかになる。（神田橋）

model 034
「言えない」歴史を持つMoとFaの間の溝に働きかけた不登校児童のMo面接

　　　　　対象の児童　小5男子O男
　　　　　相　談　者　Mo　Fa　担任

経過の概要と対処　O男は小4までは休むことなく登校していたが、小5のGW明けから、決まって月曜に休むようになった。さらに休みが増えてきたので、担任に付き添われて、Moが来談した。

Moは欠席よりも、O男がすぐに「むかつく」という言葉を使うことのほうが気になる様子で、「常に不満があって、イライラしている。小さいときから反抗的」と話した。担任も「『何々をしなさい』と言っても、しようとせず、逆をすることも多い」と言い、「ませている部分と幼い部分があって、アンバランスなことも気になる」と話した。

欠席する朝は、Moは起こしたときにすぐ「今日は休む」とわかる。「体がきつい、だるい」とゴロゴロして、Moがなだめても、すかしても聞かない。それでもMoはぎりぎりまで待って、登校する気になったら、車で送っていくということだった。

Moの対応だけでは限界があるように感じたので、〈Faはどう対応？〉と問うてみると、「単身赴任中です」の一言だけが返ってきた。

O男の一家は8年前に自宅を新築した。ところが間もなく、Faが転勤になり、以来ずっと単身赴任が続いている。流通関係の会社に勤めるFaは月曜に休みが取れるので、MoはO男が登校をしぶる月曜の朝は自宅に戻っていてほしいと思うが、Faは「マンションの掃除」「接待ゴルフ」などと帰ってこない。月曜の夕方になると帰ってくるが、O男と関わろうとしない。関わっても、抑えつけるような言い方なので、O男は「うざい」と言い返す。するとFaはそのまま黙ってしまうので、会話にならない。

〈休むようになる前のGWに何かあった？〉と問うと、久しぶりに家族3人で旅行に行き、トランプやウノをして、O男は「今まで生きてきた中でいちばん幸せ」と、はしゃいでいたということだった。日常の様子とのギャップが感じられて、Moに問うてみたが、Moは「そうですね」と答えたのみだった。

〈両親のどちらかが、子どもの頃に反抗的だった？〉と聞くと、Moは「Faのことはわかりません」と答え、自身については「小学生のときに両親が離婚して、母親は私を引き取ろうとしたが、父親が認めなかったので、親戚に預けられた」と話した。Moははっきりとは言わなかったが、反抗など、思いもよらない子ども時代を過ごした様子だった。

その後、父親が再婚したのを機会に、Moも一緒に暮らすことになったが、Moは「後妻に来た人は何でもきちんとやってくれたが、気持ちを受け止めてもらったと感じたことは一度もない」と言い、今もMoと継母の間にしっくりしないものがあることが話された。

生母については「思い出はない。家を出ていった後ろ姿だけを覚えている」ということで、ずっと音信不通だった生母が、O男を生んだときに、電話をしてきたこと、だがMoは「私のお母さんは継母だけ」と言って、電話に出なかったこと、その後、偶然、再会したことが話された。Moはうっすらと涙をにじませはしたが、感情をあらわにすることはなかった。

2回目の面接にはMoだけがやってきた。「担任には話してないが、ちょっと困ったことが起きて」と、O男がFaの財布から3万円を抜いたことが話された。Faが単身赴任先に戻る途中、Moに「お金がなくなっている」と電話をしてきた。Moはその朝のO男の行動が気になり、部屋に入

ってみると、開いたままの机の引き出しに、「見つけてください、と言わんばかりに」2万円がむき出しで置いてあった。

　MoがO男を問いただすと、「Faにむかついたから盗った」と答え、1万円はゲームのカードを大量に買い込んでいた。O男が「Faに知られたら、僕は家にいられない」と泣いたので、Moは「Faには、Moが借りていたことにしよう」と答え、事実はFaに隠されたままとなった。

　筆者には、MoとFaの間にある溝が、O男の行動に影響しているように感じられた。そこで〈Moの寂しさが、O男のイライラと重なっていない？〉と問うてみると、Moは少し考えて、「私の甘えられなさが、O男の甘えられなさと似ている」と答えた。

　Moは親戚の家に預けられたとき、「なぜ父親は自分で育てる気もないのに、私を引き取ったのだろう」と思いはしたが、口に出して言うことはなかった。筆者は〈その言えない歴史が、Faとの間でも繰り返されているように感じる〉と返した。

　次の面接で、Moから「車で2時間ほどのFaの単身赴任先を訪ねたことが、まったくない」という話がされたので、筆者は〈一度は訪ねてみるといいのでは〉と勧めた。すると数週間後、MoはFaのマンションを訪ねた。

　だが、予告していたにもかかわらず、Faは不在で、携帯に電話をすると、待ち合わせ場所を指定された。出向くと、Faはマンションの鍵を渡し、そのまま部下を連れて飲みに行ってしまった。Moは翌日、2台の車で自宅に戻りながら、「何しに来たんだろう」という思いに、涙が止まらなくなった。結婚して初めての大泣きだったが、Faは気づいていないのか、何も言わなかった。

　その話を聞きながら、筆者は、Moの感情がこれまでになく動き出しているように感じた。だが現実の関係にその受け皿はない様子だったので、Moを支えることがO男のサポートにもなると考え、Moの「言えなさ」をテーマに話し合っていくことをMoに提案し、カウンセリングの仕切り直しをした。

　半年後、Faは単身赴任生活を終えることになった。だがすでにMoの気持ちは冷え切っており、家庭内別居に近い状態に直面して、Faはようやく事態の深刻さに気づいた様子だった。〈Faも来談を〉と誘うと、Moは、仲介役を引き受けはしたが、一緒に来談することは拒否した。Faは、Mo

とは別の時間帯に来談するようになり、筆者はMoの思いやO男への関わり方について、具体的な助言をするコンサルテーションのような、Faのこころをテーマに話し合うカウンセリングのような面接を続けた。

無口なFaから、Fa自身の思いが語られることは少なかったが、O男を学校に送っていくなど、関わる努力を見せはじめ、O男も登校する日が増えてきた。だが校門近くにO男を置き去りにしたまま帰宅してしまうなど、いまひとつ、わが子との関わり方がわからない様子だった。

その後 O男は保健室登校をするようになったが、翌年、筆者が配置換えになった後、また休みはじめた。後任のスクールカウンセラーが熱心にO男に働きかけて、登校する時期もあったが、続かなかった。数年後、Moから「不登校生徒を受け入れている高校に進学し、どうにか通学している」と連絡があったが、夫婦仲については聞きそびれた。

解説 人は誰でも、親になる準備が整って親になるわけではない。モデルとなる親に恵まれたり、配偶者の思いやりに恵まれたりしながら、次第に親になっていく。Faの生育歴を詳しく聞く機会はないままだったが、おそらくFaも親のモデルに恵まれていなかった。

O男の不登校や盗みによって、Moは自身の甘えられなさとともに、Faとの間にある溝にも気づいていった。O男と一緒にFa、Moも成長して、家族が出来上がっていきつつあるのだろうと思う。

コメント すべての行動には、洗練という成長過程がある。稚拙で大仰なものが、複雑で密やかなものへと変化してゆく流れである。流されてきた成長過程は層構造として残存しており、危機状況での退行現象として、深い層が露出してくる。想い出を語る作業は、しばしば退行のシミュレーションである。この家庭は、「甘え」という欲求に関して危機状況にあり、FaもMoもO男もそれぞれが甘え行動の歴史を退行していると想定して、観察すると、各人の成長過程（歴史）、ことに甘え体験の貧困が透けて見える。（神田橋）

model 035

機能不全の家庭から離れて、施設で生活することで危機を乗り越えた女子生徒

対象の生徒　中３女子Ｐ子
相　談　者　Mo

経過の概要と対処　Ｐ子は中学に入学して間もなくから、かなり欠席が多かった。時折、遅刻して登校してくるが、みょうにはしゃいでいるかと思うと、急に沈み込んで、ぼんやりしている。養護教諭に対しても反抗的かと思うと、抱きついて甘えてきたりするので、「最も気になる生徒のひとり」ということだった。小学校低学年の妹がいたが、妹は低学力ながら登校はできていた。

　Ｐ子の家は建物は立派だが、庭は手入れがまったくされておらず、日中も雨戸が閉まったままということだった。玄関先に食器が置きっぱなしになっていたり、廊下に洗濯物が散乱していたりするそうで、筆者にまず実態を見せるのがいいだろうと、養護教諭が家庭訪問に誘ってくれた。

　養護教諭が玄関の扉を開けて声をかけると、しばらくしてMoが出てきた。昼過ぎだというのに寝起きの顔で、かすかにアルコールのにおいがした。この日も欠席していたＰ子は自室で寝ているということだったが、Moが数回声をかけても、返事はなかった。

　担任や養護教諭が、Moにカウンセリングを再三勧めてくれていた。しかしMoはのらりくらりと返事をかわして、来談する様子はないということだったので、筆者はＰ子の両親が営む小さな衣料品店を訪ねてみることにした。ショッピングセンターの中にある店は、場所がいいのに、あまりはやっている様子はなく、棚の隅にうっすらと埃がたまっていた。数回訪ねてみたが、伸びた白髪頭のFaには世を捨てた人の雰囲気があり、Moは客のいないときには店の奥に敷いた畳の上にだるそうに寝転んでいた。筆者には学校関係者ということで丁寧に応対してくれたが、あまり親しくなれないままに数ヵ月が過ぎた。

　そんなある日、Moが来談を希望してきた。Ｐ子は、昼夜逆転がいよいよひどくなって、完全不登校になっていた。Moによれば、食事は夕食を

家族ととるだけで、近くのコンビニでスナック菓子を買ってきて、夜中に食べている。FaはP子の不登校を心配する様子はなかったが、気が向くと怒鳴りつけて、殴るということだった。

数日前はFaの虫の居所が悪かったらしく、ひどく怒って、夜中だというのに叩き出してしまった。Moは気にはなったが、探しに出ないまま、翌日は隣の家に鍵を預けて店に出た。すると夕方になって、ふらっと帰ってきた。一日、家の裏にある公園にいたそうで、近くの家の庭になっていたビワの実を食べて空腹をしのいでいたと言う。

Moが来談したのは、Faを連れてきて、「SCからガツンと言ってもらおう」と考えたためであった。筆者は〈そんなことはしない〉と返事をしたが、Faの来談は受け入れることを伝えた。そこでMoや担任が働きかけたが、Faに来談の意欲はまったくなかった。

Moから聞く様子から、このままP子を家庭に置いておくのは問題だと思えた。Moも「あの子は育てきれない」と言い、亡母が信仰していた宗教団体の施設に預けるつもりで、近く施設長に会いに行くということだった。

筆者は公的機関のほうが安心だと思ったが、Moの自助努力も尊重したいと考えた。聞くと、亡母も父親が亡くなった後はその施設で暮らしていたそうで、歴史のある宗教団体でもあったので、今後も様子を聞かせてくれることを条件に、〈いい方法かも〉と賛成した。Moは「両親が母親の信仰のことでいつもケンカをしていた。だから私は宗教が大嫌い。それなのにわが子が世話になるなんて」と涙を流した。

間もなくP子は施設に入った。Moは面会に行き、その報告に来た面接で、「あの子が帰りたいだろうと思って」と涙ぐんだ。〈あなたが寂しいのでは？〉と問い返したが、Moは自身の寂しさを強く否定した。面会に行った日はたまたまP子の誕生日で、Faが「パチンコをしてくる」とふらりと出ていったが、実はバースデーケーキを買いに行ったのだった。その話をしたときだけ、Moに笑顔があった。

夏休みに入り、P子は一時帰宅をすることになった。その迎えに行った帰途、家族そろって来談した。P子は施設について「めちゃめちゃ楽しい」と言い、「もうすぐキャンプに行く。それが楽しみ」と語り、Moにもたれかかって腕をからませ、甘えたしぐさを見せた。それを見て、妹もぎこ

ちなくFaにすり寄っていった。

宗教団体なので経費はお布施程度という話だったが、やはり相応の負担を求められて、お金が続かなくなり、P子は間もなく自宅に戻ってきた。施設にいる間は昼夜逆転も解消していたが、戻ってくるとまたもとの生活に戻ってしまった。Moに来談を誘ってみたが、「私の体調がよくない」と断りの連絡があった。担任から聞くところでは、P子はますます両親の手に負えなくなっているらしかった。

家に完全に引きこもった状態になって、家庭に対処能力がないという判断から、P子は児童相談所の一時保護に預けられた。しかしそこも期間に限度があり、「自宅に戻したのでは、元の木阿弥」と判断した校長は、「なんとか預かってくれる養護施設はないか」とあちこちを探し、ようやく適当な施設を見つけ、受け入れの同意を得た。妹はどうにか学校生活ができていることから、様子を見ることになった。P子は施設に入ることを非常にイヤがり、校長も養護教諭も「無理もないこと」と理解しつつ、状況から判断してやむを得ないことであり、養護教諭がP子を説得した。

同じ頃、筆者はたまたま、知り合いの臨床心理士がその施設に勤務していることを知った。問い合わせると「良心的な施設」ということで、その情報を伝えると、Moも教師らも安心した様子だった。P子は養護施設がある校区の中学に転校した。数ヵ月後、養護教諭が施設に訪ねていくと、非常に喜んで、通学も元気に続けているということだった。その後、高校に進学し、高3になると自宅からの通学となったが、無事卒業できた。

P子が施設に行って間もなく、Moが体調を崩して、入院することになった。養護教諭は「P子を引き離したことが遠因ではないか」と責任を感じているようだった。Moが留守中の妹の生活が案じられたが、なんとかFaと乗り切った。Moの体調は相変わらずよくない様子だが、最近は店にも出ているらしい。

その後 高校を卒業後、就職して地元を離れたらしい。

解説 P子と妹が置かれていた環境は、ネグレクト（養育放棄）と呼べなくもない状態だった。だがどのような状況であったとしても、子どもにとって親は親である。他人が、親としての機能不全を責める

ことはできても、親としての存在を否定することはできない。

子は「親の愛情」という幻想から生きる力を得ていく。現実によって、幻想が破壊されやすい状況にある子どもほど、それが支える力は大きい。

関与する他人は、その幻想には手を触れぬように気をつけながら、現実面から、親子それぞれへの可能な支援をしていくのが第一である。心理的アプローチは、幻想が破壊される危機が生じたときに機能できるよう、その準備を整えておくだけでいい。

コメント　数多くの悪条件が重なっているケースでは、善意からのさまざまな援助や試みのどれも挫折する。挫折の連続ゆえ諦めたくなる。しかしこのような悲惨な子どもたちが成人して訪ねてきたときに聞くと、こちらがほとんど忘れている一見些細な援助や言動が、その子を支えていたことが語られる。無論、本人の一方的思いこみかもしれないが、こちらの描いている構図だって勝手な思いこみが多いのだろう。工夫し、脱出口をさがす努力を、諦めず、希望をかけ続けることが成功よりも大切なのだろう。（神田橋）

model 036

不登校によって、軽度知的障害のMoと離婚した
Faの間をつなごうとした男子児童

　　　　　　対象の児童　小5男子Q男
　　　　　　相　談　者　Fa　Mo　担任

経過の概要と対処　Q男の両親は、1年前に離婚した。Faと暮らすことになって隣市の小学校に転校したが、いじめを受けて不登校になり、Q男が「もとの小学校にもどりたい」と言ったので、再転入してMoと同居するようになった。ところが欠席が続き、Moが働いている夜間にゲームセンターで補導されることがあって、心配した担任が筆者に相談してきた。担任は30代の女性教諭で、熱心な指導で定評があった。

Q男は、別れて暮らすFaから、連絡用に携帯電話を買ってもらっていた。担任が「携帯にモーニング・コールをしてあげようか」と言うと「お願いします」と答えたので、担任は毎朝かけてやっていた。メールのやり取りもしており、「似合わない大人びた文章を送ってくる」ということだった。

　ある朝、登校しないので心配していると、Moから「Q男の様子がおかしい。お前が甘やかすからだっ」と乱暴な口調で担任に電話があった。担任がすぐに家庭訪問すると、Moは「学校に行かないなら、Faのところへ帰れっ」と怒鳴っており、Q男は激しく泣きじゃくっていた。担任が来るまで、叩かれてもいたらしい。

　担任によれば「家の中はいつもゴミだらけで、何がどこにあるのかわからない状態」ということだった。食事も買ってきた惣菜などですませているらしく、パックが散乱している。土日はFaのもとで過ごすことになっており、そのときはFaが遊びや食事に連れていってくれるらしく、メールの内容も明るいということだった。

　筆者は〈虐待の可能性もあるので、児童相談所に通報を〉と勧めたが、担任は「Faも関わってくれており、もう少し様子を見たい」と答えた。そこで〈担任の安定した関わりが、Q男のこころを生涯支えることになると思う〉と伝え、家庭訪問とともに、後で読み返すことのできるメールのやり取りを続けるように勧めた。

　冬休みをはさんで1ヵ月後、担任が再び相談してきた。毎朝、Moが「遅刻して登校します」と電話をしてくるが、登校してこないことが多い。そこで自宅まで迎えに行くが、なかなか準備をしようとしないので、たまりかねて叱ることになる。すると後でFaにどのように話すのか、Faから抗議の電話が入るようになったということだった。

　さらにFaは教育委員会に出向いて、「Q男は学校に行こうとしているのに、担任の指導が厳しいので、登校できない」と相談していた。担任にも「Q男の自主性に任せたい」という言葉で、暗に「迎えをやめてほしい」と伝えてきたが、「モーニング・コールは続けて」と求めた。行き違いが生じた関係に、担任は「対応しきれない」と感じたらしく、Faに「SCと会ってみたら」と勧めていた。

　翌週、Faが来談した。生真面目そうな男性で、経理の仕事をしているということだった。Moはしばしばかんしゃくを起こしてQ男を叱り、暴

model 036

不登校によって、軽度知的障害のMoと離婚したFaの間をつなごうとした男子児童

力もある。そのときにはQ男が泣きながら電話をしてくるので、すぐに迎えに行くということだった。転校先で遭ったいじめについても、相手の子どもに会いに行って状況を確認しており、「半端ないじめじゃありませんでした」と表情は穏やかだが、怒りがおさまらない様子で話した。

「不憫」という思いが担任への要求になったと思われたが、〈自主性に任せたままでは、ますます登校できなくなると思う〉という筆者の理解を伝えて、協力を約束するとともに、了解を求めた。Faは納得したようだった。

Faは離婚の理由について、「Moが多額の借金を作ったため」と語った。「離婚前、不登校はまったくなかった」ということだったので、〈不登校はFaとMoをつなごうとするQ男なりの工夫かも〉と返すと、Faも思い当たるらしく、「Q男は『今からMoとファミリーレストランに行くから、Faも来て』と電話をしてくる。3人で食事をするときはうれしそうにして、よく食べる」と答えた。

その後もFaは数回来談したが、ある日、「今日は仕事の都合で行けない。代わりにMoとQ男を行かせる」という電話があった。

やってきたMoはFaより見かけもかなり若く、口調にも幼い雰囲気があった。「Q男と自転車に二人乗りしてきた」と言ったが、超ミニ姿で、入室するなり「暑い」とセーターを脱いだ。

Moは「Q男はFaといるときは笑わない。でも私といるときはいつも笑顔」と言い、Q男のからだに腕を回しながら、「Q男はお母さんだけいればいいんだよねぇ」と言い、Q男もべったりと抱きついたまま、Moの顔を見上げてうなずいた。初対面のカウンセラーの前で、ことさらに仲良し親子を演じているようで、Moに調子を合わせるQ男の姿が痛々しくさえ見えた。Moは離婚の理由について、「Faが車を次々に買い換えるから」と話した。

次の面接もMoとQ男が来談した。Moは自身について、「小学生のときに交通事故に遭って、学校を長く休んだ。長く休んだので特殊学級に入れられた。特殊学級の生徒だからいじめられた」と話した。「Q男も欠席が多いので、同じようになるのではないかと心配」という文脈での話だと理解できたが、おそらくMoに軽度の知的障害があって、特殊学級に入ることになったのだろうと推察した。交通事故の後遺症だったのかもしれない。

FaはQ男のために復縁してもよいと考えていた。筆者も、今は若いの

でMoにも仕事があるが、将来、生活が行き詰まるのは目に見えており、Mo自身のためにも復縁が望ましいと考えた。そこでFaの話題が出たときに、〈もう一度やり直してみるつもりはないの？〉と問うてみたが、「あの人は入れ歯だから嫌いっ」とＱ男の前で強く拒絶したので、それ以上、話題にしなかった。

筆者が〈次の面接はFaと３人で来談する？〉と提案すると、Moはその場では快諾したが、当日、「歯医者に行くので」とキャンセルの連絡をしてきて、Faだけが来談した。

Faはその後も数回、仕事の合間をぬって来談し、筆者は担任との関係調整を主眼に面接を続けた。次第にFaから「担任のおかげで」という言葉が聞かれるようになり、Ｑ男は、保健室で養護教諭と過ごす時間が多いながらも毎日、登校するようになった。Faの仕事が多忙な時期になり、来談が難しくなったこともあって、終結にした。

その後　中学に入学後もFaの家と行き来しながら、夏休みまでは順調に登校していた。だが理由は不明だが、Moが急にFaの介入を拒むようになり、Ｑ男がFaと会うことも禁じた。２学期以降、Ｑ男は家に閉じこもって、完全不登校になった。担任とMoの連絡もつきにくい状況になったので、小学校での面接の概略を話して、担任からFaに連絡を取るように勧めた。Faは担任との協力関係を得て、Ｑ男と会うことができるようになり、Faの働きかけによって、Ｑ男は少しずつ登校するようになった。だが休み続けたことで学力も低下しており、厳しい状況だった。

筆者は翌年、配置換えになった。後日、担任と話す機会があり、「再び完全不登校の状態になっており、家庭訪問しても不在で、連絡がつかない」と聞いた。Faとは連絡が取れるということだったので、担当を離れた筆者が口出しすべきでないのかと迷ったが、〈Moの養育能力の限界を考えると、児童相談所と連携して対応するべきでは〉と助言した。

解説　親であり続けることには、さまざまな我慢や困難が伴う。Moは、母親であり続けようと努力をしていたが、やはり女として生きるほうが容易だったのだろう。

母親として生きるには、近所の主婦どうしや母親どうしの関わりが支え

になるが、それを維持するにも、ある程度の知的能力が必要となる。Moの能力では難しく、親族からも遠く離れていたので、日常の人間関係からのサポートは得がたい状態にあった。

　Q男とMoの親子関係を支えるのは、Faと学校関係者のみで、小学校の担任と養護教諭とFaが、それぞれに母親としての機能を分担していた。スクールカウンセラーとしての筆者にできたのは、担任とFaが諦めないようにサポートすることのみだった。

コメント　ヒトは知的生物である。知的な障害がある人でも、その能力の範囲で事態を因果関係の図式を用いて"理解"しようとする。そうすることで"こころ"の安定が得られるからである。しかし事態を解決するのは行為である。Faなりの事態の理解と行為、Moなりの事態の理解と行為、両者の食い違いという事態をQ男が理解することで、Q男のこころの安定と理解に基づく新しい行為が生じるなら、内省精神療法の純粋形である。（神田橋）

model 037
Faの病気が不適応の一因と理解して、
治療への導入に取り組んだMo面接の過程

　　　　　　　　対象の生徒　中1女子R子
　　　　　　　　相　談　者　Mo　Fa

経過の概要と対処　R子については、入学式から数日たった頃、学年主任と担任からそれぞれに、「こういう生徒がいる」と家庭環境調査票を見せられた。母親と思われる字で、欄外にまでびっしりと、小学校でのいじめの状況と、加害グループの中心になった生徒が同じクラスにいることへの不安が書き綴られていた。文字も文章も美しく整っており、知性が感じられるだけに、「手ごわい」という印象をいずれの教師も持っていた。

　担任と養護教諭によれば、R子は「変わった子」で、明らかに相手がイ

ヤがっているのに、何度も肩をつついたりする。R子なりに理由があるのかもしれないが、よくわからない。何かの作業を始めると、それを終えるまで次に取り掛かれないので、入学直後に行われたキャンプで、R子の班は、全体行動の時間に間に合わせるのが大変だった。成績は中の上で悪くないということだったが、何らかの発達障害も考えられた。

　そこで、教室を見て回るふりをして、R子のクラスの帰りの会に入ってみた。R子の座席は教師の机のすぐ前で、「目の届くところに」という担任の配慮がうかがわれた。カバンにお守りをつけていたので、〈誰が買ってくれたの？〉と聞くと、「お母さん」と答えた。つっけんどんだが、言葉のやり取りはスムーズだった。ただ、体の動きがやや鈍重だった。

　間もなくPTAの成人教育講座で筆者が講師を務める機会があった。Moは筆者の話を聞いて、「何か答えをもらえるのではないかと思った」と、担任を通じて、カウンセリングを申し込んできた。担任も筆者も、てっきりR子の学校適応についての相談だと受け取った。

　やってきたMoは、入室すると「お時間は何時まで？　話したいことがたくさんありますので、それに合わせて」と最初にことわり、社会的場面で鍛えられてきた人の印象があった。

　そしてMoは「R子は家庭内がごたごたしているからか、ずっといじめられてきた。最近はFaへの反発が激しくなり、そのうち大変な事態になりそうな気がする。そうなる前に離婚したほうがいいのかと思う。その判断についてSCに相談したい。ごたごたの原因はFaの飲酒」と要領よく一気に話した。

　Moによれば、Faは幼い頃に父親を亡くして苦労したが、大学を出て、就職し、Moと結婚した。マンションを購入し、幸せな生活をしていたが、「父親のようにかわいがってくれていた人」に借金を背負わされて、自己破産し、マンションも手放すことになった。Faは信頼していた人に裏切られたのに、他人事のように平然としていた。それからはアルバイトのような仕事で食いつなぐ毎日となり、Moも働いているが、生活は非常に苦しい。Faは若い頃から酒好きだったが、最近はかなり酒量が増え、帰宅するときにはすでに酒臭いということだった。

　そして自己破産した頃に、過労も重なって肝臓を悪くしたこと、しばらくは治療を受けていたが、いつの間にか通院をしなくなり、この数年は検

査もしていないことが話された。

　Moも幼い頃に父親を亡くしていた。母親と助け合って生きてきたそうで、〈離婚した場合に、支えてくれそうな人はいる？〉と問うと、「誰もおりません」ということだった。

　筆者はMoから聞くFaの様子から、双極性障害（躁うつ病）の可能性を考え、〈お酒は抗うつ剤の代わりかも。気分安定化薬を服用することで、飲酒をかなり減らせる〉と伝えたが、「夫は私の言うことは聞きません。受診を勧めても無理です」という返事だった。

　相談内容はＲ子の問題ではなかったが、家庭内の状況が安定することが、Ｒ子の適応改善に役立つだろうと判断し、Moの面接継続の希望を受け入れた。

　翌週、どう説得したのか、MoはFaを連れて来談した。顔を見ただけで、アルコールがからだから抜ける間がないほどの飲酒と思われ、健康状態もあまりよくないように見えた。

　Faは躁うつ病の治療には抵抗が強い様子だったので、〈からだにかなりの負担がかかった状態のよう。肝臓の検査を〉と、とりあえずは以前にかかっていた内科医を受診し、肝臓の治療だけでも受けるように勧めた。Faに甘えん坊の雰囲気があったので、Moが段取りをしてやることが、Faを支えるだろう考え、〈Moが病院の予約をしてあげるといいと思う〉と伝えた。Fa任せでは、事態が進展しないことも明らかだった。

　Moは早速、予約を入れたが、Faはのらりくらりと受診を１日のばしにした。その間もいい加減な仕事ぶりで、間もなく解雇された。すると「収入がない。仕方がない」と生活費を入れなくなり、お酒だけはどこからか手に入れて飲んでいた。

　そうこうするうちにFaは買い物に行った先で、「レジが混んでいたから」という理由でお金を払わずに品物を持って店を出て、万引き容疑で逮捕された。筆者は躁状態によるものと考え、早急に治療の場につなぐ必要を感じた。一方で、Ｒ子はMoに「Faを捨てよう」と言うようになり、Moも離婚を真剣に考えはじめた。筆者は〈治療の結果を見てからでも遅くないのでは〉と伝え、神田橋の受診を提案した。

　Moは離婚届を片手に、「これが最後のチャンス」とFaに迫り、受診させた。やはり双極性障害（躁うつ病）の診断で、近くの精神科医に紹介さ

れて、治療を受けることになったが、血液検査の結果、肝臓もかなり悪い状態とわかった。医師から「このままでは数年の命」と宣告されて、Faは治療を少し真剣に考えるようになった。

Faが治療につながって、Moは急激に体調を崩した。一方でR子も学級内での生きづらさをMoに訴えるようになった。Moは「治療をしたところで、Faの性格は変わらない」と離婚の決意は固いようだったが、「R子の言葉が、亡くなった姑の言葉に聞こえる」と言うようになり、とりあえず離婚を思いとどまった。

その後　結局、Faの治療は中断した。Faは躁うつ体質者の特徴である人当たりのよさで、すぐに就職先を見つけるが、体調がかなりよくないこともあって続かない。その日暮らしのような生活をしゃかりきで支えるMoを、R子が家事をして、手伝うようになった。MoはR子が頼りになることに気づき、それとともにR子の学校での適応状態はやや改善し、「またいじめ？」とMoが心配した事態にもうまく対処できた。

解説　Faが治療を受けるようになったとき、Moの緊張が緩んで、やっと体調を悪くすることができたという印象を受けた。Faには父親の死後も親戚からの援助があり、進学もできたが、Moは孤立無援の状態で生きてきた。「誰もあてにできない」という覚悟が、見かけ上のMoの健康さを支えていたのだろう。

Moは睡眠時間も削るような生活だったが、筆者と約束した時間には遅れずにやって来た。Moにとってカウンセリングは、視野を狭めて、ひたすら前へ進むことだけに力を使い切ってしまうような日々の中で、ひととき周囲を見回す時間として機能していたのだろう。

筆者はFaの生き方に緩やかな自殺企図を感じ続けていた。筆者にできたのは、Moを通じて間接的に支えるのみだった。

コメント　強い性格の人は、不幸な状況に対して、耐え続ける。長期にわたると疲れが溜まり、脳までくたびれると、うつ病になる。幸い、不幸な状況に解決のきざしが現れると、積年の疲れが心身症として噴出する。弱い性格の人は、不幸な状況に対して、感情反応を

するのでわかりやすい。しかし不幸な状況があまりに強烈であると、仮死反射のようなものを起こし、人生を投げてしまう。投げてしまった人は、一見したところ、平然と見える。ところが状況を乗り越える見込みが出ると、感情反応が噴出する。これは改善の徴である。Moに続いてR子にも、心身症や感情の噴出が起こると期待してよい。（神田橋）

model 038

心の内にも外にも居場所を得られなかった少年の
教師面接と家族面接の過程

対象の児童　小５男子S男
相　談　者　担任　Mo　継父

経過の概要と対処　　S男は半年ほど前に県外から転入してきたが、当初から教師の注意を引く子どもだった。転入したその日から、担任になれなれしく話しかけてくる。同級生にも、状況にかまわずちょっかいをかけ、相手にしてくれるまで付きまとう。そのために転入早々から、次々とトラブルが起きた。全校朝会の場で、１分もじっとしていることができないが、教室でも常に動き回り、動いていないときには、よだれをたらして寝てしまう。

動き回るが、行動をコントロールできる場面もあって、ADHD（注意欠陥・多動性障害）という雰囲気ではない。学業成績も悪くないが、宿題をしてこないので、いつも担任から注意を受けることになる。根気はないが、勘のいいところがあって、パソコンの授業では少し習っただけで、マウスを使いこなしてどんどん進んでいった。

担任はMoにカウンセリングを勧めてみたが、Moがひどく動揺して、受け入れなかったので、担任が「私だけでも」と来談を希望した。事前に担任から筆者に手紙が届いており、それには「集中力がないと言うか、気力のようなものがない」と書かれていた。はっきりと言い切れない言葉に、教師の戸惑いが感じられた。

手紙に「母親と連絡を取っても、思いがうまく通じない」とも書いてあったので、来談した担任に問うと、「転入してしばらくは、Moは連絡帳に頻繁に手紙を書いてきた。だが数ヵ月もすると言葉の端々に冷たい感じが漂うようになった。個人面談の時間をとって、『会ってお話ししたい』と連絡したが、『担任とは夫と一緒に話したい。だが夫が多忙なので行けない』と返事をしてきた」ということだった。

MoはS男を連れて再婚しており、新しい夫との間に2歳になる弟が生まれていた。担任によれば、「継父は見るからに、いいお父さんという雰囲気」で、S男も「お父さん大好き」と言い、「PTAのレクリエーション活動に継父が参加したときにはじゃれついて、いかにも仲のよい親子という感じ」だった。しかしS男が最近、「もし僕が先生の子どもになったら、どうする？」と聞いてくることがあり、担任は気にかかっていた。

またS男は前の小学校の自慢話をすることが多く、クラスの反感を買っていた。担任はたまたまS男が転入前にいた小学校とつながりがあり、そこでは転出前に、新しい家の自慢話をしきりにして、同級生から「早く出ていけ」と言われることもあったという情報を得ていた。また女子と遊ぶことが多く、男子のグループになじめないでいることも心配の一つだった。

筆者には、S男の居場所がない思いが状況を動かしているように感じられた。「活動的な子ども」と捉えていた担任には筆者の理解が意外なようだったが、思い当たるところもあったらしく、「もう一度、保護者をカウンセリングに誘ってみます」と言って、帰って行った。

翌週、S男の一家が来談した。ブランド物の愛らしい服装の弟が筆者の正面にさっと座り、テーブルの下にあった色鉛筆とスケッチブックを見つけるなり、取り出して絵を描きはじめた。筆者の許しも得ないままだったが、両親には制止する気配もなかったので、〈家では弟が中心？〉と問うと、そろって笑顔でうなずいた。

S男は弟を見守るようにして、脇に座っていた。筆者がもう一組の色鉛筆とスケッチブックを用意してやると、すぐにマンガのキャラクターらしきものを描きはじめて、「これは僕が考えたの」と言ったので、〈面白い〉と評価すると、次々といろんな絵を描きはじめた。その豊かさに筆者は驚き、〈すごいね〉と声をかけたが、両親からの言葉はなかった。

筆者がS男と両親にいくつかの質問をしていると、弟は自分が主役でな

第4章 家族の要因

いと察知したらしく、ぐずりはじめた。S男がすぐに気づいて、弟に「お外に行く？」と声をかけた。弟は両親の顔を誘うように見上げたが、どちらも立ち上がらないと見ると、ひとりでさっさと部屋から出ていき、S男がすぐに立ち上がって、追いかけていった。

S男の気配りの様子に慣れた雰囲気があったので、〈周囲の期待がよく感じ取れる子〉と言うと、Moは違う意味に取ったらしく、即座に「あの子に期待なんかしてません」と答えた。続けて「とにかく勉強してほしい」と言い、S男のだらしなさについて、次々と例を挙げて話した。Moが厳しい口調で話す間、継父は終始、穏やかな表情を浮かべながら聞いていた。そこで筆者が〈お父さんはどう思われる？〉と問うと、「男らしくない。どうして外で遊べないのかと思う」とだけ述べた。

MoとS男の顔立ちはあまり似ておらず、S男は実父似だと推測できた。成長するS男の姿が、Moには前夫の面影と重なるだろうし、それが、新しい夫との生活に望みを託したいMoの、女としての思いと葛藤するだろうことは容易に想像された。その葛藤を受けて、S男の男性性は発露の場を失っているのではないかという連想が湧いた。

筆者がMoとS男の人生を重ね合わせながら、〈人はそれぞれに与えられた場で、そのときそのときを良かれと思って生きていくもの。結果を誰も責めることはできない〉と言うと、こわばっていたMoの表情が一瞬、和らいだ。

事前に担任から、「両親は『仕事が忙しいので、来談は1回だけにしたい』と言っている」と連絡されていたが、面接の最後に筆者から誘うと、2回目の来談を承諾した。

次の面接に、Moと継父はふたりだけでやって来た。継父は「私たちはあの子の表面だけしか見てなかった気がします」と言ったが、その言葉が筆者には表面的なもののように聞こえた。一方、Moはうつむいたまま、「あの子の荷物をリュックにつめて、『出ていきなさい』と押し付けたことがあります」と話した。

筆者にはS男の居場所のなさが、両親それぞれのS男との関係に応じた重さで受け止められているように感じた。S男の寄る辺なさは、血のつながりのあるMoにはより切実で、肉迫するものだっただろう。

そして、Moと継父のそれぞれが抱える人生の歴史に応じた深さで、S

男の気持ちを受け止めた思いが表出されている印象があった。おそらくFaには、S男と共通する居場所のない、幼い頃の歴史があって、それゆえにS男の心的状況に直面できず、表面的な表出に止まっているように、筆者には感じられた。向き合えば、Faの心を深くえぐるだろう過去を回避しようとする匂いが、Faの口調にはあった。

　両親に継続して来談するつもりはなく、筆者もカウンセリングを性急に進めないほうがいいように感じたので、〈またいつでも〉と告げて別れた。

　後日、担任に筆者が感じた印象を伝えた。子どもを持つ担任には、S男の置かれた状況と、寄る辺なさが理解できたようだった。その後も折々に担任から報告があったが、「最近は男子と遊ぶことも多くなった」と聞いた矢先に、エアガンで女子児童にケガをさせる出来事があった。担任は「継父も仕事を休んで一緒に謝りに行ってくれました」と伝えてきたが、それから間もなく「継父の仕事の都合」という理由で突然、転校していった。

その後　すでに数年が経過して、S男と担任の連絡は途絶えており、S男のその後を知ることはできない。

解説　MoのS男を拒絶する言葉に、筆者はその言葉にさらされるS男のつらさを思いつつも、端々にのぞく血を分けた親子のつながりに由来する関係の確かさを感じていた。一方で、継父の「見るからにいいお父さん」という振る舞いや穏やかな表情は、Faが抱える歴史の重さと孤独を、より強く感じさせた。

　過去への思いは、さまざまな葛藤とともに受け止められて、熟成されていく。未だ熟成されない思いは、そのテーマについての迷いや葛藤を保持できず、白か黒か、0か100かの二分法に陥る。両親の、未だ過去を受け止めきれない思いが切り分けられて、S男には切り捨てとして、弟には過剰な受け入れとして、それぞれに向けられていたと考えると、弟に課せられた、いびつな愛情の苛酷さが思いやられる。S男と同様に、弟の人生の今後の展開も気がかりである。

　男子と遊べるようになって、女子をエアガンでケガさせたことに、S男の男性性の暴発を感じた。思春期を無事に経過しただろうか。

コメント 現代社会は言語優位文化である。問題解決にもまず言葉を使うのが正しい道とされている。しかし動物であるヒトにとって、問題解決の本道は行為である。特異な行為の目立つ子どもを見たときは、①解決志向の強い、つまり積極性の高い資質、②言葉より行動優位の資質、③解決を迫られている問題自体が言葉になじみにくい気分、状況に関連している、④言葉が通じにくい環境、などを想定することが役立つ。(神田橋)

model 039

関係ができかけた矢先の離婚で終結になった、
虐待が疑われた継母の面接過程

対象の児童　小2男子T男
相　談　者　継母

経過の概要と対処　　T男の両親は、数年前に別居した。T男はFaになつかない子だったので、Moに引き取られた。だが、いよいよ離婚となったとき、「次はいつ会えるの？」と聞かれて、Faは急にT男が手放せなくなり、Faとともに、Faの実家で暮らすことになった。その後、Faは継母と再婚し、T男も一緒に生活することになった。

継母は初婚で、まだ20歳代前半の若さだった。担任によれば、T男が小学校に上がると、ひらがなを徹底的に練習させるなど、かなり熱心に子育てをしていた。間もなく、妹が誕生した。

それから数ヵ月が過ぎた頃、Faの母親が「嫁には内緒で」と学校にやって来た。担任が不在だったので、代わりに校長が会うと、「嫁が継子のT男に厳しい。T男は食事がとれなくなって、痩せてきた。頭にいくつか円形脱毛もできている」と話していった。すると数日後、PTAの行事で学校に来た継母の母親も担任に面会を求め、「娘はT男の本当の母親になろうと必死に努力している」と涙を浮かべて訴えていった。

2年生になって間もなく、T男が顔を腫らして登校してきた。担任は、保健室で処置を受けさせながら事情を聞いたが、T男はなかなか話そうと

しなかった。そこで別室に連れていき、ふたりだけになって「何を話しても大丈夫」と励ましながら、時間をかけて問うと、継母に叩かれたことを話した。叩かれた理由までは聞けなかった。

2ヵ月後、また顔を腫らして登校したので、担任がFaに連絡を取ると、Faは継母の暴力を否定した。だが翌日、継母から担任に「Faの実家にいた間、T男は甘やかされるばかりだった。最低限のことはできるようになってほしいと思って、しつけをするが、うまくいかない。焦ってつい、手をあげてしまう」という内容の長い手紙が届いた。

その後も不自然な火傷をしていたり、近所の人が学校に「T男が虐待されている」と連絡してきたりすることがあった。顔にいくつもの傷をつけて登校した日、「見過ごせない」と判断した校長が、事情を聞くために継母を呼ぶと、継母の母親も一緒にやってきた。

継母の母親は呼び出されたことを不快に感じている様子で、「娘はきちんとやっていますから、任せてください」と反論を許さない口調で話した。校長は、筆者への相談を勧めたが、継母らは「カウンセリングが必要なのはT男のほう。私たちの教育方針は間違ってない」と主張し、聞く耳を持たなかった。担任らは困惑し、筆者に相談の電話があった。

そこで〈『遊戯面接のできる相談機関もある。必要なら紹介するので、よかったら事情をお聞きしたい』と担任から継母に伝えて〉と答えて、来談を誘ってもらった。継母はすぐに来談を承諾したが、約束の日、「赤ん坊が熱を出した」とキャンセルしてきた。電話で次の約束をしたが、それも無断でキャンセルされたので、その日の夕方、自宅に電話をしてみると、継母が出た。「赤ん坊が熱を出して数日間、仕事を休んだので、今日はどうしても出勤しなくてはならなかった」ということだった。

筆者は少し話を聞き、そのうえで、〈継母は誤解されやすい立場だと思うので、教師を介してではなく、直接お話を聞きたいと思っている。赤ちゃんと、よろしかったらFaも一緒にどうぞ〉と言うと、安心した様子で、次週の来談を約束した。

約束の日、筆者はたまたま小学校の保健室で、仲よしの同級生とケンカして、顔に傷をつけられたT男と出会った。話しかけるときちんと答えるが、表情がまったくなかった。

数時間後、継母がひとりで来談した。Faは職場にMoを迎えに来て、相

談室の前まで一緒に来たそうだが、「状況に耐えられそうもない」と赤ん坊と帰ってしまったということだった。継母は筆者の質問に的確に答え、動作にもてきぱきした雰囲気があった。職場でも責任ある仕事を任されているようで、「上司の男性社員をこき使ってます」と笑った。

継母は「T男は甘やかされてきて、『のどが渇いた』と言えば、ジュースが出てくると思っている。『ジュースが欲しい』とはっきり言える子になってほしい」と話した。筆者は〈もっとも〉と同意しながら、一方で、間接的表現で継母の反応を手探りしているのだろうT男の心情も思い、その理解を継母に伝えた。直截な言語表現が豊かな家庭で育った継母には理解しがたいところもある様子だったが、筆者の言わんとすることをわかろうとしているようでもあった。

継母は生活の状況についても話したが、Faの収入はふたりの子どもを育てるのに十分ではなく、継母がフルタイムの仕事をして家計を支えていた。まだ若い継母が、なさぬ仲のT男と赤ん坊を育てながら働くのは、かなりの負担だろうと思われた。その努力を認めながら傾聴するうちに、継母は安心したらしく、継続して来談することを約束した。

二度目の面接では、継母とFaの母親との折り合いの悪さが語られた。三度目の面接では、T男が周囲を振り回す様が語られたが、継母の内にある思いが映しこまれた判断であるように、筆者は感じた。だが、それを話し合う段階にはまだ達していないと思ったので、言葉にはしなかった。継母はT男を受け入れきれないようではあったが、ケガをさせるほどの体罰をすることはなくなっていた。

筆者との関係もできてきて、これからと思われた四度目の面接に、継母は来談しなかった。自宅に電話をすると、Faが出て「別居した」ということだった。突然のことに驚いて、連絡先を問うと、Faは継母の携帯電話の番号を教えてくれた。すぐにかけると継母は、「離婚した。SCに相談してからと思ったけど」と口ごもり、「今後について、相談したい」と来談を希望した。

来談した継母は、離婚に至った経緯を話し、今後も自身の問題を筆者に相談したい様子で、筆者にも受け入れたい気持ちが起きた。だがスクールカウンセリングの延長として続けるのが妥当なのかという疑問も同時に起きて、筆者は迷った。離婚の経緯から考えて、今後もMoとの相談関係を

続けた場合、Faとの連絡に支障が生じる不安もあった。

T男を中心に考えると、離婚によって、継母はT男の保護者ではなくなったという外的条件を理由に、ここでいったん終結しておくほうが、Mo自身の相談に関してもベターだと判断した。そこで〈終結せざるを得ない〉と継母に告げ、同意を得たので、継母の相談を受けてくれそうな相談機関を紹介して別れた。

その後は担任から様子を聞きながら見守ってきたが、T男はFaとふたりでどうにか生活している様子である。

その後　1年ぶりに小学校でT男に会う機会があった。筆者を覚えているらしく、そっと寄ってきて、手を握ると、小声で歌を歌いながら、運動場の隅の鉄棒まで連れていき、逆上がりを見せてくれた。現在の生活の様子が気がかりだったが、結局、何も聞かないまま、次の授業の時間が来たので、また手をつないで、一緒に歌いながら昇降口まで戻った。

後で担任に聞いたところでは、継母のことは何も言わないが、時々「妹に会いたい」と言うそうである。継母と暮らしていた頃は友だちに攻撃的になることがあったが、今は穏やかということであった。

解説　Faの母親が校長に話したことと、継母の母親が担任に話したことは、同じ事柄を別の言葉で表現したに過ぎない。子育てのさじ加減は難しい。甘すぎても、辛すぎても損なう。多くの母親は、子どもを育てながら、自身も成長して、その加減を体得していく。だが実の親でも、なかなかうまくいかないことは本書の他のモデルの多くに示されている。

うまくいかないときに、実の親子であれば、資質が共通する部分が大きいので、親自身の体験が参考資料となる。だが、なさぬ仲の親は、知恵と技術で乗り切るしかない。結婚前に子守りの体験を持つ人はほとんどいなくなった。幼い子どもがいながら離婚する夫婦が増えている状況を考えると、子連れの相手と結婚する人のための、教育プログラムとサポートシステムが必要な時代になっているのかもしれない。

コメント　このようなゴチャゴチャした状況では、家族成員の誰が語ること

も、それなりの立場・心情からの理があることが多い。そして誰も意図的に、あるいは非意図的に、さまざまの心情を隠してしまっており、それが家族のディスコミュニケーションを増大させ続ける。関係者全員を集めて行う集団療法の技術が開発されれば、この領域ですばらしい成果をあげるはずだと思うのだが……。そして子どものこころのうちは、スクールカウンセラーを含めた周りの大人たちが想像するより、はるかに複雑なのである。ことに不幸な環境ではそうである。幼い日の自分自身を思い返してみるといい。(神田橋)

model 040
両親それぞれの思いを背景にした
"愛情"が重荷だったらしい不登校男子生徒

　　　　　対象の生徒　中1男子U男
　　　　　相　談　者　Mo

経過の概要と対処　U男については、小学校の養護教諭から中学の養護教諭に「アレルギー体質なので、ケガをしても、養護教諭の判断で手当てをしないこと。必ず家庭に連絡をとり、Moの判断に従って、対応すること」という厳重な申し送りがされていた。Moから小学校に、強く申し入れがあったということだった。

　だが保健上で特に問題になることもないままに、半年が過ぎた。養護教諭は体育会の練習の間、ケガを心配したが、それも無事に終わって間もなく、U男の名前が生徒指導委員会であがった。教室の鉛筆削り器のコードをはさみで切って、軽いやけどを負ったということだった。

　担任が「どうしてそんなことを？」と聞くと、U男は「コードがあったから」と答えた。挑発的にも取れる言葉だったが、U男には反抗する雰囲気もなければ、反省する様子もなく、居合わせた教師が唖然とする中で、養護教諭だけが仕事先のMoへの連絡に追われた。

　この頃から、少しずつ欠席が増え、間もなくまったく登校しなくなった。

そこで担任が勧めて、Moが来談することになった。

　やってきたMoはいかにもキャリアウーマンという雰囲気で、おしゃれなスーツを着こなし、赤い口紅が印象的だった。仕事内容を聞かなかったが、営業職を長く続けてきた人のように感じた。中学生の母親にしては年齢が高いように見えたが、家族構成を聞くと、Faより5歳年上だった。

　今回の不登校についてMoは、「コードを切ったとき、家庭訪問してきた担任が話したことがきっかけだった」と話した。担任は「U男が同級の女子生徒に冗談半分でからだの欠点を言った。それが原因で、その女子生徒が数日、欠席することがあった」と話し、「U男が謝って、その問題は解決した。女子生徒も登校している」と言ったのだが、その話を聞いたFaは激怒し、U男をかなりきつく叱り、その翌日から、U男は休むようになった。Moは「FaはU男に常々『男は女のイヤがることを言ったり、したりしてはいけない』と言い聞かせていたので、なおさら許せなかったのだろう」と話した。

　Moの話す内容にどこか釈然としなかった筆者は、〈Faはどんな方？〉と問うた。Moは「学生時代はバレー選手で、今もジュニアバレーチームのコーチをしている。U男には将来、オリンピックに出るような選手になってほしいという夢を持っており、小さい頃から自身がコーチをしているチームとは別のチームに入れて、鍛えてきた」と答えた。

　U男が練習を終えて帰宅するのは、毎夜9時過ぎになるそうで、Moは「それから勉強させるのもかわいそうなので、うるさく言わないようにしている」が、Faは「Moが甘やかす」と怒り、夫婦で口論になるということだった。さらに、「U男はアニメを見るのが好きだが、Faはレンタルビデオも借りさせない。たまには息抜きも必要だと思うので、私が借りてきて、一緒に見るようにしている」とも話した。

　また「FaにとってU男は男の仲間だが、私にとっては赤ちゃんのよう。今も一緒にお風呂に入る」と話したが、筆者にはMoがU男を過剰に支配しているように感じられた。Moは「最初の子どもを生後間もなく亡くしたので、U男の健康が心配で仕方がない」と言い、養護教諭への厳重な申し送りもそのためと理解できた。

　話を聞くうちにMoは、「Faは世間知らず。U男を叱るときも、周りを不愉快にさせるような叱り方をする」と話しはじめ、どうやらFaとMo

関係はあまりうまくいっていないらしいことが明らかになってきた。そして「Faのやり方に、目に余ることが続くと、呼んで、正座をさせて、説教する」とも話し、〈そのときU男は？〉と問うと、「横で見てますよ」と答えた。

「U男は私が家を出ると思っているらしく、いつも後をついてくる」とMoは言い、筆者が〈両親の関係がU男の不登校にも影響しているだろう〉と返すと、Moは「私にとってU男がすべて。不登校になって、仕事も手につかない」と強く訴えた。

次の面接を、Moは「仕事の都合がつくだろうか」と言いながら、予約していったが、無断でキャンセルとなった。そこでMoが帰宅する時間を見計らって自宅に電話をしてみたが、筆者の個人名を名乗ると、いきなり「うちは結構です」と切られた。かけ直して、中学名を先に言うと、「セールスの電話と間違えた」と言い、次の約束を決めたが、口ぶりにおざなりな雰囲気があった。それもキャンセルとなり、電話も通じなくなった。

その間、U男はときどき登校するようになっていたが、「熱っぽい」と言って、保健室にやってくることが度々あった。熱はなく、ベッドでしばらく休んでいくだけで、養護教諭から話しかけない限り、特に話もしないが、それ以外の日も保健室にふらっとやって来ることがあった。間もなく筆者は、担任から「U男の両親が離婚した」と聞いた。

U男はFaとともに、Faの実家で暮らすことになった。学校からは遠くなったが、その後順調に登校するようになり、体調を崩すこともなくなった。3年になってからも無遅刻無欠席を通し、卒業の時期を迎えた。

その後 Faの希望で、バレーの名門高校を受験することになった。Faはいくつかの高校を候補に挙げたが、U男は「近いとFaがすぐに来るから」と、いちばん遠い高校を選んで受験した。合格通知が中学に届いた日、U男は結果を聞かないまま下校してしまった。

中3になった頃からドラム演奏に熱中しており、「ミュージシャンになりたい。入試に落ちたら、東京に行って、バイトで暮らす。本当はそっちが希望だから、高校はどうでもいい」と養護教諭に話していた。

養護教諭が「不登校の本当の理由は何だったの？」と問うたことがあった。「Faのバレーチームのメンバーからいじめに遭っていたから」と、他

人事のような口調で答えたということである。

解説　Moの話を聞きながら、筆者はいま一つ共感できないでいた。後の経過から振り返って、筆者がMoに会ったとき、おそらく離婚話はかなり煮詰まっており、交渉の段階に達していた。世間知に長けたMoは、離婚交渉の駆け引きにおいてどこまで手の内を明かしたものかと考えていただろうし、カウンセラーであれ、学校関係者のひとりである筆者に対しても、どこまで話したものかと瀬踏みしながらのカウンセリングだったので、筆者に共感しきれない不可解さが残ったのだろう。

　両親の離婚は子どもにとって、身を二つに切られるような体験である。縁を切る、切らないの渦中に置かれながら、決定権を持たないU男にとって、たまたま目の前にあったコードを切る行為は代償の意味があったと理解できる。その瞬間のU男のからだに流れた電流は、生身の実感を伴うものだったと想像する。

コメント　過保護・過干渉と、心理的ネグレクトとのいずれが子どもの成長にとってより有害であるかとの問いへの答えのヒントが、このモデルにある。Faの愛情も、Moの愛情も、U男の気持ちを思いやることを欠いた自己中心的な性質をもっている点で、U男の側からは心理的ネグレクトである。

　だがU男の問題の焦点は、そこにはない。そうした両親に対し、U男がアンビバレンスを示していないように見える点にある。U男の特徴は奇妙な冷ややかさである。これが両親の自己中心的愛情への対処法として身につけたものなのか、またはミュージシャンへの自己中心的熱望に見られる「子は遺伝的にも学習からも、親に似る」の表れなのか、おそらく両方なのだろう。（神田橋）

model 041
たくさんの親族の愛情に包まれて身動きがとれなくなっていた不登校女子生徒

対象の生徒　中1女子V子
相　談　者　本人　Mo　Gm

経過の概要と対処　　V子は、2学期になって間もなく、欠席するようになった。欠席の連絡はいつもV子自身が「体調が悪いので」と電話で伝えてきた。1週間ほど欠席が続いて、心配になった担任がMoに直接、連絡をとって、自宅を普段どおりに出ていたことが明らかになった。両親と担任が問いただして、近くに住む、昼間は不在の叔母の家に隠れていたことを打ち明けた。それ以後、教室に入るのを怖がり、無理に入れようとすると震え、Moが学校に送り届けて、1時間ほど保健室で過ごすのがやっとの状態になった。

　Moがかかりつけの小児科医に相談し、心療内科医を紹介された。その医師から「活気が出るように」と抗うつ剤を処方されたが、「頭痛、吐き気、頭がぼうっとなる」という副作用を訴え、かえって状態が悪くなった。医師に悪化を伝えると、さらに薬を増やされ、ますます副作用がひどくなって、V子は独断で服薬をやめた。

　Moは隣の中学に筆者が配置されていることを知り、校長を通じて、「適切な医師を紹介してもらいたい」とカウンセリングを申し込んできた。V子の中学にはスクールカウンセラーが未配置だった。やってきたMoは片足が不自由で、歩くと肩が揺れた。「全身のあちこちが痛くて」と言い、若い頃に交通事故に遭った後遺症ということだった。V子は未熟児で生まれたそうで、障害のあるMoが必死で育ててきたことがうかがわれた。

　Moによれば、V子は熱烈なサッカーファンで、今もFaが早く帰宅できた日には、一緒にパスの練習をすることを楽しみにしているということだった。そういう活気のある子に抗うつ剤を処方した医師の対応に、筆者は疑問を感じた。またMoから聞くV子の様子から、病気とは言い切れないが、微妙な心身の状態にあると感じたので、〈遠いけれど〉と迷いつつ、神田橋の名を挙げた。Moは即座に受診を決めた。

筆者が神田橋の陪席をしている日に、MoとFaの母親であるGmに付き添われて、V子がやってきた。華奢なMoの姿からは想像できないほどに体格のよい子で、Gmもがっしりした体格だった。V子の運動好きはFaの血筋だろうと感じられ、Gmも、いかにも「V子がかわいくて仕方がない」という様子だった。神田橋はV子に、ストレス緩和作用のある漢方薬を処方した。またMoには、漢方薬を処方するとともに、不自由な片足をかばう動きによって生じた、筋肉の緊張を緩める整体を指導した。

　筆者は一家を見送りに診察室を出て、病院のロビーで少し立ち話をした。V子は、サッカー部は男子のみなので、入部できない悔しさなどを語ったが、〈あなたの不登校のおかげで、Moの障害が治療につながった〉と言うと、急に涙ぐみ、「Faは健康だから、病気の苦しさがわからない」と話しはじめた。Moの目にも涙が浮かび、「病気」はV子とMoが共有する困難であり、絆でもあるように感じられた。

　V子はその後も数回、MoとGmに付き添われて、鹿児島まで診察を受けに来た。筆者は遠くまでやって来る一家の苦労をねぎらうつもりで、診察後の十数分、病院のロビーで雑談した。V子の中学の校長からは「最近は『登校しなくては』という意欲が感じられる」と連絡があった。

　V子が２年生に進級してしばらく経ったある日、都合で夕刻になって伊敷病院に着くと、V子親子がロビーにいた。昼過ぎに診察は終わっており、数時間、筆者を待っていたということだった。神田橋は筆者への伝言や手紙を提案したが、V子は「直接、会って話したい」と答えたと聞いた。

　話は、「カウンセリングを受けたい」ということだった。V子の中学には、その年からスクールカウンセラーが配置されていたので、〈中学のスクールカウンセラーと会うように〉と勧めたが、V子は「中学の相談室は教室から近いので、どうしても行けない」と言い張り、筆者の個人開業の場でのカウンセリングを希望した。筆者は迷い、神田橋にも相談して、やむを得ないという判断にいたって、月１回のカウンセリングを引き受けることにした。

　カウンセリングでV子は、同級生から届けられる手紙や電話が負担だと訴えた。一見、元気そうに見えるV子に、励ましたい気持ちが誘発されるようだった。担任も対応に迷っていると以前に聞いていたので、〈V子と担任がよければ、担任の来談を〉と誘った。

model
041

たくさんの親族の愛情に包まれて身動きがとれなくなっていた不登校女子生徒

翌月のカウンセリングには、担任も一緒にやって来た。V子の希望で、まず担任と筆者のふたりで話した。担任は「私の対応について、他の教師から『太陽と北風の比喩で言えば太陽』と言われるが、それでいいのだろうか？」と聞いてきた。担任は連想豊かな人だと感じていたので、筆者も連想のままに、〈太陽は操作的。北風に対して、旅人には自分でコートを握り締めている実感がある〉と答えた。話し合ううちに担任は、自身の対応が、ただ甘やかしているだけではないと気づくとともに、これまでためらっていた教師としての指示的発言を、するべきときにはしようと心を定めたようであった。

　その後、V子が入室し、V子に焦りも、努力する気持ちもあることを、担任と筆者と3人で共有し、V子が自分で学校にいる時間の長さを決めること、担任はそれを尊重することを確認して、その日は別れた。

　翌月の面接でV子は、「Moが体調を崩すことが多く、心配で小学校の修学旅行にも行けなかった」と語った。そしてMoが入院した際のエピソードから筆者は、ひとり娘のV子を取り巻く大人が、両親、祖父母、曽祖父母、近くに住む独身の叔母の7人であることを知った。

　V子はまた、少しでも動きを起こすと、Moから「もっと、もっと」と励まされることの負担を語った。V子に寄せられる期待はそのまま、子育て責任者であるMoにとってのプレッシャーにもなっていたのだろう。

　筆者は〈V子を後押しする力は累積して莫大なものになる。それに押し流されないようにブレーキをかけることにエネルギーを使い果たして、前進に向ける力がなくなっている〉と、MoとGmに向けて説明するような、V子に聞かせるような気持ちで話をした。

　V子は「目標は自分で決める」と言いはじめ、「最初の目標はMoを帰して、ひとりで学校にいられようになること」と話した。そして面接を終わっての別れ際、V子は筆者にすっと近づいてきて「その次の目標は、ひとりで登校できること。これはMoには内緒」とささやいて、帰っていった。

　次の面接では、いきなりひとりで登校したことが語られた。Moに「帰って」と言ったときに、どんなに寂しそうな顔をするかと想像しただけで言えなくなり、ある日、「今日はひとりで行く」とMoを置き去りにして、玄関を飛び出したということだった。V子は担任からの手紙を預かってきており、「V子なりのペースで進んでいる。安心して見守っていられる」

と書いてあった。

その後 中学に配置されたスクールカウンセラーと話すようになって、筆者とのカウンセリングは終結した。

卒業が近づいたある日、来談の希望が伝えられた。ずっと保健室登校を続けていたが、卒業式に出席するかどうかで迷っているとのことで、その相談だった。筆者は卒業式をめぐる不安の言語化を手伝い、出席を強く勧めた。卒業式に出席しておくことが高校入学後の通学をスムーズにするケースが多いと感じていたからであった。卒業式の夜、V子から電話があり、「前日から教室に入って、式典に出席した。私なりに頑張ったので、満足」と報告があった。高校では皆勤を続けている。

解 説 子どもは大人の想像を超える深さで、大人の気持ちを汲み、応えようと努力している。お互いにかける思いが温かいほど、事態はとろかされて輪郭を失い、錯綜していく。担任の太陽的対応も、V子の家族の持つ温かさに誘発された結果だったのだろう。このような事態には、言語の持つ明確化の作用が有効となる。この効果は、言語を理解できる子どもであれば、かなり幼くても同様に認められる。子どもが理解できる言葉の水準と、どの程度まで明確化するかの見立てが、カウンセラーの技術となる。

コメント 北風と太陽の寓話は反教育的である。人の心を卑しくするからである。太陽ははじめから自分が勝つことを知っていた。だから懸命に努力している北風をニヤニヤしながら眺めていた。インサイダー取引のようないやらしさがある。情報を握っている者が勝つという戦争の手法は、学校現場を駆け引きの場に変えてしまう。

　勝者と敗者という結果が生じないようにとの願いを、教育の原点とするのがよい。駆け引き的操作を排し、共感を幹とする関わりはしばしば魔法のような結果を生む。子どもの心に魔法を生みだす力があるからである。（神田橋）

第5章　カウンセリング

概説　スクールカウンセリングが、これまでの一般的なカウンセリングと異なる最大の特徴は、複数の当事者と接するのが常態ということである。生徒本人はもとより、教師、保護者、友人らとの関係の中にスクールカウンセラーもともにありながら、来談者の話を聞くことになる。場合によっては、まったく別のケースとして来談していたふたりが、いじめの加害者・被害者の関係になって、それぞれに対応を求められることもある。

そのようなとき、スクールカウンセラーに求められるのは、「今、ここで」交わされている話し言葉に、こころが開かれていながら、同時に、全体の布置を見失わない冷静さを維持することである。"守秘義務""中立性""病理"などの、現場の実感から少し浮き上がった書き言葉にこころを奪われると、全体を見渡す目を失う。

そのようなスクールカウンセリングのさまざまな成功モデル、失敗モデルを、本書を通じて提示した。本章では、その中でも、来談者と筆者との間で交わされたやり取りに焦点を当てたモデルを提示している。

スクールカウンセリングでの保護者面接は、カウンセリングとしてよりも、対処方法を専門的に助言するコンサルテーションとしての色合いが強いものとなる。だが、保護者の抱えるテーマが、子どものテーマと重なっていることも少なくない。そのようなとき、保護者のテーマについてのカウンセリングが展開することになる。

モデル42のA男のMoとは「作戦会議」というキーワードを用いて、現実的・具体的な対応を検討することを通じて、Moの内面に踏み込まない

まま、Moのカウンセリングが進んだ。モデル43のB子のMoは四面楚歌の状況で自暴自棄になっていたが、率直な対応を続けるうちに、Mo自身が道を拓いていった。モデル44のC男の場合は、来談したMoの話を通じて、Faのテーマが透けて見えた。そこで、現実の生活を共有しているMoにFaのカウンセラー役を担ってもらうのが適当と判断して、Moをサポートした。モデル45のD男のMoとのカウンセリングに筆者はずっと、堂々巡りの印象を持っていたが、終結間際になって急激な展開を見せた。Moと筆者がともに抱えるテーマが、無意識のうちに展開を阻んでいた。モデル46のE男は、Faの抑えこんだ怒りを代弁していた。Faが自身の「作り物の性格」に気づいて、事態がわずかに展開した。

対話によるカウンセリングでは、来談者がある程度の内省能力を有していることを前提とするが、スクールカウンセリングで対応する中学生の年齢では、自ずと内省能力に限界がある。だが子どもたちが提示してくるチャンネルに沿っていくと、予想を超えた展開になることがある。モデル47のG子は当初、言語的な介入を拒んだが、好きな絵を介した関係を維持するうちに、驚くほど豊かな言語表現をするようになった。モデル48のI子の場合は、「演技」がキーワードとなったが、もともと優れていた観察能力を意識して発揮することで、身体症状による表現を必要としなくなっていった。モデル49のK子の場合は、「小さな子どもの世話が上手」という長所に焦点を当てるうちに、自然と対処法に行き着いた。

モデル50のM男、モデル51のN子は自らカウンセリングを求めて来談したので、言語能力も高く、洞察を得ることに意欲的だった。このような生徒の場合は特にだが、思春期の子どもたちに接するときのコツは、当人の情緒や能力が耐えられるぎりぎりのところまで対等な大人として接することである。その具体的表現として、筆者はM男、N子のような生徒の面接に限って、筆者自身がお茶を入れて出し、客人としてもてなすことがある。お茶を出すことが効果的か、逆効果となるかの見立てがカウンセラーの仕事となる。

モデル52のO子には特別待遇を提供するように計らったが、その結果として生じた困った事態に対処する方策をともに考えるように誘うことが、前述の「対等な大人として」の関係を具現して、内にある自立心を引き出した。

スクールカウンセリングでは、教師個人のテーマも登場する。込み入った内容の場合は、学校内での相談が来談者の不利益になったり、ふさわしくなかったりすることがある。来談者が求めたときに、学校外で対応できる場を用意しておくことも必要だろう。モデル53のQ教諭、モデル54のR教諭のようなケースで、休職、復職を繰り返して、結局、退職に至った事例を、筆者は神田橋の陪席の場や、配置された学校で、いくつか傍見した。R教諭の場合は、同僚のS教諭のサポートが得られたことが幸いした。

　なお、R教諭に行ったように、言語的アプローチに、肩の上げ下ろしによる身体的アプローチを併用すると、言語によるよりも深い内省に、安全に至ることがある。筆者は動作法の理論を、言語によるカウンセリングの場で使いやすいように、筆者なりに工夫して援用している。関連する書籍が多数上梓されているので、参照をお勧めする。

model 042

不安に触れずに現実対応を話し合って、迷いを共有した不登校児童のMo面接

　　　　　対象の児童　小6男子A男
　　　　　相　談　者　Mo

経過の概要と対処　　A男は小5のはじめに、他県から転入してきた。2学期から少しずつ欠席が増えてきて、小6の6月になると、週の半分は登校しなくなった。欠席する朝は必ず頭痛や腹痛を訴えて、微熱が出るので、病院で血液検査などを受けたが、異常は見つからなかった。

　そこで担任に勧められて、Moが来談することになった。Moは笑顔を絶やさず、いかにも打ち解けた雰囲気で話すが、容易に内面に触れさせない硬さがあるように、筆者には感じられた。来談も「A男には内緒」ということだった。

　転校してきて、Moは「微妙な年齢なので、友だちができるかとずっと心配だった」が、担任は「問題ない」と言い、A男も「大丈夫」と言っていた。だが友だちが家に遊びに来ることはなく、放課後はいつもひとりで、家の中でゲーム機で遊んでいた。

　休みはじめたとき、Moが理由を聞くと、A男は「運動会の組体操の練習がイヤ」と答えた。A男はかなり太っており、Moは「だから苦手なのだろう」と思っていたが、運動会が終わると、「音楽会の合唱の練習がイヤ」と言いはじめた。最近は「学校が面白くないから」とか、「学校までの坂道がしんどいから」と言ったりする。「理由を探して言っているように感じる」とMoが言ったので、筆者も同意した。

　Moは痩せているので、〈A男の肥満はFaに似た？〉と問うと、「Faもガリガリに痩せている」ということで、A男の姉も「普通の体型」ということだった。A男はこの1、2年で急激に太ったそうで、Moは「私も今は痩せているが、若い頃に人間関係のストレスから太っていた時期がある」と言い、続けて、Mo自身が子どもの頃に無視されるいじめに遭って、「その記憶が消えなくて、今もなかなか本心を見せることができない」と話し

た。

　Moはまた、「A男にも『自分さえ我慢すれば』というところがある。自殺をするのではないかと心配」と話した。「自殺」という言葉がいきなりだったので、〈何か思い当たるようなことがある？〉と問うと、A男が5年生の3学期に、学校に行かずに近所の草むらに隠れていたことがあり、それがわかったとき、「『家出しようと思った。僕のような子はいないほうがいいと思った』と言ったから」という説明がされた。「自殺」という言葉の唐突な印象は消えないままだったが、それ以上に踏み込んで聞けない雰囲気があった。

　Moの不安の程度を量りかねたが、いずれにしてもMoを支えることが役に立ちそうだと判断して、面接を継続することを提案した。また、うかつに内面に踏み込まないほうがよいように感じたので、「なんとしても登校してほしい」というMoの言葉に合わせて、〈一緒に登校のための作戦会議をしましょう〉と伝え、面接時間も1回30分と短く約束した。

　次の面接にMoは、約束した時間通りにやってきた。そして6年生に進級した際にクラス替えがあり、若い男性教師が担任になったが、A男が当初、その男性教師をとても怖がっていたことを話した。Moは怖がった理由を「5年生までずっと女性の担任だったから」とだけ述べたが、さらに聞くうちに、音楽会の練習でA男たちの合唱の指導を担当したのが今の担任であったこと、そのとき担任が他の子を厳しく叱ることがあり、それを見て、A男が登校を怖がったことが話された。

　「担任だと聞いたときには、『よりによって』と思った。でも担任に優しいところもあるとわかったので、もう大丈夫です」とMoは明るく言ったが、不登校が改善していない状況で、「大丈夫」と言い切ることに、無理をしている雰囲気を感じた。そのことについて、面接を深めていくべきかとも思ったが、そうすると、Moの語られない不安にいきなり触れる危険があるような気もして、筆者はためらった。

　そこで、言語的に表出されている担任とA男との関係について、現実的・具体的な働きかけをするほうが、〈作戦会議〉という契約にも即しており、妥当だと考えて、〈担任に家庭訪問をしてもらうようにお願いすることもできるが〉と提案してみた。Moが「ぜひ」と希望したので、第3章に示した家庭訪問の原則をMoに伝え、筆者から担任に連絡を取って、家庭訪

問をしてもらうことにした。

　担任が家庭訪問を開始すると、予想したよりスムーズにＡ男と担任の信頼関係ができた。間もなく行われた修学旅行にも参加し、「楽しかった」と元気に帰ってきた。それ以後、修学旅行で同じ班だった同級生が家に遊びに来るようになり、その子に誘われて、登校するようになった。

　しかし登校はしても、Ａ男は「気分が悪い」と保健室に行くようになり、養護教諭に熱を測ってもらって、保健室で過ごす時間が増えていった。

　不登校になりはじめた頃に、体調を崩すことが多かったことを思い出した筆者は、〈もっとからだに触れてほしいのかも〉とMoに話してみた。すると「そう言えば、なんとなくＡ男のからだに触りにくくなった時期から、不登校が始まったように思う」とMoは答えた。筆者が〈からだは大人になっても、こころはときどき赤ん坊に戻ることがある〉と話すと、少しの間、Moの沈黙が続いた。筆者はMoが若い頃にストレスから太ったことと関連するのかもと連想したが、結局、言葉にならなかった。

　その面接の頃から、Moからさまざまな迷いが語られるようになった。Faが登校を条件にゲーム・ソフトを買ってやる約束をしたときも、Moは「金品でつる」ことへの抵抗感と効果への期待の間で迷っている様子だった。筆者は、MoがＡ男と迷いを共有するモデルになればと思いつつ、Moの迷いに早急に結論を出さずに、共有するようにした。

　数ヵ月後、Ａ男は体調不良を訴えることもなくなって、順調に登校を続けるようになったので、終結とした。最後の面接でMoは、「夫婦ゲンカのことで愚痴を言うと、Ａ男から『男は甘えられんから』と言われた」と笑い、Ａ男がMoの相談相手となっていることを話した。

その後　Moが体調を崩したときに数日、欠席することがあったが、すぐに登校するようになった。担任によれば「クラスのムードメーカー。不登校の影はまったく感じられない」ということだった。中学生になって身長が伸びるとともに、体がしまってきて、特に心配するようなこともなく卒業していった。

解説　言葉によるコミュニケーションは文化のフィルターを経て、表出されるので、一部が脱落したり、一部が突出したりする。思

model 042

不安に触れずに現実対応を話し合って、迷いを共有した不登校児童のMo面接

いが、その人が備える文化のフィルターとうまくなじまないとき、表出された言語は木に竹を接いだような、不自然なものとなる。A男もMoも、言語による文化のフィルターになじみがたい種類の思いを抱えており、それが肥満という身体化につながったのだろう。

筆者はそのように繊細な感性にフィットする対話能力を持たなかった。現実的・具体的な話題は、言語文化のフィルターの影響をあまり受けないので、登校の作戦を考える方向からのアプローチを試みた。

コメント　他の子が叱られるのを見て恐怖したり、動物の死でショックを受けたりするのは共振れする・他者の身になる能力の萌芽であり、多くの場合、遺伝的な資質である。こまやかなコミュニケーションに必須のこの資質は、学習を経ないと、文化のフィルターとの不調和から、かえって他とのディスコミュニケーションを来たすというパラドックスがある。そうした体験がカウンセラーなどの援助職を志すという人生の選択動因となっている人は多い。資質が不幸をもたらし、不幸が資質を開花させるという流れは、他の資質についても生じる。（神田橋）

model 043
誤解されて無気力になっていたMoの話を傾聴し、
親と和解するまでを支えた過程

　　　　　　　対象の生徒　中３女子Ｂ子
　　　　　　　相　談　者　Mo　担任　学年の教師

経過の概要と対処　　B子は小５の頃から不登校傾向になり、中学に進学後も気ままな登校を続けていた。筆者が配置された年には中３になっており、たまに登校しても、教室に入ることを拒み、保健室で過ごしていた。だが保健室では元気で、楽しそうに過ごしており、周囲の顰蹙(ひんしゅく)を買うほどだった。

B子の両親は１年ほど前に離婚していた。担任によれば、離婚後、Fa

がB子を数ヵ月引き取っていたが、その間は、Faが出勤の前に学校に送り届けて、毎日、登校できるようになっていた。遠足のときにも、男手とは思えないような弁当を持ってきていた。だが最近、理由は不明だが、Moが無理やりB子を連れ帰って、以来、もとの状態に戻っているということだった。

　筆者に学年の教師から対応についての相談があった際に、「地域の人たちの噂話だが」と、Moに関して、いくつかの話を聞いた。

　B子がFaの家に引き取られる際には、地域の人が「Moに子育ては難しいだろう」と仲介していた。離婚前、Moは派手な夫婦ゲンカを繰り返していたが、Faが家を出てからは、B子と大きな声で親子ゲンカをしている。家の中は散らかり放題で、食事の支度も満足にしていない。近隣では「Moがあれでは子どもが出来損なって当然」と言う人もいるほどだが、Faについては、周囲の意見はみな好意的ということだった。

　筆者が〈Moと面談してもいいが〉と提案すると、担任らは不安そうな表情になった。それまでにも担任や校長がMoと話し合いを持っていたが、何度もすっぽかされることがあり、後から「体調が悪かったので」と電話が入るということだった。「ましてやスクールカウンセラーとの面接など」というのが大方の判断だったが、とりあえず担任がMoに来談を誘ってみると、承諾したということだった。

　当日、担任は朝から何度もMoに電話を入れて、「ちゃんと来談するだろうか」とかなり心配していた。10分ほど遅れたものの、Moはやって来た。色白で細身の女性で、女の目にも色っぽいと感じさせる人だった。Moの話には、筆者が事前に聞いていた「噂話」と、いくつかの食い違いがあった。

　Moの説明によれば、「Moが連れ帰ったのではなく、B子がMoの実家に逃げ帰り、それからMoのもとに帰ってきた」ということだった。B子は誰から聞かされたのか、「MoがFaを追い出した」と思いこんでいた。だがFaは離婚直後から別の女性と一緒に暮らしており、その生活を目の当たりにしてショックを受けたうえに、登校をしぶると、Faから暴力を受けた。

　Faは昔から何度か浮気をしており、その相手には、Moの友人も含まれていた。Moは姑から「そうさせた、あなたが悪い」と責められ、実家の

両親とも折り合いが悪かったので、誰も味方になってくれないままに離婚に至ったということだった。

そして実家の話題が出ると、Mo は「私は母親に抱きしめられたことがない」と言い、「子どもの頃から姉弟の中でひとりだけ、はずされてきた」と話しはじめた。Mo は「実家とは絶縁状態」と言ったが、B 子だけは実家の両親と親しく行き来していた。話の合間に Mo は、何度も「もう、どうでもいい」とつぶやき、ため息をついた。筆者は判断を保留して、ただ傾聴した。

Mo はそれから数回、約束した時間にきちんと来談した。それまでの Mo にはなかったことに、担任らは半信半疑ながら、Mo のイメージを改めつつあった。筆者は面接を重ねるとともに、Mo には被害的に物事を受け取る面があり、事実を歪曲して認知したり、否認したりするところはあるが、話していることを信用できないわけではないと確信するようになった。「Fa は善、Mo は悪」という事前に聞かされていた構図は、誤解が自己増殖していった結果であり、誤解に囲まれて、Mo がさらに無気力の悪循環に陥っていったのも、無理からぬことと理解できた。

その理解を教師と共有することが B 子への対応に役立つと考えはじめた矢先に、無断のキャンセルが 2 回続いた。職員室内には「やはり」というムードが漂うようになり、筆者は放置できない気分になって、Mo に電話をし、無断のキャンセルに対して筆者が感じた不快感を率直に話した。次の面接から Mo は約束した時間より早くやって来て、遅れるときには必ず小まめに連絡の電話を入れてくるようになった。

Mo について、誰かが悪意の噂を流しているかとも訝ったが、筆者から話題にはしなかった。代わりに〈足元を確かにしていけば、道は開ける〉というメッセージを伝え続けたある日、Mo が相談室に入るなり、「今日は聞いてほしいことがあるんです」と話しはじめた。「数日前、仕事仲間の女友だちに伴われて、この数年、訪れていなかった実家に出向き、両親と会ってきた」ということだった。

父親（Gf）はすぐに招き入れてくれたが、母親（Gm）は血相を変えて「何しに来たっ」と怒鳴り、友だちが強く言い返してくれて、どうにか話ができた。話すうちに母親も表情が緩み、最後は車まで見送ってくれて、「握手」と手を差し出してきた。帰宅すると、B 子が「Gm から電話があった。私

とも握手して」と言ってきたそうで、Moはうれしさと驚きと、さらに長い間の思いが次々に湧いてきて、朝まで眠れなかったと言う。

それからは実家の両親が家に訪ねてくるようになり、B子の不登校の実態を知って、学校に送る手伝いもしてくれるようになった。面接ではB子の幼い日のかわいい思い出話も語られるようになった。

その後、B子が夜中にバイクで暴走行為をする仲間になっていることが、愚痴として語られた。無免許でもあり、事故が起きたときのことを考えると見過ごすことができないと思った筆者は、Moを説得して学校に伝える了解を得た。幸い、B子が暴走に加わっていることを認め、行動を改めたので、大事にならずにすんだ。

その後 　B子は中学を卒業すると、Moの知人が経営する食品加工会社に就職した。Gmが作業用のエプロンを縫ってくれ、Moは「職場で写真を撮って、先生方に見てもらいたい。汗まみれ、油まみれで働いている」と誇らしげに話した。給料について〈食費と光熱費相当分以外はB子の自由に〉と伝えると、Moは「使ってしまう」と不安そうだったが、B子は初めての給料を袋のままMoに渡した。勉強嫌いだったが、ぽつんと「高校に行きたかった」ともらすことがあった。順調とは言いがたいが、どうにか仕事を続けている。

Moはその後も、友人に裏切られたり、母親の言葉に傷ついたりするたびに無気力になることを繰り返したが、以前ほど生活が荒むことは少なくなった。

解　説 　生きていく場では常に判断が求められる。学校は、生きる力を学習して、身につける場なので、常に判断があり、判断に基づく行動がある。学校の判断の文化に対して、カウンセラーは、判断を保留して、傾聴する文化を持つ。カウンセリングという非日常的場面において保留は可能になる。カウンセラーも生身なので、早晩、判断が生じることになるが、わずかな時間、判断を保留して、話し合う間に、来談者にもカウンセラーにも思いこみが解けて、予想を超えた理解に至ることがある。カウンセリングの妙味である。

コメント　「認識」は行動を促し、行動は認識を導く。認識作業を専らにする面接室でのカウンセリングでは、「実験」としての行動を示唆したり、指示したりすることで認識を展開させる技法は有用である。逆に学校の現場は行動に満ちあふれ、行動指示が乱れ飛んでいる。このような場では、さらなる行動指示よりも内外への認識を育てることに重点を置くのがよい。指示によらない自然発生的な行動は、アクティング・アウトとして認識を導くだけでなく、無意識のままに事態を拓く。「内なる促しは神の声」といわれるゆえんである。B子のバイク暴走も神の促しかもしれない。(神田橋)

model 044
MoにFaのカウンセラー役を勧めた、人見知りする不登校男児のMo面接

対象の児童　小3男子C男
相 談 者　Mo　担任

経過の概要と対処　C男は幼稚園の頃から登園しぶりの傾向があり、特に長期休暇の後は泣きながら登園していた。小学校2年生のときにも、担任が病気で休暇を取ることになり、新しい担任が来ると、数日、吐き気がひどくて家を出られないということがあった。しかしいったんなじんでしまうと、朝早く家を出て、誰もいない教室に一番に着くのを楽しみにするほどに元気になっていった。

ところが3年生の夏休みが明けてしばらくしたある日、「学校をやめる」と言って、玄関から動こうとしなくなった。「頭が痛い」と言うので、病院へ連れていき、医師から「大丈夫」と言われたので、Moが車で送って登校させようとしたところ、車内で嘔吐して、結局、帰宅した。その後数日、休みが続いたところで、Moが来談した。

Moは不登校になった原因として、「マスコミで小学校での凶悪事件が報道されたのを見て、急に心配になり、担任に頼んで、早朝の登校を禁止

してもらった。それで面白くなくなって、学校に行きたくなくなったのではないか」と話した。

筆者は「学校をやめる」という表現が気にかかったので、それについて問うと「夏休みの間に１年生の頃から続けてきた地域の少年野球チームへの参加を、わたしの都合で一方的にやめさせた。それで『学校もやめる』という言葉になったのだろう」とのことだった。Moは詳しい事情を話さなかったが、少年野球の指導者とMoとの間に何か行き違いがあったらしい。

それまでは月、水、金曜日に練習があり、土曜と日曜には試合があった。Ｃ男は放課後、同じ野球チームに参加している仲のよい友だちの家で遊んだ後、一緒に練習場まで行き、練習後はMoが迎えに行って、仲良しと一緒に帰宅していた。練習のない火曜は英会話教室、木曜は音楽教室に通っており、それは野球をやめてからも続いていた。Ｃ男はもともと人見知りする性質なので、野球チームをやめてしまってからは、一緒に遊ぶ友だちもいなくなったということだった。

Faについてまったく話題にならなかったので、Faの対応を問うと、「車で送ってやろう」と言い、「行くぞ」とぎりぎりまで声をかけながら、10分でも15分でも待っているということだった。Moの口調に「Faのやり方は生ぬるい」という思いがあるように感じたので、〈叱らない？〉と聞いてみると、「Ｃ男に対しては大きな声を出すこともなく、ましてや手を上げたことなど一度もない」ということだった。Ｃ男が学校を休んでいると聞いて、Moの母親が即座に「Faが甘やかすから」と口にしたほどだった。

Ｃ男には年の離れた兄がふたりおり、兄たちに対してFaは非常に厳しく、些細なことでも暴力を振るった。昨夜もFaが布団を敷くように言ったのに、兄がすぐに動かなかったからと、蹴飛ばしたそうで、Moは「いずれ金属バットで殴られることになると思います」と真剣な表情で言った。兄たちが登校をしぶるようなことはまったくなかった。

そこでFaの生立ちを聞くと、たくさんの兄弟の末から２番目で、父親を早くに亡くして、経済的にかなり厳しい状況で育ったということだった。「１個の卵を分け合って食べるような生活だった」とMoは聞いていたが、末子に近いFaにとって状況はいっそう厳しかっただろうと思われた。Faが自身の兄たちとの関係で抱いた思いが、そのままＣ男に重ねられていることは容易に想像できることで、Faの抱えてきた思いを整理することが、

model
044

MoにFaのカウンセラー役を勧めた、人見知りする不登校男児のMo面接

家族の関係にいい方向に作用するだろうと、筆者は考えた。
　Moは単刀直入な物言いをする人だが、素朴な優しさを秘めている雰囲気があり、Faについては「お金も愛情も得られなかった人」と表現して、その生育史上の寂しさ、つらさに共感しているらしいことがうかがわれた。そこで少し時間をかけて、MoとともにFaの子ども時代について話し合って、〈MoがFaのカウンセラー役をしてあげるといいと思う〉と勧めた。Faの来談を誘って、筆者が引き受けるよりも、Moが話を聞くことのほうがずっと有効であるように感じられた。
　Moの来談から数日後に、担任から対応についての問い合わせがあった。早朝登校の楽しみを返してやることも有効だと考えたので、危険のないぎりぎりの登校時間について、C男と話し合ってみるように勧めた。またMoの雰囲気から、C男は認められる役割があることで元気になるタイプの子どもだと感じたので、配慮を頼んだ。ちょうど音楽会が近い頃で、担任はC男にパートリーダーをさせることにした。
　音楽会の練習が始まると、それがきっかけのように登校するようになって、当日も張り切って参加したが、間もなく、また「休む」と言いはじめた。Moは「ここで甘い顔をしてはいけない」と思い、C男を引きずって車まで連れていったが、乗せることはできなかった。するとFaが、MoとC男のやり取りに気づいて、家の奥から出てきて、C男を一喝し、C男はすごすごと車に乗り込んで、登校した。
　Moは「あんな力ずくのことはSCに相談してから、やるべきだったと思う」と反省している様子だったが、Faの変化を非常に喜んでもいた。筆者は〈親として健康な反応〉と支持した。C男はその後も数回、Moに送ってもらうことがあったが、次第に自分から登校できるようになった。しばらくすると、欠席していた頃に自宅までプリント類を届けてくれていた同級生と仲良くなり、家を行き来して遊ぶようになって、英会話教室も音楽教室もやめてしまった。

その後　4年生に進級時に予定外の担任の異動があったが、新しい担任にもすぐになじみ、順調に登校して、卒業していった。Faのカウンセリングについての詳細は聞かないままだったが、Moによれば、夫婦で「あの不登校は何だったのだろう」と話しているということだった。

解説　多くの人々は、ひどい心的外傷体験があっても、カウンセリングを求めることもなく、日常生活を送っている。家族や友人などとの交流や、趣味、ときによっては仕事などがこころを癒してくれるからである。カウンセリングも、人生を共有する人によって、傾聴され、理解されると、こころの深いレベルに到達することができ、最も有効だろう。だが人生を共有する人はまた、最も傾聴ができにくい人でもあるので、専門家が必要とされることになる。カウンセリングのさまざまな技法は、人生に重なるところのない赤の他人が、こころの深いレベルに到達するために、開発され、利用されている手技である。

　このモデルにおいて、スクールカウンセラーである筆者は、状況を見渡してMoがFaのカウンセラーとして適任だと判断し、Moが機能しやすいように、若干の下準備を行った。またMoと話題にすることはなかったが、Moも、子どもの頃からのこころの傷つきを持っている人のように、筆者は感じた。Faへのカウンセリングはおそらく、Moのカウンセリングとしても機能したはずである。

コメント　人見知りと人嫌いとは一見似ているが、基盤にある気質は正反対と思っておくほうがよい。人見知りの子は自分にぴったりの相手や場を求めているのであり、それが得られるととたんに元気になる。本質として人好きであり、人に対して好み、相性があるのである。この両親のどちらも人好きの資質をC男と共有している。人嫌いの子は、対人関係という錯綜し、曖昧な情報の行き交う場を処理できない素質の脳である。明確な情報だけをやりとりする場が、安全かつ快適な場となる。（神田橋）

model 045

「体調不良」による不登校生徒のMoの、抑えた怒りを感じ続けた面接過程

　　　　　対象の生徒　中３男子D男
　　　　　相　談　者　Mo　担任

経過の概要と対処　「体調不良による不登校」と担任から連絡があって、Moが来談した。D男は小学校の頃からしばしば頭痛、腹痛を訴えていたが、学校を休むほどではなかった。だが中学進学後はときどき休むようになり、２年生になるとさらに休みが増えた。「生徒が集団でいると怖い」と言うようになって、かかりつけの小児科医に勧められて心療内科を受診した。

　起立性低血圧と診断されたが、その際に、男性の心療内科医がMoに「ひどいこと」を言ったそうで、その後は受診していなかった。その話をしながらMoは涙ぐんだが、何を言われたかは話さなかった。

　その後、公立病院小児科を受診し、ここでも起立性調節障害と診断されて、昇圧剤、鎮痛剤などを処方され、医師から「無理してでも登校するように」と言われた。D男は学校を休んだ日も受診しようとはせず、Moだけが薬を受け取りに通っていた。

　D男は、３年生で担任になった女性教師について「２年の担任よりはマシ」と言っているということであったが、その担任に勧められて、またMoも「薬では改善しない」と思ったので、来談したということだった。

　筆者は精神疾患が隠れている場合も考えて、食欲、睡眠などについて聞いてみたが、たまに「眠れない」と言う以外は、特に問題はない様子だった。休んだ日はひとりで勉強して、成績も下がっていない。〈最初の面接で聞くことになっているので〉とことわって、念のために両親の精神疾患の遺伝負因を問うたが、「思い当たることはまったくない」ということであった。

　Faの対応を問うと、D男に対しては何も言わないが、Moを厳しく責めるそうで、その話のときにもMoは涙ぐんだ。筆者には、「ひどいこと」を言った心療内科医の姿と重なるように聞こえた。Faは夜勤のある仕事

なので、昼間、Moがパートの仕事に出ている間、父子ふたりだけで在宅することが多いが、それぞれ別の部屋で過ごして、顔を合わせることはほとんどない。

とりあえずMoのサポートが役に立つだろうと考え、受診の継続を条件に、カウンセリングを引き受けた。できればD男にも会いたいと思って、Moにそう伝えるとともに、〈イヤがるようなら、まだ時期が早いということ。『無理して来ないで』と伝えてください〉と言い添えた。

次の面接でMoは、D男が筆者の誘いに「イヤだ」と即答し、「僕は体調が悪いから休んでいるだけ。不登校ではない」と言ったと報告した。またカルチャーセンターの水泳教室は、体調が悪くても休むことはないが、体育の授業のプールには一度も入らなかったこと、中間・期末などのテストはどんなに体調が悪くても受けていることが話された。

その次の面接には、担任もMoと一緒に来談した。担任によれば「最近、D男の欠席が減っている」ということだったが、Moに問い直すと、「私が来談することに反発しているからでしょう」と答えた。担任が「次回は私がD男を連れてこようかと思う」と提案したので、筆者は〈誰がいつ来談するかについて、D男を交えて話し合うことが役に立つと思う〉と答えた。

だがD男は来談せず、次の面接も、Moと担任だけがやって来た。MoはD男が「体育の先生は怒ってばかり」と言っていることを話し、担任は「行動に問題のある生徒が数人いるので、体育で男女別々になったときに指導があるからだと思う」と答えた。

その話を聞きながら、筆者は、以前からたびたび、Moの言葉の中に抑制された怒りが込められているのを感じていたことに気づいた。それはMoとD男に共通する繊細さに由来するものだろうと感じた。そこでMoだけが来談した次の面接でそう伝えて〈D男の繊細さを生かすことを考えていきたい〉と提案したが、Moが無表情だったので、その言葉がどういうふうに受け止められたのかはわからなかった。

ちょうどその頃、自治体の都合で相談体制が変更になり、D男の在籍する中学は別のカウンセラーが担当することになった。それを伝えると、Moはいつものように表情はないまま、「だったら、もう相談には来ません」と一言だけ言ったが、その声はかすかに震えていた。継続中のケースにつ

いては柔軟に対処していく方針だったので、D男については、間もなく卒業であることも考慮して、以後も筆者が担当すると決めて、その場でMoに伝えた。

その後、D男は欠席が減って、興味を持った専門学校の体験入学にも友人と参加して、活動性が増しているようであった。Moは、喜んでいる様子を示すことはなかったが、約束した時間にはきちんとやって来て、キャンセルは一度もなかった。

ある日、筆者は〈カウンセリングは役に立っている？〉と聞いてみた。Moは「『D男の状態は変わりません』と毎回、答えるのがつらい。話すこともないし、もう終わっていいです」と答えた。筆者が確かめの問いをしたことが、Moには終結の提案と受け取られたようだった。引き止めても、もう取り返しはつかないように思われたので、とっさに〈次の面接まで少し時間を空けてみる？〉と提案すると、受け入れられた。

次の面接にMoは約束した時間通りにやって来たが、終わり近くになって、Faとの関係が特にきっかけもないままに疎遠になっており、ほとんど会話がないことが語られた。前回の筆者の問いかけが、Moの自己開示を促したように感じたので、そう伝えた。

その次の面接では、Faは父親を早く亡くしたこと、Faの母親が浪費家だったために祖父母に育てられ、大学に進学したかったが、それを口にすることはできなかったこと、Moは3人姉弟の真ん中で育ち、満たされることは少なかったが、「人並み」だと思ってきたことなどが語られた。「人並み」と自分自身を納得させてきたのだろうと感じたが、筆者はうなずくことしかできなかった。

次の面接が卒業前の最後のセッションだったが、Moは「こんな性格の親が育てると、こういう子になる？」と聞いてきた。筆者は少し時間をかけて、〈私のものの言い方が、気づかないうちにあなたにそういうメッセージを送っていたのかもしれない〉という内容の言葉を返した。Moは涙ぐみながら、「ありがとうございました」と言ったが、その声には少し感情がこめられているように感じた。

その後　D男は進学校に進学し、留年をすることもなく高3になった。数年ぶりの筆者の電話に、「体調は相変わらずです。大学を受

験するので、勉強しています」と答えるMoの声に、わずかに懐かしむ気配を見出して、筆者は安堵した。

解説　関係に入ることへのためらいがある人は、終結が見えてきた頃から自己開示を始めることがある。カウンセリングの回数を限定する技法の有効性の一つは、それである。

　MoもD男も、関係へのためらいが強い性格だったのだろう。それが「集団が怖い」というD男の言葉になり、最後のセッションでのMoの問いになったと考えられる。

　当時、筆者はMoとの面接に堂々巡りの印象を持ち続けていた。筆者も、Moと同じテーマを抱えていたので、カウンセリングの核心が見えなくなっていたのだと思う。だが訓練によって対応の技術を身につけていたので、関係を維持することはできた。それがD男に作用した。今も筆者は、Moとの間に漂っていた空気をありありと思い出すことができる。

コメント　人が生きる事態はさまざまの場面で、我慢と頑張りを必要とする。我慢と頑張りが成果をあげ、人生の主調となると、ピーンと張った、いわゆる「いっぱいいっぱい」の人生となる。父母ともにそうである家庭は息の詰まる雰囲気となり、子どものいのちを圧迫する。何とか楽に呼吸をしたいと、子どもはコースをはずれようとする。有名人や成功者の子弟が引き起こしたスキャンダルの報道にしばしばその雰囲気がある。目標の定かでない動きがガス抜きとして役立つことがある。遊びの効用とはそれである。（神田橋）

model 046
家庭内暴力をFaの悲しみの代弁と理解し、教師と連携して対処を試みた過程

対象の生徒　中2男子E男
相　談　者　Fa　Mo　本人　担任　副担任F教諭
　　　　　　養護教諭

経過の概要と対処　　E男は小学校5年の秋から学校を休みはじめた。中学に入学すると、しばらくは順調に登校していたが、1年生の夏休み前からまた欠席がちになると、次第にFaに対して激しく暴力を振るうようになった。2年生の担任はベテランの男性教師で、熱心に対応していたので、筆者はコンサルテーションを中心に援助を行っていたが、一度、両親に会っておきたいと思い、担任から誘ってもらった。

　小さな商店を自営するFaは耳が不自由で、補聴器をつけても、大きな声でないと聞き取れない様子だった。「赤ん坊の頃にかかった中耳炎を、親が治療費を惜しんで、医師に診せなかったので」ということだったが、Faの口ぶりに恨みの気配がまったく感じられないことが、かえって不自然だった。Moはよく笑い、知的な雰囲気のFaとは異なって、気がいいばかりの人のように見えた。

　Faによれば、幼い頃のE男はとても賢く、Faは期待して、おむつも取れないうちから本を読み聞かせ、幼児教室に入れた。その頃、妹が生まれたこともあって、E男の子育てはほとんどFaが引き受けたそうで、「今も一緒の布団で、Faに抱きつくようにして寝る」ということだった．

　E男は耳の不自由なFaに代わって電話に出るなど、仕事をかいがいしく手伝う一方で、何か気に入らないことがあると、Faに八つ当たりして、殴る、蹴るの暴力を振るっていた。「お前の子どもでいてやるだけ、ありがたいと思え」と暴言を吐き、逆らうとますます逆上するので、暴力が始まると、Faは「やりたいだけやれ」とじっと耐えていた。

　E男の妹は暴言を吐いたり荒れたりすることはまったくない「いい子」だったが、Faは「妹よりE男がかわいい」と言い、Moも「E男はFaの子、妹は私の子」とはっきり口にした。

　E男はFaに車で学校まで送ってもらっても、暴れて引き返すことがあ

り、担任が迎えに行くようになったが、担任の前でもFaに暴力を振るうようになった。そこで担任が再び、筆者との面接に両親を誘い、E男も一緒に来談することになった。

　E男は、筆者が正面に座るとうつむいたままだったが、隣に座りなおすと話に答えた。頸椎にわずかな歪みがあり、肩を触ってみるとひどい肩こりだったので、マッサージをしてやると、「痛い、痛い」と悲鳴を上げながらも、からだは筆者に預けたままだった。筆者は〈段階的に登校時間を増やしていこう〉と提案し、とりあえずは4時限目だけ、毎日登校することをE男と約束をした。

　E男は4時限目だけ登校することを相当期間続けたが、また欠席するようになった。担任は熱心に働きかけていたが、事態は進展しないまま、3年生になった。

　E男の学級は若い男性のF教諭が副担任になった。担任と一緒にF教諭が家庭訪問した翌日は登校したということだったので、〈F先生の関わりが効果的なよう〉と評価すると、F教諭もE男への対応に意欲を示して、自然発生的に担任、F教諭、養護教諭、筆者のチームが結成された。F教諭は毎日、家庭訪問を続けた。

　筆者はFaを支えることが役立つと感じて、担任から〈定期的な来談を〉と伝えてもらった。Faは当初、多忙を理由に来談をしぶったが、次第に几帳面に通ってくるようになった。

　ある日の面接で、Faは「小学校の担任だった女性教師が、クラスの子どもたちに理由を告げないまま退職した頃から、E男の不登校が始まった」と話した。E男はその教師によくなついていたそうで、Faは「担任に母親を求めていたのかも」と話した。そして「実は」と、母親としてうまく機能できないMoに代わって、FaがE男を育ててきた事情を話した。

　さらに後日の面接で、Fa自身は中卒で働きながら、自身の収入でFaの弟を高校へ進ませたこと、その弟と一緒に商売をしていたが、意見が衝突するようになり、廃業したこと、学歴もなく、聴覚障害もあるFaは経済的に苦しい状況となったが、Faの両親の生活費も弟は「兄貴が見て当然」と協力しなかったことが話された。このときFaは、「弟と仲たがいした時期から不登校が始まった」と話した。

　異なる二つの理由が、Faから語られた。その二つに共通する気分を推

量したとき、筆者には、E男の激しい暴力は、Faの抑えた怒りの代弁であり、その根底に深い悲しみがあるのを感じた。筆者はFaの話を受容的に聞くように努め、幼い頃からの苦労を語るFaの口調に、少しずつ怒りや悲しみの、さまざまな実感が伴うようになってきた。Faの父親がひとりだけ贅沢な食事をしながら、わが子のすり切れた靴1足を買う金を惜しんだことも想起された。

ある日Faは、唐突に「作り物ですもんね」と言った。意味がわからなくて聞き返すと、「私は、もともとはE男と同じで、かっとなる性格。でも、腹を立てたらおしまいだと我慢しているうちに、今の作り物の性格になった」と答えた。

筆者はFaの言葉を傾聴するのみだったが、その後の面接で、Faが両親の生活費の負担に関して、妥当な金額を弟に請求したことを聞いた。Faの内に現実に向かう力が湧いてきているのを感じた。

一方でF教諭は熱心に対応し、筆者もFaから聞いた情報を適宜伝えて、側面から援助した。E男は相変わらず「横着」としか言いようのない態度を続けていたが、Faに命令して外出の運転をさせるのも、その背景に、ひとりでは遊びにも行けない気弱さがあることが明らかになってきた。そこで自信をつけさせるために、F教諭が科目を選択させて勉強をさせてみると、いかにもイヤイヤという態度ながら、少しずつ乗ってくるようになった。

だが登校はまったくしないまま、2学期を迎えた。卒業写真を撮るタイムリミットが迫ったが、撮影のための登校も嫌がり、伸び放題の髪も切らせなかった。いよいよ期限と言う日に、Faが手に包帯をして現れた。前日、E男が暴力を振るったので、手近にあったゴミ箱で叩き返したところ、ゴミ箱が割れて、ケガをしたと言う。

そのときFaは何も言わなかったが、F教諭から筆者は「Faに殴られた後、E男が散髪に行った」と聞いた。写真撮影もして、カメラマンに「ありがとうございました」と礼儀正しく頭を下げたということだった。

次の面接で、筆者からこの話題を取り上げ、〈今までにないことが続けて起きた〉と指摘したが、Faはそれまで、自身の初めての反撃と、写真撮影の経緯とが関連するとはまったく考えていなかった。

その後、F教諭のアイデアで、E男はパソコンに、好きなCDの歌詞を打ち込む練習をするようになり、ローマ字学習に意欲を見せた。「学校に

行っておけばよかった」とつぶやくこともあったが、結局、登校しないまま卒業のときを迎えた。

その後　卒業後、いくつかの仕事に就いたが、どれも長続きしなかった。だが建設関係の仕事だけは、「僕に合っている」と言い、しばらく続いた。筋肉行動優位のＥ男に合う仕事だったのだろう。

解説　人生に外傷的な出来事はあふれている。その記憶やそれにまつわる感情のすべてを直視しながら生きていけるほど、人は強くない。意識野の外に追いやることで、こころのバランスを保ち、生き延びる。それはこころという厄介なものを異常に肥大させてしまったヒト種にとって、個体維持のための重要な機能である。多くの場合、外傷はそのまま癒えて、傷跡さえも忘れ去られる。だがときに他の条件との相対的布置から、悲しみや怒りは意識化されることを求める。

　Ｅ男のFaは、怒りと悲しみから目をそらしながら生きてこざるを得なかった。Fa が自身の人生に違和感を持ちはじめたとき、一心同体のように生きてきたＥ男が、不登校と暴力によってFaの背を押したと筆者は理解した。Ｅ男はFaのからだを殴打し続けながら、Faのこころが立ち上がるのを無意識に待ち望んでいたのだろう。Ｅ男の助力を必要とするほどに、Faの不幸の根は深かった。

　そのプロセスにおいて筆者が担ったのは、助産の役割だったと思う。機が熟したときに、手を添える役割である。健康な動物の正常な出産は助産の手を必要としない事実が、このときの筆者の指針となった。

コメント　親自身が作り物の性格を自覚していない時ですら、子どもは親の欺瞞性を見抜くものである。まして親自身自覚しており、さらにきわだって濃い関わりにあるこのモデルではなおさらである。Ｅ男は、せめても自分にだけは裸のこころを見せてほしいと願って、Faを殴り続けるのである。淋しさと悲鳴をこめて門を叩き続けている様子が哀れである。ただし叩き続ける力は、希望に支えられてもいる。絶望すると静かになり、自傷へと向う。同じ心理機制が教育の場やカウンセリングの場では、より頻発している。（神田橋）

model 047

好きな絵を介して、深刻な事態に踏み込まないままに推移した本人面接の過程

対象の生徒　中2女子G子
相　談　者　本人　Mo　不登校専任H教諭

経過の概要と対処　「まだ本人にはSCのことを話してないが」と、不登校対応専任のH教諭が相談室に筆者を訪ねてきたのは、10月も半ばを過ぎた頃だった。

H教諭によれば、G子は入学当初から不登校傾向だったが、中1の2学期から完全不登校になった。2年生になって、職員室の横にある和室で過ごす別室登校に誘うと、「行ってみようかな」と言い、ムラがあるものの週に1～3日、午後から登校して来るようになった。来ないときに家庭訪問すると、すでに昼を過ぎているのに、MoもG子も寝ている。

近く修学旅行があるが、費用を払っていない。Moに督促すると、「本人が『行きたくない』と言うので」と言う。だが旅行中の体験学習に必要な費用だけは払ってあり、G子は行くつもりでいる。

家計はかなり厳しい状態にあるらしく、校納金も納められていない。1学期の終業式から間もないある日、Faが学校に電話をしてきて、「通知表に1がついているのは、校納金を払っていないからか」と抗議めいた口調で言ったことがあった。授業に出席していないので評価のしようがないからだったが、Faの口ぶりでは、登校状況についてまったく把握していない様子だった。どうやらFaには不登校が内緒にされているらしい。

家の中はいつも散らかり放題で、ごみ箱のようにしている。G子が全身をノミに食われていたことがあり、伝染病を心配してMoに受診を勧めたが、結局、何の処置もされないままだった。H教諭は家庭の様子が気がかりで、G子に聞いてみるが、家庭を話題にするとすぐに涙ぐむので、詳しく聞けないでいる。

絵が好きで、別室でもマンガのような絵ばかりを描いている。ときどきH教諭に見せようと4コマ漫画を描いてくるそうで、H教諭は「ほめてやりたいんですが」と言いながら、「僕には何がどう面白いのか、わからな

くて」と頭をかいた。「面接をしてやってほしい」ということだったので、〈本人が了解するなら〉と承諾した。

　翌週、G子は「言われるままに」という風情で、H教諭に連れられて、相談室にやってきた。心理面接でよく用いられる描画法、スクィグル（相互なぐり描き法）に誘うと、承諾したが、いかにも筆者に付き合っているという感じだったので、自由に描かせると、慣れた手つきでマンガ風の絵を描いた。〈今、困っていることは？〉と問うと、「Faがしつこい」と言うなり、涙があふれた。時間が来たので、〈よかったら、何か描いてきてくれる？〉と数枚の画用紙を渡すと、「はい」とうなずいたが、「でも、できないかも」と予防線を張るようにつぶやいた。

　次の面接日、約束どおりに絵を描いてきた。G子が描いた人物には、それぞれに表情があった。〈今にもセリフが聞こえてきそう〉と言うと、「ストーリーマンガも書いてるんです」とカバンから出して見せてくれた。頼りないが優しい父親と、強気で快活なキャリアウーマンの母親、ボーイフレンドと遊び回る子持ちの姉と、主人公の小学生の弟という設定で、明るく軽い家族の会話が描かれていた。G子が渇望する家族の温かさが描かれているようだった。

　面接のたびに数枚の絵を描いてきたが、見る見るうちにデッサンの技術が上達してきた。筆者も見るのがさらに楽しみになってきたが、その頃から、ときどき午前中に登校するようになった。聞くと、「目覚まし時計をセットして、自分で起きている」ということだった。また、それまでは他の生徒を避けて、別室に近い正面玄関から出入りしていたが、生徒昇降口を使うようになった。

　ある日、たまたま昇降口で出会った担任が声をかけた。それまでは目が合っても無表情で、まったく反応しなかったのに、にっこり笑って手を振った。その変化は担任にとってかなりの驚きであったらしく、すぐに筆者に電話で報告があった。

　家族のことも次第に話題にできるようになってきた。筆者が〈Moの来談も検討していい〉とH教諭に伝えたと知ると、G子は筆者に「私から母に言います」と言い、Moが来談することになった。MoはFaから心身両面での暴力を受けていることや、自身が買い物でいくらかの借金を作ったことなどを語った。

model 047

好きな絵を介して、深刻な事態に踏み込まないままに推移した本人面接の過程

Moの面接が役に立ちそうだったので、〈定期的に〉と誘うと、「いいんですか？　私には話し相手がいない」と言い、その後、数回来談した。しかしやがて、Moは無断でキャンセルするようになり、自宅に何度か電話をかけてみたが通じなかった。

　G子も学校を休むようになった。以前は、面接日には無理をしてでも登校していたが、面接にも来なくなった。心配していると、数ヵ月後、久しぶりに相談室に顔を出した。〈どうしてた？〉と聞くと、「Moが調理師の免許を取るために、専門学校に朝早くから通うようになったから」とだけ答えたが、「起きても誰もいないので、そのまま寝ていた」ということらしかった。

　面接を再開した頃からG子は、しきりに「自立したい。自分だけの家が欲しい」と言うようになった。それが遠い夢であることはG子自身がいちばんわかっているはずで、筆者はただ聞き続けた。絵はさらに腕を上げていった。

　G子は3年になると、H教諭に自ら個別指導を求めて、少しずつ別室内で受験勉強をするようになり、高校に合格した。Moは調理師として、近くの料亭で働きはじめた。

　卒業前の最後の面接で〈これからも人生いろいろあると思うけど〉と言うと、「ないとつまらないですよね」と答えた。「手紙を書きます。先生も返事をください」と言い、一度だけ年賀状のやり取りがあった。

その後　どうしているかと思い、何度か電話をしたが通じない。一度は取ったが、黙って切れた。借金督促の電話を恐れているのかと邪推した。H教諭に問い合わせると、高校からの連絡では、無事3年生に進級しているということだった。

解説　大人が作り出した厳しい環境の中で、無力な子どもは耐えていくしかない。カウンセラーも状況を変化させる現実的対応には無力である。だが自身の内側にある資質の価値に気づいたとき、子どもは自力で生きる場を得ていく。コンクリートの割れ目に根付いて、花を咲かせるタンポポにいのちの本質を見るような気持ちで、大人は信じて待っていてやればいいのかもしれない。

コメント 昔と違って、今の学校は子どもたちにとって喜びの場ではない。ただひたすら消耗するだけの浮世である。エネルギー補給のために子どもたちは、学校の内や外で種々の工夫をする。その構図はサラリーマンの日常と相似である。補給の手だてを得られないと無気力になる点も、補給の手段に個性が反映される点も同じである。要は資質が開花することであり、それはいかに瑣末に見えても、自己実現の喜びである。人は困難を生き抜く力を持っている。特に子どもはそうである。非行も自己実現の一種である。(神田橋)

model 048
嘔吐を繰り返す生徒に演技による対人対処法を示唆して短期終結した過程

対象の生徒　中2女子I子
相　談　者　本人　心の教室相談員Jさん

経過の概要と対処　スクールカウンセラーである筆者は週1日、短時間の関わりなので、できることは限られているが、心の教室相談員の大学院生、Jさんが週4日、勤務しており、臨床センスのよいJさんとの連携によってずいぶん助けられていた。

I子については、養護教諭からJさんに相談があり、I子と何度か話をしたJさんが、「スクールカウンセラーによる対応が必要」と判断して、筆者に面接を依頼してきた。JさんはI子について、簡潔にまとめたメモを用意していた。

メモによれば、2年生に進級した5月からときどき胃が痛んでいたが、7月初旬から吐き気がするようになり、1日に何度も吐くようになったので、近くの内科医を受診したところ、「自律神経失調症」と診断された。医師から、「仮面うつ病の一歩手前」と言われたということだった。

さらに養護教諭からの情報として、①1年生の時に過呼吸発作で保健室に来た、②合唱コンクールで緊張から腹痛を起こして倒れた、③体育会のリレー選手になったが、スタート直前に貧血を起こし、意識がなくなった、

の3点が書き添えられていた。

　Jさんが「何か悩みでもあるの？」と聞くと、Ｉ子は「そんなに深刻なものはないけど、ソフトボール部の部活をやめたい。顧問の先生は続けるように言うけれど、部の友だちは『やめたほうがいい』と言う」と答えた。また「寝る前に、幼稚園や小学校でいじめられたことを思い出して、具合が悪くなる」とも話したということだった。

　Jさんは部活顧問の教師とも話しており、顧問によれば「Ｉ子は練習を勝手に休むことが多く、周囲からよく思われてない。本人が『部活はやめたくない』と言う」とのことで、本人の説明と若干の食い違いがあった。Ｉ子は相談室にやって来る生徒たちの間でも噂になることが多く、Jさんは、生徒たちが語った言葉を列記したメモも見せてくれたが、「親切」「明るい」などのよい評価とともに、「自己中心的」「性格が弱いので、頑張れない」などの厳しい言葉もいくつか並んでいた。

　面接を約束した日は、夏休みに入って間もなくだった。部活動の地区大会のさなかだったが、Ｉ子は「練習不十分」という理由で出場させてもらえなかった。当日、Ｉ子はかなり早くから学校に来て、「SCはまだ来てないんですか？」と教師に問うたりしていたらしい。時間になると廊下から職員室内を覗き込み、目が合うと人なつこい笑顔を浮かべた。

　吐き気は続いているそうで、内科から胃酸を抑える薬と、胃粘膜を保護する薬とが出されており、「薬を飲まないと吐いてしまう」ということだった。

　家族構成を問うと、各人の特徴を饒舌かつドラマチックに描写した。Faは学生時代から頭がよかったそうで、名門私立大学を卒業して、筆者も名前を知っている企業に勤務していた。Moはパートで働いているが、「私だけが忙しい」が口癖。妹がふたりいるが、中の妹はすべてに要領がよく、両親にかわいがられている。下の妹は成績がいいので、Moのお気に入りだが、態度がうざいので、いじめられている。祖父母が同居しているが、祖父が認知症であるらしく、祖母がいらだつ様子が詳細に語られた。

　〈吐き気に思い当たるきっかけは？〉と聞くと、①部活をやめる、やめないでもめた、②勉強が追いつかない、③好きな人にふられた、④友だちとケンカ、を順番に挙げた。

　そこで〈それらは結局どうなった？〉と問うと、①は顧問の先生と電話

で話して、復活することにした、②は体育の教師がうざいので、見学ばかりしていたら、1をつけられたので公立高校の受験は諦めた、③は相手にふった理由を聞いたら「目立ちたがりだから」と言われたので諦めた、④は相手が泣いたので、仲直りすることにした、とこれも順を追って答えた。表層的な話ではあったが、I子なりの洞察めいた言葉もところどころで語られたので、筆者も調子を合わせながら聞いた。

　I子は将来について、「演技の勉強をして、役者になりたい」と話した。そこで〈苦手な体育の教師に気に入られそうな、いい子を演じる練習をしてみたら？〉と提案し、〈そのときに先生の反応がどう変化するかを、よく観察しておくことが大切。演技の勉強はまず観察から〉と言うと、うれしそうにうなずいた。

　筆者はI子のために、夏休み期間中にもう一度、面接の機会を設けた。1ヵ月後に会うと、吐き気はおさまり、薬も飲んでいないということだった。

　だが「もう学校にもどりたくない」と言うので、〈どうして？〉と問うと、ある大学が主催した中学生のためのサマースクールに参加して、大学生の指導で勉強したが、そのときに、学習内容がよく理解できたからだと説明した。そして「大学生が勧めてくれた参考書を使って、家で自習したほうが、効率がいい」と主張するので、筆者が〈さて、出席日数が稼げないけど、高校受験はどうするの？〉と返すと、あっさり納得して、自説を引っ込めた。

　またサマースクールでリーダーになり、他の人が散らかした部屋を「リーダーの責任」と片づけさせられることがあり、そのときに吐き気があったということが話された。そこで〈何かを押し付けられて、我慢してやっていると吐き気が起こるのかな？〉と問うと、「そう、そうだと思う」と自身に確かめるように答えた。

　この面接で、I子は気に入らない教師の授業について、物まね入りで話した。「その教師の授業時間は『気分が悪い』と言って、保健室に逃げ出すことにしている」と言うのを聞いて、筆者は思わず、〈わがままやねぇ〉と感想をもらした。筆者の率直な言葉に、I子も、つられたように「そうですよねぇ」と答えた。

　筆者の勤務時間の都合で、新学期以降も面接を継続するとなると、授業

時間と重なってしまうため、吐き気もおさまったことでもあり、〈必要なときには、昼休みにでも時間をとるようにする〉と伝えたうえで、いったん終結にすることにした。

相談員のJさんに面接の概要を申し送り、担任には〈本人もわがままと自覚はしているようですよ〉とだけ伝えた。

その後　　2学期になると、体育委員を引き受け、「うざい」体育の教師ともうまく付き合うようになった。Jさんは筆者に「関わってくれる人を求めていたんですね」と話し、I子を気にかけて、折々に話しかけるようにしていた。吐き気はなくなったものの、その後もときどき、口実を見つけては保健室に逃げ込んできていた。1年後、たまたま保健室で出会ったが、そのときの表情には、以前の、周囲から浮くような感じがなかった。志望の高校に合格して、進学していった。

解説　　I子のように一見、活発な自己表現をする人は、気楽な雰囲気をかもすので、周囲も遠慮なしに物を言える気分になる。軽い人間だと思われるので、言われることの多くは、我慢や思慮の欠如を指摘するものとなる。I子が「いじめられた」と受け取った過去の出来事の多くは、それであったろう。反省を求められる体験を重ね続けた結果、カウンセリングの場においても、洞察を求められると、すぐに反省ばかりがこころに浮かんで、かえって状態を悪くする。

身体症状は、自他への無意識の演技を続けて、心身に負担をかけ過ぎた結果である。他者への演技を意識的にやるようにすると、自己に向けた演技、言いかえると自己欺瞞に気づく。そのときには反省のフィルターを通さないので、自己防衛の機序が作用せず、代わりに自己受容のしみじみとした味わいがある。

コメント　　人生において、受け身で耐えることを得意とする資質は稀である。何らかの形で状況に対処する積極的姿勢を持つのが普通である。その姿勢が自己を支える。I子の対処法には内省・自己観察という作業がほとんど欠けている。言いかえると外交的対処法だけである。「演技」という典型的な外交的対処法はI子に最適である。

加うるに、その対処法を意識して用いるには、状況や相手を観察する作業が欠かせない。したがってこの一つの対処法が、最もＩ子を支えるだけでなく、さまざまな能力を開発するのだろう。（神田橋）

model 049
『はずす』と言わない約束が奏功した
トラブルを起こす女子生徒との短い面接

　　　　　　　　　対象の生徒　中１女子Ｋ子
　　　　　　　　　相　談　者　本人　Ｍｏ　担任　心の教室相談員Ｌさん

経過の概要と対処　Ｋ子については、まず心の教室相談員のＬさんから、面接と面接の合間に、「５分でいいから」と相談があった。「担任から『ＳＣの意見を聞いてほしい』と頼まれた」ということだったが、Ｌさん自身も対応に困っている様子だった。

　Ｌさんは、各クラスを巡回して生徒と一緒に給食を食べていた。Ｋ子の学級に行く日に担任から、「Ｋ子の言動に傷ついて、欠席が増えている女子生徒の様子を見てほしい」と頼まれた。だがその生徒よりも、Ｋ子のほうが気になった。周りの状況を考えずに、大きな声で休みなく話し続けて、Ｌさんを独占したがり、相手になってもらえないと、途端に不機嫌になる。

　「どう理解したら」ということだったが、短時間の話では、答えようもなく、担任も筆者との面談を希望とのことだったので、次の勤務日に時間を調整して会うことにした。

　担任は中年の女性で、Ｋ子を含む数人の気になる女子生徒の特徴と、入学以来のトラブルの経過を表にして持参し、熱心な指導ぶりがうかがえた。Ｋ子はいじめられている生徒をかばったり、からだの弱い子の世話をしたり、よい面も多いが、自己顕示欲が強く、気に入らないとなると、露骨な仲間はずしをしたりする。言葉づかいも乱暴で、学年の教師の間でも、「扱いにくい子」「両刃の剣」と話題になっているということであった。

　筆者はいくつかのトラブルの具体的内容を聞いて、教師が案じているほ

どには、根が深くないのでは、と感じた。そこで〈こころの中にあるいいものを認めてあげて、その表現の仕方を具体的に指導してあげるといいのでは〉と話し、社会的場面での対人技能を訓練するSST（ソーシャル・スキル・トレーニング）と呼ばれる方法に近い対応を勧めた。

　次の勤務日、授業時間中にK子がひとりで相談室にいるのを見かけた。Lさんによれば、「些細なことから仲間はずれにされたと思いこんで、この数日、教室に入れないでいる」ということだった。K子に話しかけてみると、いかにも驚いたように「はぁっ？」と返してきた声が不自然に大きかった。

　その次の勤務日に、担任から再び「短時間でいいから」と面談の希望が入った。放課後、K子を残して、友だちとの話し方の指導をしたところ、数日でMoから、「先生に呼ばれるので登校したくないと言っている」と抗議の電話があったということだった。担任は筆者の助言を早速取り入れて、連日、時間を取って、指導を試みていた。

　さらにK子が、「誰それをはずそう」とメールを送ったことから、トラブルが起きていた。担任はK子を放課後に残して指導し、「反省文を書いてくるように」と伝えて帰した。ところが、その帰り際にも、同級生の靴に「やっぱり、誰それをはずしたほうがいいと思わない？」という手紙を残した。

　その1時間後、自宅で書いた反省文を、Moに付き添われて持参したが、「誰それに先生から言ってほしい」などの要求することばかりが書いてあった。Moも立腹した様子で、担任に「他の子にもきちんと指導をしてください」と言ったが、K子が同級生の靴に残した手紙を見せると、青ざめていたということだった。

　さらに担任からは、Moが校長宛に手紙を出したらしいということも話された。匿名だったが、書かれた内容から、Moだと容易に推測できた。

　筆者は、対応しなくてはならない担任の苦労を思いつつも、証拠として残る手紙やメールを使うやり方に、根は気のいい親子の姿が浮かんだ。Moもどう対応したらよいのかと困り果てて、校長に相談するつもりで、手紙を書いたのだろうと想像した。

　その後も、いくつかのトラブルがあり、K子が「教室に入れない」と訴える状態が続いて、Moが来談することになった。

Moは、K子が塾でも男子に暴力を振るい、「面倒を見きれない」と退塾を求められたという話をした。不利な話題を隠さずに話す様子から、率直な人柄を感じた。Moも、K子の言葉づかいが荒いことや、友人関係をうまく保てないことは承知しており、対応に困っていた。だが、小さい子どもの面倒はよく見るし、家事もよく手伝うということで、筆者は〈そのK子が本来だと思う〉と答え、対応を一緒に工夫していく約束をした。

その日の面接をすべて終えて、記録を書いているところに、ノックもせずに、K子が入ってきた。黙って筆者の前の椅子に座ったので、〈誰かに行くように言われたの？〉と問うと、「ううん」と首を振り、〈自分で来ようと思ったの？〉と問うと、「そう」と答えた。容易に垣根を越えてくる様子に、かわいがられて育った子の愛らしさが感じられた。

筆者は記録を書きながら相手をしたが、〈Moが小さい子の世話が上手だと話していた。K子は、本当は優しい子なんだろうね〉と言うと、急に涙ぐみ、「言葉が通じる人と話すのは照れくさい」と答えた。筆者は一瞬、意味がわからなくて戸惑ったが、「言葉が話せないくらいの小さな子となら、うまく付き合える」と言おうとしているのだと了解した。

K子の言語能力のレベルが了解でき、これが人間関係で誤解を生じさせているのだろうと推測できた。そこで〈『ありがとう』とか『ごめんね』とか、いい意味だけを持つ言葉を使う練習からするといいんじゃない？〉と返すと、「『ありがとう』は言えるけど、『ごめんね』は言えない」とぼそっと答えた。

時間が来たので、〈じゃ、約束。『はずす』という言葉をしばらく使わないように練習しよう〉と言うと、「約束する」とはっきり答え、どちらからともなく指切りをすることになった。K子がしばらく指を離さないので、次にMoと会う日を伝えた。K子も来談できる時間帯だったので、〈あなたも来る？〉と問うと、「来るっ」と元気よく答えた。

それから1週間、K子は同級生に相談室まで迎えに来てもらって、教室に行くことを続けた。その後は、普通に登校し、教室で授業を受けるようになって、担任から「完全復活しました」と笑顔で報告があった。『はずす』という言葉を使わなくなると同時に、K子が中心になったトラブルも減ったということだった。

その後　教室に復帰できたので、取りあえずMoの面接は終結したが、K子は担任の承諾を得て、昼休みに筆者との面接に来るようになった。その後、これも担任の承諾を得て、いじめに遭っている同級生を連れてくるようになった。お節介からトラブルに巻き込まれてしまうことは、相変わらずのようだったが、以前のように大きな問題になることはなくなったので、間もなく終結にした。その後も、校内で筆者を見かけると、声をかけてくることがあった。ある日、〈約束、守れてる？〉と聞くと、「守ってるよ」と即座に答えた。終結から1年が経過していた。

解説　K子のクラスには不幸な家庭の事情を抱える生徒が複数いた。それらの子どもたち全体に目配りしなくてはならない担任にとって、傑出したエネルギーを持つK子は「扱いにくい子」だったのだろう。
　おそらくK子もK子なりに、不幸な同級生たちの力になろうとしていた。だが幸せな人が不幸な人の気持ちを理解しきれないと同様に、不幸な人も幸せな人の言動の真意を理解できないことが多い。そのディスコミュニケーションの核心に働きかけても、お互いの傷口を広げるだけになる。核心によい作用が及ぶようにと願いつつ、核心から少しずれたところに働きかけると、案外うまくいくことがある。

コメント　ある特定の言葉が繰り返し使われるのを見たら、①そこに、その人の外界への姿勢の特徴を読み取ることができる。「要するに」、「実は」などは、その例である。また繰り返し使われる言葉は、②辺縁にあるさまざまな意味を包含するようになり、概念としての明細さを失い、鳴き声のレベルへと退化する。さらには外界への姿勢を画一化する。本モデルの「はずす」はそうであり、「両刃の剣」「反省文」などもそうである。意味のより明細な言葉へ置きかえようと努力すると、認識が細やかなものとなる。もともと道具である言葉にもたれかかると、いのちが言葉に支配される。（神田橋）

model 050

「こころに穴が開いている」と言い、淡々と話し続けた男子生徒の本人面接の過程

　　　　　　　対象の生徒　中2男子M男
　　　　　　　相　談　者　本人

経過の概要と対処　　M男については、養護教諭からカウンセリングの依頼があった。

　M男が保健室にふらっとやって来て、「最近、姉に暴力を振るわれる」と言ったので、養護教諭が「そんなとき、どうするの？」と問うと、「別に。姉が大事にしているCDを捨てる」と答えた。その口調が淡々としていたので、養護教諭はかえって気になり、担任に報告した。

　担任も生活実態調査のアンケートに、M男が父母に関して突き放すような言葉を書いており、それに「ぞっとする冷たいものを感じた」ところだったので、養護教諭と話し合って、筆者のカウンセリングを受けさせたほうがいいのではないかということになった。そこで担任からM男に話したところ、あっさり承諾したということだった。

　その頃、M男はよく職員室で話題に上っており、「何とも表現しがたい、変わった子」というのが、彼に関わった教師の一致した見解だった。

　放課後、相談室にやって来たM男は、きちんと挨拶をし、ソファに背筋を伸ばして座った。お茶をいれて出すと、行儀よく飲みながら、「何もやる気にならない。表面は人に合わせて明るくしているが、内心は違う」と話しはじめた。〈自分のこころによく気がついている〉と返すと、「小学校の頃からずっとこころに穴が開いていた」と言い、〈何かきっかけがあったの？〉と問うと、「わかりません」と答えた。

　家族構成を聞くと、M男は両親の年齢を答えられなかった。Faについては「話をしない」、Moについては「物を投げる」と言い、Moの仕事は「パート」と即答したが、Faの仕事は「よく知らない」と答えた。Moの実家とは交流があったが、Faの両親については「会ったことがないので」と答えて、生死を問うても、首を傾げた。

　次の面接は冬休み明けだったが、M男は忘れずにやって来た。正月は

Moの実家に行ったそうで、「Gmは嫌いだが、Moと一緒じゃなかったから楽しかった」と笑顔で言い、「Moの実家では眠れたが、自宅に戻ってからは眠れない」と訴えた。またFaの携帯を盗み見て、「ふたりの女性から、浮気の証拠のメールが入っているのを見つけた」と手柄話のように話した。もちろん筆者に真偽の確かめようもなかった。

また前回、カウンセリングを終わって帰宅したら6時を過ぎており、Moが「遅すぎる。次は学校に電話する」と怒鳴ったので、「5時半までに帰り着きたい」と話した。教師からの依頼だったので、筆者はうかつにも保護者の了解を確認していなかった。そこで〈今からでも了解を〉と提案したが、M男は「Moに知られたくない」と譲らなかった。〈もし知られたら、どうなりそう？〉と問うと、「『家庭がおかしいと言うのか』と怒りはじめて、大変なことになる」と言うので、〈いつか話せるようになるといいね〉と答えて、とりあえず内緒にすることを約束した。

その後もM男は忘れずに面接にやって来た。「最初にカウンセリングを勧められたときには来たくなかった。でも会ってみて、SCと僕の間には境目がない、同じ人間だと思った」と言い、「やっと話せる場所を見つけた」と陽性感情を示す言葉を続けたが、口調は淡々としていた。

またMoが多量に飲酒すること、MoがGmに「M男はいらない」と言うのを聞いたこと、成績のよい姉がMoの前でいい子ぶることなどが、これも淡々と話された。

数回の面接を続けたある日、「最近、こころが解放された感じがする」と言い、「塾の帰りにGmの家に寄る」と親に嘘をついて、実際は駅前の路上で歌っている人の歌を夜遅くまで聞いていることを話した。筆者は止めるべきかと迷ったが、〈事故のないように〉と念を押すにとどめた。

すると「小2のとき、いつの間にか遠くの歓楽街に来ていて、知らない人に声をかけられて気がついた」というエピソードが語られた。交通費は、たまたま出し忘れてカバンに入っていた校納金を充てたということだった。

間もなく修学旅行に行き、「SCが好きだろうと思ったから」とお土産に抹茶を買ってきた。〈よく気がついたね〉と言うと、「SCと話すようになって、自分の考えが頭に浮かぶようになった」と話し、抹茶と交換のように、相談室の本棚から本を借りていった。

筆者は、M男のこころが動きはじめたことを危なっかしく感じて、〈何

かあなたを支えるものが見つかるといいと思う〉と言ったが、M男は「自分にはやりたいことがない。『何かをしたい』という感情がわからない」と答えた。

それから数ヵ月が過ぎた頃、M男は万引きをし、警察に通報された。M男はその少し前、姉に「SCのカウンセリングを受けている」と打ち明けていた。万引き事件の後、姉からカウンセリングのことを聞いたMoは、担任に「親の承諾なしで」と抗議し、「今後は家庭で指導するので、学校は休ませます」と激しい口調で伝えてきた。

次の勤務日に、筆者は担任から事の顛末を聞いたが、M男はすでに数日欠席しており、担任は対応に困惑していた。担任は危ぶんだが、筆者はMoに電話をすることにした。

Moは「あの子が何を話したか知りませんが、嘘をつく子ですから」と一方的に言い、取り付く島もない様子だったが、筆者が〈M男の言葉はすべて、Moを案じる気持ちの表現に聞こえた〉と言うと、しばらく無言が続き、「それが言いたくて、電話をしてきたのですか」とだけ答えて、電話が切れた。

翌日、担任が電話をすると、Moの口調が柔らかくなっており、M男が登校してきた。

それからM男は相談室に来ることもなく、廊下ですれ違っても気づかない様子だったので、筆者も声をかけずにいた。だが2ヵ月ほど過ぎたある日、渡り廊下の上から筆者を見つけて手を振ってきた。ひと段落ついたのだろうと思った。

その後 担任によれば、奇妙な感じは次第に薄れていき、Moと担任の関係も平穏に推移したということだった。3年生になって勉強をするようになり、姉とは別の進学校に進んだ。

解説 筆者はM男との面接に、Moへの当てつけの雰囲気をずっと感じ続けていた。筆者に向けられた好意の感情の言葉はすべて、本当はM男がMoに伝えたい言葉だった。

家庭内の詳しい状況は聞いていないが、おそらく機が熟して、万引きという行動化が起こり、筆者がM男の気持ちを代弁する場がしつらえられ、

筆者がそれに乗せられたと理解するのが妥当だろう。筆者の行動化である。

筆者は中学生の本人面接には、可能であればお茶を出すようにしている。茶葉を替え、熱い湯を注ぐ時間には、くつろいだ雰囲気をかもすと同時に、思春期の子どもたちを大人として遇して、退行を程よいレベルで止める効果がある。コーヒーや紅茶ではなく、緑茶がよいと感じる。

コメント　「こころに穴が開いている」人は沢山いる。おおかたは「穴」に気づかぬように工夫して暮らしているので、「穴」に気づかせる作業がカウンセリングである。「穴」に気づいたら、その穴を何で埋めるかが次のテーマとなる。その人の資質に合った活動が穴を埋める。つまり穴とは、自己実現の穴、真の自分への穴である。M男のように初めから自分の穴に気づいている人の場合は通常、コミュニケーションとか理解しあうとかの人間関係が穴を埋める。
（神田橋）

model 051
カウンセリングを希望した女子生徒が、抜毛を経て、現実に戻っていった過程

　　　　対象の生徒　中3女子N子
　　　　相　談　者　本人　Mo

経過の概要と対処　N子は中3になってから学校を休みがちになり、登校しても保健室で過ごすようになっていた。担任から「本人がSCに話を聞いてもらいたいと言っている」と依頼があって、カウンセリングを引き受けることになった。

来談したN子に、〈いちばん聞いてほしいことは？〉と問うと「学校のこと」と答えたので、〈それが今、言葉にしやすいということかな？〉と返すと、一瞬考えてから、こっくりとうなずいた。「友だちと話していると、相手が本当は自分のことが嫌いなんじゃないかとか、自分が言ったことを違うように受け取られたのではないかと気になる。相手を信じられない自

分がイヤ」と言い、うっすらと涙ぐんだ。

〈それはSCとの間でも起こることかもしれないね〉と言うと、N子はそれには答えないまま、両親が数年前に離婚し、いったんは姉とともにFaと暮らすことに決まったが、結局、Moに引き取られたことを話しはじめた。そして「Moは『違う』と言うけれど、本当はFaもMoも、私たちが要らなかったんじゃないかと思う。もともと、できちゃった結婚だったと聞いたし」と話した。

その日は両親の離婚によって、振り回された経緯が話された。そこで面接の最後に〈今日はN子さんの苦しさのテーマについて聞いたと思う〉と伝え、〈SCもカウンセリングが役に立ちそうだと判断した。来週から昼休みの20分をN子さんのために空けておく〉と約束した。

翌週、N子は時間どおりにやって来た。そして小学校時代からの友人から「もうひとりの友人とN子と私と、いつも3人でいようね」と言われたが、もうひとりの友人が自分を嫌っているように感じると訴えた。筆者はフロイトの名を挙げて、〈自分の気持ちが相手の気持ちであるように感じる、投影というこころの働きがある〉と説明して、〈相手が本当に嫌っているのが何％かな、自分が嫌われていると感じるのが何％かな、というふうに考えてみると、自分の気持ちがまた違う角度から見えるようになるかもね〉と付け加えた。

後で養護教諭から、N子は保健室に戻ってくると、興奮した様子で「カウンセリングがすごくよかった」と言っていたが、養護教諭が「どういうふうによかったの？」と聞き返すと、黙ってしまったと聞いた。

翌週、N子は学校を休んでいた。次の週に来談したので問うと、「なんとなくきつかった」と答えた。そして「最近、寝ている間に髪の毛が抜けている」と話しはじめ、それを知った担任が病院受診を勧めることや、不機嫌になると、Moも担任も「何がイヤなの？」と聞いてくるけれど、自分でもよくわからないことなどを話した。

筆者は〈これ、と言えるように、その問題が扱えるようになっていないということだと思う〉と答え、〈だが授業に出ることや、受験の準備をすることなどは大変だけど扱える現実の問題。扱えない問題の解決には時間がかかるかもしれないから、現実は現実でやっていきながら考えよう〉と提案した。

N子の抜毛を心配した担任は、Moも筆者と面談するのがよいだろうと、すでにN子の了解を得ていた。筆者はN子の自主性を尊重することが有効だろうと考えていたので、次の面接でN子に、〈あなたの了解をもう一度、確認しておきたいのだけれど〉と伝えた。

　するとN子は「この前、髪の毛が抜けていると言ったけど、本当は自分で抜いている」と話しはじめた。〈抜くと、気分はどうなる？〉と問うと「少しすっきりする」と答えたので、〈それは気持ちの苦しさを自分で治療しようとする工夫のように思える〉と返し、〈どこですっきりするんだろう？〉と順を追ってたずねていった。

　N子はやや戸惑っている様子だったが「髪の毛が固まって、そこにあるのを見ているうちにすっきりする」と答えた。そこで〈何がイヤなのかわからないと先週言っていたけど、髪の毛が固まってあることで、苦しみが形として見えてくるのかなって想像した。『今日はこれくらいの髪の毛を抜くとよさそう』と絵に描いてみるといいかも〉と伝え、髪の毛を抜くことで、自分の内面がどう変化するかを観察してみるように勧めた。

　その後、来談したMoは「離婚のトラブルを、子どもたちに見せたことがよくなかったのだろう」と話し、N子の姉も一時期荒れていたが、最近は「Moも大変だったね」と言ってくれるようになったと涙ぐみ、「姉と同じようにN子も立ち直ると思う」と話した。筆者は抜毛について、〈N子と話したときに受けた印象から、当面は薬物に頼らずに対処したほうがよいと思う〉と伝えた。

　翌週、N子は「相談室のドアが閉まっていたから」と、廊下で10分以上も待ち続けていた。筆者もN子を待ち続けていたので、〈ドアを開けておけばよかったね〉と言うと、ほっとしたような笑みが出た。そして「今朝、1時間も電話のベルが鳴っていて、いたずら電話とわかっているから取らないという夢を見た」と話したので、ノックに気づかなかった筆者のことと重ねながら聞き、〈何かがあなたのドアをノックしているという解釈はどう？〉と返した。N子はしばらく考え込み、曖昧な返事をした。

　その日は「友だち関係の気まずさにうんざりする」という話も出た。〈関係に振り回されている感じ？〉と問うと、うなずいたので、〈何かをやり遂げたという実績が、あなたを内側から支えるような気がする〉と伝えた。

　翌週、担任から「N子が『SCに勧められたから』と教室に入るように

なった」と聞いたが、数週間もすると、また休みはじめた。だが間もなく登校するようになって、来談した。

　表情がよいと感じたので、〈何があった？〉と問うと、休みはじめたのが班替えのすぐ後だったので、担任から「それでは一緒の班になった人が不愉快だと思わないか」と言われて、「相手の立場から見ることをしてなかったと気づいて、ああ、そうか、と思ったらすっきりした」と話した。了解を得て、N子の言葉を担任に伝えると、「その話をしたときから、担任やクラスメートと距離を置くような態度が減っている」ということだった。N子のこころが現実に向かいはじめているのを感じた。

　その後、Faからの養育費を期待できない事情が生じて、公立高校一本で受験することになり、昼休みは教室で受験勉強をするようになった。自ずと来談しなくなったので、N子の意向を確認して、終結とした。抜毛行為は、N子自身もいつからだったか覚えていない間に消失していた。

その後　志望した高校に合格し、明るい声で合格を報告してきた。アルバイトで家計を助けながら、通学している。

解説　子どもは、大人が作り出した困難に対しては無力なので、意識された無力感が生じることはない。生きていく現実への悲しみが生じるだけである。悲しみはただ受け止められることを求める。

　大人は困難に働きかける力を多少持つので、ままならない現実に無力感が生じる。子どもの悲しみは大人の無力感を刺激するので、さまざまな反応を引き出して、悲しみはしばしば受け止められそこなう。受け止められなかった悲しみは、症状となって、大人のこころのドアをノックし続ける。

　学校現場には、大人である教師の無力感、親の無力感と、子どもたちの悲しみが錯綜する場面が少なくない。スクールカウンセラーの外部性が、子どもたちの悲しみを受け止めるのに役立つときがある。

コメント　問題が深刻でも健康度の高い子どもでは、深層心理学の内容解釈をつまみ喰い的に提示することが役立つ。その際の要点は、①体系だった解釈にせず、占い遊びのような遊び半分の雰囲気を保つ、②別の視点を示唆することで、こころの余裕を作るのが目的であ

るから、「という考え方はどうかな？」と軽い雰囲気で提示する。抜毛は自傷行為の一種であり、リストカットよりも自己攻撃の要素が少なく、他者攻撃と自体愛の割合が多いと考えておくとよい。
（神田橋）

model 052

核心に触れぬまま、複数のサポートの連携で支えた不登校女子児童の回復過程

　　　　　　対象の児童　小6女子O子
　　　　　　相　談　者　Mo　本人　小学校担任　中学校担任
　　　　　　　　　　　　養護教諭

経過の概要と対処　O子に、仲良しと言えるような友だちがいないことが担任も親も気がかりだった。それが原因とは言い切れないが、5年生の後半からぽつぽつと休むようになり、6年生の2学期になるとさらに休みが増えた。来談したMoによれば、休みはじめた頃に初潮があり、同居している姑から「体調の変わり目だから、そっとしておけばいい」と言われたので、放っているうちに欠席が増えてきたということだった。

　Moが「原因がわからない」と首を傾げるばかりだったので、筆者は家庭の状況を聞いた。

　O子は3人兄弟の真ん中で、中学生の兄は部活強豪チームのレギュラー選手で、欠席はまったくない。弟も友だちができにくいが、今のところ、学校を休むことはない。姑は無職で家にいるが、家事のほとんどはMoがひとりでやっている。FaはO子が休みはじめる少し前から体調を崩しており、最近、退職した。家計は現在、民間企業で正社員として働くMoの収入で支えている。Faは数ヵ月入院していたということだったが、病名は聞かなかった。

　家庭内の状況が多分に影響していると推察されたが、Moからは、それ以上、踏み込んで聞いてほしくないという気持ちが伝わってきた。そこで

〈担任と連携しながら、学校でのサポートを中心に援助していくようにしたいと思うが〉と伝えると、Moもそう希望した。また「仕事が忙しいので、継続して来談は難しい」ということだったので、〈必要なときにはいつでも〉と伝えて別れた。

　2週間後に、担任が来談した。Moの来談以後、ほとんど欠席はなくなっていたが、友だちへのなじめなさは相変わらずということだった。O子はときどき、「誰それさんが、先生がいないときに、おしゃべりしていました」などと言いつけてくることがあり、担任は「6年生にしては、精神的に幼い」と感じていた。筆者にはそれが、人とうまく関わることができないO子のかまってもらいたさの表現であるように感じたので、担任にそう伝えた。

　担任はその後も対応に迷うと、筆者に相談してきたが、作業の手伝いをさせるなどの工夫を重ねるうちに、登校するようになり、たまに欠席する程度で卒業を迎えた。

　中学に進学後もしばらくは問題なく過ごしていた。ところが2学期になると、まず小学生の弟が欠席がちになり、同じ頃からO子も欠席が増えてきた。兄だけは、順調に登校を続けていた。O子はたまに登校しても、保健室で過ごすことが多く、養護教諭はときどきMoを呼び、担任や学年主任をまじえて話し合いの場を持っていた。筆者は担任や養護教諭の相談に乗りながら、様子を見守っていた。

　2年生になると、登校日数は増えたが、ずっと保健室にいるようになった。養護教諭は心の教室相談員とともに、とりあえずは保健室登校が継続的にできることを目標にO子とつき合っていた。O子は、保健室にやって来る生徒たちの会話に加わらず、たまに鋭い内容の言葉を発することがあったが、ほとんど無言で過ごしていた。

　2学期になっても教室に入る様子がなかったので、担任がO子に筆者との面接を勧めてみると承諾したとのことで、カウンセリングの依頼があった。当日は養護教諭がこまめにMoと連絡を取って、O子は登校をしぶっていたが、Moが会社を抜けだして、カウンセリングの時間に間に合うように学校まで送り届けてきた。

　緊張した様子のO子に、〈言わなくてもいいけれど、学校に来たくない理由が自分でわかっている？〉と聞くと、はっきりとうなずいた。その様

子に〈それはSCに言ってもよさそうなこと?〉と聞き返すと、「頭が痛くなるから」と答えた。そこで〈それも毎日続くと、信じてもらえなくなるんじゃない?〉と返すと、さらにはっきりとうなずいた。

話しながら姿勢を見ていると、肩甲骨がまったく動いていなかった。〈肩こりがしない?〉と確かめると「いつも痛い」と答えたので、〈肩こりも頭痛の原因の一つになる〉と伝えて、からだを緩める体操を教えた。筆者がからだの問題として理解したことに安心したのか、O子は毎週、来談するようになった。

担任は英語科の教師だった。養護教諭から「英語は好きらしい」と聞いていたので、数回目のカウンセリングで〈担任から事前に習っておいたら、その授業だけ教室に入ってみることはできそう?〉と問うてみると、うなずいた。そこで担任に連絡を取ると、すぐに個人指導の時間をとってくれ、教室に入ることができた。その後、徐々に教室に入る時間数が増え、修学旅行にも参加した。

その頃、教育委員会から「不登校生徒に家庭訪問する大学生を採用したいので、いい人がいたら紹介してほしい」という話が筆者にあり、知り合いの女子大学生を紹介した。その大学生が中学に来た日、たまたま同席したO子が、日ごろの無口からは考えられないほどによく話した。そこで学校や教育委員会と協議して、校内の一室で勉強を教えてもらうことにすると、その大学生が中学に来る日には確実に登校するようになった。

だが学校現場において、O子だけの特別扱いは許されないものだった。筆者はその事情をO子ならわかると判断して、〈周囲を納得させるだけの成果を見せれば、理解を得やすいのだが〉と話してみた。ちょうど3年生に進級の時期であり、担任は「始業式から教室に入るように強く指導したい」という意向を持っていた。筆者は養護教諭から聞く様子からも、O子の精神的健康度は高いと判断し、担任の意向を支持した。O子にも〈始業式から、教室に入ることはできそうかな?〉と問いかけておいた。

O子は2年生最後の修了式の日、初めて1日を教室でみんなと過ごし、3学年の始業式から遅刻もせずに登校するようになった。心配された体育会の練習の時期も無事に乗り越え、週2回、放課後に大学生から勉強を教わりながら、毎日、登校を続けるようになった。

その後間もなく、大学生が他の不登校生徒への対応で手一杯になり、O

子の個人指導は不可能となった。また休みはじめるのでは、と教師も筆者も心配したが、そのまま登校を続けて、卒業していった。

その後　志望した高校に合格し、通学を続けている。

解　説　認識を広げ、かつ精緻にすることでこころが変化し、行動の選択がより自由になるのが、言語を用いたカウンセリングの機能である。カウンセラーはその作業の手伝いをする。スクールカウンセラーも同様である。

　一方でスクールカウンセラーは、学校生活の現実も共有するので、現実の人間関係から働きかけられ、かつ、こちらからも働きかけることができる。現実場面での行動が広がることによってこころが変化する体験は、日常生活でもよくあることなので、自然な展開になる。目で確かめることのできないこころに働きかけるアプローチから入るより、大きな失敗をする危険も少ない。そう思って見回すと、学校現場には活用できる資源が豊富にある。

コメント　一つの結果をもたらす複数の事情があるのが世の中である。さらに原因となった事情は変更不能なものが多い。そのことから、原因さがしは治療的成果を得にくいことが多い。事情を明らかにせぬままに事態が好転したケースは、例外ではなく、理想的ケースと呼ぶべきかもしれない。

　一つの結果と見えるものも、実は心身反応である。心身は本質として一体であり、特に子どもへの援助に当たっては、心身一体としての働きかけが有用である。そのコツは、身体に働きかけているときは、こころにも働きかけているのだと意識しておくこと、そしてこころに働きかけているときは身体の変化に注目しておくことである。（神田橋）

model 053

保護者への対応で「うつ」になった教師が
怒りを自覚して復職するまでの過程

相　談　者　中学校Q教諭

経過の概要と対処　筆者が配置されていた中学校から異動した教師から、「転任先の中学にはスクールカウンセラーが配置されていないので」と、職員研修会の講師に招かれた。研修会を終えた後、その教師の計らいで、個別の相談を希望する教師数人のための時間が設けられていた。そこで出会ったのが、Q教諭だった。

　Q教諭は中堅の女性教師で、3年生の担任だった。卒業式も間近の時期で、本来なら張り合いのある日々のはずだが、憔悴しきった表情で、話しはじめると間もなく涙があふれ出てきた。それでも冷静に事態を説明しようと努める姿から、本来は有能で意欲のある教師だろうと感じた。

　Q教諭のクラスのP子は学力も運動能力もやや劣る子どもだった。Q教諭は言及しなかったが、軽度の知的障害があったのかもしれない。両親はP子を溺愛しており、何かと苦情を申し立てるので入学当初から教師を悩ますことが多かった。それでもどうにかやってきて、2年生のときの担任の若い女性教師とはある程度、関係もよかったらしい。

　ところがQ教諭が担任になってからは、些細な言葉の行き違いからもめるようになり、Q教諭が熱心に関わろうとすればするほどこじれて、両親は「担任の対応が悪くて、P子のこころが傷ついた」とあちこちの病院へ連れていくようになった。

　そして専願入試で高校に合格が決まると、「学校が悪いのだから、登校させなくていい」と言う医師を見つけて、その病院に入院させてしまった。「入院させるほどの状態ではない」というのが全教師の一致した見解で、両親を説得して、卒業式に出席させることがP子にとってよいだろうと、学年の教師が協力して、さまざまな働きかけが行われていた。

　Q教諭の相談は、「卒業文集の原稿を数日中に受け取りたいが、その催促の電話を私がしていいだろうか」というものだった。2年生のときの担任が、「私とMoの関係はよかったから、私が対応しましょう」と申し出

ているそうで、管理職もそう勧めるということだった。

　Q教諭は、旧担任の善意と管理職の配慮からと理解していたが、筆者は、それでは担任の立つ瀬がなかろうと感じた。また満身創痍でひとり、嵐に立ち向かっているような姿が痛ましくもあったので、〈先生はどうしたいのか？〉と問うと、Q教諭はきっぱりと「私がしたい」と答えた。〈だったら先生がなさるのがいいと、私は思う〉と筆者は返した。1回限りの短時間のコンサルテーションだったので、その日は具体的対応だけを話題にして終わった。

　結果を問うこともないまま4月になったある日、筆者が勤める病院の心理室に、受付スタッフから「かしま心理士のカウンセリングを希望の患者さんが来ている」という連絡があった。受付まで出向くと、やせ細ったQ教諭が、ロビーに立ちつくしていた。

　筆者の顔を見るなり泣き出したQ教諭を待合室の隅の椅子に座らせて話を聞くと、「卒業式までは何とか頑張って、P子も出席した。だがそれから眠れず、食事もとれない状態になり、どうにも勤務を続けることができなくなった」と言い、知人を通じて筆者が勤務する病院を探し出し、訪ねてきたということだった。

　とりあえず医師の診察を受けてもらうと、「うつ病。カウンセリングより薬物療法の適応」という診断だった。わざわざ訪ねてきてくれたのに申し訳なかったが、筆者にはどうすることもできず、「SCに話を聞いてほしかったのに」と言うQ教諭を伴って、診察室に出向き、医師に挨拶をして、その日は別れた。

　それから2ヵ月、Q教諭は通院を続けた。医師による治療の邪魔にならないように、筆者は関与せず、Q教諭も連絡を取ってくることはなかった。後で聞いたところでは、処方された薬はほとんど服用しなかったが、それでも次第に元気を取り戻し、職場復帰を果たした。

　だが、それもつかの間で、1週間でダウンし、半年の病休をとる約束を管理職から取り付けて、再び受診した。医師も今回はカウンセリングを認め、筆者にオーダーが出た。面接室で会ったQ教諭は「やっとお許しが出ました」と言い、ほっとしたような笑顔を見せた。

　涙が出ることから身体の反応は悪くなく、また言語表現が豊かで、発話もスムーズなことから、筆者はうつ病としてよりも、P子のMoとのトラ

ブルがこころの傷となった心的外傷後ストレス障害（PTSD）によるうつ状態として対応するほうがよいだろうと見立てた。また子どもに熱心に関わり、教師として優れた資質を備えていることや、治療の経過から、背景に双極性障害（躁うつ病）がある危険性が考えられたので、内省的なカウンセリングにならないように気をつけて対応することにした。

カウンセリングの当初は、もっぱら病休中の学校への対応が話題になった。諸手続きで学校から頻繁に連絡があり、そのことがQ教諭には非常に苦痛だった。「あれほど学校が好きで、教師こそ私の天職と思っていたのに」と嘆くQ教諭に、〈うつ状態になると、好きなこと、得意なことから苦手になるもの〉と返したが、それが支持的に作用したらしい。

Q教諭は次第に事態を振り返ることができるようになり、自身を苦しめていたのが、P子とその両親ではなく、担任としてうまく機能できない自己不全感だったことが明らかになってきた。また同時に、その無念を理解しようとしなかった一部の同僚や管理職への怒りも意識化されてきた。

Q教諭の怒りは抑圧が解除される一歩手前にあり、筆者と話し合って、自覚されるようになった。また、後輩に肩代わりしてもらうことは、ベテランのQ教諭にとってはかなり屈辱的なことだったが、その屈辱感も話し合いによって意識されるようになった。

さらに、若い頃には管理職とも派手にやりあって、「ケンカQ」のあだ名もあったことが想起され、中堅になるとともにケンカはしづらくなり、怒りが意識から排除されるようになっていったプロセスにも気づいていった。

ちょうどその頃、筆者が病院を退職することになった。カウンセリングは山場を越えたと感じていたので、筆者のメールアドレスを教えて、終結することにした。

職場に復帰したQ教諭は、少しずつ管理職や、当時、一緒にP子に関わった教師たちに自身の思いを話すようになった。「冷静に話そうとして、エネルギーを使い果たします」というメールが来て、筆者はハラハラしながら見守っていた。だが、強い不信感を向けていた管理職から、「あなたの気持ちがわかった」と言われて、驚くとともに安堵し、同時に周囲に対して身構えていた姿勢が緩んだ。

だが卒業式の日は、前年の思い出がよみがえって、どうしても出席する

気力がわかず、年休を取っていた。「以前の私なら苦しくても無理して出ていたと思います。まあいいかと思えて、自分でも意外でした」というメールが来た。

その後 翌春、異動になって、すでに数年が経過した。ときどき感情が高ぶることがあるらしいが、気兼ねせずに話のできる同僚にも恵まれて、自己コントロールしながら、どうにか無事に勤務を続けている。

解説 休息による治療効果もあっただろうが、ほとんど服薬せずに軽快した経過は、双極性障害のうつの波が去ったためと理解するのが妥当だろう。P子と両親への対応に失敗したQ教諭に、周囲の善意による手助けは、ときとして窮屈であり、疎外感を感じさせるものだったので、躁うつの波を激しくした。こころの動きを自分で把握できるようになると、気分の波はあっても、迫力が減る。

カウンセリングの場では、思わず発した言葉が意外な効果を発揮することが多い。冷静に事態を見る目とともに、人として自然な感情の流れを維持し続けることが、カウンセラーの中立性ということだろう。理論や定石が常に頭にあると、感情の流れを阻害し、中立性を損なう結果になる。

コメント 「適応」の別名は「馴れ合い」である。馴れ合いの前には当然「不適応」、別名「ぶつかり合い」がある。環境が変わると新たな「ぶつかり合い」が生じ、新たな「馴れ合い」で収束する。通常程度に知的な人はこのプロセスをあらかじめ読み取り、内側で処理して速やかに適応する。この適応の作業は「ぶつかり合い」「不適応」を内在化させ、心身に負荷をかけ続ける。離脱の第一歩は「〜したい」という叫びの復権である。したがってカウンセリングの第一歩は「〜したい」の発掘である。（神田橋）

model 054

学級経営に失敗した中学教師の切り離された感情に
からだからアプローチした過程

相　談　者　中学校R教諭　同僚S教諭

経過の概要と対処　　2学期も終わりに近づいたある日、その春、筆者が配置されていた中学から他の中学校へと転出していったS教諭から、「赴任先の同僚、R教諭が、学級のことで悩んでいるので相談に乗ってやってほしい」という電話があった。その中学にもスクールカウンセラーは配置されており、筋違いの相談だった。また当時、筆者は、細々とやっている個人開業以外に対応できる場を持っていなかった。

　それらを話して、〈引き受けられない〉と断ると、「微妙な問題なので、学校内での相談は難しい。深刻な悩みなので、きちんと料金を取ってもらうほうが、むしろよい。本人も、僕が紹介する臨床心理士なら、と相談する気になっている」と食い下がられて、〈内容次第で適当な相談機関を紹介することもある〉とことわったうえで、とりあえずR教諭に会うことにした。

　すぐに校長から電話があり、筆者が面接を承諾したことに、丁重な礼を言われた。そして「本人は事情を説明できる状態にないので、あらかじめお話ししておきたい」ということだったが、個人カウンセリングの場で会う以上は、R教諭の立場を最優先に尊重するべきだと考えたので、そう伝えて、話は聞かなかった。

　当日、約束の時間より少し遅れて、R教諭がやってきた。30代後半の男性教師で、明るい色合いのトレーナーがよく似合った。〈何も聞いていない〉と告げると、「僕が少し強引にやったところもあったと思うが、いいクラスになったと思っていた」と言ったきり、しばらく言葉につまった。

　5月の体育会の練習が始まった頃から、欠席がちになった女子生徒がいた。ある日、登校したが、「教室に入りたくない」と廊下を走って逃げたので、追いかけて、昇降口のところで捕まえて、しばらく話をした。それをどう伝えたのか、親から「娘のからだに触らないでくれ」と抗議の電話があった。

同じ頃、掃除のやり方が悪いので、何人かの生徒を残して指導したが、その際に反抗的な態度を取った生徒数人を軽く叩いた。それらの生徒の保護者が連絡を取り合って、校長と話し合いがあったらしい。夏休みの間に、話が大きくなって、教育委員会も巻き込んだ騒ぎになった。

校長と教頭が授業をしばしば覗きに来るようになって、生徒も落ち着かない。そして授業内容の一つひとつに指導を受ける。親から手紙が来たので、返事を書いたが、「書き方が悪い」と校長に苦情とともに突き返された。欠席した生徒の家庭訪問をすれば、「子どもがひとりでいる時間をねらって、家に来た」と言われる。緊急の保護者集会が開かれて、かばってくれる保護者もいたが、数人から、校長に「担任を替えてほしい」と申し入れがあった。

聞いた話の通りだとすると、保護者の反応が激しすぎるように感じられたので、〈何か別の事情が作用しているのでは？〉と聞いてみたが、思い当たるふしはない様子だった。かばってくれているとは思えない管理職の対応に不満があるかと思ったが、「おかしな事態になってしまって、悩んでいると思う。気の毒です」と、逆に思いやる言葉が出た。そして「担任を代わらなくてはいけないのかと思ったが、それでは無責任なので、降りるつもりはない」と話した。

孤立無援の状況によく耐えていると思い、〈理解してくれる人はいる？〉と問うと、「S教諭」と答えたので、〈あなたがよかったら、次回はS教諭と一緒でもかまわない〉と伝えた。会話はスムーズで、話の筋道も整っていたので、〈軽いうつ状態かもしれないが、医師の紹介が必要というほどではないと思う〉と言うと、納得した様子でうなずいた。

翌日、S教諭から「来談したかどうかだけを確認したい」と電話があった。紹介者でもあるので、〈来談〉と答えると、「他の教師から聞いた話なので、真偽の程はわからないが」と前置きして、「R教諭には、周囲が受け入れがたい言動が過去にいくつかあり、それが今回の騒動の遠因にもなっている」という話がされた。そして「病気ではありませんか？」と聞かれた。唐突な「病気」という言葉に戸惑いつつ、面接で受けた印象のままに、〈精神疾患ではないと思う〉とだけ答えた。

それから二度ほど、R教諭は来談したが、S教諭を伴うことはなかった。事態はさらに深刻になって、担任を降りる方向で話は決まりつつあるよう

model 054

学級経営に失敗した中学教師の切り離された感情にからだからアプローチした過程

だった。教師としてかなり屈辱的な出来事だろうと案じたが、さほどショックを受けている様子が見られないのが、かえって気がかりだった。

感情を切り離したような反応や、S教諭から聞いたエピソードから、過去の深刻な傷つきが未解決のまま、今に影響を及ぼしているのではないかと考え、何度か言語的なアプローチを試みたが、自発的な来談ではなく、まだ話し合う準備が整っていない印象を受けた。無理をすれば、心的外傷体験の再現になる危険も感じた。

そこで肩の上げ下ろしに誘ってみることにした。肩に手を乗せて、一度にストンと力を抜くと、少し肩の力が抜けた。もう一度、耳の近くまで、肩を上げさせ、次はゆっくりと力を抜いていくように誘った。〈そうです、そうです〉と肯定的な言葉をかけ続けると、通常の位置まで肩が下りた。そこで〈もう一段、力が抜けます〉と声をかけると、背中や肋骨の周辺の筋肉がふわっと緩む感じが伝わってきた。〈これが肩の力を抜くということ〉と言うと、R教諭はこれまでにない穏やかな表情を見せた。

そして胸の辺りに緊張があることを指摘すると、「いつもここに詰まった感じがあって、すっきりしない」と言語化されたので、〈こころとからだは一体〉と伝えて、その日は別れた。

その後、担任交代の話が煮詰まってきて、R教諭は「校長から『服薬すれば、病休が取れる』と言われたので」と医師による治療の希望を伝えてきた。そこで、よく話を聞いてくれる、筆者の知り合いの医師を紹介した。紹介状に、担任交代の事態についても書き添えると、医師は「3ヵ月の加療・休養が必要」と診断書を書き、それを受けて、学校は代わりの教員を手配して、病休による担任交代として事態の収拾を図った。

だが、それっきりR教諭は、筆者のカウンセリングだけでなく、医師の診察にも現れなくなった。医師は何度か自宅に電話をしたが、連絡がつかなかった。医師も困惑していたので、S教諭に伝言を頼むと、「弁護士から解雇される心配はないと聞いた。元気になった」と連絡があって、カウンセリングも医師による治療も中断となった。

間もなくR教諭は復職の希望を申し出たが、後任の担任による学級経営が軌道に乗りはじめた時期であり、叶わなかった。結局、「ときどき学校に出てきながら、3ヵ月間じっくりリハビリを」という校長の言葉に従うことになったが、「行っても、する仕事もないので」と学校に出てくるこ

とはなかった。

　だがS教諭には何度か「会いたい」と連絡があり、会うと、噴き出すように管理職への怒りをぶちまけるようになった。穏やかだったR教諭の様変わりに驚きつつも、S教諭は「力になってやりたい」と話を聞き続けていたが、やはり対応に迷うらしく、ときどき筆者に相談の電話があった。復帰後も、S教諭が周囲との調整役を引き受けた。筆者はS教諭の立場と気苦労を思いつつ、側面からのサポート役に回った。

その後　R教諭は翌年、異動になったが、S教諭に「仕事が楽しいと思えるようになった」と連絡があったそうで、順調に勤務を続けているらしい。S教諭は事態に振り回されつつも、R教諭の気持ちや立場も理解できる自分自身に気づいたそうで、それなりに収穫があったようである。

解説　恐らく、校長もS教諭も、R教諭の立場を思いやって、「病休による担任交代」という穏便な解決方法を求めて、筆者に相談してきたのだろう。事前に校長の話を聞くか、S教諭からの電話の真意に気づいて応答していれば、話がもっとスムーズに進んだのかもしれない。だがその後の経過を見ると、R教諭にとっては、ニュートラルな立場の筆者に事態の言語化をし、S教諭によってサポートされた体験は、有効で、必要なプロセスだったようである。

　言葉になりにくい段階で、気持ちを無理に言葉にすると、誤作動するハンドルをつけられた車のように、事態は迷走することになる。そのようなときには、からだからのアプローチがより安全で、効果を発揮する。

　スクールカウンセラー制度が学校現場で機能してくるにつれて、今後、教師が抱えるテーマへの対応を求められることも多くなるだろう。学校の枠を越えたスクールカウンセラーどうしの連携が考えられてよい。

コメント　カウンセラーはクライエントを助け、クライエントの利を図るべしという倫理的要請がある。その点、弁護士に似ている。クライエントの話に耳を傾け、クライエントの理に共感していると、しばしばクライエントは被害者に思えてくる。ところが、どうもク

第5章 カウンセリング

ライエントを被害者とのみ位置づけられないような場合が少なからずある。そのような事態に対処する方策として、カウンセラーは登場人物のそれぞれが皆、よんどころない事情を抱えていて、そのせいで特異な振る舞いをしているのだろう、と思いやるのを習慣にするとよい。そして他者の抱える事情に思いをはせることのできている人の発言を、最も信頼できる情報と見なすのがよい。
（神田橋）

第6章　問題行動

概説

概　説　　庭のコスモスと同じように、いのちのあるものはすべて、与えられた状況の中で、なんとかいのちを伸ばす方向を求める。子どもたちもまた、状況が過酷であれば、自身を曲げてでも、なんとか生き延びようとする。問題行動と呼ばれる行動はすべて、いのちを阻害するものに対する、その子なりのコーピング（対処）の試みである。

　いのちを阻害する要因は多くの場合、複雑に絡み合って、その姿が定かでない。勢い、自身のいのちをたわめた子どもたちの姿だけが際立つことになる。阻害要因は周囲にいる人々にだけでなく、子どもたち自身にとってもわかりにくいために、事態はますます複雑になる。子どもたちが、阻害されている苦痛を自覚できていないことさえも少なくない。自覚しないこともまたコーピングの一種である。

　親、教師、スクールカウンセラーなどの援助者にまずできることは、コーピングの努力をメッセージとして受け取ることであり、「受け取った」と伝え返すことである。問題行動は不問に付されてはならない。総じてコーピングの作業は孤独であり、メッセージとして受け取られなかったとき、子どもたちは二重の孤独感の中に置かれ、問題行動をエスカレートし、多様化していかざるを得なくなる。コーピングの努力として理解されただけで、問題行動に駆り立てた阻害要因の姿が子ども自身や周囲の大人たちの目に、おぼろげに浮かび上がってくることがある。

　本人と一緒に、少しでも生きやすいように状況に働きかける作業を行い、わずかでも状況を変化させることができた場合には、たとえわずかな変化であっても、楽になったことで、阻害されていたことによる苦痛が自覚さ

れる。その体験は本人のこころの中で普遍化され、さらなる気づきが誘われて、阻害要因への新たな対処行動が引き出される。

　新たな対処行動はより前向き、より適切な行動であることが多く、コーピングの努力をHelp meのメッセージへと変貌させることも可能である。妥当でわかりやすいHelp meが発信されるなら、周囲も阻害要因解消への協力が容易になる。

　モデル55のA男、モデル56のB子は比較的、自身の苦痛が自覚できていた。したがって問題行動の中にHelp meのメッセージを読み取りやすく、それを周囲に伝えることで事態が展開した。モデル57のC子は阻害要因や苦痛を明確に自覚できるまでには至っていないが、受け入れられた安心感から行動の変容が起こった。いずれ成長とともに、自身の行動の意味に気づく日が来るかもしれない。モデル58のD男はおそらく、筆者がカウンセリングの中で理解できた以上に深いメッセージを発していたのだろうと思う。筆者が行ったのは、今後の内省的自己カウンセリングの展開の緒をつけたにすぎない。

　阻害要因が身体特性に起因するものの場合がある。その場合には、心理的安全に配慮しつつ、直面化が速やかに行われるように導く。モデル59のE男、モデル60のF男らのように躁うつ体質による行動化や、障害の章で取り上げているモデル64のA男のように、本人の努力ではどうしようもない困難を抱えている子どもたちは、自身に生じている事態を理解し、納得することで無用の混乱を防ぐことができる。対処の方策の見通しをもって、身体要因の正しい診断への道筋をつけることもスクールカウンセラーの役割である。

　また転倒や交通事故などで頸椎にムチウチ症状が残ると、自律神経系のさまざまな不調が起こり、いわゆる「キレやすい」状態が生じる。子ども自身はムチウチによるものと理解できず、周囲も見過ごして、性格の問題とされることが多い。ムチウチは幻覚などの精神症状を起こすこともあるが、頸椎の治療によって、行動が改善する。

　問題行動を起こす子どもたちには、行動するエネルギーがある。混乱を引き起こしたエネルギーの本質が正しく理解され、本人に受け入れられたとき、そのエネルギーは人生を切り開くエネルギーに変貌する。モデル59のE男は躁うつ体質者特有の気働きをバイト先で発揮し、モデル60の

F男も筋肉優位の活動性を介護福祉士の仕事で生かしていくだろう。

　また問題行動の内容には、その子どもの優れた資質が潜んでいる場合が多い。モデル61のG子、モデル62のH男は優れた芸術的感受性のゆえに、大人の理解の限度を超えてしまったが、それは彼らの将来を豊かにしていく資質でもある。

　筆者はかつて、料理の才能を両親から認められたことをきっかけに、非行グループから離脱しようとしはじめた男子中学生の事例を経験したことがある。厳しい目つきで授業中の校内をわが物顔で歩き回り、ありとあらゆる非行行為を繰り返していたが、料理の才能を家庭内で発揮するようになるとともに表情が穏やかになっていった。

　非行グループは、その少年のように資質の開花がなんらかの理由で阻害されている子どもたちと、家庭をはじめとする環境要因に傷つけられた歴史を持ち、その痛みの自己治癒努力が過剰になっている子どもたちの混成集団であることが多く、お互いに刺激し合いながら拡大していく。それぞれに適した対応が試みられるべきである。

　また子どもの問題行動は、親の苦痛の代弁であることも少なくない。モデル63のI男、カウンセリングの章で取り上げているモデル46のE男はFaの苦痛に共振れしており、モデル62のH男はほとんど一心同体のように、Moの困難を引き受けていた。

　筆者は母親面接を多くしているので、母親のいのちが阻害されている場面に出会うことが多い。本人面接を主にするカウンセリングであれば、また違った側面の苦痛に出会い、そこから理解が深まっていくのだろう。カウンセラーが触れることができるのは、来談者が抱えるテーマのほんの一部に過ぎない。

　Help meのメッセージに、I will help youと接するとき、helpはできなくとも、willが伝われば、事態が動き出す。さらにカウンセラーのスタンスとして、I will help you ／ I wish to help you ／ May I help you？　の3段階の使い分けも考慮されるべきだろう。基準は、それまでの援助者によってかく乱されてきた度合いによって選択され、かく乱された経験が激しいほど、後者の対応が望ましい。

　また一見、緊張感がまったくないように見える場合がある。それは無力感が常態化しているのであるから、コーピングの努力が挫折し続けた結果

と理解することから、カウンセリングはスタートする。
　阻害要因にも、問題行動にもどうにも働きかけようのない場合もある。そのとき、曲がった茎の先にも花は咲き、実がなる事実が、子ども本人のみならず援助者をも支えるメタファーとして活用できる。

model 055

友だちに配る小物を繰り返し万引きしていた少年と担任の関係調整をした過程

対象の生徒　中１男子Ａ男
相　談　者　Mo

経過の概要と対処

　「万引きを繰り返している子がいる。警察にも通報された。担任は何度も話を聞き、指導したが繰り返す。親も困り果てている。どう対応したらよいのか」と教育相談担当の教師から相談された。登校は変わりなく続けているということだったので、筆者が会うにしてもいきなり本人を相談室に呼び出すよりも、まず保護者から話を聞くのがよいだろうと判断し、連絡をとってもらうと、Moも「ぜひ」という返事だった。

　やって来たMoは長い髪をきりっと結び、いかにも働き者という雰囲気だった。近所のコンビニで昼夜働きながら、空いた時間に運送関係の仕事もしていた。Ａ男は３人姉弟の２番目。年の離れた姉は、すでに嫁いでおり、弟は保育園児。姉も中学生の頃にツッパリ仲間に入り、心配したが、親に嘘をつくことはなかった。弟は、Moによれば「しっかり者」。Ａ男は小さい頃からアトピー性皮膚炎がひどく、Moは「いちばん手をかけてきたつもり」と話した。

　盗みが始まったのは、中１の夏休み明けからだった。Ａ男が希望して水泳部に入部したが、腹痛を起こすようになって、夏休みの練習を何回か休んだ。その連絡をきちんとしていなかったので、夏休み明けに顧問教諭から呼び出され、「退部」と言われた。Ａ男は「水泳が好きだから、やめたくなかった」と言い、顧問教諭にうまく事情を説明できなかった悔しさが残っている。

　部活をやめさせられてからは、部活に入っていない数人の友人と町をぶらつくようになり、なかでも特に親しかった男子生徒とふたりで、万引きを繰り返すようになった。近くの100円均一ショップや文房具店で、キーホルダーや消しゴムなどの小物ばかり、同じものを何個も盗んで、同級生に配っていた。お店の人に見つかり、親も一緒に謝ってまわった。それで

261

懲りたかと思っていたら、今度は同級生から注文を受けてまわった品物を盗み、警察に通報された。

木工細工の部品を盗んで、バッジのようなものを作って配っていたということから、筆者は仲間作りが目的と感じて、Moに確認すると、「小学校で仲間はずれに遭って一時期、不登校になったことがある」ということだった。中学は違う小学校からも入学してくるので、「友だちをたくさん作る」と張り切って、入学後しばらくは、「今日も友だちができた。僕は人気者」と喜んでいた。だが勉強が難しくなって成績が下がり、そのうえ部活もやめさせられて、一気に劣等感が強くなった。

今回、A男に盗みを頼んだ同級生も厳しく注意を受けていることから、「話しかけても、無視されそう」とおびえている。一緒に盗みをした男子生徒は、他の生徒と親しくしており、いっそう仲間はずれの不安が強くなっている。担任からは、盗んだ品物を友だちに配っていたので、「盗癖が治るまで、友だちと遊ぶのは禁止」と言われ、外出も禁止されている。

家庭の様子を聞くと、Faは子どもたちへの思いは強いが、表現が下手で、すぐに怒鳴りつける。他人に対しては「痛い目に遭うくらいにお人好し」で、勤務先の同僚や部下が集まってきて、家の中はいつもにぎやかということだった。Moにも独特の対人関係のやわらかさが感じられ、両親の気質を受け継いでいるだろうA男に、「友だち関係禁止」の対応は窮屈に作用して、逆効果になるのでは、と思われた。

次の面接にやってきたMoは、入室するなり「別の悩みができました」と訴えた。また腹痛を起こして数日休んだが、久しぶりに登校すると、「盗んだ品物を渡した相手の名前を教師にチクッたのはA男」と噂になっていた。A男は「シカト（無視）された」と言う。すでに警察にも通報されていることで、今さら「チクッた」でもなかろうと思われたが、子どもの世界の論理としてはありうることだった。

そんなことがストレスになったのか、下痢をするようになって、その後、ずっと休んでいる。「担任に相談に行ったが、わかってもらえなかった」とMoは言い、筆者は、事実関係について双方に誤解があるように感じて、関係調整が必要だと判断した。そこで〈SCと担任で話し合ってよいか〉と尋ねると、Moも強く希望した。

そこで職員室で担任に話しかけてみると、最初は、筆者がMoの言葉を

鵜呑みにしているのでは、と警戒している様子だったが、率直な印象を根気強く伝えていくうちに、次第にこころを許したようだった。だがこれまでの経緯から生じたＡ男へのネガティブな思いは容易にぬぐえないようで、「自分より弱い者を見つけて、いじめる。弟にもひどいことをすると聞いた」と、Ｍｏが筆者に話した「弟の面倒をよく見る優しい子」との言葉とは食い違う面が話された。

さらに「警察の取り調べのときも、言うことをころころ変えて、わざとのように警官をあちこちに引きずりまわした」という話も出た。筆者は〈無視されることの多かったＡ男が、話を真剣に聞いてくれる人に出会って、うれしかったからでは？〉とＡ男の心情を推測して、担任に話してみた。担任は思い当たることがあったのか、はっとした表情を見せた。

次の面接に、Ｍｏは安堵した様子で現れた。担任が家庭訪問して、Ａ男とふたりきりでしばらく話をしていった。何を話したのかは聞いていないが、それからＡ男はＭｏにも気持ちを話すようになり、翌日から登校するようになったということだった。

その後　〈学級で認められる場を用意してあげて〉と担任に頼んだところ、「難しい」ということだったが、ちょうど始まった百人一首大会の練習で、札を読み上げる係を割り振ってくれた。万引きもしなくなり、通学も継続しているとのことで、Ｍｏの仕事の都合もあって、いったん終結とした。その後は大きな問題になるような行動はないが、友だち関係でつまずいて欠席することが多い。

解説　ほとんどの反社会的行動は穴埋めである。何かの欠損を埋め合わせようとして、やむにやまれずにとった行動が、社会の規範に適合しなかったために、批判されることになる。教育の場では、規範意識を育てることが予防策として機能する。しかしすでに起こした事に対して、心理援助を行うときには、何を穴埋めしようとしての行動であるかを検討することが役に立つ。

Ａ男の場合は、前後の行動などから、友だちを求めながら、上手に関係作りができないことの穴埋めであることが容易に推察された。そこで関係作りのスキルアップが次の課題となる。スクールカウンセリングの場では、

友だち作りの未熟さの成り立ちについての自己洞察や、行為の自己規制を目指すよりも、情報提供や助言のほうが周囲の協力も得やすく、現実的である。

コメント　われわれは子ども時代を体験している。その頃の体験を重ねあわせることで、子どもの気持ちを随分おしはかり、思いやることができるはずである。しかし役割の虜囚となってしまうと、思いやる作業を封印してしまう。A男は対人関係を生きる気質と文化とを両親から受けついでいるから、他者の気持ちを思いやったり、とり入ったりする習慣をもっている。そうした習慣はしばしば素直でないと評価されたり、いじめの標的となったりする。思いやる習慣を持つ子どもには、思いやるという姿勢で接する必要がある。それは運動に優れた子には、運動を介して関係づくりをするのが好ましいのと同一の理である。（神田橋）

model 056
盗みをメッセージとして受け止め、
Moと教師の間の通訳として機能した過程

　　　　　対象の生徒　中1女子B子
　　　　　相　談　者　Mo　本人

経過の概要と対処　「緊急にカウンセリングを入れてほしい」と教育相談担当の教諭から電話があって、B子のMoに会うことになった。電話では「盗みを繰り返していたことがわかった。親に問題意識がないのを説得して、やっと来談にこぎつけた」とだけ聞いた。

　当日、教頭から、顔を合わすなり「質問がある。盗癖とは何？」と問われた。〈繰り返すので"癖"と言われるが、病気と理解するよりも、何かのメッセージとして受け止めるほうが、対応のヒントを得られると思う。どういうものを、どういう人から、どういうふうに盗っているか、などからメッセージを読み取れるのでは〉と答えた。教頭の緊迫した様子から、

B子の"盗癖"が全校を巻き込む騒動になっているらしいことがうかがわれた。
　教育相談担当の教諭から、「B子が体育の授業の見学中に、同じく見学していた同級生とともに教室に残り、中から鍵をかけて、数人の生徒の制服やカバンをあさって、お金を盗ったり、持ち物を壊したりした」と説明があった。同級生は加担しておらず、何度か「やめたら」と制止したが聞かなかった。盗った相手についてB子は、「むかついたから」と説明したということだった。
　その出来事がきっかけとなって、数ヵ月前に校納金の紛失が続いたのも、B子の仕業だったことがわかった。そのときMoは、他人の校納金の袋が自宅にあることに気づいたが、黙って処分していた。
　B子はまた近所の家に、電話で不在を確認したうえで、鍵のかかっていない勝手口から忍び込むことを繰り返していた。その家で盗みはしていない。Moはたびたび電話をするのを不審に思っていたが、問いただすこともなく放置した。
　そういうMoの対応や、カウンセリングを勧めても拒否し続けたことから、教師らは「問題意識がない」と判断し、今後の指導に強い不安を感じていた。
　面接の前に、担任も「よろしくお願いします」と声をかけてきた。B子について問うと、「成績はあまりよくないが、頭はいい」と答え、〈ずる賢い？〉と聞き返すと、ただ苦笑した。事態がすべて明らかになるまで、かなり手こずった様子であった。
　やってきたMoは緊張した様子ながら、にこやかに挨拶し、世慣れた人という印象だった。〈大変でしたね〉とねぎらうと、「私たちの時代にカウンセリングなどなかった。カウンセリングを受けさせて、内申書に書かれたり、将来に響いたりしても困る」と話した。筆者は、強引に来談を勧められたことへの不満を暗に語っているのかと思ったが、そうではなかった。〈Moが心配されているようなことはまったくない〉と説明すると、安心したように表情がゆるみ、涙がこぼれた。
　相談担当の教諭から「Faは他県で飲食店を経営している。Moも毎日手伝いに行っており、帰宅が遅い。B子は夕食をひとりでとることも多い」と聞いていたが、そのことに話題が及ぶとMoは「それがよくないのでし

model
056

盗みをメッセージとして受け止め、Moと教師の間の通訳として機能した過程

ょうか？」と聞いてきた。そしてFaは以前、地元で手広く事業をしていたが、事情があって廃業したこと、そのために生活は急変せざるを得なかったこと、若干の負債が残り、その返済のためにMoも奔走していることが話された。

　話していると、B子が担任につれられて来た。小柄で愛らしい顔立ちの少女だった。

　Moは、仕事場から車で帰宅途中のMoの携帯にB子が「あと、どれくらいで着く？」と5分おきに電話をしてくるので、「運転中に危ないからやめて」と叱りつけていることを話した。そこでB子に〈Moが事故に遭うんじゃないか、居眠り運転するんじゃないかと心配なの？〉と話しかけていると、Moが「えっ」と小さく声を上げた。「今、SCから言われて初めて思ったが」と話す途中から、B子のほうに向きなおり「心配してたの？寂しいからじゃなかったの？」と聞いた。B子はうつむいたまま、小さくうなずいた。Moには、子が親を心配するという発想がなかったらしい。

　一方でB子は「おみやげにお菓子を買ってきて」とねだるなど、幼さも見せていた。そこで、同乗させて、Moの走る道を見せてやることと、道路地図を買い与えること、そして電話のたびに「今、どこそこのインターを過ぎたところ」と教えてやることを勧めた。Moとともに走っているイメージを持つことができれば、それがひとりで留守番をするB子のこころを支えるだろうと考えたからであった。

　筆者はMoに来談の継続を勧めた。Moはそれを〈親に問題がある〉と言われたと受け取ったようだったが、〈B子の可能性を伸ばしていくために〉と言い添えると、納得した様子だった。担任らはMoがカウンセリングの継続を受け入れたので、ひとまず安心した様子だった。

　Moは約束どおりに来談し、筆者はMoの話から推測されるB子の心情を通訳するつもりで、折々に担任らに筆者の理解を伝えた。また担任らと経過をつぶさに見直していくうちに、校納金の件も、他人の家に忍び込んだことも、Moから自発的に教師に伝えられていたことが想起され、共有できた。

　Moが教師に打ち明けたのは、事態がある程度明らかになってからだったので、遅ればせではあったが、Moに隠蔽する積極的な意図はなかったことがわかってくるにつれて、担任らは、わが子の盗癖に直面できなかっ

たMoの不安を理解するようになっていった。

ある日、Moは「SCは私が話したことをすべて教師に伝えるのか？」と聞いてきた。筆者は〈教師が承知しておくことが、B子の理解に役立つと思われることは、これまでも話してきた〉とありのままに答えた。Moは何かを話したものかと迷っている様子だった。

筆者は〈SCに話すことに意味があるのではない。話そうかと迷い、考えることで、Moの自己理解が深まるのがカウンセリング〉と伝えた。Moはその日、それらしいことは何も話さなかったが、このときを境に来談意欲が確かになったように感じた。

その後数回の面接を重ねたある日、Moから「部屋を片づけるように言っても、すぐにしないのは性格の問題？」と問われた。B子がしないと、Faがきれいに片づけてしまうということだった。筆者が〈一緒に片づけたら〉と提案すると、Moは驚いた様子で、「これまで一緒にしようなんて、考えてみたこともなかった」と話した。台所の手伝いも、B子がやりたがるのに、やらせていなかった。

Moは家事を一緒にするように努力しはじめたようで、面接でもその様子が語られるようになった。B子の盗みや問題行動が消失して数ヵ月が経過した時点で、終結とした。

その後 　校内でときどき、友だちと一緒にいるB子と出会う。筆者を避けるかと思ったが、ちらちらと視線を送ってくる。筆者も他の生徒に気づかれない程度に、視線を送り返している。

解説 　B子は同級生の目の前で教室荒らしをしたり、校納金の封筒を処分しようとせずに自宅に放置していたりした。そこに、B子が何かを伝えようとしていることが読み取れた。近所の家に忍び込んで、B子は何を探していたのだろうと想像したときに、家族の間に通い合う思いへの、B子の渇望が迫ってくる気がした。

Moの話から筆者は、両親はB子に十分な愛情を注いでいると感じた。だが与えられるだけの愛情は貧しい。成熟した親になるとは、子から発せられた愛情を上手に受け止め、与え返す、やり取りができるようになることかもしれない。

通い合わないものが通う道筋ができれば、B子は盗みという行為で伝える必要がなくなるだろうと見立てて、MoとB子、Moと教師の関係に介入した。通い合いを求めているのは、教師も同様であり、道筋をつければ、スクールカウンセラーの仕事は終わる。

コメント　行動として現れるものはコーピング（対処）であると考えてみるのがよい。何に対処しているのか、どのように対処しているのかが、次の問いとなる。B子の場合、何に対処しているのかは定かでないが、どのように、の問いへの答えは比較的容易である。すぐに他人に気づかれる行動はメッセージ活動である。メッセージ活動とはすなわち、メッセージのやり取りの不足感への対処行動である。ではメッセージの内容は何なのだろう。泥棒したお金はどう使われたのかが、おそらく答えとなる。廃業による生活の急変に対して、B子本人も何かの役割を与えられただろうか？　役割を与えられないとき、子どもは寂しい。疎外されている気分となる。（神田橋）

model 057

人間関係をうまく結べない女子生徒が万引きを
自ら明らかにするに至った過程

　　　　　　　　対象の生徒　中２女子Ｃ子
　　　　　　　　相　談　者　本人　担任

経過の概要と対処　　C子については、小学校からの申し送りに「友だちができにくい」とあったが、中学に入学後も教室に居づらいらしく、休み時間は必ず職員室前の廊下をうろうろして、教師が話しかけてくれるのを待っている様子が見られた。ほとんど友だちらしい友だちもできないまま、２年生に進級した。
　担任は、C子がしょっちゅう小さなトラブルを起こし、注意されると、くどくどと言い訳をする、さらに、すぐにばれる嘘をつくといったことが

目立つので、心配していた。筆者も、教師や他の生徒とのやり取りを見かけることがあったが、言葉多く言い逃れて、非を認めようとしない態度に、周囲が不快に感じる気持ちが理解できなくもなかった。

　C子の家族は祖父母と両親、弟の5人家族。Faはエリート公務員だが、担任によれば、C子がFaを話題にすることはほとんどない。Moは書道塾の講師で、C子はMoと話した内容は細かく覚えていて、担任にもしばしば、再現して聞かせる。担任は「C子にとってMoは絶対的」と感じていた。祖父母は地域の世話役をいくつも引き受けており、そろって地元の有名人だった。年子の弟は成績がよいが、C子の成績はあまりよくない。

　担任はC子がトラブルを起こすたびに、Moを呼んで、話をしていた。そのたびにMoは「どうして嘘をつくのか。素直にしていればいいのに」と涙ながらに話す。そこで担任がカウンセリングに誘うと、その場では、すぐにでも来談するような返事をするが、いざとなると、理由をつけて来談しないことを繰り返していた。担任は「そのうち」と希望をつないでいたが、Moが来談することはないまま、数ヵ月が過ぎた。

　ある日、担任から筆者に「どう理解したらいいのか」と相談をもちかけられた。学習係であるC子が、課題テストを回収して職員室まで届ける途中で、他人の、それも成績が非常によい生徒の解答用紙の名前を修正ペンで消して、自分の名前を書きこんだ。すぐにばれて、指導を受けることになったが、さらに翌日、「私の解答用紙が見つかりました」と教室の後ろの棚から取り出してきて、担任に渡した。あまりにも平然とした態度だったので、担任はとっさに返答のしようもなかった。

　ちょうどその頃、C子が転んでケガをすることがあった。Moに「誰かに突き飛ばされた」と言ったそうで、Moが担任に「SCと話したい」と連絡してきた。課題テストの件を、Moに言い出せずにいた担任は早速、教育相談担当の教諭に伝え、筆者の空いた時間に予約が入った。だがMoは来談せず、その日の夕方遅くに、「用事でどうしても行けなかった」と電話で連絡があった。

　2学期になり、体育会の練習が始まった。筆者が放課後の廊下をぶらぶらと巡回していると、女子生徒数人に取り囲まれているC子の姿が目に留まった。女子生徒の「いいから来なさいよっ」という強い口調が気になって、声をかけると、「応援団の振り付けを、教室で一緒に練習をしよう

model
057

人間関係をうまく結べない女子生徒が万引きを自ら明らかにするに至った過程

第6章 問題行動

と誘われているところだった。C子は黙ったまま、不服そうに同級生をにらみ返しており、それが彼女たちの怒りをさらにあおっているようだった。

筆者は黙ったままではさらに事態が悪化すると思い、C子に〈何か練習に行けない理由があるの？〉と問うと、C子は「別にそうじゃないけど……」と口の中でぶつぶつ言いながら、同級生たちと歩きはじめた。

筆者はそのまま立ち去るのも気がかりで、教室までついて行くことにした。少し遅れて歩いていくと、C子は歩調を緩めて、筆者に近づいてきた。そして「私が振り付けをなかなか覚えられないので、3年生の応援団長が特訓をしてくれることになった。だから、あの時間にあそこで待っていると約束した。それなのに、いなかったら、私も同級生も後で叱られる」と訴えた。あの場で言わずに、今になって筆者に言うことに、筆者を動かそうとする意図を感じたが、同時に、その意図に乗って動いてやりたい気持ちも起きた。これも嘘かもしれない、という疑念もよぎったが、信じることにした。

そこで筆者が代わって、C子から聞いた事情を話すと、先輩の団長が関わっていたことを知って、同級生たちに緊張が走った。中学生にとって、「先輩」は教師より絶対である。そこで筆者が〈応援団長にあなたたちが教えてくれていることを伝えておくね〉と伝言を引き受けると、安堵の雰囲気が広がり、それに乗じたように、C子は意気揚々と練習の輪に入っていった。応援団長と話してみると、約束は事実だった。

翌週、職員室の前でC子と会った。これまでにない親しみをこめた笑顔を、筆者に向けてきたので、先週の介入へのお礼の気持ちかと思ったが、それにしては晴れやかな笑顔だと感じた。

その日は担任も筆者も忙しく、話す時間がほとんど取れなかったが、翌週、担任から「C子が万引きしていたことがばれた」と聞いた。小学校の頃から繰り返していたことだった。C子が、学年の教師がそばで聞いているのを承知で、同級生に万引きを匂わすようなことを話し、それを教師が問い詰めて、事態が明らかになった。自分からばらすようなことを言った日を確認すると、応援団の練習の件があった翌日のことだった。

両親が付き添って、お店に謝罪して回ったが、C子はそのときの様子を、生き生きと担任に報告したということだった。

人間関係をうまく結べない女子生徒が万引きを自ら明らかにするに至った過程

その後　担任は、C子に頻繁に声をかけ、気をつけて見守るようにした。万引きをしている気配はなかったが、教室に居場所を見つけられないまま、卒業していった。

筆者は、高校生になったC子に町で偶然に出会って、声をかけられることがあった。高校で知り合った友人とふたり連れで、「これから一緒に遊びに行く」と言い、うれしそうな笑顔を見せた。

解説　5歳程度の幼児でも、完璧な嘘をつくことができる。すぐにばれる嘘は、意識的、無意識的にかかわらず「ばらす」方向への動きを、あらかじめ含んでいる。筆者はそういう嘘をつかざるを得ない状況に置かれているのだろうと、C子の心情を量りつつ、接していたが、廊下で出会ったときに、その背景や心理的メカニズムを頭に置いて、対応したわけではない。

ただC子が投げかけてくるメッセージによって引き出される気持ちのままに声をかけ、後からついて行き、同級生たちに話をした。その流れの先に、万引きを自ら打ち明けるという行為があった。打ち明けたことと筆者の働きかけを結びつけるのは、筆者の一方的推測である。

だが流れを振り返ったとき、エリート一家の中でありのままの自分でいられないC子が、自身が送り出したメッセージをありのままに受け取られたと感じたときに、もう一つの、ありのままの姿を見せることができたという理解は、あながち的外れではないと思う。"ばれることを組込みずみの嘘をつかせるものは、ありのままを受け入れられる関係への希求である"という仮説が、C子との出来事で筆者に生じた。

コメント　「ウソは泥棒のはじまり」という俗諺がある。ウソは虚構である。確かな自己像があってウソを行うならば、スパイや赤穂浪士であるが、自己像形成期にあっては、より確かな手ごたえを求めて、万引き・非行へと進展する。援助交際はその完成形であり、そこには連帯・絆・競いの現実さえある。しかしそうして発展したアイデンティティは、社会全体からの承認を得られないので、負のアイデンティティである。ことさらに負のアイデンティティを求めているケースでないならば、体育や応援団は非行と同じ条件を

すべて備え、かつ正のアイデンティティを育てる方策となる。人は作品（表現）を通して、自己像を育ててゆく。（神田橋）

model 058
具体的内容を明らかにしないまま終結した盗みをした小学生の母子面接の過程

　　　　　　対象の児童　小５男子Ｄ男
　　　　　　相　談　者　本人　Mo　担任

経過の概要と対処　小学校の教育相談担当の教諭から、中学校に面接の依頼があり、Ｄ男とMoが来談した。

　Ｄ男は賢そうな表情の少年で、問いかけにはきちんと答えたが、ときどき「はぁ」と小さくため息をついて、緊張した様子だった。大手百貨店の管理職だというMoにはいかにも有能な女性という雰囲気があり、肝っ玉母さんを連想させる、たくましさも感じさせた。

　MoはＤ男自身が相談内容を話すように仕向けていたが、肝心なことになるとＤ男の口は重かった。筆者はなるべく核心に触れないように気をつけながら、学校のことや家庭のことを聞いていった。Moが横から言い添えたこともあって、彼のFaが医師であること、生活全般に小言が多くて「家でも医者している」こと、飼っている犬の世話と庭の手入れはこまめにするが、家事はMoの仕事と決めていて、Moが多忙なときもほとんど手伝おうとしないこと、Ｄ男が何か大事な物を盗むことがあり、そのために今回の来談に至ったことなどがわかってきた。

　年齢的にも言語面接よりプレイセラピーが適当だと考えたが、中学の面接室にその設備はなかった。しかしＤ男がダジャレ好きで、思いついたダジャレを友達ではなくMoに話し、Moは「それが全然面白くないんです」と笑ったので、そのときの雰囲気から、母子合同の言語面接がプレイセラピー的に作用するかもしれないと期待できた。そこで〈他機関に紹介する可能性もある〉とことわって、引き受けることにした。

　二度目の来談でも、Moは「思い切って言っちゃいな」とＤ男の背中を

押し、何をやったかをD男自身に語らせようとした。Moは「自分で判断できる子になってほしい」と言ったが、筆者はMoとD男がとてもよく似ているように感じていたので、〈それはMoが自分自身に言い続けてきた言葉かも〉と返すと、Moの表情が一瞬動いた。D男には〈何をやったか知らないけど、それをせざるを得なかった君の気持ちが、君自身に細かくわかってくるといいね〉と話して、盗みについて具体的内容を話す必要はないことを伝えた。

翌週、担任が来談を希望しているということだったので、D男の了解を得たうえで受け入れた。やって来た担任は若い女性だったが、困惑した様子で、①担任が机の中に入れていた授業用のマグネットが全部なくなり、空箱だけが残されていて、調べるとD男が持っていたこと、②保健室の注射針が3本なくなり、D男が友だちに「靴の中に入っていた」と見せ、その友だちと「先生に言おう」「言わなくていい」というやり取りがあった。それが担任に伝わってきたので、問いただすと、1本だけ持ってきたので、「もっとあったはず」と言うと「ああ、そうだった」と1本、「もっと」と言うと、また1本と持ってきたこと、③気になったので「叱らないから、他にもあるのなら言って」と言うと、「3年生のときに万引きをした」と言い、「5年生になってからはしていません」と言ったが、翌日、「5年生になってからもしました」と言ってきたことが話された。

筆者はすべての行為に、隠すよりも明らかにしようとする意図を感じたので、〈何かのメッセージが伝えられようとしている〉と担任に告げてみた。担任は首を傾げるばかりだったが、D男は問い詰められると30分も黙り込んで、言い訳を考えること、「Faは殴るから怖い。嘘をついたほうがマシ」と言ったことなどが話された。また、学業成績はとてもよいのに、自由画や感想文などの表現課題になると、固まってしまって、いつまでたっても進まないこと、学級で何かトラブルが起こって指導をすると、D男を叱っているわけではないのに、いつもD男がおどおどしていることも話された。

次の週にD男とMoが来談したので、担任と話したことの概略を伝えたが、Moは「盗んだのはお金で買えないような大きなモノ」と言い、マグネットや注射針については把握していない様子だったので、具体的な内容に触れないままにした。Moは「大きなモノ」について白状させたい様子だったが、D男は話そうとしなかった。

この面接では、Faの方針で、D男が9時就寝を厳命されていることも話された。Moはいつも「早く、早く」と急かさなくてはならず、「Faが当直の日は正直、ほっとする」ということだった。

さらにD男が宿題や入浴を早く済ませても、自由な時間は与えられず、その分早く寝かせられるので、D男は読みたいマンガ本などがあると、トイレに持ち込んで読んでいたりもするということだった。〈それでは自分で判断する能力は育たない。自由な時間の確保を〉と言うと、Moは納得した様子で、「私が自由な時間を死守します」と答えた。

次の面接では、Moの生育歴にも話題が及んだ。Moの両親も共稼ぎで忙しく、家族がバラバラだったこと、しつけが厳しく、Moには褒められた記憶がないことなどが語られた。Moの子ども時代の話を、D男は初めて聞くそうで、Moの顔を驚いたように見つめていた。

Moの努力によって、D男の自由時間は確保されるようになった。この頃からD男は、面接の場でよく話すようになり、Faが運転するときはMoが必ずナビ役になること、Moがいないとき、Faは高速道路で降りるインターがわからなくて遠くまで行ってしまったことなどが、楽しそうに話された。筆者は、おそらくMoが一家のナビゲーターなのだろうと想像しつつ、話を聞いた。

数週間後、担任と電話で話す機会があったので様子を聞くと、その後は盗みもなく、おどおどすることもなくなっているということだった。6年生になっても落ち着いている様子だったので、終結を話題にすると、Moは「いくらでも有休を取る」と暗に継続の希望を示したが、D男自身が終結と決めた。結局、「大きなモノ」については語られなかったが、〈秘密のままでいい〉と言うと、MoがD男に小指を出し、指きりをして終わった。

その後 中学に進学後、進路のことで、Moの希望と、部活を続けられる高校へいきたいというD男自身の希望との間で葛藤する状況となった。D男は結局、自身の気持ちに従って、希望した高校へ進学していった。

解説 「言っちゃいな」とD男の肩を押したように、Moは自分自身の背を押して、葛藤を切り抜けてきたのだろうと想像した。筆

者がとっさにあえて聞かない立場をとったのは、そうして切り抜けてこざるを得なかったMoの歴史の匂いに共振れしたからだったと思う。その結果、Moと筆者は、「言おうか、言うまいか」と葛藤するD男の二つのこころをそれぞれ代理することになった。

Moと筆者によって守られた枠の中で、D男は自身の葛藤を抱え続けざるを得なくなったし、また抱え続けられるようにもなった。D男はたぶん、内なるFa、Moとの対話も続けることになっていただろう。それはMoにも葛藤への直面化を促すものであったはずで、それがMoの幼少時の回想につながった。

Moが指切りを求めたのは、Moが内なるカウンセリングを続けていく意志の自己確認だったのだろう。カウンセリングは、カウンセラーとの対話によってではなく、自分自身との対話によって進む。

コメント　共有されている秘密は、親友関係の構築に大切な要素である。通常はまずFaとの間で育成されるはずの秘密共有関係を、D男はMoとの間に作った。Moには父性があった。SCはそれを保守した。D男は担任や友達にも同じ方法を用いて、親友関係を作ろうとした。中学に入ると、性的な内容の秘密を共有する親友関係ができるだろう。それは健全な過程である。注射針には、性の匂いがある。（神田橋）

model 059

躁うつ体質者らしい資質を発揮した
シンナー依存・夜間徘徊の生徒のMo面接

　　　　　　対象の生徒　中3男子E男
　　　　　　相　談　者　Mo　Fa　担任

経過の概要と対処　　E男は中2の秋頃から情緒不安定になり、些細なことで顔つきが変わるほど激怒する一方で、親しい友人が側にいないとひどく心細くなるらしく、「魂を抜かれたような表情」

になってしまう。友人は多かったが、仲良しだった生徒もＥ男の豹変ぶりに「付き合いきれない」と訴えるようになり、担任はその対応にも苦慮していた。

　3年になると、さらに行動が激しくなり、授業中に奇声を上げる、体験入学に行った高校でタバコを吸うなどが続き、両親は何度も学校に呼び出された。夜通し帰宅せず、一緒に遊び回っている年長の友だちから、シンナーをもらうようになった。シンナー仲間と酩酊状態でバイクの暴走行為を繰り返しており、後ろのシートに両手を離して乗る"たこ踊り"をするなど、いつ大事故になってもおかしくない状態だった。

　警察に捕まって、精神科の受診を勧められたことをきっかけに、筆者にカウンセリングの依頼があった。担任はかなり相談に乗ってきたらしく、Moとも親しい様子だった。これまでの経過を詳しく書いたメモを渡してくれたが、連日の対応に疲れて果てているらしく、筆者に向けて、すみに小さく「Help！　です」と書き添えられていた。

　両親は警察からの勧めを受けて、すでに入院設備のある病院に連れていっていたが、本人がイヤがり、病院も治療困難を理由に受け入れようとしなかったので、結局連れ帰っていた。筆者のカウンセリングの場にもMoは誘ってみたが、Ｅ男は「俺はやりたいことをやっているだけ。両親のほうが病気」と言って来談を拒否した。

　やってきたMoは髪を少女のように愛らしく結び、口調は年齢相応だったが、どこか寂しげな印象があった。若い頃に相次いで両親を亡くし、妹がいたが不仲だったので、両親の葬式も、その後の自身の結婚式もひとりで準備したということだった。

　結婚後はFaの母親（Gm）と同居してきたが、職業を持っていたGmは長男であるFaの子育てを姑に任せたせいか、FaよりもFaの弟のほうがかわいい様子で、Faも「あの人を母親と思ったことはない」と言っているということだった。「世間体から長男と同居しているとしか思えない」とMoは話した。

　初回面接で〈Ｅ男の問題行動によって、何かよいこともあったのでは？〉と問うと、Moは「家族が一つになって、Ｅ男のことを考えるようになったこと」と答えるなり、涙をあふれさせた。それまでGmは何かにつけて、近くに実家があるFaの弟の妻を大事にして、Moをないがしろにしてきた

が、E男の非行が激しくなってからは、Moにも言葉をかけるようになっていた。帰宅が遅かったFaも、夜間徘徊するE男を探すために、付き合いを断って帰宅するようになっていた。

次の面接にMoは、まだ荒れはじめる前にE男が描いたMoの絵を持参した。愛らしい少女を思わせる絵だった。その少女がひとりで食卓に座っている絵があったので、食卓の状況を問うと、もうずいぶん前から、夕食はE男とGmがそれぞれひとりで先にすませ、MoはFaの帰宅を待って、ふたりでとってきたということだった。Faが接待で遅くなる日は、Moはひとりで夕食をとることも多かった。そこでE男が帰宅しなくても、GmとFa、Moが揃って夕食をとるように、筆者から提案した。

E男はすぐに「今晩のおかずは何？」「チャーハンなら俺が作る」などと電話をしてくるようになったが、いざとなると帰ってくることは少なかった。Gmは気ままを好む人で、食事に付き合わされることを露骨にイヤがり、Moに嫌味を言うということだった。

E男のこころは水面下で変化しているようではあったが、仲間との関係が切りがたいらしく、行動面での変化は見られなかった。FaはE男にシンナーで死んだ友人の思い出を綴った手紙を書き、Moは「E男に読ませたい」と小説を買ってきたが、行動をおさめようとする意図を持った両親の努力は、ことごとく空回りした。一方で気性の激しいGmは、たまに帰宅したE男を「殺してやる」と追い回し、E男は表に飛び出して、「家に入れない」と震えているということもあった。

間もなくE男は中学を卒業したが、筆者は危険な状況を考えて、〈SCのスケジュール的に可能な範囲内で〉とことわったうえで、Moの面接を継続した。

しばらくすると、E男は２週間くらい家にいるようになった。その間は寂しいらしく、同じような状態の友だちを家に連れてくる。その友人が増えて、夜間も大騒ぎをするようになり、あまりのことに注意をすると、それをきっかけにしたように、また数日間、家を飛び出す。そうことを繰り返す経過と、卒業から間もなく始めたバイトはお客や店長にかわいがられ続いていることから、双極性障害（躁うつ病）が疑われた。そこで受診を再三勧めてみたが、以前に精神科を受診したときの状況から、Moは完全に諦めており、E男に話してみようとさえしなかった。

第6章 問題行動

一方でMoは、自身もGmと同様に世間体を気にしていたことに気づくようになった。また過去に嫁姑問題のもつれから自暴自棄になり、大量に飲酒することが何度かあったこと、そのケアを幼いE男がしてきたことなども想起されるようになった。

しかしE男たちが暴力団員風の男たちに襲われる事件が起こるなど、現実への対応に追われて、Moが抱えるテーマについて話し合いを深めることはできないままだった。元警察官の知人が相談相手になってくれたこともあって、Moは「あの子を受け入れながら、様子を見ます」と言い、間もなく終結となった。

その後 Moが「SCの声を聞くとほっとする」と言うので、その後も何度か電話で話した。終結から数年後、E男はシンナーを止め、バイトを続けながら、好きになった女の子と同棲するようになった。両親は同棲を認めることができないでいるが、たまに帰宅するE男と笑顔で話せるようになった。

連想 飲酒癖があったことや、面接での愛らしい雰囲気から、Moは躁うつ体質（第8章概説参照）であると思われる。当時、筆者は、躁うつ体質者に内省を迫るカウンセリングが禁忌だとは知らなかったので、Moのテーマを話題に取り上げようと何度か試みた。だがうまくいかないまま終結になった。もしカウンセリングの定石に従って、内省を迫っていたら、おそらくMoの飲酒を再賦活させていた。

Gmも、気ままを好み、感情のコントロールができにくい様子から、躁うつ体質であったと思われる。MoもGmも孤独が苦手でありながら、人生のゆきがかりから、お互いに溝を作っていた。躁うつ体質者は関係を強く求めながら、一本気な性格から、こじれた相手との関係修復に不器用である。そこで両方の血筋から躁うつ体質を受け継いだE男が、躁うつ体質者らしいやり方で家族のつながりを求めて、非行に走ったと理解できる。

躁うつ体質という視点から学校現場を見てみると、教師が手を焼いている「問題行動」の背景に、この体質が関与していることが予想以上に多いことに驚く。

コメント　人間関係の中で幸せ感を得ることで心身が安定するのが躁うつ体質者の基本気質である。したがって、不幸であったり不安定になったりしたときに、人間関係で努力して幸せ感を得ようとする傾向が顕著なケースを見たら、双極性障害（躁うつ病）を考える習慣を持つとよい。そのケースが「愛らしい」対人態度を備えているときにはことにそうである。そして、幸せ感を得られる人間関係を設定してあげるのが治療となる。軽症の人では、そうした状況設定と自己の体質についての自覚だけで安定し、薬物を必要としないことが多い。軽症の躁うつ病や躁うつ体質は存外多いものであるから、このことを教育現場の必須知識としたい。（神田橋）

model 060

不登校と家庭内暴力の男子中学生に
Mo面接と家庭教師の導入で対処した過程

　　　　　　　　対象の生徒　中２男子Ｆ男
　　　　　　　　相 談 者　　Mo　担任

経過の概要と対処　Ｆ男は小学生の頃から何かと理由を見つけては、「休む」と言い、中学に進学後は毎朝、体温を測り、熱がないのを見てがっかりしながら登校していた。しかし５月になって「頭が痛い」と休んでからは、登校時間にFaが在宅の日は登校するが、設計技士という仕事柄、出張の多いFaが不在の日は、学校を休んでゲームセンターに行き、Faの帰宅時刻に合わせて帰ってくるようになった。

　次第に欠席が増えたことと、それを叱るFaとＦ男の口論が激しくなったことから、Moはある相談機関を訪ね、Ｆ男にもFaにも内緒のまま、カウンセリングを受けるようになった。しかし不登校傾向はおさまらず、次第にMoを脅してお金をせびるようになり、Faが不在だったある日の深夜、些細なことから大暴れし、家電製品を投げ、壁に穴を開ける騒ぎになった。Moからの電話を受けて担任がかけつけると、Ｆ男は興奮した様子で、壁に向かって、床に座り込んでいた。

中1の3学期には完全不登校となったが、適応指導教室があることを知ると、自ら希望して通うようになった。しかし「校外活動のときに、友だちとトラブルがあった」と言い、数日で行けなくなってしまった。その頃から家庭内暴力はさらにひどくなり、Moと弟を殴る蹴る、食卓をひっくり返す、ガラスを割る、壁に穴を開けるなどの行為が続いた。

ある日、包丁を持ち出して金をせびったが、Moが渡さなかったところ、「コンビニを襲う」と言い残して出かけ、夜になっても戻らなかったので、Moから連絡を受けた教師が市内を探し回るということがあった。この頃にはストレスから弟のぜん息も悪化しており、緊急度が高いという学校側の判断で、筆者にカウンセリングが依頼されることになった。

担任に伴われてやって来たMoは化粧っ気もなく、髪も乱れていたが、笑顔が人なつっこい印象だった。初回面接では、とりあえず暴力に対処するために、①Faから「暴力は絶対に許さない」と宣言してもらうこと、②「暴力があったらすぐにFaに電話をするように」とF男の前で、FaからMoに言ってもらうこと、③両親が留守中の弟の緊急避難先を確保すること、④「お金はFaが管理する」と告げて、Moは当面、必要以外の現金を持たないこと、の4点を筆者から提案した。Moはその場ではうなずいていたが、相談室から出るなり、担任に「そんなこと、主人に頼めません」と訴えたそうで、担任が代わってFaに話すことになった。Faが宣言しても、暴力はおさまらなかったが、夜間の外出はしなくなった。

F男の一家は地元の旧家で、近くにはFaの親戚が多数住んでいた。F男の暴力と不登校はFaの実家にも秘密にしてあったが、緊急時に弟が避難できる所は他になく、止むなく祖父母に知られるところとなった。ある日、F男が学校を休んで寝ていると、Gmが訪れて説教をし、冷や汗を流したF男は、その後発熱したということだった。

Faは極端なきれい好きで、出張の日以外は毎日定刻に帰宅し、Moの外出もひどく嫌う人だった。そのような夫と、すぐにキレる息子との間にはさまれ、さらに夫の親族の目に囲まれる日々はさぞ息が詰まるだろうと思われたが、Moがあっけらかんと話すので、筆者も深刻な雰囲気にならずに話を聞いた。Moはソファに座って話すのが苦手な様子で、いつの頃からかふたりとも床に座り込んで話すようになり、井戸端会議のような雰囲気の面接になった。

筆者は何度か〈F男のいいところは？〉と問うたが、Moは「いいところなんか、探してもどこにもない」と答えていた。だが面接を続けるうちに、Moが語る日常のエピソードの中に次第に優しい面が見え隠れするようになり、それとともに、F男は介護体験学習や職場体験などに参加するようになった。2学期末には「相談室登校して勉強したい」と希望するまでになったが、学校の都合で受け入れてもらえなかった。

そこで筆者が、知人の男子大学生に、遊び相手兼家庭教師として訪問してくれるように依頼した。F男はその大学生になかなか気を許さず、Faも他人が家庭に入ってくることに緊張感がある様子だったが、大学生は諦めずに付き合い続けて、それまで口を利かなかったF男とFaが、大学生を仲立ちに雑談をするまでになった。

大学生との関係が家庭に風穴を開ける効果があったらしく、3年生になるとF男は登校するようになり、欠席はほとんどなくなった。高校は「学校見学のときに、雰囲気がよかったから」と福祉科を受験するとF男が決め、合格した。Moには軽度の身体障害があった。MoもF男も意識していないようだったが、Moの障害がF男の選択に影響しているように筆者は感じた。

合格発表から間もない頃、筆者が電話をすると、たまたまF男が出た。この頃には筆者の中に、F男は躁うつ体質であるという理解がほぼ固まっており、だとしたら福祉の道は非常に適していると思われたので、そう伝えると、「ありがとうございます」と折り目正しい返事が返ってきた。筆者がF男と話したのは、この1回限りだった。

その後 高校に入学すると、重度障害者が地域の活動に参加する際の介助ボランティア活動を始めた。バイトを始めると、仕事ぶりが認められて、店キやお客にかわいがられた。1時間かけて自転車通学し、大雨で電車が止まった日も休まなかった。福祉系の大学に進学して、「地を這う仕事がしたい」と言い、介護福祉士を目指している。

解説 家庭内暴力への対応においては、重大な事故が起きないように対策を講じることが第一である。F男の場合、Faが抑止力として期待できたのは幸いだった。当事者は事態の大変さに追われて、現実

検討能力が低下している場合が多い。介入するときには、利用できる社会的資源を当事者と検討して、できるだけ具体的に行動を指示することが必要である。

　このモデルでは、介入の結果、家族・親族間の力動が明らかになった。またGmの説教で発熱する繊細さから、F男の暴力がわがままや甘えではなく、自身でもコントロールしがたい衝動によるものという仮説が生まれ、それが後に躁うつ体質であるという理解につながった。介入は実験であり、その結果が次の介入のプランを導く。大学生が家庭に入って、家族の関係が緩み、さらに福祉という資質に合った勉強を始めるとともに、F男のキレやすさは落ち着いていき、躁うつ体質という筆者の仮説は証明されることになった。

　問題行動の背景に躁うつ体質があることは少なくない。自身と周囲が資質を理解し、活用するようになったとき、問題行動を引き起こしたエネルギーが、人生を開くエネルギーになる。

コメント　　暴力・不登校・非行などの行動が問題となるケースでは、それらの行為が状況の変化にいかに滑らかに対応しているかを見るのがよい。滑らかで統合されている行為群が抽出されると、その底に当人の目的・志向が察知できる。F男はその典型例である。すなわちF男は母に似た人なつっこい性格（対人関係希求的資質）なのだろう。そう仮定してケース全体を再読すると、楽しい人間関係、生き生きした関わりへの志向とその挫折が透視される。福祉系大学を目指すに至るまで、F男の志向は一貫している。（神田橋）

model 061
大人の気分に振り回されて育った少女が、自ら警察に保護を求めるまでの過程

　　　　　対象の児童　小1女子G子
　　　　　相　談　者　Mo　本人　Moの弟

経過の概要と対処　G子については、小学校入学早々から噂を耳にしていた。「理解を超える勝手きままで教室をかき回す」ということで、筆者はまずADHD（注意欠陥・多動性障害）を疑ったが、G子の日常をよく観察している教師らから、「状況を適切に読んで、行動をコントロールできているので違う」と否定された。学習においても、気分が乗れば、すばらしい勘と冴えを発揮していた。

　間もなく、心配した担任の勧めで、Moが相談にやって来た。Moは離婚して、5人の子どもを引き取って育てており、G子はその4番目だった。

　MoはFaとは、Faの両親から「家の格が違う」と結婚を反対されて、駆け落ちした。3人の子どもを産んでも許されず、毎月、子どもらの写真と手紙を送ったが、「迷惑」と送り返された。だがようやく許されてG子が生まれると、両親は「初孫」と喜び、「猫かわいがり」した。最近もG子が「ミッキーマウスを見たい」と言ったと知ると、「ディズニーランドに行こう。飛行機のチケットを取った」と電話をしてきた。今でも「裁判してでもG子を引き取る」と言ってくる。他の子が話題になることはない。

　離婚の原因は、Moによれば「Faの暴力」だった。Moは妊娠中にも激しい暴力に遭い、子どもたちが血まみれになっていたこともある。Faが借金を作ったので、返済のためにMoが近所の飲食店に勤めはじめたところ、暴力がさらにひどくなり、G子が3歳のときに離婚した。

　離婚話がほとんど決定的になってから、Moは5番目の子どもを妊娠していることを知った。周囲も反対し、医師も「帝王切開を繰り返しているので危険」と心配したが、Moは「どうしても産む」と押し通した。その話を聞きながら筆者は、子どもを産むことで埋めずにいられない空虚が、Moのこころにあるように感じた。

　Moの生い立ちも話題になった。父親は頑固一徹、体罰も激しく、Mo

第6章 問題行動

はガラスの灰皿で頭を殴られたこともある。母親は仕事を持っており、両親ともに不在が多かったので、Moは幼い頃から家事をしてきた。

Moには弟妹がおり、妹は未婚のまま、子どもを産んでいた。「子どもは嫌い」と平然と言い、Moに子どもを預けて、仕事をし、遊びにも行く。父親は妹をかわいがっており、家に来れば一緒に酒を飲む。Moは離婚以来、実家の家事全般を引き受ける状態になっていたが、それを周囲だけでなく、Mo自身も当然と思っていた。弟は子どもたちの世話をよくしてくれるが、定職に就いていなかった。

G子の狼藉は激しく、他人の家に土足で上がりこんで、花瓶を割ったり、植木鉢を倒して回ったりしていた。「叱られる」と思うと、Faの両親に電話をして、車で迎えに来てもらい、両親は「すんだことで叱るな」と言って、お菓子を持たせて帰す。困るので「関わらないでほしい」とFaを通じて申し入れたところ、下校を待ちうけて、連れていってしまうようになった。

翌週、MoはG子を連れてきたが、その前日に消火器の泡を学校の廊下に撒き散らすという騒動を起こしていた。筆者が〈どうなるかなとやってみたら、泡がたくさん出てびっくりした？〉と聞くと素直にうなずき、反省している様子も見られたが、事態をごまかす言葉づかいが1年生と思えないほどに巧みで、頭のよさをうかがわせた。

折り紙を見つけて、筆者の目を見るので、〈何ができる？〉と声をかけると、「本で一度見た」というラクダを上手に折った。Moによれば、G子は絵も上手で、立体感のある絵を描く。Moは「色彩感覚が子ども離れしている。恐ろしいほど」と言ったが、Mo自身も美術の道に進みたいと思ったことがあり、「今も息が詰まると車で飛び出して、スケッチをしに行く」ということだった。そこで〈G子もたまには一緒に。その才能を伸ばすといい〉と伝えたが、Moの両親は絵を描くことを極端に嫌うということだった。

数ヵ月の面接を重ねて、MoがG子のよさを認めるようになるとともに、G子はかなり落ち着いてきた。Moは「波があるから、いつぶり返すか心配」と言いつつも、「今は平穏」と笑顔を見せるようになった。その矢先、Moが天ぷら油で大やけどをして、入院することになった。G子は急にいい子になったそうで、家でMoの絵を描いているということだった。Moの弟

から電話で報告を受けた筆者は、Moの病室にG子の絵を届けるように勧めた。

Moの入院が長引いたので、Moの弟が代わりに来談するようになった。弟はいかにも社会的場面で不器用そうな話し振りだったが、その分、人の良さも感じさせて、姉の子を父親代わりで育てている温かさが感じられた。だが「自分も子どもの頃は鉄の棒で叩かれた。それでよかったと思う」と言い、子どもたちにかなりの暴力を振るっている様子だった。そのようなとき、Moは半狂乱になって止めるそうで、弟はG子の狼藉を「Moが甘やかすから」と決めつけた。だが虐待と言えなくもない状態が推測されて、筆者は弟を制止する言葉を探しながら話した。

弟からはまた、Moがキレたときには弟以外に止められる人がないほどに激しく、弟も車で轢き殺されそうになったことがあるということが話された。だがMoはどんなにキレても、子どもたちに暴力を振るうことは決してなく、筆者には被虐待児であったMoと子どもたちの姿が重なって見えた。

Moは退院後、仕事につき、生活に追われて、来談も困難となり、筆者は折々に電話で様子を聞くだけになった。Faの両親は次第にG子が手に負えなくなった様子で、家に呼ぶことも少なくなっていった。さらにFaの妹に男の子が生まれると、G子への関心は急速に薄れていった。

筆者はG子の心理状態が気がかりだったが、家計の状況を考えると来談を無理強いすることもできないまま、迷っていた。間もなく、MoはG子の状態を病気ではないかと思うようになり、児童相談所に病院の紹介を求めたことがきっかけで、毎月1回、児童相談所で面接を受けるようになった。

その後　Moとたまたま話す機会があって、G子が夜中に家を抜け出して、通りがかりの人に「叔父から叩かれる。虐待だから、警察に連れていって」と頼み、養護施設に一時保護されたことを知った。「面会も許されない」とMoは寂しげだったが、学校も児童相談所から「しばらく親との接触は控えるように」と指示されていると聞いて、筆者も事態を見守るしかなかった。1ヵ月後、G子は「楽しかった」と言いながら帰ってきた。児童相談所では、心理テストの結果から、ADHD（注意欠陥・

model 061
大人の気分に振り回されて育った少女が、自ら警察に保護を求めるまでの過程

多動性障害）と判定されたと聞いた。

解　説　「家の格」も「初孫」も心理テストも、さらにはカウンセリングも一つの文化であり、一つの文化にとらわれたとき、人の行動はバランスの悪いものとなる。叔父の暴力よりも、祖父母のまるでペットに対するようなかわいがり方のほうが、成育を歪めるという点からは、よりひどい虐待だという視点があってもよいだろう。

　G子のまわりにいる大人たちはみな、情動と行動がほとんど直接に連動していた。その渦中で、G子が並外れた感性を発揮して生き延びようと努力した結果が、周囲の大人の目には「問題行動」と映った。並外れた感性による行為は、周囲を不安にする。鉄拳や、心理テストによる確かな判定は、不安をなだめる。筆者は、MoやMoの弟との面接において、言語化することで、情動と行動の間に距離を作ろうとしたが、不十分な結果に止まってしまった。

コメント　野良猫が上目遣いにこちらをうかがっている。境遇ゆえにかかえこんだ闇の世界を垣間見る。知性と社会性とを与えられ、何よりも長い被養育期間を必要とするせいで、ヒトがかかえこんでいる闇の世界の量と質とは底知れぬ。内省を専らにする種類の心理療法でも、闇のごく片鱗に光を当てるにすぎない。ましてやスクールカウンセリングでは、闇の世界はただ思いやることができるだけである。その際、われわれ自身の抱える闇の世界にこころをおくことが、いかほど深くなされているか否かが、思いやりの質を決定する。その視点から、スクールカウンセリングでのさまざまな対処を眺めてみるとよい。（神田橋）

model 062

母子ふたりの関係を守る第三者を得られずにきた"問題児"と
Moとの面接過程

対象の児童　小1男子H男
相談者　Mo　本人　担任　通級指導教諭

経過の概要と対処　　H男は小学校入学早々から問題児だった。乱暴、集中力に欠ける、注意をしても茶々を入れる、言われたことの逆をするなどの問題点が次々に指摘されていた。女の子を叩くようになったので、担任が叱ると「友だちのいない寂しさを思い知らせてやる」と、大人には脈絡がなく思えることを言う。叱るとその場は止めるが、すぐに繰り返す。さらにどういう経緯からか、「トイレで女の子にペニスを見せた」という話が伝わって、心配になった担任はMoに筆者と会うように勧めた。

　Moに連れてこられたH男は小柄で、いかにも動きが俊敏そうな少年だったが、大人びた表情をしていた。Moによれば、朝は登校をしぶるが、帰りは寄り道をして時間どおりに帰ってこない。Moは事故や事件が心配になって、あちこちを探し回るそうで、「マンションの敷地から外に出たらダメ、と言うと、最近は、嘘をついてまで遠くに行くようになった」と嘆いた。またベーゴマ玩具に夢中で、その執着ぶりも、Moは「異常？」と心配していた。

　母ひとり子ひとりでH男を育てているMoはかなり追い詰められている様子で、「言うことをきかないと虐待のように叩いてしまう。施設に預けたほうが、この子のためかも」と言い、「カウンセリングが必要なのは私のほうかもしれない」とつぶやいた。

　筆者は行動制限が過剰だと感じて、〈小さなケガの体験が大きなケガを防ぐ。子どもは自由に遊ぶことを通じて、身を守る力をつける〉と話してみたが、Moの不安には届かないようだった。H男に〈得意なことは？〉と聞くと、ベーゴマ玩具を挙げ、次の面接には持参して、筆者に遊び方を教えてくれたが、健康な少年の表情だった。ペニスの一件も、大人が想像するような異常な心理によるものではなく、幼い子どもによく見られるレ

ベルの出来事だったのだろうと思われた。

　だがその後、Moは無断でキャンセルしたり、「話す気になれなかった」と数ヵ月中断して、また連絡してきたりを繰り返した。筆者は教師のコンサルテーションを継続しながら、Moに関係を維持する体験をしてもらうつもりで付き合い続けた。Moは次第に継続して来談するようになり、ふとした言葉に人生の歴史が垣間見られることも増えた。

　詳細が語られることはなかったし、筆者から問うこともしなかったが、生い立ちから結婚、生まれて間もないH男を連れて婚家から身を引く形での離婚まで、Moの人生は排除される体験の連続のようだった。だがMoの口調に恨みや悲しみの雰囲気はまったくなく、不幸が身に染みこんでしまっている印象があった。

　ある日、Moが「胃痛」を訴えることがあり、〈肩こり？〉と問うと、即座に否定したが、ちょっと触ってみると悲鳴をあげ、かなりの肩こりだとわかった。身体感覚さえも麻痺させて、耐えてきた歴史を感じた。

　H男は気が向くとMoとともに来談したが、Moが筆者と話したがっている雰囲気を察すると、「大人の話をしていいよ」と言い、筆者が渡したブロックなどで遊んでいた。だが時折、Moの話に刺激されるらしく、横から口をはさんだ。小学生とは思えない言葉のセンスに筆者は感心したが、Moにその余裕はないらしく、「うるさいっ」と問答無用で怒鳴りつけた。筆者は母親としての接し方のモデルを示しつつ、Moの受け皿となるように努めた。

　ある日、H男が相談室の棚に筆者が置いていたアヤトリの紐を見つけて、うれしそうにMoの顔を見上げた。H男のアヤトリを誘うしぐさに、Moは苦しそうに顔をゆがめ、黙って首を振った。Moはアヤトリができなかった。筆者は、母親とアヤトリを楽しむ時間など皆無だったろうMoの幼い日を思った。H男はとてもいけないことをしたという表情で、黙ってアヤトリの紐を棚に戻した。

　次第にH男と筆者の間に、仲間意識と呼んでもいいような感情が生まれ、Moは「H男は、SCにだけは気を許している」と話した。だが学校では相変わらずの問題児で、筆者がコンサルテーションに出向くと、困り果てた様子でたくさんの教師が集まってきた。H男に扇動されて、学級崩壊になりつつあるとの危機感が生じていた。

筆者は教室の様子を見にいったが、筆者の闖入にもかかわらず、他の子たちが健康な野放図さを発揮する中で、必死に戸惑いを隠すH男が痛ましくて、早々に教室を離れた。面接室でのブロック遊びで、H男ははっとするほどの造形美を見せたが、教室では、その繊細な感受性が出口を求めて、もがいているように見えた。筆者は教師たちに誤解もあるように感じたが、うまく説明する言葉を持たなかった。H男との仲間意識に絡めとられて、客観性を失っているのではないかという不安も、筆者から言葉を奪った。

　一方、Moも誤解を解くエネルギーを持たなかった。諦めることの多い人生がそうさせたのだろうし、誤解を解く努力が新たな誤解を生む危険を、ぎりぎりの状況で生きてきたMoは敏感に察知していたのだろう。

　驚くほどの冷静さと客観性でH男を見るあり方も、筆者には、母親としては冷たいように感じられた。そこで〈子育ては親馬鹿でちょうどいい〉と何度となくMoに言い、H男の優れた感受性に出会って感心するたびに、H男にもMoにも言葉にして伝えた。だが褒められることに慣れないMoは、「SCは、カウンセラーという仕事だから褒めてくれるだけ。それでいい気になったら間違う」と言い、H男の気持ちに水を差した。

　そのような矢先、H男が教師を突き飛ばして、ケガをさせるという事件が起きた。大事には至らなかったが、「万策尽きた」と学校は精神科受診を求め、医師は、診察を嫌ってすぐに席を立ったH男を、その場で「うつ病」と診断した。診断を受けて、学校ではH男に養護学校転校を勧める話が持ち上がった。

　筆者は「Moがいちばん信頼している人」として、その仲介役を求められたが、優れた創造的能力を発揮するH男がうつ病だとはとても思えなかったし、Moの被排除の歴史を思うと、その役回りを引き受けることは、どうしてもできなかった。教師に〈うつ病だとしたら環境変化は禁忌〉と繰り返し説明して、転校の話を回避するのが精一杯だった。

　だがこの頃からMoは、学校に対して主張ができるようになっていった。H男が濡れ衣を着せられたときには誤解を正しに行き、他児からケガをさせられたときには医師の診断書を取って、学校にしかるべき対処を求めた。

　その際のMoの冷静な態度に接して、教師のH男への評価も次第に変化していった。H男は少しずつ落ち着いていき、学校での変化は限られた数人の教師に気づかれる程度だったが、家庭ではMoと温かみのある言葉の

やり取りが続くようになった。

H男が高学年になり、新学期を目前にしたある日、筆者の配置換えが急に決まった。Moが「H男が最後のカウンセリングの日を気にしている。H男が来談できる時間に予約を」と連絡してきたので、時間の都合をつけた。

だがその日、H男は遊びに出たまま戻らず、来談しなかった。Moと話している最中に、H男が「ケガをした」とMoの携帯に電話をしてきた。Moから電話を渡されて、話したが、H男は照れ隠しのように、ふざけた受け答えに終始した。筆者はケガの具合や遊びの様子を聞き、別れに言及できないままに電話を切った。大したケガではない様子だった。

その後 担任も筆者と同時に異動になったが、転出先の学校の児童に関して、相談の電話をしてくることがあった。筆者はH男に関してうまく機能できなかったと思うが、担任は評価してくれていたのだろう。

半年後、Moから「H男がとても順調なので、その報告をしたくて」と電話があった。すばらしい花のデッサンを描いたそうで、「親馬鹿だけど、SCに見てもらいたい」とコピーが郵送されてきた。繊細な感受性がとらえた花のいのちが、力のある筆致で描かれていた。学級の活動や、以前はまったくしなかった勉強にも最近は意欲を見せているそうで、Moと〈やっとH男の本来を出せるようになったね〉と喜びあった。

解説 人間以外の哺乳類の母親は、子が生まれると外界に油断なく目を配りながら子育てをする。授乳をしているときでさえ、外界の変化に敏感に反応する。赤ん坊の目を見ながら授乳するのは、人間の母親だけではないだろうか。もしかしたら二者関係は、早過ぎる出産をやむなくされているヒト種に固有のものであり、それが、人間のこころという機能を肥大させてきたのかもしれないと思う。母親が二者関係に没入するには、代わって外界に目を配り、安全を保証する存在を必要する。通常は父親の役割であり、父親は三者関係として登場する以前に、母子を守る外枠として、母子と生きる。

H男母子は、二者関係を保護する枠を得られなかった。筆者が出会った頃のMoは、H男の安全を守ることにのみ必死になっていた。哺乳類のレ

ベルまで退行していた母子関係の中で、知的能力が発達するにつれて、情緒の発達とのアンバランスが生じて、H男は学校という集団の場面に適応できなくなっていた。

　筆者は母子を守る心理的外枠として機能した。面接を始めて2年間ほど、H男は激しく赤ちゃん返りした。授乳するときのように横抱きにされることを求め、しばらくすると、ぬいぐるみに添い寝するようになった。外枠を得て、早足で赤ん坊時代を生き直していたのだろう。

　ちなみに生き直しや甘え直しの体験は、自発的に生じて、その人の生きる現実の場で経過した場合にのみ、心理的成長に効果を上げる。

コメント　問題行動を2種に分けてみる。一つは、その子が自身との関係、つまり自分の欲求や感情との関係で引き起こしている行為である。いま一つは、その子が環境との関係で引き起こしている行為である。当然、後者のほうがメッセージ性が濃く、環境を混乱させる力も大きい。さらに状況に合わせた工夫が加味されて、バラエティに富んだものとなる。つまり流動性・可変性がある。これに比して、前者の問題行動は生命体の現象なので、常同パターンがある。ひとりの子の1個の問題行動は多くの場合、2種の合成物なので、その視点で整理し理解することができる。（神田橋）

model 063
Faの寄る辺なさに共振れして、
荒れていた不登校・非行の生徒のMo面接

　　　　　対象の生徒　中2男子I男
　　　　　相　談　者　Mo

経過の概要と対処　　I男は中1の3学期末に隣の市から転入してきた。おとなしい子だが、すぐに部活にも入り、友だちもできて、なじんだ様子だった。ところが次第に遅刻が増えて、ときどき休むようになり、中2の秋の修学旅行を境にさらに休みが増えた。微熱も続

いたのでMoが心療内科に連れていったところ、医師から「行きたくないなら、学校は休んでいい」と言われて、それを盾にまったく登校しなくなった。そこで担任が勧めて、Moが来談することになった。

　Moによれば、Ⅰ男の不登校は「いろんなことが重なったから」ということだった。Faは腕のよい金型細工の職人で、小さな町工場を自営していたが、経営が次第に悪化して倒産し、住んでいたMoの実家の先祖代々の家屋敷も売り払うことになった。Faは婿養子だったので、Moの親戚から冷たい言葉もあびせられた。会社が傾きはじめた頃から、事務を担当していたMoとの夫婦仲も悪くなっていた。倒産の危機にあるときに、Faが友人から回された割の悪い仕事を断りきれなかったことも、Moとしては許しがたいことだった。

　当初はFaも一緒に借家に移り住んできたが、Faの部屋はなく、Ⅰ男の部屋に居候のようにして生活していた。Moは別室に寝ていた。ある日、掃除をしていたMoの母親が「部屋がタバコ臭い」と言ったのを、「出ていけ」と言われたと受け取ったFaは、黙って家を出ていき、友だちの家を転々とするようになった。それをきっかけに離婚が決まった。

　その頃から、Ⅰ男は学校を休むようになった。もともと寝起きが悪いほうで、前の中学でも遅刻はしょっちゅうだったが、休むことはなかった。Faは、「やさしくて真面目な人」なので、家を出た後も、Moが「Ⅰ男が起きない」と電話をすると、仕事場に行く前に立ち寄って起こしてくれる。それでもⅠ男は起きないことがあり、そんなときは「明日から学校に行けよ」と何度も電話をしてくる。

　Moが語るFaの雰囲気に筆者は、深い孤独の気配を感じた。聞いてみると、やはり寂しい生い立ちだった。Faの両親は、Faが幼い頃に離婚し、母親は家を出ていった。父親は再婚したが、間もなく事故死した。継母との間に弟妹がいるが、父親の死後はまったく行き来がない。母親は今も生きているらしいが、所在はわからない。Faは父親が亡くなってからは親戚に預けられて、中学卒業と同時に親方のところに住み込みで弟子入りし、Moと知り合って結婚した。

　Ⅰ男は休日には必ずFaに会いに行き、Faも仕事場にⅠ男を連れていって手伝いをさせている。その日は起こさなくても早起きするそうで、居場所のないFaのこころに、Ⅰ男が共振れしているのは明らかだった。復縁

の可能性についてMoに問うと、「両親が口をそろえて、『Faが戻ってくるなら、私たちは出ていく』と言うので、難しい」ということだった。

　2週間後にMoは再来談し、Moの生い立ちも話題になった。理由は語られなかったが祖母に預けられて育ち、幼い頃の記憶がほとんどないこと、現在に至るまで母親とケンカをした覚えがないこと、兄と両親が不仲で、Moが実家を継ぐことになったことなどが語られた。

　三度目の面接はキャンセルされた。担任から連絡をとってもらうと、「生活のため、昼も夜も仕事をすることにした。当分来談できない」ということだった。Ｉ男の家は担任の通勤途上にあったので、筆者は担任に朝、迎えに寄るように勧めて、様子を見ることにした。

　数ヵ月後、遅刻は相変わらず多いものの、登校状況はかなり改善したと聞いた矢先に、友人らと夜通し帰宅せず、自動販売機荒らしをして補導されるということがあった。Ｉ男は手先に使われただけだった。

　3年生に進級してしばらくたった頃、担任からカウンセリング再開の依頼があった。担任は筆者に「寝つきが悪くて、朝起きられないと、また休みはじめた。病院で睡眠導入剤を出してもらったらと思うが、以前の心療内科のことがあるのでMoも私も受診に二の足を踏んでいる」と話した。

　〈必要なら医師を紹介する〉という約束でMoと会ったが、担任から聞いた状況とMoの話を考え合わせると、薬物に頼るより、まず生活の立て直しを図るのが先決だと思われた。そこでMoに、〈朝、家まで迎えに来てもらうように、Moから担任にお願するといいのでは〉と伝えた。担任が数回迎えに行くと、Ｉ男は登校するようになり、その後は同級生数人が交代で迎えに行くようになって、さらに登校日数が増えた。

　高校受験も、迎えに来てくれる同級生のひとりが推薦入試で合格した高校に一緒に行きたいと希望するようになった。入試当日は遅刻を心配した受験生仲間が全員で迎えに来てくれて、無事合格し、奨学金の内定も得た。

　その一方で、単純な自動販売機荒らしと思われた出来事から、同じ仲間に誘われて、数ヵ月前からバイク泥棒を繰り返していたことが明らかになった。Ｉ男の犯罪行為自体は軽微だったが、関与した件数が多いということで、半年間の保護観察処分となった。生活に追われるMoは所轄署に出頭させるだけで精一杯の様子で、処分を嘆く暇もないようだった。筆者には、友人からの仕事を断りきれなかったFaとＩ男の姿が重なったが、Mo

にも同様のようだった。

その後　高校に進学したが、授業料の滞納が続いて、中退した。先日、たまたま街頭でMoと出会い、声をかけられた。ときどきFaの仕事を手伝いながら、「プータローを続けている」とのことだった。

解説　Faが家を出ていく経緯において、Faに抗う気配がまったく感じられなかった。それが、筆者がFaの寂しい生い立ちを推測した根拠だった。幼い頃に存在を受け入れられた確かな経験が豊富であれば、受け入れられない状況を不当だと感じることができる。MoにもそのようなFaに共振れする要素があったから、結婚にいたったのだろう。Faの生い立ちを言語化して、認識したことが引き金になって、Moは自身の幼少時の気分を想起した。

だがMoの記憶の欠落をテーマにして、スクールカウンセリングの母親面接の中で踏み込んでいくことはできなかった。筆者はそのテーマを脇に置いたまま、現実対応をともに検討した。SCが現実という外枠を支えることができれば、Moは現実をともにする人々との関係から力を得て、その効果は最終的にI男にも及ぶと考えたからだった。

子どもの問題行動はしばしば両親に、それぞれが潜在させてきたテーマへの直面化を促す。「子はかすがい」のもう一つの面である。

コメント　悪い仲間に誘われて手先に使われることも、同級生が交代で訪問してくれることも、豊かな人間関係であり、I男の天分の現れである。その本質は共振れの能力である。共振れが共振れを誘発するのが、中枢神経系をもつ生物間の関わりであり、人間関係はその末席にある。生物にとって自然な行為である共振れを抑制して、競争社会を生き抜いているわたくしたちは、映画や小説などのフィクションの中に、自ら捨て去った生き方を見出し、憧れたり、懐かしんだりしている。それが潜在させてきたテーマへの直面化に連なることもあり、再抑圧への方策となることもある。I男の未来には豊かな人生が待っているだろう。（神田橋）

第7章 障　害

概説

概　説　通常のスクールカウンセリングの場で、重度の障害児への対応を求められることは少ない。障害と言えるのか、どうかという境界線上の子どもたちに対応することがほとんどであるが、そのときに、ある能力に優れた人を基準にすれば、それ以外の人はみな障害者なのだという視点が役に立つ。つまり「障害者」と「健常者」の区分けは明確ではなく、程度の問題だと言える。物差しの目盛り次第で、この世に生きるほとんどの人は、知的障害者であり、身体障害者であり、精神障害者でもあり得る。それが人生の一時期において、あるいは人生を通じて、どれほどの影響力を持つかが異なるだけである。

　この前提に立って、「障害」という判断をするならば、「障害」という命名はその子どもに対して、新しい対応を工夫するきっかけとしての意味を持つ。子どもの性格や、努力不足や、親の育て方の問題ではなく、「どうにかしようにも、本人にはどうにもできないハンディ」を負わされているのだから、その難渋を周りにいるみんなで分担しようという姿勢が生まれる。

　モデル64のA男も、モデル65のB男も、モデル66のC子も気づかれない障害で苦労していた。障害という視点が持ち込まれて、彼・彼女たちの周囲にいた大人たちはそれぞれに納得する部分があった。なんとなく気づいていても、生活をともにする人々は近しすぎて、「障害ゆえの困難」との判断には到達しにくい。このとき、スクールカウンセラーの外部性が役に立つ。

　障害を持つ子どもたちを支えるのは困難を分担する姿勢であり、その具

体化はネットワーク作りである。モデル67のD子のように、心理的エネルギーという点では健康度の高い子どもの場合は、援助者にも心理的負担が大きくなる。そのとき、ネットワークが援助者を支える。

モデル68のF子の先天的な身体障害はすでに心配のない状態に回復していたが、Moの「障害のある子に産んだ」という負い目が消えないまま残って、F子の生活を窮屈なものにしていた。ネットワークを構築する際に保護者を一員として組み込むことは、保護者の心理的サポートとして有効である。

保護者への援助が特に求められる状況にあったモデル69のG男、モデル70のH男のようなケースでは、保護者をネットワークの一員とすることが、保護者の自助能力を引き出して、結果として長期的な援助へとつながる。

モデル71のJ男のMoと、モデル72のK子のMoは時折、電話や立ち話で相談し合う仲で、それによってお互いが最も支えられている印象があった。親の会のような組織的活動も大きな役割を果たすが、日常的な場で自然に発生したネットワークが、より人のこころを支えるという事実は、障害の場合に限らないことだろう。

なおモデル65のB男、モデル67のD子、モデル71のJ男のような軽度発達障害者は基本的な知的能力があるので、対応する側に複雑な感情を引き起こす。そのとき複雑な応答を引き出されがちだが、軽度発達障害者は含意を読み取ることが苦手という特徴を持つので、複雑な応答はすれ違いを生む。そこで対応する側が、複雑な感情をできる限り整理して、直截な表現で伝える努力が不可欠である。

モデル73のL男、モデル74のM男、モデル75のN男らは、愛らしい子どもであった。愛らしさが、障害を持ちつつ生きていく彼らの未来を支えるだろうと思われた。彼らに共通していたのは、彼らの母親を支えてくれる、親族のネットワークがそれぞれにあったことである。そのような幸運に誰もが恵まれるわけではない。必要なときにその機能をいつでも代替する者がいる社会は、「健常」と言われる子どもたちのこころをも豊かに育むだろう。

専門の医療機関や相談機関をネットワークに組み込むことは、障害を明確にする作業でもある。人が生きる場において、曖昧にやり過ごしてきた

ものが明確にされるときには、必ず切り分けの痛みを伴う。その痛みによるマイナスと、専門機関への紹介によって得られるだろうプラスとの両方に目配りし、助言することが、専門家であるスクールカウンセラーの仕事となる。

　視点を転ずれば、スクールカウンセラーも専門家のひとりなのだから、そこへ来談する人々は当然、期待とともに痛みやおののきも抱えてやって来ている。そのことにも思いを致したい。

model 064
乱暴行為と非行に、気づかれにくい視覚認知上の困難が影響していたらしい不登校生徒

対象の生徒　中3男子A男
相　談　者　本人　Mo

経過の概要と対処　勤務日でない日に、中学校の教頭から「緊急に」と電話があった。数日前に転入してきたA男が「耳の中で犬が吼える声がする」と言うので、「とりあえず病院受診を」と勧めた。Moが心療内科に連れていくと、医師はA男の顔を見ただけで、「病院より教育相談へ」と言った。Moが電話でそう報告してきたので、「SCに連絡しておく」と返事をすると、すぐにA男を学校に連れてきた。A男も「今日ならスクールカウンセラーに会ってもいい」と言っているとのことで、教頭は緊迫した様子であり、筆者もたまたま時間があったので、学校まで出向いていくことにした。

　A男とMoは校長室で待たされていた。A男は凄みをきかせるように前かがみにソファに座り、隣にMoが憔悴しきった様子で立っていた。かなりの巨体で、その日は冷え込んでいたにもかかわらず、半袖のTシャツを肩までまくり上げ、袴のようなズボンに、裸足にサンダル履きという格好だった。髪は、転入前にMoが黒く染めさせたそうで、それまでは真っ赤だったらしい。

　相談室に誘ってみたが、「俺はいい」と答えたので、手近にあった中学生向けの本数冊を〈読みながら待っていて〉と渡して、Moだけ相談室に入ってもらった。

　Moによれば、生まれたときから体が大きく、動きも乱暴だった。小4のとき、下敷きを投げたのが同級生に当たって、救急車を呼ぶ大ケガをさせた。その晩、Moは同級生の母親たちに呼び出された。集団で糾弾されたので、「そんなに迷惑なら、もう学校には行かせません」と言って、以来登校させていない。

　いつの間にか、悪仲間と遊び歩くようになったので、家から出さないようにした。すると「退屈」と、弟の頭に紙袋をかぶせて殴るので、弟は恐

怖から視力障害になった。A男から離したほうがいいと思い、FaとA男を残して、Moは弟を連れて、実家に帰ってきた。

ところがFaの留守中に、悪仲間の集団が家に押しかけてきて、A男は袋叩きにされて、半死半生の目に遭わされた。それから怖がって、自室にバリケードを築いて、閉じこもるようになったので、可哀想になって、実家に来させた。

悪仲間が来たときに飼い犬が吼えたので、「その声がいつも聞こえる」と言う。あちこちの病院に連れていったが、どこも引き受けてくれなかった。新聞で見たフリースクールにも連れていったが、「態度が悪い」と指導員にいきなり殴る蹴るされたので、仕方なく連れ帰った。最近は、夜中にMoを叩き起こして「金をくれ」と言うようになり、渡さないと大暴れして、壁に穴をあける。渡した金はパチンコですぐに使ってしまうということだった。

筆者はMoの話を聞きながら、次第にひとりで残したA男が気がかりになってきた。早々に校長室に戻ると、ソファに寝転がって本を読んでいた。最初の一言を迷ったが、〈あんたも、よう辛抱したねえ〉と声をかけると、のっそりと起き上がり、「今は看板を下ろしている暴力団組長にかわいがられていた」「殺人を請け負ってくれる知人がいる」などの話を始めた。筆者は、強がりの向こうにある心細さを感じつつ、否定も肯定もしない態度で聞くように努めた。

時間が来たので〈またSCと話す？〉と問うと、つっけんどんに「もう来ん」と答えた。Moは説得しかけたが、諦めた様子で「帰るよ」と声をかけた。するとA男が読んでいた本のページを折ったので、筆者は見過ごせず、思わず〈みんなのものだから折ったらダメ。もどしなさい〉と叱った。A男は驚くほど素直にもどした。ページを折ったのは、続きを読むつもりがあるということで、「また来たい」というサインにほかならない。もう一度〈来るの？〉と問うと、向こうを向いたまま小さくうなずいた。

A男は面接の時間だけ登校するようになった。筆者の安心のために、体育科の男性教師に隣室に控えてもらっていたが、筆者に暴力を振るうことはないと判断できたので、数回で断った。話題は次第に現実的になり、パチンコ店がどうやって儲けるのかという話をふたりでし、文学青年だったFaと一緒に難しい哲学書を読んだら、とても面白かったことなどが話さ

第7章 障害

れた。時折、筆者を脅かすようなセリフを吐くこともあったが、〈あほくさ〉と相手にしないと、にやっと笑って終わりになった。

　ある日、A男は「本を読んでいると、数行飛んでしまうことがある」と話した。そこで書字についてMoに確認すると、「自分の名前もひらがなでやっと」ということだった。また幼少時に病院で、「片耳の聴力はほとんどない」と診断されたと聞いて、相談室でいつも、聞こえる側の耳が自然に筆者のほうに向くように座っていることが思い起こされた。

　乱暴に見えたのも、実は障害と不器用さのゆえと思われ、筆者はMoにその理解を伝え、受診を勧めた。だがA男が病院を嫌い、経済的な事情もあって、受診しなかったので、結果は不明のままとなった。だがMoが「あの子もつらかっただろう」と受け入れるようになるとともに、A男は「母ちゃんは、父ちゃんとケンカすると、弟だけを連れていなくなった。俺はいっつも置いていかれた」と涙ぐみながら話すなど、情緒を言葉で表現できるようになっていった。

　その後、以前に悪仲間と繰り返していたバイク泥棒が警察の知るところとなり、「鑑別所行きか」と怯えていたが、「現在は問題なく経過している」という判断で措置を免れた。その際、「頼りない」と思っていたFaが警察に付き添ってくれ、社会的に機能する姿を見て、A男はFaを見直した。

　数ヵ月後、Moの父親が急死し、Faのいる自宅に戻ることになった。A男は父親を亡くしたMoの悲しみに共感できるほどに落ち着いていた。

　元の中学に再転入したが、転校先にはスクールカウンセラーが配置されていなかったので、筆者は電話でフォローした。A男は結局、登校しないまま卒業した。

　卒業から間もないある日、Moと内職を始めたことが話された。1ヵ月の収入の予定を計算してみせ、それまではなかなか電話を切らせなかったのが、その日の電話は「じゃ」と、A男からあっさり切ってきた。

　16歳になって間もなく、バイクの免許を取ったと聞いた。〈おめでとう〉と言って、電話を切った後で、ふと、試験場で住所と氏名をどうやって書いたのだろうと気になった。電話をかけ直して聞くと、「ノート1冊分練習したよ。俺もやるときはやる」と笑いながら答えてくれた。

その後　成人した。定職に就くことはできないでいるが、家でパソコンを触ったり、Moの仕事を手伝ったり、ときにはバイトをしたりしながら、平穏に暮らしている。Moを困らせるようなことはまったくない。一緒に外出する友人もできた。先日は弟が電話を取り次いでくれたが、その声は落ち着いており、家庭内の雰囲気はよい様子だった。

解説　博多弁に「しろしい」という言葉がある。標準語に訳せば、「うっとうしい」「面倒くさい」とでもなるのだろうが、決定的な困難ではないものの、不快に感じる状態が長く続くときに使われる。A男はずっと「しろしい」状態を、自分でもそうとわからずに、ひとりで耐えてきたのだろう。

視機能の異常は視力の低下とは異なり、検診などで一般的に行われるランドルト環による視力検査では発見されない。片耳だけの聴覚障害もわかってもらいにくい。理解されない障害は、自己受容もされにくく、容易にいらだちとなる。

ずいぶん昔のことだが、アメリカの少年院で、入所者の90％になんらかの視覚上の問題が見つかり、彼らに視機能の訓練を3ヵ月実施したところ、再犯率が、訓練を受けなかった群の70％に対して、15％に激減したというテレビ報道（1995年6月放送、テレビ朝日ニュースステーション、特集「眼が苦しい！」と叫ぶ子供たち）を見たことがある。事実だとしたら、私たちはずいぶんと怠慢に時を過ごしてきたと思う。

手がつけられない問題行動やADHD、学習障害と見える陰に、発見されにくい障害を抱えた子どもたちが大勢いるのだろう。彼らが忍受している「しろしさ」に思いをやりたい。

コメント　資質を伸ばして、人生を切り開いてゆくのは正しい道である。次第に資質は発展して、一種のシステムを作る。A男が巨体を活用して、暴力の道を選んだのはその一例である。しかし一つの資質だけが発展したせいで、他の資質が伸びる機会を得られなくなることがある。そのとき何となく不幸の雰囲気がただよう。成績優秀・芸術的センス・美人・運動選手などで認められている人々の中に典型例がある。そのときシステム全体となじまない小さな現

第7章　障害

象がヒントになる。A男では「犬の吼える声がする」、本のページを折る、がそれである。対象と濃い関係を築く資質の露頭である。未練は、人情味の表現形である。(神田橋)

model 065
対人関係の困難が発達障害によるという理解から新しい道を選んだ男子中学生

　　　　対象の生徒　中2男子B男
　　　　相　談　者　本人　Mo　担任　養護教諭

事例の概要と対処　B男は小学生の頃から友だち作りがうまくいかず、何かと仲間はずれにされていた。本人も自覚していて、「僕が性格を変えないとダメなんです」と言い、努力をしているようだったが、独特の言葉づかいや雰囲気から、中学に進学後もクラスの中で浮いていた。

　筆者が配置されて、最初に勤務する数日前にも、「転校する」という噂がどこからか流れて、B男の目の前で「バンザイ」をする生徒や、「いつ？」と直接聞いてくる生徒もいて、担任が全員に反省文を書かせたということだった。

　両親もB男の状態を心配しており、養護教諭が勧めてくれたこともあって、Moが早速、来談することになった。担任もどう接したらいいのかと迷っており、B男を支えるネットワークづくりが重要と思われたので、Moの同意を得て、担任、養護教諭にも同席してもらうことにした。B男本人の同席については、その場の状況で決めることにした。

　その当日、廊下でいきなりB男から「スクールカウンセラーの先生ですか？」と話しかけられた。戸惑っている筆者にかまわず、「どんな人が相談するんですか？」と聞き、とっさに〈困っている人〉と答えると「困った人ということですか？」と聞き返し、〈それは、周りが困っている人。相談に来るのは、本人が困っている人〉と言うと、「それって問題児ですか？」とさらに聞いてきた。話す内容は一見、言葉遊びのように見えるが、

雰囲気に遊びの気楽さはなく、切羽詰った感じがあった。B男が筆者と話すことを望んでいるように感じたので、カウンセリングに同席するように誘った。

初対面の筆者に声をかけてくるなれなれしさと、表情に乏しい丁寧な口調がアンバランスであり、なんらかの発達障害が疑われた。そこで養護教諭に聞いてみると、「成績はさほどよくないが基本的な学力はあり、本人に学習意欲が見られる。小学校からも特に申し送りはなく、これまで障害を疑ったことはない」ということだった。

やってきたMoは、担任から渡された同級生の反省文を、悲しみと諦めが半々というような表情で眺めていた。筆者は、MoがB男の状態について、どのように受け入れているのだろうと量りつつ、先ほどの出来事とそのときに受けた印象を伝えていった。〈親のしつけの問題でも、性格の問題でもなく、本人の努力ではどうしようもない部分がある困難のように思う〉と伝えると、Moの緊張がふっと緩む感じがあった。そして小学校入学時の就学相談で発達に半年の遅れを指摘されて、「特殊学級か」と迷ったことが話され、B男の「状況のわからなさ」を示すいくつかのエピソードが語られた。

B男は、先ほどとは打って変わって、筆者と目を合わさず、緊張した様子だった。自分のために特別な相談の場が設けられていることがつらい様子で、これまでに何度も同じような状況を体験してきたのだろうと察した。

そこで〈さっきは話しかけてくれてうれしかった〉と言うと、「幼稚なことを聞きました」と答え、〈あなたの言葉の感覚が独特とは思ったけれど、幼稚とは感じなかった〉と率直に返したが、「でも幼稚だと思います」と繰り返した。このような応答が「頑固」と受け取られ、対人関係を難しくしているのだろうと感じた。

MoとB男の様子から、知的発達の遅れのない軽度発達障害の範疇に入るだろうという判断を伝えたほうが、よい結果につながると思われた。

そこで〈SCは障害の専門家ではない〉とことわったうえで、判断を伝え、〈まず得意なことを伸ばすことが大事。苦手なことは後からついてくる〉と言い添えた。Moは「B男はコンピュータが得意」と答え、パート勤務の事務職をしているMoが仕事で必要な操作をしようとしてうまくできなかったときに、B男が教えてくれたことを話した。

第7章 障害

〈学校はみんなが同じように伸びることを期待し、そのように指導をする場。B男のように独特の個性を持った子どもにとっては生きづらい場所だろう〉と言うと、Moは黙ってうなずいて涙ぐんだ。

担任は発達障害という判断に「腑に落ちました」とうなずき、「クラスの生徒たちにB男の障害について説明してよいか」とMoに確認した。Moが「してください」と答えたので、〈誰にも脳に多少の傷があるけれど、B男はたまたま苦労が多い場所に傷があったという視点で話してもらうといいと思う〉と、横で聞いているB男のこころに届くようにと願いつつ、担任にアドバイスした。

定期的な面接は約束しなかったが、その後もMoから希望があったので数回、学校で会った。必ず同席してくれた担任は、「状態がわかって、私自身が余裕を持って接することができるようになりました」と言い、「これまでに担任した子どもたちの中にB男と似た生徒が何人かいた。その子たちの顔が思い出されて、申し訳なくて」と苦しそうに語った。

養護教諭によれば、初回面接以後、B男の表情がとてもよくなったということだったが、学級へのなじみにくさは相変わらずのようだった。

その後、Moは発達関係の相談機関にB男を連れていき、専門医から高機能自閉症の診断を受けた。その医師から、養護学校への転校を勧められたそうで、迷ったMoはB男を連れて、筆者に相談に来た。教師間にB男を積極的に受け入れる雰囲気ができつつあるところだったので、〈先生方はあなたに行かないでほしいと思っていると感じるけど〉と伝えると、Moは涙ぐんでいたが、B男は「この学校はもうイヤです」と言い、転校を希望した。

B男は養護学校の体験入学をし、担任と養護教諭も養護学校を訪ねて、細かく打ち合わせをしたうえで、転校していった。

その後 その後、B男と電話で話す機会があったが、声がしっかりしてきており、養護学校では生徒会活動などにも積極的に参加しているということだった。養護学校の教師はB男の適応状況がよいので、中学に戻るように勧めていたが、B男の希望で、そのまま養護学校を卒業し、普通高校へ進学した。高校での適応状況はかなりよいと聞いた。

解説 　困難に直面したとき、人は納得できる理由を探し、安心しようとする。それぞれの不安を投影しやすい理由が見出されて、周囲の人々と共有されたとき、それぞれの内心にあるかすかな違和感は否認され、その理由は「事実」として一人歩きを始める。

　B男の対人関係の困難を「性格」に帰した周囲の人々の反応は、発達障害への理解不足に加えて、それぞれが内包する自身の性格への不安が作用した結果だったのだろう。転校の噂に、はしゃいだ同級生たちは、自身の内側に排除される不安を抱えていた。

　B男が養護学校に転校した後、担任は「軽度発達障害による対人関係の困難」という視点の必要性を共有したいと、ある研修会で本モデルの基となった原事例を報告した。すると、数人の教育関係者から「障害というレッテル貼りをして、養護学校へ追いやった」と厳しい批判を受けたと聞く。B男を取り巻いたと似た機制が働いたのだろう。

　軽度発達障害を持つ子どもたちは、本来の障害に加えて、周囲の人々の不安の投影という二次的困難を背負わされる。それが対人的相互反応の障害を倍加させる。

コメント 　人は皆、それぞれの資質をもって生まれてくる。それに対し、画一化された養育や教育が行われることが平等なのではなく、それぞれの資質に合った養育や教育が行われることが平等である。人は自分の資質が伸びる機会を与えられる権利があるという意味での平等である。ただし資質の見定めは画一的なテストや数値などの粗雑な物差しでなされてはならない。その子の体験世界への共感を介して行われるのが正しい。これこそスクールカウンセラーしか行えない重要な職務である。奇怪な平等主義に従うのは、倫理にもとる手抜きであることを、B男の経過が証明している。（神田橋）

model 066

「わがまま」の背景に軽い知的発達の遅れが隠れていた愛らしい不登校生徒

　　　　対象の生徒　中2女子C子
　　　　相　談　者　担任　本人　Mo

経過の概要と対処　　C子は昼休みの保健室の常連だった。同級生となじめず、保健室にやってきては、年下の、同じように同級生となじめない女子生徒数人を子分のようにして過ごしていた。物言いはぶっきらぼうだが、しぐさに愛らしい雰囲気があった。

　一方で、子分格の生徒の家に電話をして、本人以外の人が出るとガチャンと電話を切ってしまったり、一緒に出かけたはいいが、気まぐれで置き去りにしたりと、「わがまま」「社会性がない」と指摘されてもいた。

　筆者が他の生徒と話しているときにも、「どいて」と割り込んできて、譲ってもらえないと、いきなり手に持っていたタオルを床に投げつけるということがあった。

　小学校ではあまり成績はよくなかったらしいが、特に申し送りもなく、中学に進学してきた。1年生の担任は、半分は諦めながら、C子の「わがまま」を「独自の個性」と認めていたので、欠席することはなかった。

　2年生になって担任が代わったが、1学期は相変わらずのわがままを通しながら、登校していた。だが2学期になって、百人一首大会が近づき、クラス全員の百首完全記憶を目指して練習が始まったころから、ぽつぽつと休むようになってきた。

　1週間の休みが続いた後、登校してきたC子に担任が話を聞こうとしたが、黙り込んでしまい、困った担任は筆者と話してみるように勧めた。日頃の状態から考えて、相談室で向き合うよりも、保健室で雑談ふうに会うほうがいいと思われたので、担任にそう伝えた。

　当日、C子は保健室で、担任と軽口をききながら待っていた。なごやかな雰囲気だったので、担任も交えて話すことができるかと期待したが、筆者が入室すると、C子は「先生はあっち」と、担任を保健室から追い出してしまった。

欠席していた間の様子を聞いた後、進路の話になった。C子が「高校に行きたくない」と言うと、レストランを自営するFaが「ウチで雇ってやる」と言うとのことだった。「高校に行かなかったらどうなる？」と聞いてきたので、〈お父さんとケンカしたときに、他の職場で働くのが難しいことかな〉と答えた。

終わって担任に、〈休んだときには家まで迎えに行っても大丈夫な子であり、それが必要な子だと思う〉という印象を伝えた。その後しばらくは担任が積極的に迎えに行く姿勢を示したことも奏功して、登校できていた。C子は、校内で筆者を見かけると、「先生、先生、一緒に話そう」と手招きしたり、廊下で後ろから「わっ」と抱きついてきたりした。

だが3学期になって、また欠席が続くようになった。Moが担任を訪ねて、学校に来ることを知った養護教諭が、「SCにも入ってもらったら」と担任に提案して、筆者が同席することになった。

養護教諭はその日たまたま、他の生徒から「C子がMoと殴り合いのケンカをして、家出した」という話を聞いていた。そこで、筆者が別の面接を終わるまでの間、担任と養護教諭が、Moにそのことについて聞いていた。

Moによれば、C子が好きなアイドルグループのCDを買おうとしたが、「2000円しか小遣いがない」と言うので、Moが不足分を出してやることにした。千円札がなかったので、Moが1万円札を店員に渡して、C子が出した2000円をMoの財布に入れようとしたところ、C子が急に腹を立てはじめ、「ママは1000円、C子も1000円」と譲らない。その場はなんとかなだめて家に戻り、説明したが納得せず、C子が叩いてきたので叩き返したら、祖父母の家へ行ってしまったということだった。

担任らは、Moが不足分を出してくれるのに乗じて、C子が「さらに1000円多く」と、欲張ったと理解したようだった。

だが筆者には、もしC子が2000円を店員に渡し、そのうえでMoが1万円を店員に渡して、不足分を清算していたら、C子もすんなり理解できたのではないかという考えが浮かんだ。C子の知的能力の限界が理解できたように思われて、Moに「例えば920円の支払いをするときに、C子は1000円に20円を足して出すことができる？」と確認すると、Moは「とても無理です」と答えた。

そこで生育歴を問うてみると、生まれたときに黄疸がひどく、産科の医

師から「将来、何らかの障害が出る可能性がある」と言われたこと、小学校入学前の就学相談では「普通校で大丈夫」と言われたが、Moがつきっきりで宿題をやらせてきたこと、中学に入学して、Moの介入を嫌がるようになったので、「そろそろ手を引いたほうがいいのか」と思いはじめたところに、不登校が生じたことなどが語られた。

　筆者はC子のハンディをMoと共有できるように感じたので、〈軽度の知的発達の遅れがあるように思う〉と伝えた。そして祖父母のたったひとりの孫であることから、〈大人に囲まれて、言わなくても通じる環境が言葉の練習の機会を奪うことになって、その結果、友人関係でも誤解が誤解を生んで、わがままと受け取られてきたのでは？〉と問うと、それまで笑顔を浮かべながら話していたMoは、「すべてお見通しですね」と言うなり、顔を両手で覆って、泣きはじめた。

　筆者は〈少しの手助けがあれば、十分やっていけるレベルだと思う〉と伝えたが、担任は「特別扱いすると、さらにわがままになるのでは」と心配している様子だった。そこで経済的にも可能と思われたので、〈友だちとの付き合い方も教えてくれる、お姉さんのような家庭教師が有効かも〉と提案するにとどめて、後の対応は担任に任せることにした。

　数日後、担任を通じて「家庭教師の紹介を」という依頼があり、心当たりがあったので紹介した。

その後　「C子はローマ字が好きだが、英単語としては理解していない」という情報を英語科の教師から得ていたので、家庭教師を引き受けてくれた女子学生に、C子が好きなアイドルグループの歌詞の英語の部分を一緒に訳すようにアドバイスした。C子は家庭教師を「かわいい」と言い、すぐになついた。

　家庭教師の柔らかな人柄を取り入れたのか、友だちとの付き合い方が穏やかになっていった。受験期になると、同級生との学力差に直面して、不安定になることもあったが、担任と養護教諭のサポートによって登校を続け、無事、高校に合格し、進学していった。

解説　冒頭のタオルを投げたエピソードのとき、筆者と話していたのは、日常的に複数の同級生からいじめを受けている女子生徒だ

った。「いつも、ああなんです」と女子生徒が悲しげにつぶやくのを聞いて、筆者の中にC子に対するかすかな怒りが湧くと同時に、他の生徒が状況を察して、それとなく遠慮しているのに比べて、C子は幼いという印象を持った。

その後、校内のあちらこちらで、他の生徒とやり取りするC子の姿に接するうちに、「わがまま」と見える背景に何らかの障害があることが、筆者の目にぼんやりと浮かび上がってきていた。それがCDのエピソードに接したときに、はっきりと意識され、Moと共有されることになった。相談室の面接だけでは、おそらく感じ取れなかったレベルの障害だったと思う。

ひとり娘で育ち、今も実家の両親と頻繁に行き来するMoには、かわいがられてきた人特有の愛らしい雰囲気があり、C子にもよく似た雰囲気があった。愛されて育った人は、愛され上手になる。わがままであっても、それは変わらない。愛される能力の有無は、人生の質を決める。軽度知的障害を持つ子どもたちは、身近な人々のありようをそのままに取り入れることが上手である。よい手本を身近に得られるように、彼らを抱える親ともども、愛される体験を豊富に持てる環境作りが重要である。

コメント　程度の差はあれ、人はみな何らかのハンディを負っている。そしてハンディをカバーしようとする工夫や努力を行っている。この「負と穴埋め」との組み合わせが各人の個性の主要部分を形作る。この考えは真理ではなく、援助者にとって有益な現場の知恵・仮説である。そして穴埋めの工夫や努力はしばしば、その個体の隠れていた才能を浮き上がらせる。C子の場合、筋肉行動の能力と情緒的なじみ関係を作る能力とが優れているようである。そこにC子の将来像を描けそうである。（神田橋）

model 067

学校の対応に不満を持つMoと教師の橋渡しをした学習障害児のMoとの面接過程

対象の児童　小5女子D子
相　談　者　本人　Mo　担任　言葉の教室指導E教諭

経過の概要と対処　　D子は小学校入学後、ひらがな五十音が読めない、書けないことから、担任に勧められて教育センターへ行き、学習障害という判定を受けた。2年生からは言葉の教室でE教諭の個人指導を受けてきた。

5年生の秋口からときどき腹痛を訴えるようになっていたが、「同級生から言葉のいじめを受ける」と言うようになり、しばらくすると欠席するようになった。管理職を含めた教師と両親の話し合いが何度かもたれたが、1ヵ月経っても事態が改善しないということで、両親とD子が来談することになった。

両親によれば、2年生の頃から「言葉のいじめ」は何度かあったが、そのときどきに担任が対応してくれて、不登校にまでは至らなかった。だが5年生になるといじめが激しくなり、言い返せないので、「人格が変わったようになって」相手に向かっていく。だが「相手を傷つけたら、両親に迷惑をかける」と思って、自分を抑え込んでしまうので、登校できなくなった、ということだった。最近は両親にも話をしなくなったそうで、Moは「その分、深く悩んでいるのではないかと思う」と言い、Faは「学校に行かないのではなく、行けない」と力をこめた。

担任の対応については「努力してくださっている。だが効果がない」と口調は丁寧ながら、はっきりと不信感が示された。筆者は両親が語る内容について、確かめる質問を何度かD子にしてみたが、言葉はあまり出ないものの、表情豊かに反応があった。Faは仕事を休んで来談しており、話し振りからも、両親はD子に十分な愛情を注いでいる印象だった。

「D子がSCの問いかけにはきちんと答えた」というFaの報告を受けて、学校は「SCの指導のもとに対応していく」という方針を決め、翌週、担任と学年主任が来談した。担任は経緯を数枚のプリントにまとめて持参し

たが、両親の対応にかなり苦戦した様子がうかがわれた。「いじめらしきものがあった」という表現に、両親との認識の差が感じられたが、状況がよくわからない段階で言及することは避けた。

学年主任からは「Moに連れられて校門まで来たD子と『5分だけ』と約束して、校舎内に入らせ、5分で帰した。翌日、D子から『7分だけ』と言ってきたので、もう少し頑張らせたいと思い、30分ほど居させた。すると、約束違反を盾にまた登校をしぶりだした」という話がされた。学年主任は大人を操作する意図を感じているようであり、筆者も同様に感じなくもなかったが、約束をないがしろにした失敗を率直に認めることで、D子との信頼関係を修復できると感じたので、そう勧めた。

1ヵ月後には言葉の教室のE教諭も資料を用意して来談した。知能テストの結果は言語性学習障害の特徴を示していたが、全体のIQは普通だった。E教諭は2年生からの指導の経過を丁寧に記録していたが、学期によって通級に来た回数に大きなばらつきがあった。Moの体調や都合による欠席で、日ごろのMoの熱心さとの落差を、E教諭も不可解に思っていた。

D子とMoは来談を続け、担任と学年主任も定期的に筆者を訪ねてきた。D子は午前中の1時間だけ別室登校をするようになったが、そのまま事態は進展せず、Moからは「担任がもう少し上手に教室に引っ張ってくだされば」という不満が話された。

そこでD子に〈少しずつ学校にいる時間を延ばしていってみる？〉と具体的な提案をしてみると、しばらくうつむいていたが、顔を上げると、筆者をしっかりとにらみつけた。心的エネルギーが十分にある証しであり、役割分担方式（モデル10参照）で対応しても大丈夫と判断できた。

そこでMoの了解を得て、学校に提案して、教務主任の男性教師が行動を指示する係、養護教諭が気持ちを汲む係の役割分担ができた。だがD子は教務主任の姿を見ると座り込んで、そのまま2時間以上も動かないという手段で抵抗する一方で、その後、自分から立ち上がって保健室に行くと、ソファに寝転がって、養護教諭になれなれしい態度で接し、「目に余る」と他学年の教師からも批判が出るようになった。

給食を食べて、午後になるとさらに元気になり、クラブ活動に意欲的に参加し、部長に立候補もした。ほとんど発話のなかった低学年の頃を知る教師から、「不登校になる前より元気になった」と言われるほどだった。

家庭での状態をMoに問うと、「下校時に友だちと遊ぶ約束をしてきて上機嫌」ということだったので、筆者は教師に報告し、〈諦めずに取り組んでいきましょう〉と確認し合った。

だがしばらくすると、「Moの体調が悪いので送っていけない」と欠席が続くようになり、カウンセリングも、言葉の教室も無断でキャンセルされるようになった。そのうち、欠席の連絡さえもないようになって、担任が自宅まで迎えに行っても、誰も出てこず、筆者もE教諭も留守電にメッセージを残したが、Moからの連絡はなかった。

だが2ヵ月もすると、何事もなかったように、MoもD子もすべてに復活した。E教諭から聞いていた話からも、筆者はMoに軽い躁うつの気分の波があって、心身が不調になるのではと感じて、伝えてみたが、Moは受け入れがたい様子だったので、〈継続の努力が大切〉と伝えるにとどめて、様子を見ることにした。

その後もD子は何度かの欠席期間を繰り返し、Moは「学校の対応が不十分」と転校を希望するようになった。E教諭の勧めで適応指導教室にも行ってみたが、「小学校での指導が適当」という判断でもどされると、Moも気を取り直したらしく、定時に送ってくるようになり、教務主任が組んだ特別カリキュラムで個人指導を受けながら、小学校を卒業した。

〈中学では、小学校のような特別対応は無理かも〉と伝えておいたが、進学後は同級生に迎えに来てもらって、休まず登校するようになった。その様子にMoは「やはり小学校の対応に問題があった」と言っていたが、5月末からまた欠席するようになった。

半年後、養護学校の話を聞いてD子が乗り気になり、体験入学の感触もよく、転校することになった。

その後　遠方にある養護学校への通学を心配したが、最初の数ヵ月はMoの体調もよかったので、送迎してもらって乗り切った。間もなく、近所に同じ養護学校に通学する生徒がいることがわかり、一緒に登校するようになって、欠席はない。「勉強が楽しい」と言うようになり、Moは「授業の速度についていけなくなったことが不登校の原因だった」と理解するようになった。

E教諭は発達障害児教育の実績が買われて異動した。他職種との連携を

進めようと、年数回の合同研修会を企画して、筆者も講師の一人として参加した。

解説　軽度発達障害児は、知的能力が低くなく、応答に了解可能な部分が多いだけに、周囲にさまざまな戸惑いを引き起こす。「障害」の程度が曖昧であるために、指導においては迷いも大きい。その結果、関与する人々の気分に温度差が生じ、人間関係にも微妙に影響を与える。その調整と連携に、スクールカウンセラーの外部性が役立つ。

　D子の場合、担任ら在籍校の教師、言葉の教室のE教諭、さらに適応指導教室や養護学校の教師と、複数の教師グループが関与していたことが、事態を複雑にした。加えて、Moと連絡がつきにくい時期があったことや、D子の心理エネルギーが旺盛であったことも影響して、微妙な齟齬が幾度か生じた。

　そのたびに、どのグループからも等距離にあった筆者は、事実関係の確認に努め、必要と判断したときには関係する人々の連絡調整役を買って出た。週に1日の勤務であることも、相互に適度な冷却期間や思考の時間となって幸いした。

コメント　学校では次々に問題が生じる。個々の問題を解決すべきは当然であるが、その成功・不成功のいかんにかかわらず、そうした作業を介して、職場のチームワークと知恵とが蓄積されてくることも大切である。スクールカウンセラーはチームの構築に最も役立ちうる立場にある。その立場を引き受けることは、個人心理学の世界で訓練を受けたスクールカウンセラーにとって、広く深い人間知を得る機会でもある。すべてをプラスに生かしてゆこうとする気分やスタンスは、ひるがえって個々の児童への援助へフィードバックされる。

　チームワークを育てるコツの一つは、チームで直面する問題やテーマを、解決へ向けてのクイズとみなし、アイデアを出し合うことである。熱意や頑張りでチームを維持しようとすると、燃えつき状態を招来する。このモデルのようなケースでは特にチームの育成を目指すようにするのがよい。（神田橋）

model 068

先天的な障害から過保護になっていたMoの認識の変化で
不登校が改善した過程

対象の生徒　中２女子Ｆ子
相　談　者　Mo

経過の概要と対処　　Ｆ子は中２の２学期から学校を休みはじめていた。半年ほど休んだり、行ったりを繰り返していたが、２年生も終わりに近づいた頃に、Moが来談した。

　不登校は、Moが車で送って、校門で降ろしたのに、黙って自宅に戻ってくるということから始まった。Moは外出先から戻って、「ごめんなさい。学校に行けなかった」というメモが台所のテーブルに置いてあるのを見て、休んだことを知った。

　その後は、登校の準備ができているのに、自室から出てこないということが続いた。Ｆ子が何も言わないので、Moは「学校に行きたくない理由が何かあるのだろう」と思ったが、問いただすことはしなかった。

　１週間ほど休みが続いたある日、担任が来て「体育会の練習で男女ペアを組んだとき、あぶれてしまうことがあった」と聞かされた。「そのとき、他の女子から言われた言葉に傷ついたのでは？　先生が相手の生徒と話してみる」と言われて、数日後から登校するようになった。だがＦ子がはっきりと返事をしなかったので、それが本当の原因だったのかどうかは、Moにも担任にもわからないままだった。

　Mo自身は「部活の問題かも」と思っていた。Ｆ子はソフトボール部に所属していたが、３年生が夏の大会を終わると引退するので、２学期から２年生がレギュラーになる。だが１年生にＦ子より上手な生徒が数人いて、肩身の狭い思いをしていたらしい。次第に練習から足が遠のき、いつの間にか退部していた。

　欠席が増えているので、成績も下がっているらしいが、中学生になってからは通知表を見せないので、よくわからない。Moも「見せて」と、なんとなく言いづらくて、言っていない。「休んでいて、勉強はわかるの？」とそれとなく聞いてみるが、Ｆ子が「塾に行くのはイヤ」と答えるので、

第７章　障害

そのままにしている。

　担任から「もっと積極的な子になるといいが」と言われるということだったが、筆者はMoのF子への関わり方にも、積極性が欠けているように感じた。Faは隣の自治体の職員で、筆者も何度か会ったことがあったが、穏やかな物腰の、いかにもやさしいお父さんという雰囲気の人だった。Moもおっとりした印象なので、家庭でのF子への対応を聞いてみると、「両親ともに猫かわいがりだと思う」ということだった。

　「車で学校まで送る」ということも気になったので、〈いつから？〉と問うてみると、小学校入学以来ずっと続いており、「F子から電話がかかってきて、迎えに来ることもある」ということだった。末っ子でかわいいにしても過保護だと思えたので、〈何か理由が？〉と聞くと、F子に先天的な身体障害があって、幼い頃に何度も手術を受けさせたことが話された。その手術の影響で発熱しやすく、いったん発熱すると重篤な状態になるので、遊びも制限してきた。

　だが成長とともに発熱も心配しなくてよくなり、運動も部活ができるほどに問題ない。しかし今でも、Moは「無理をさせられない」と思ってしまう。重要な話題を問われるまで話さなかったことに、「障害のある子に産んだ」という母親の負い目があるように感じた。

　筆者は〈何度もの手術に耐えて、生き抜いたのだから、きっと強い生命力を持って生まれた子なのだろう〉と返した。するとMoは幼稚園でのエピソードを思い出して、「イス取りゲームをしたとき、先生から『F子は譲る子だからダメだろうと思っていたのに、最後まで残って驚いた』と言われたことがある」と話した。

　また「おとなしい子」と言われることが多いが、仲良くなった友だちとは言い争いもするし、「内弁慶」ということも話された。そんな話をするときのMoには、面接前半のためらうような雰囲気は消えていた。

　2週間後の面接では、1日休んだだけで登校を続けているとのことだった。F子には高校生の兄がいたが、兄は少々体調が悪くても「皆勤賞をもらう」と休まない子だということが話された。筆者は念押しのつもりで、〈入試は体調が悪いからと休ませてはくれない。社会人になれば体調も自己管理能力の一つ〉と言うと、「結婚した当初、Faが発熱しても出勤するのを見て、びっくりした」という話がされた。

model 068

先天的な障害から過保護になっていたMoの認識の変化で不登校が改善した過程

第7章　障害

　3年生になると、仲のよい友だちと一緒のクラスになったこともあって、遅刻もせずに登校するようになった。Moはパートの仕事を始めた。Moが仕事の日には、F子は30分早起きをして、Moの出勤時間に合わせて一緒に車で登校するが、Moが忙しい日には歩いて登下校するようになった。Moは「職場には具合が悪くても出勤してくる人がいる」と話したが、それはMoにとって新鮮な認識であったらしい。
　また「私たちが『今日は行くだろうか』とハラハラしていた気持ちが、F子に伝わっていたのかもと、Faと話している」と言い、「Faは『F子が変わった』と言う。でも変わったのは私たちかもしれない」との言葉も聞かれた。
　3年生になって数ヵ月がたった頃になって、MoはF子に来談していることを初めて話した。F子は「えーっ」と驚いていたらしいが、それから間もなく、同級生を伴って相談室にふらりとやって来た。「Moも相談に来ている」と同級生に話す様子は、事態を客観的に受け止めている印象であり、欠席もなくなっていたので、Moと相談して、終結とした。

　その後　欠席することはないまま、無事、卒業し、志望した高校に進んだ。「短大保育科に進学して、保母の資格を取りたい」と言っているそうで、推薦入試を目指して、無遅刻無欠席を続けている。Moもパートの仕事を続けている。

　解説　幼いいのちは意外に強いが、意外にもろくもある。乳幼児を育てる母親は、常にハラハラさせられる。ハンディを負った子の母親であれば、なおさらだろう。ハラハラを回避するには、あらゆるリスクを排除するのが手っ取り早く、その結果、「過保護」と呼ばれる状況が生じる。「過保護」の状況を変えるには、ハラハラに耐える力をつけることだが、事態を冷静に、つぶさに見ていく作業が、ハラハラに耐える力を育てる。
　重度の障害を持つ子の親と接すると、ハラハラとの付き合い方に腹が据わっていると感じることが多い。常に緊急事態への対処と備えを強いられる日々が、目の前の事態を的確に認識する力を鍛えるからかもしれない。

コメント	新聞でパラリンピック選手の紹介記事を読むことがある。どの選手についての記事も、障害を負うて、しばらくは自分を価値のない存在と思い、めげて、消極的な毎日になっていたと語られている。それがあるときに突然目覚めて、スポーツに打ち込むようになっている。そのきっかけは一様に「障害の直視」の体験である。そのことが示唆するのは「障害から目をそらしタブーとする」姿勢が、人を消極的にするという心的メカニズムである。

　心理療法の転回点として「直面化」が重視される。事実から目をそらさないことが、人のこころに秘められていた力を開発するという同じ理なのだろう。(神田橋)

model 069
息子の軽度知的障害を受け入れられない両親の怒りと悲しみを受け止めた過程

　　　　対象の児童　小5男子G男
　　　　相　談　者　Fa　Mo　本人

経過の概要と対処　G男は低学年の頃から、友だち関係でトラブルが多かった。5年生になって「同級生からいじめられる」と担任に訴えてきたので、担任が間に入って話を聞いていると、いきなり「てめえ」と怒鳴りはじめ、乱暴な口調で相手を罵った。

　それまでも身勝手な言動に周囲が振り回されることが多かったが、そのときの物言いはすさまじく、担任はあっけに取られてしまった。そこで親に連絡をとると、家庭でもG男への対応にはずっと手を焼いてきたということで、「スクールカウンセラーに相談を」と勧めると、すぐに乗り気になったということだった。

　相談には両親がそろってやって来た。Moは表情が険しく、思うにまかせぬ人生への怒りと不満を、全身で表現しているかのようだった。Faは、筆者の言葉が終わるのを待ちかねるように「わかります、わかります。先生、こういうことでしょう」と答え、カウンセラーという未知の人種との

いい関係を求める雰囲気があった。

　G男には、成績も運動能力も優れた、両親の自慢の兄がいた。両親によれば「G男は兄に劣等感が強く、それが荒れの原因」ということだった。

　買い物に行っても、兄よりもよいものを買おうとして時間がかかるが、少しでも急がせるようなことを言うと、かんしゃくを起こして、人目をかまわずに泣き叫ぶ。学校から帰ると、宿題を始めるが、すぐに「わからない」と頭をかきむしって泣く。Moが教えてやろうにも、手がつけられない状態になってしまうということだった。成績を問うと、Moが「担任から中くらいだと聞いています」と答えた。

　担任が驚いた乱暴な言葉は、Moが教えたということだった。Moは子どもの頃からいじめに遭うことが多く、その経験から「怖がられるようになれば、いじめられないだろうと思ったから」という理由だった。短絡的な考え方だと思ったが、とりあえずは両親の苦労をねぎらい、行動療法的に接することを、具体例を挙げながら話して別れた。

　翌週、G男がMoと担任に伴われてやって来た。話しかけると小さな声で答え、終わりに感想を聞くと、「話を聞いてくれたから、すっきりした」と笑顔を見せた。愛らしい印象で、それを言うとMoは一瞬、笑顔を見せたが、すぐに「家では全然違う」と反論した。

　その後はMoが継続して来談し、G男の手に余る状況が繰り返し語られた。筆者はそのたびにいくつかの対処法を提案してみたが、効果がないようだった。よく聞いてみると、実際に行われている対応はお金を渡すなどのその場限りのご機嫌取りか、それが通用しないときにはFaの暴力だった。両親の対応が悪循環を引き起こしていると感じた。

　Moは「あんな子を産まなければよかった。捨てたい。どこかに引き取ってくれる施設はないのか」と言い、それをG男に向かっても言っているということだった。そう言われるG男の気持ちについて話し合おうとすると、Moは「SCはあの子と暮らしてないから、私の気持ちがわからない」と不満気に言い返した。Moは「G男が逆恨みする」と腹を立てていたが、筆者もまたMoから逆恨みされているような気分になってきた。

　中学に進学すると、学習面での遅れが明らかになった。小学校から中学に伝えられた成績は、Moの言葉とは違ってほとんど最下位であった。教室に入ることをしぶって、教師と言い合いになり、口を大きく開けて「ア

ワワ」と叫ぶこともあった。そして大声で泣き叫んでいるかと思うと、数分のうちにケロッとして違う話を始めたりもする。そのようなありようが、次第に教師や同級生の不快感をあおっていった。

　Moの来談がちょうど昼休みの時間帯だったので、G男はしばしばMoと一緒に相談室にやって来るようになった。筆者とMoが話していると、横から口をはさんだが、話にまとまりがなく、理解困難だった。また、じっと座っていられないように、横をうろうろと歩き回ることがあった。接する時間が増えて、筆者には、G男の状態が心理的な要因によるものだけではないことが明らかになってきた。

　対応を再検討する必要があると思われたので、Moに〈ごく軽度だと思うが〉とことわって、なんらかの障害の可能性を伝え、筆者の知人が勤務する大学病院小児科への紹介を提案した。〈一緒に対応を考えていくことで、将来が開けてくると思う〉と言い添えると、Moは衝撃を受けながらも、納得した様子だった。

　ところがMoが帰宅してすぐに、Faから電話があった。「5分でいいから会ってほしい」と言い、たまたまキャンセルがあったので了解すると、両親がそろってやって来た。Faは血相を変えて「なぜ障害と言うのか。こころの病と言ってほしい」と言い、貧しく孤独だった自分たち両親の生い立ちが原因であって、筆者が「障害」という言葉を撤回すれば、問題は解消すると思っているかのようでさえあった。

　筆者はFaの反応に戸惑いつつも、この段階をともに越えていくには、カウンセラーとしてどうあればいいのかと自問しつつ、言葉を探した。Moにした説明をさらに丁寧にすると、Faは次第に落ち着き、受診を受け入れた。

　大学病院では「ADHD（注意欠陥・多動性障害）もしくは自閉症の可能性があるが、当面はストレスによる不安神経症の治療をする」ということで精神安定剤が処方された。医師からは「教室に入れると状態が悪化する。修学旅行も行かせないように」と伝えられたが、学校でのG男は友だちとの関わりを求めることが多く、修学旅行にも参加を希望した。医療の判断と学校現場との調整が筆者の仕事となった。

　受験を前に筆者は、軽度知的障害の生徒を積極的に受け入れている私立高校を勧めた。Moは「あんな高校」と退けたが、教育方針を知って、次

第7章 障害

第に受け入れていった。G男も直接話すとあっさり受け入れたが、すぐにFaから電話があり、「G男がイヤがっている」とすさまじい剣幕で、結局、兄と同じ高校を受験することになった。合格の可能性はまずなかったが、担任も説得しきれないままに受験し、公立、私立ともに不合格となった。

その後 翌年、両親の希望で高等養護学校を受験し、合格した。寮生活をすることになって、Moは「かわいそう」と言っていたが、友だちもできて、元気に過ごしている。職業教育に力を入れている学校で、就職もほぼ心配ない。筆者が進学を祝うと、Moは養護学校に引け目を感じている口ぶりだったが、将来の目処が立って、やはり安心した様子だった。

解説 受験をめぐる一連の出来事によって、筆者との関係は中断したが、その分だけ、担任との関係が改善した。卒業の時期には、そのほうが望ましいと筆者は判断して、介入を控えた。Moは卒業式の後、養護教諭を訪ねて、「SCに世話になった。よろしく伝えてほしい」と挨拶を残していった。

障害のある子を持つ親は、どこにも向けようのない怒りと悲しみを抱える。ときに援助者にその矛先が向かう。諦めずに、愚直に付き合い続けることが、唯一の援助となる場合もある。筆者が神田橋のスーパーヴィジョンと診療の陪席で学んだ最大のものは、諦めずに、患者とともに居続け、治療の道を模索し続ける臨床家のありようだった。

コメント 生物は生まれもっている資質と環境との間で、何とか調和をはかりながら生きてゆく。ヒトの子は特にそうである。G男は明らかに知的資質が乏しい。それは生来性のものである。不適応に際しての反応として情動興奮が起こるこの子の愛らしさと手に負えなさは、情緒が豊かであるという同一の資質の場面ごとでの現れにすぎない。精神安定剤の投与は緊急手段であり、根本的には情緒を生かす活動、例えば芸術的な活動や工芸や畜産の領域へ導入することが有効であろう。（神田橋）

model 070

環境要因の影響が大きい発達遅滞児の感性に働きかけた Moからの毎日の手紙

対象の児童　小２男子Ｈ男
相　談　者　Mo　担任　通級教室担任Ｉ教諭

経過の概要と対処　小学校の勧めでＨ男のMoが来談することになったが、通級指導教室の担任であるＩ教諭から、「事前に話しておきたい」と電話があった。Ｈ男はその頃、通級対応の生徒ではなかったが、Ｉ教諭は校内の気になる子どもに積極的に関わっており、彼もそのひとりだった。

Ｉ教諭によれば、Ｈ男は入学時から教室に入ろうとせず、手の空いた教師が交代で面倒を見てきた。２年生になると、教室に入るようになったが、授業中でも机の上を歩き回り、同級生にちょっかいをかけて、相手にされないと殴りかかっていく。常に補助の教師が入るようにしているが、その教師が少しでも他の児童の相手をすると、途端に不機嫌になって暴れた。「とても学校だけで対応できる状態ではない」ので、筆者の判断次第では、病院か児童相談所での対応を求めるということだった。

Ｉ教諭からはまた、FaによるMoへの暴力が激しく、Moがしばしば家を出ていること、６歳年上の姉がいるが、姉も小学生の頃、やや情緒不安定な傾向があったことが話された。

やってきたMoは派手なＴシャツに茶髪という格好だったが、爪の間に作業油がしみこんでおり、生活を必死で支えている様子がうかがわれた。Ｈ男も一緒に来談すると聞いていたが、「いなかったから」と連れてきていなかった。筆者の問いかけに、Moは「友だちを叩くので困っている。家では普通にしている」と言い、「１年生の頃はまったく問題はなかった」とＩ教諭から聞いていた話とは食い違っていた。

事を起こすたびに学校から電話がかかり、MoはFaから「お前が甘やかすからだ」と怒られる。それでMoは家を出るということだったが、次第にこころを許したのか、家を出るのは、Faの暴力のためであることが話された。Faはタクシー運転手として働いていたが、酒癖が悪く、酔うと

321

暴力沙汰を起こし、そのためにクビになって、職場を転々としていた。

　Moもひどいときには酒ビンで叩かれて、頭蓋骨が覗くほどの大ケガを負わされた。暴力のたびに家を出て、友人の家を泊まり歩いたり、車で寝たりしてきた。親に反対されての結婚だったので、実家には相談できなかったが、今回、2日連続の暴力に耐えかねて、実家にもどり、親に相談したところ、Faの母親も同席して話し合いをすることになった。Faも深く反省している様子だったので、数日前に自宅に戻ったということだった。

　「今は優しい」とのことで、〈Faも努力している？〉と返すと、「私も悪いんよ。『ありがとう』や『ごめんね』を言うことができない」と話した。別れ際にMoは「こういうことを話すのがカウンセリング？」と聞いてきた。カウンセリングに警戒心を抱いていたらしい。「SCは子どもがいる？」と聞き、「次はH男を連れてきます」と笑顔で帰っていった。

　次週、担任がコンサルテーションを求めて来談した。「かまってもらいたがる」ということだったので、〈授業の中でH男に出番を。たとえば先生の助手にして、教壇で掲示物を持たせるとか〉と提案すると、「他にも似たような子どもが7人。H男を引き立てると、みんな、ぞろぞろとついてくる」ということで、筆者にも妙案は浮かばず、ただ担任の窮状を一緒に嘆くのみであった。

　その数時間後、仕事を終えたMoに連れられて、H男がやってきた。恥ずかしそうに、もぞもぞしていたが、40分間、相談室のソファに座って話すことができた。

　「仕事を休めばいつリストラされるか」と言うMoの生活を考えて、筆者は夕方の短い面接を隔週で続けていくことを提案した。Moは欠かさず、時間通りに来談した。

　ある日、Faが本格的なミートパイを焼いてくれたこと、Moは「おいしい」と言いたくて、言えなかったことが話された。筆者には、料理で発揮されるような繊細な感性を生かすことができない日常が、Faを暴力に駆り立てているように感じられ、Moにそう伝えた。

　3年生になると教室の荒廃はさらに進み、担任が持ちこたえられず、H男は日に数時間、通級でI教諭の個人指導を受けることになった。その間も筆者は小学校の事例検討会に参加して、H男の情緒表現を引き出す工夫などについて、担任らと話し合った。H男と教室で給食を食べる機会も持

ったが、片ときも座っていられず、行儀の悪い食べ方をする一方で、筆者が食器の片づけに戸惑っていると、代わって片づけてくれる優しさも見られた。
　その後H男は、学校から精神科の受診を求められた。電車で片道30分と聞いたので、Moに〈母子ふたり、車窓から景色を見たり、話をしたりする時間も役に立ちそう〉と伝えた。そういう時間はこれまでまったくなかったということで、余裕なく子育てをしてきた日々が思われた。このとき、話のついでに、筆者が仕事をもちながら子育てをした時期に、出勤前、子どもたちに宛てた置手紙を残したことを話した。
　翌週、I教諭から、前回面接の翌日からMoが毎日、H男への手紙を持たせるようになったと聞いた。I教諭は、その手紙を色画用紙に貼り付け、H男と一緒に返事を書いた。Moの手紙の表現も日ごとに豊かになっていった。Moの知的能力が開花した印象があった。ベテランのI教諭の関わりに加えて、Moの手紙もH男のこころに作用したらしく、工作などに意欲を見せ、豊かな感性が示されるようになった。
　精神科受診の結果は「複合的要因による発達遅滞」というものであった。毎週の受診を勧められたらしいが、仕事を休めないMoには月に1度がやっとで、それも数ヵ月で中断した。
　病院での知能検査の数値がかなり低かったことから、翌春のI教諭の異動を機会に、H男は通級から特殊学級に移された。筆者は特殊学級の担任にも返事を書くように勧めたが、そういうことは不得手だったらしく、返事が来なくなって、MoがH男に手紙を書くこともなくなった。

その後　医師は器質的要因が大きいと診断したようであったが、筆者はH男の状態が相手や状況によって大きく変化することから、環境的要因がより大きいと考えた。医師からは運動機能の発達の遅れも指摘され、「体に軸ができていない」と伝えられた。筆者も同感だったが、片足立ちをさせると上手にでき、器質面よりも、精神面の影響が大きいと思われた。
　知能指数も実際はもっと高いと感じたので、〈場に慣れている学校で再検査を〉と勧めたが、「その結果が悪かったら、普通学級に戻る道が絶たれる」とMoは恐れ、実施されなかった。Moは進級のたびに普通学級復

帰を希望したが、結局、実現しないままに卒業を迎えた。

解説　医師は生活の現場にいない。診察室内で、より正確な判断を得ようとするとき、数値が頼りにされることもあるだろう。往診という診療形態が日常的でなくなって、医療は患者のこころから遠いものになった印象がある。筆者は西園昌久先生の陪席をしていたとき、往診の衰退を嘆かれる言葉を幾度か聞いた。多忙な西園先生が、必要であれば自ら往診に出向かれていた。

　スクールカウンセラーは週に1日だけでも、子どもが生活する現場の一端に加わる。障害児への対応では医師との連携がスクールカウンセラーの重要な仕事となるが、医師が下した診断と、現場の状況との細かなすり合わせも、スクールカウンセラーに求められる機能の一つとなる。

コメント　①相手をしてほしい、②言葉が少ない、③知能はともかく、成績が下である、④暴れる・動きまわる、⑤工作ができるなど、H男には言語系より非言語系の才能があると推定してよいだろう。まず体に軸を作る運動として、一輪車を試みてみたい。軸ができたら、サッカーなどの球技をさせてみたいが、動体視力が優れているか否かが鍵となる。父母ともに運動系の器用さがあるとしたら、料理をさせるのはどうだろうか。中華鍋の扱いなどは、上達すると自負心を育てることになる。能力の劣っている子ほど、認められることと新しい技術の獲得の喜びで情緒が安定する。（神田橋）

model 071

ADHDの子を育てる過程で自分らしさを失っていったMoに付き合った過程

対象の児童　小６男子Ｊ男
相　談　者　Mo

経過の概要と対処　Ｊ男は小２のときにADHD（注意欠陥・多動性障害）と診断され、通級指導を受けてきた。小学校の卒業が近づいた頃、通級担当教師の紹介状を持って、Moが来談した。紹介状には「この地域の中学校には通級指導の体制がないので、フォローできない。今後はＪ男への対応よりも、Moへの精神的支援が必要だと考えている。勝手に決めてしまってすみませんが」と書かれていた。

通級指導の教師からは別途、指導の経過を詳しく書いた文書と、Ｊ男を診ている医師から学校にあてた手紙のコピーが届けられた。医師の手紙には「現在は診断のつく程度ではない残遺型と判断される」と書かれていた。

Moは身なりを清潔に整え、いかにも聡明な母親という印象で、筆者の問いにはきちんと答えてくれるが、こころを許していない雰囲気があった。本来はもっと伸びやかな人だったのだろうと感じられた。自分を押し込めてしまった人に特有の硬さがあった。

Moによれば、他県にあるFaの実家は地元で代々続く名家であり、Faはひとり息子だったので、長女と次女に続いて、末っ子のＪ男が生まれたときには、親族の喜びは大変なものであったらしい。だが成長するにつれて、大人の理解を超えた行動が目立つようになり、周囲から「Moの育て方が悪い」と言われるようになった。幼稚園でも、「扱いにくい子」と言われ、Moは何度も呼び出されて、注意を受けた。「常に世間の目から、しつけを問われている感じがして、人前ではあえて厳しく叱っていた」とMoは話した。

Ｊ男が、当時住んでいたマンション上層階の自宅のベランダからいろいろな物を落とす「実験」をするようになり、ある日、ガラスの花瓶を落として、あわや大惨事という出来事があってからは、遊びにも出さず、家に閉じ込めていた。

ADHDと診断がついたとき、Faの両親は「不憫」と泣いたが、Moはやっと事態を納得できて、「むしろほっとした」と言う。
 それ以前にも困って、児童相談所に連れていったことがあったが、「ADHDという言葉も出なかった」とMoは語り、〈医師でないと診断はできないから〉という筆者の何気ない一言にも、「それは知っています」と即座に言葉が返ってきた。
 筆者はとりつきにくい感じを抱きつつ、Moの話を聞き続けた。だが面接の終わり近くに、「Faの実家がすべてに平和主義で、お互いに悪口を一切言わないので、私も言わないようにしてきた」とMoが話したとき、〈学習したのね〉と返すと、ふっと笑顔がこぼれて、こころが通い合う雰囲気が少し生まれた。そして「私の実家は言いたい放題」という話が出て、「J男は、早くに亡くなった私の父親にいちばん似ている。生きていたら、きっと喜んでくれたと思う」という言葉も出た。
 数日後、紹介してきた通級の教師から電話があったが、「Moが『もっと早くSCとつながっていればよかった』と話していた」ということだった。
 J男は小学校低学年の間は、ふらっといなくなって体育倉庫に隠れていたり、「どうなるかを見たくて」友だちの持ち物を壊してしまったりなどのトラブルを起こしていたが、高学年になってからはさほど問題になるようなこともなかった。だが卒業を目前にしたある日、女子生徒のからかいに腹を立てて、椅子を投げつけるという出来事があった。
 J男は怒りがおさまりきれないらしく、「写真を大量にコピーして、名前を書いて町中にばらまいてやる」「カバンに触れないほど汚いものを入れてやる」などと言うようになり、Moは「こういうことを考えさせておいていい?」と心配して、筆者に聞いてきた。
 だが、わら人形の作り方を調べようとして、風水の本を読んでいるうちに、「頭がよくなるお札がある」と興味がそれていく様子も語られたので、〈考えることと、実行との間の距離がこころの健康さ〉と答えた。しばらくすると、Moは「あの子はあれでいいのかな、と思えてきた」と語るようになった。
 中学に入学後もMoは継続して来談した。小学校でJ男とトラブルのあった生徒は同じクラスにならないように配慮されていたこともあって、特に問題になるようなこともなく経過していたが、隣の席の生徒に貸した下

敷きを汚して返されたことからケンカになり、ケガをさせられるということがあった。

Moは、貸すことができなかったJ男が「貸した」と聞いてうれしかったが、実は相手から取られたのであり、頼まれて、口裏を合わせていたことが、後にわかった。筆者は、J男の心理的な成長において画期的なことだと感じ、〈裏取引に応じることができた〉と評価した。Moは「学校で事態の説明を受けて帰宅する道すがら、恨みが残ってもいけないし、どうJ男に話そうと頭の中で練習していた。でもふと、わが子に話すぐらいのことでこんなに気を使って、と思ったらバカバカしくなって」と笑った。

その後、Moは、J男と些細なことから話がこじれて、いつもの言葉攻勢が始まったことについに耐え切れず、買ったばかりの食器のセットを投げつけて割り、さらに風呂の水をJ男にぶっかけて、部屋を水浸しにするという大立ち回りをやった。筆者には、それだけこころを許してJ男と対することができるようになったのだと感じられた。

〈今、あなたに『よかったね』と言ってあげたい気持ちが湧いた〉と伝えると、Moは「今までにないことをやってしまいました」と苦笑しながらも、表情には一山超えた、安堵と爽快感の雰囲気があった。

J男は部活にも参加し、特に問題なく過ごしているので、それから間もなく終結とした。

その後 その後、地域の人々で作っている和太鼓のサークルに参加することができた。Moによれば「これが大当たり」で、元気にやっているらしい。先日、同じ障害を持つ下級生の母親が、同級生の母親たちから中傷されて、どうにも気分がおさまらず、「復讐してやりたい」とMoに相談したところ、「考えるのはいい。でも実行する前に私に相談して」とアドバイスされたと聞いた。

解説 ADHDの子どもは、傍目には思いつくままに行動しているように見える。そのような子を産み、育ててきたJ男のMoは、思いと行動の関係を過剰にコントロールしようとしてきた人のように見えた。「言いたい放題」の家庭で育ったMoにとって、それは自身を封じ込める体験だったのだろう。

model
071

ADHDの子を育てる過程で自分らしさを失っていったMoに付き合った過程

悪口を言わない婚家の文化に合わせてきたMoの「平和主義」という評言に、筆者が思わず〈学習した〉と返したのは、フォーカシングで言う"ハンドル"をつける効果があったと思われる。感じにぴったりする言葉を得て、Moの緊張がふっと緩んだ雰囲気があった。
　"学習"は、心にぴったりするものも、しないものも、斟酌せずに受け入れるプロセスである。学習はこころを強くするが、硬くもする。カウンセリングを通じて、筆者がしたことは、Moの生来の資質である情緒と行動の伸びやかな関係を取り戻すことだった。
　一方、J男は年齢も職業もさまざまな人たちと、和太鼓による表現でコミュニケートすることで、内面と表出を調和させる体験を得たのだろう。彼の内面を伝えるには、言語はまどろっこしいツールだったのかもしれない。

コメント　障害を持つ人への対応の原則は、残されている健全な機能を伸ばすことで、障害されている機能をカバーしてゆくことである。パラリンピックが参考になる。
　　　　　脳の障害では、どの機能が障害され、どの機能が健全に保たれているかを見定めることが難しい。ADHDなどの診断ラベルは、援助のための診断作業へのスタートラインにすぎない。ラベルは援助にはつながらない。「見立て」とは援助方針を導く診断である。あるべきである。診断作業の基本方針は「どのような言動の中にも健全な伸びてゆこうとする機能の芽をさがす」である。（神田橋）

model 072

アスペルガー障害児のMoの"人並み"を求める切ない思いに付き合った過程

対象の生徒　中1女子K子
相　談　者　Mo　小学校担任ら　中学校担任ら
　　　　　　部活顧問教諭

経過の概要と対処　K子は小学校入学時からトラブルが多かった。ケンカになるとすぐに叩き、いくら注意しても、屁理屈を言って聞き入れない。Moが児童精神科の専門医に連れていって、最初にLD（学習障害）と言われ、次にADHD（注意欠陥・多動性障害）、最終的にアスペルガー障害と診断された。

両親ともに知的能力が高く、姉は有名進学校に通っていた。Faは「姉は普通に育っている。K子も、家ではまったく普通」と、暗に学校の対応を責めた。一方でMoは「この子が生まれたせいで、私の人生はめちゃくちゃ」とK子の前でもかまわずに口にした。通級指導教室の教師も熱心に対応していたが、Moが「何の役にも立たない」と通級をやめさせていた。

K子が5年生のとき、筆者が講師となった職員研修会でも話題になったが、他の教師から「親に学校での様子をわからせる努力が足りない」と指摘されて、担任は「それが難しい」と頭を抱えていた。筆者は〈学年全体でサポートする体制作りが必要〉と話すとともに、〈Moをカウンセリングに誘ってみたら？〉と提案した。すぐに担任がMoに連絡を取ったが、Moの返事は「無駄です」の一言だった。

中学に入学すると、いきなり、いくつものトラブルを起こした。指導をすると、「納得できません。説明してください」と繰り返し、何度も説明してやるが納得しない。トラブルの相手も同じように指導を受けているかにこだわり、その場を見せるまで食い下がる。

これまでにないタイプの生徒に教師は戸惑っており、筆者は小学校での経緯を説明して、〈説教や、厳しい対応だけでは効果はないと思う〉と話した。だが、トラブルの対処のためにMoと話した教師らは、一様に不快感を募らせていった。Moの理を通す話し方と、K子の口の利き方とが似

ていたことも作用して、次第に、「厳しく指導するべき」という意見が強くなっていった。

　K子は部活見学会で、テニス部に興味を示した。K子が入部すればお荷物になることは目に見えていたが、顧問教諭は迷いながらも、K子を受け入れる決心を固めた。筆者も運動部での経験が、K子にプラスになると期待した。

　だがK子への毎日の対応で疲れ果てているMoは、遠征試合の送迎や手伝いなどを断ることが多く、さらにK子が遠征先でも団体行動を乱すことが続いたので、次第に周囲に批判的な雰囲気が高まっていった。顧問教諭らが保護者会での説明が必要かと検討を始めた矢先、K子の状態が障害によるものと理解しない一部の保護者が、たまりかねてMoを糾弾することがあり、Moは深く傷ついた。一方で部活の生徒たちには、K子を受け入れようと努力する動きも見られはじめたが、周囲の大人たちの意見に引きずられるようにして、K子は退部を決めた。

　授業中もK子は教師の注意を引こうとして、関係のない質問を繰り返したり、つまらない悪戯をしつこく仕掛けたりして、たびたび授業を中断させた。トラブルが起こるたびに連絡を受けて、Moは疲れ果てていた。ちょうどそこに担任が筆者と会うように勧めて、Moは来談を決めた。

　当日、Moは質問を書いたメモを持参した。「①K子とどう付き合ったらいいのか？　②私は男性の教師が怖いが、どう対応したらいいのか？　③他の保護者とどう付き合ったらいいのか？」の3点だった。Moは穏やかな口調ながら「具体的な回答を」と、筆者に迫った。

　面接の終わりに、Moは立ち上がりながら相談室の本棚にあった発達障害関連の書籍に目をやり、「心理学の専門家は、母親はすべからくわが子を愛していると前提して、こういう本を書く。私はK子を愛せないから困っているのに、その解答を誰もくれない」と言い、「私の責任を問われない形でK子が死んでくれたら、どんなにうれしいか」と言い放った。"心理学の専門家"である筆者に挑むような口調であり、筆者は、教師が辟易する気持ちにひそかに共感しながら聞いた。

　だが相談室から送り出しながら、筆者が何気なく〈障害は進化の一形態だと聞いたことがある。あなたは人類がみんなで分担すべき負担を、特別に多く背負わされてしまったよう〉と言うと、Moは急に涙ぐんだ。筆者は、

涙がおさまるまで待ちながら、それまでの挑戦的な鋭さとは異なる、甘えの柔らかな雰囲気を感じていた。

その後、Moは「カウンセリングは無意味」と言いながら、ほとんどキャンセルすることなく来談した。ある日の面接で、家族会議で「K子にうるさく言わないようにしよう」と決めたら、K子が起こされる前に目覚め、毎朝の強迫行動もなく、叱らずにすんだという話がされた。筆者は〈どこがどうよかったのかを整理しておくとよい〉と返した。

すると翌週、「大学時代の児童心理学の恩師が『ほめることと、おだてることは違う』と話していたことを思い出した」という話が出た。Moは恩師を肯定的に語り、恩師と筆者が重なるようでもあり、比較されているようでもあったが、Moの表情は総じてよかった。

間もなくMoは、発達障害児専門の精神科クリニックにK子を連れていくようになった。「意味がないことはわかっている。将来、K子が犯罪者になったとき、親が何もしていなかったと言われたくないだけ」と言ったが、医師を頼りにしているようでもあった。

通院を始めて数ヵ月が経ったある日、Moは「K子のことはもう諦めた。どうでもいい」と投げ出すように言った。医師から「どうやっても、K子は人並みにならない」と繰り返し説得されたということだった。それまでMoは、定期考査が近づくと、勉強の計画表を作り、K子にそれをこなしていくように求めていた。Mo自身が学生の頃にそうしてきたからであり、姉にもそうさせてきたということだったが、K子には明らかに過剰な負担となっており、それがさまざまなストレス反応を引き出していた。

勉強を迫られなくなって、K子は成績が下がり、「どうして冷たくするのよぅ」とMoに言うとのことだったが、学校でのトラブルは目に見えて減少した。筆者は〈あなたは13年間、よくやってきたのだから、ひと休みするのもいいと思う〉と伝えて、様子を見ることにした。

だが急に、筆者の配置換えが決まった。Moは「K子に関わった人は必ずいなくなる」と言い、最後の面接に誘うと「もういいです。カウンセリングに行けば行くほど、私はK子が嫌いだとよくわかるから」と拒否した。筆者は迷ったが、結局、引き止めなかった。

その後　終結の後、筆者はMoの挑戦的な話し方に辟易しつつも、ひたむきさに愛らしさを感じ、切なさに共感もしていたことに気づいた。それを直截に言語化し、共有の認識としておくことが、後任のカウンセラーとの関係作りに役立つと感じて、Moに電話をした。Moは戸惑ったような返事を返すのみだったが、間もなく相談を再開した。

　筆者が学校での適応状況の改善を話題にしても、Moは「それはクラスの子たちが、K子に慣れて、諦めたから。新学年でクラスが変われば、どうせまたトラブル続き」と冷めた口調で言っていたが、学校がクラス編成にかなりの配慮をしたことも奏功して、次学年は平穏に経過した。担任はかなり対応を工夫したらしく、学年末、筆者に「落ち着いてきた。できなかった掃除も同級生と協力するようになって、ずいぶんとよくなっています」と連絡があった。

解説　生まれた子が障害を負っていたとき、周囲からの心理的サポートを得にくい状況にある母親はすべてを自己の責任として引き受け、自己否定的な感情にとらわれやすい。K子の母親が"人並み"を求めたのは、その責任をなんとか穴埋めしようとした努力と理解できるが、否定的感情を基盤とする努力は行き過ぎることが多い。医師が「どうやっても人並みにはならない」と説得したことは、K子を守る緊急対応として機能した。

　アスペルガー障害の子どもは弁が立つので、対応する教師にかなりの精神的忍耐を課す。さらに保護者への対応に心身をすり減らすことも多い。筆者は仕事を終えた職員室で、担任の話を聞く時間を取るように努めた。雑談のような時間だったが、筆者が思っていたよりも担任の支えになっていたのかもしれない。

コメント　まわりの人々に辟易する気分を引き起こす人は、積極的に関係を求めている場合が多く、しかも甘え欲求に由来することが多い。観察していて、どうやらそうらしいと納得できると、辟易度が低下する。認識のもつ冷静化効果である。だからといって辟易感はゼロにはならない。関係を続けながら、辟易感を見続けると、さらに新たな認識が生じる。

"アスペルガー障害"などの診断名も、単なるラベルとせず、観察と認識と納得とを得るための手引きとして使われるならば、本人にとってすら有益である。スティグマになるからと恐れて隠蔽するのはもったいない。批判や非難に値する「こと」も「もの」も、しばしば活用に値する特徴を秘めている。それが人の世の知恵である。(神田橋)

model 073
おっとりした家庭教師による対応が奏功した軽度知的障害のある男子中学生

　　　　　対象の生徒　中1男子L男
　　　　　相　談　者　Mo

経過の概要と対処　「息子に知的な遅れがあるのではと心配しているMoがいるので、会ってほしい」との担任からの依頼で、Moが来談した。パート勤務の歯科衛生士だというMoは笑顔を絶やさず、知的で活発な雰囲気の人だった。

　L男は3人きょうだいの第一子だったが、弟妹と比べても「不器用な子」という印象をMoは持ち続けてきた。幼児期のボタンのかけはずしに始まって、からだを動かすことのすべてが苦手で、中学生になった今も逆上がりができない。

　学年が上がるとともに勉強の遅れも目だってきて、二桁の引き算を習ったときには、「10を借りてくる」ということが何度説明されても理解できず、「どうしてそんな面倒くさいことをしないといけないの？」と真剣に聞き返し、12－5＝13になってしまう。2歳年下の弟の問題を一緒に解いていても、弟のほうができる。だが、ひがむようなこともないので、Moは「かえって心配になる」ということだった。

　友だちは多い。知的に不安があったので、Moは友だちを積極的に受け入れるように心がけてきており、弟妹の友だちも加わって、「今や、わが家は託児所状態」ということだった。

第7章 障害

　生育歴を聞くと、出産は特に問題なかった。幼稚園の園外保育では興味を引かれたものについて行ってしまうので、いつもはぐれていた。小学校に入ってからも1、2年生の担任は、授業中に関係のない話を始めても聞いてくれていたので、楽しく学校に通っていた。
　3年生の頃にMoは学習障害について本で読み、L男もそうではないかと疑って、担任に相談したが否定された。4年生の担任も「楽しくやっていますから、いいじゃないですか」とMoの心配に答えてくれなかった。5年生になって、授業についていっていないことがMoの目には明らかで、特殊学級への転籍を希望したが、「大丈夫」と言われて、検討もしてもらえなかった。
　中学入学後も成績は非常によくないが、最下位ではないため、担任に相談しても「もう少し様子を見て」と言われ続けてきた。スクールカウンセラーが赴任したと聞いて、わかってもらえるのではないかと思い、来談したということだった。Moはそれぞれの担任に感謝しつつも、具体的な対応が得られないままに時間が過ぎていったことに、不信感がある様子だった。
　筆者は発達障害の専門家ではないことをまず、Moに伝えた。その上でL男の状態を聞くと、「漢字が書けない」「分度器の中心を合わせられない」ということだったので、視覚認知に障害がある可能性を考え、視機能の検査をしてくれる眼科医の受診を勧めた。しかしすでに受診しており、はっきりした結果が得られなかったので、再検査を勧められたが、L男がイヤがって行こうとしないということだった。字は書けないが、絵を写すことはできるということなので、視機能に問題があったとしても大したことではないと思われた。
　すべてにボーダーライン上にある子と思われ、それだけにどこからも助けてもらえない不安がMoを支配しているようだった。そこで筆者がMoの話を聞き、安定してもらうとともに、経済的にも可能な様子だったので家庭教師を雇うことを勧めてみた。
　翌週、MoはL男を伴ってきたが、何の話をしても話題が次々に飛び、そのありようと独特の愛らしい雰囲気から、やはり器質的な発達の遅れがあると思われた。成績が最下位をまぬがれているのは、Moのかなりの努力によるものらしかった。

L男は家庭教師の件をMoから聞いており、「1年か1年半くらい行ってもいいな。かわいいお姉さんがいいな」と言い、Moが横で「行くんじゃないんだけど」と言っても、よくわからない様子だった。

　筆者にはひとり、L男と気が合いそうな男子大学院生の当てがあった。シャープな人ではなかったが、それだけにMoとL男の雰囲気の落差をうまく埋めてくれそうな気がした。心理臨床を学んでいる彼の勉強にもなると思い、声をかけてみると快諾してくれた。不登校の生徒の場合などと違って、L男の家庭教師ではより学習に力点を置いてもよいと思われたが、その大学院生なら勉強を進めても、負担にならない程度にやってくれそうだと期待できた。

　Moは当初、その大学院生について「おっとりした方ですね」と皮肉ともとれる言い方をしていたが、やがて弟妹ともなじむ彼の様子に、自身のこれまでの母親としてのあり方を振り返るようになった。L男が生まれてしばらく、Faの両親と同居していたが、関係がよくなくて、いつもいらだっていた。それがL男の知的発達にも影響したと思い、Faの両親にどうしてもこころを許せずにきたことも話された。

　筆者は折々に大学院生と連絡をとり、L男との関係作りと勉強のバランス、弟妹との関係などについて話し合った。だが翌年、筆者が配置換えになり、L男が通う中学は別のスクールカウンセラーに引き継がれることになった。大学院生はその後もうまく付き合ってくれて、マンツーマンの指導が奏功して、L男は志望した高校に合格した。

　その後、中学生になったL男の妹が不登校になった。しばしば友人関係でつまずいて、筆者とMoのカウンセリングでも話題になっていた子だった。中学の校長はその年に赴任したばかりで、筆者の勤務する中学に「ついでがあったから」と、筆者を訪ねてこられた。そこで家庭教師をしてくれた大学院生のことを話すと、文部科学省事業の家庭訪問支援員を彼に依頼することになった。

その後　　通勤途上の電車でL男と一緒になることがあった。覚えていないかと思ったが、目が合って、彼のほうから寄ってきた。筆者が校長に話したことがきっかけで、妹の不登校に大学院生が対応してくれることになったことを知っており、「ありがとうございました」と礼を言

model 073

おっとりした家庭教師による対応が奏功した軽度知的障害のある男子中学生

ってきた。大学院生からギターを教わったそうで、今は高校でバンドを組んでいるということだった。

解説 　筆者は、ひとり暮らしの大学院生の希望を確認したうえで、Moに夕食を提供してもらうように頼んだ。夕食後の団らんのひとときには弟妹も加わって、自然に関係が築かれていった。大学院生はL男が、釣りが好きだと知ると、一緒にフナ釣りに出かけたりもした。L男が高校に合格し、家庭教師としての関わりが終わった後も、親しいお兄さんとしての付き合いが続いている。

　軽度の知的障害のある子どもにとって、マンツーマンの指導は効果的である。ボーダーライン上にある子どもの場合は、公的な支援からもこぼれ落ちやすい。家庭教師を雇える経済状況にあり、生活の場を通じて関わりを深めていくセンスを持った大学院生に出会うことができたL男は、稀な幸運に恵まれた子どもだった。

　だが人は、たくさんの稀な幸運に出会いながら生きている。不運は意識に上りやすいが、幸運は気づかれにくい。カウンセラーの役割は、違う角度から光を当てる作業をともにすることによって、認識を増やすことだろう。それが障害を持つ子の親に、せめてもの支えになればと思う。

コメント 　脳は機能習得専門の臓器なので、当然、機能習得の能力が他の器官よりも段ちがいに優れている。優れた脳は次々に機能を習得し、それがさらなる習得を利するので、爆発的に伸びてゆく。富む者は増々富む。このケースで最も利益を得たのは、家庭教師をした大学院生である。体験から入っていった彼の未来は、机上の勉強から心理臨床に入っていった同僚とは違い、将来大きな質的差となってあらわれるだろう。そして大学院生の体験が上質であった分、L男も利益を得た。逆もまた真。両者は相関する。カウンセリングの本質である。（神田橋）

model 074
アスペルガー障害と思われる男児を両親、担任との連携によって支えた過程

対象の児童　小3男子M男
相　談　者　Mo　担任

経過の概要と対処

　M男は小学校入学当初から「変わった子」と言われていた。我が強くて、友だちの輪に入れない。1、2年の担任はMoの言う「体当たりの指導」でなんとかやってきたが、3年生になるとますます周囲との差が際立って、担任も困り果てていた。

　その頃、職員研修会で筆者が講師をすることがあり、M男も事例の一つとして挙げられた。遠足のときに「お願いだからひとりにさせてくれ」と集団から離れたり、特別教室に移動するときに、廊下で突然動けなくなって「少し待ってください。落ち着いたら自分で行きます」と言うので、そっとしておくとやって来たりといったエピソードが話された。

　小3らしからぬ言葉遣いを、教師も奇異に感じつつ、対応していた。筆者は〈自分でなんとかおさめようとする努力。それを先生方がよくわかってあげていると思う。可能なら状態を理解してくれる家庭教師の指導が有効だと思う〉とコメントし、〈アスペルガー障害の範疇に入るかも〉と述べた。教育相談担当の教師らが早速、資料を集め、「当てはまる事象が多い」と納得できたようだった。

　間もなく、担任の紹介でMoが来談した。M男は算数の計算が不得手で、いまだに指を使ってする。漢字を書くのにも時間がかかる。しかし理科にはとても興味があり、特に宇宙の本と恐竜の事典が好きで、ほとんど暗記しており、突然、星座の話を始めたりする。図工の授業では、釘打ちに夢中になった。刃物が好きで、学校の備品のナイフを3回も持ち出した。他人に向けることはないが、自分の持ち物のあちこちを切ったり、かかとの皮膚を削ったりしている。

　生育歴を聞くと、出産、離乳は普通だったが、言葉が出るのが早く、赤ちゃん言葉を使わないまま、大人のような口調で話しはじめた。人見知りもまったくしなかった。幼稚園では糊を扱うのを非常に嫌った。Moの趣

味のパン作りを手伝わせようとすると、「気持ちが悪い」とパン種に触ることができなかった。

　Moは担任から、筆者が〈家庭教師が有効〉と話したことを聞いており、「そんなに勉強が大切ですか？」と聞いてきた。筆者が学力を重視していると思われたらしい。そこで発達障害の可能性があること、特に漢字の練習などでやる気をなくしがちだが、時間をかければできるようになること、親よりも他人のほうが根気強く付き合ってやれることなどを話した。

　そのやり取りの際の様子から、Moは知的に高く、情緒的にも安定した人という印象を受けた。そこで客観的データを得ることが役に立つかもと判断して、〈発達関係のテストをしてくれる相談機関もあるが〉と話してみると、紹介してほしいとのことだった。

　紹介状を書くと、早速、両親がそろってM男を連れていった。知能テストの結果、下位項目にばらつきがあり、広汎性発達障害であることは間違いないとされた。だがその相談機関で対応するよりも、筆者が学校との連絡調整に当たりながら、面接を継続するほうが適当だろうという返事が返ってきた。

　後にその相談機関から筆者宛てに報告があったが、Faは障害を受け入れがたい様子で、「こいつは根性がないからできない。私が鍛えます」と言っていたということだった。Moによれば、Faには、理由はわからないが、小学校の担任に嫌われて、ことごとく無視されるという体験があった。中学で立ち直ったが成績の遅れを取り戻せず、スポーツ特待生で高校に進学した。そのこころの傷が「根性」「鍛える」という言葉になっているようだった。

　やがてFaによる特訓が始まった。夜遅くまでかかっても宿題をやり終えさせ、九九を何度も練習させた。M男の状態を理解しつつあったMoは「『頑張ればできる』では、かわいそうだとわかった」と言っていたが、Faにブレーキをかけることはできない様子だった。

　コンパスの先でかかとを突き刺す自傷行為がひどくなり、「お風呂に皮膚が浮いているほど」ということで心配だったが、Faの思いを無にすることもためらわれた。筆者はMoがM男の状態を受け入れているので、Faの努力を活用することができるのではと考え、Faを支えるMoの姿勢を評価するとともに、担任に連絡をとって、家庭で頑張っている状況を伝え、〈学

校では努力を認めながら、緩やかに接してもらうように〉と頼んだ。

　M男は宿題忘れをしなくなって、自信をつけ、友だち関係も安定してきた様子だった。担任にも親しく寄ってくるようになり、「昼休みに先生と宿題をしたい」と申し出た。担任は昼休みをつぶして、M男に付き合ってくれることになり、Faの特訓は必要なくなった。

　5年生に進級してクラス替えがあり、担任も代わったが、新しい同級生の中に気の合う子がいて、家にも遊びに来てくれるようになり、その子と一緒に自転車で遠出することもできるようになった。活動性も高まって、それまで断固拒否していた地区の相撲大会に、世話役のおじさんから「挨拶だけでもきちんとして来い」と励まされて出場し、「負けっぷりがよかった」と褒められることがあった。また「泥が気持ち悪い」と避けていた田植え学習にも参加できた。

　ちょうどその頃、スクールカウンセラーの配置換えがあり、M男の小学校は後任のスクールカウンセラーに引き継がれることになった。好転しつつある時期だったので、筆者もMoも心残りではあったがやむを得ず、いったん終結とした。

その後

　中学進学後、いじめにあって、万引きを強要されることがあった。その中学のスクールカウンセラーが、前記の相談機関との連携に奔走し、継続的に母子並行面接を受けるようになった。部活は科学部に入り、共通の趣味を持つ友だちもできた。最近は親が勉強を見てやることも難しくなり、心理臨床系の大学院生に家庭教師を頼んでいる。

　その後、Moと電話で話す機会があったが、折々に筆者と話したことを思い出すそうで、「もう少々のことでは驚かない。粘り強いお母さんになりました」と笑って話してくれた。そのとき電話を取り次いだFaの声がとても穏やかだったのが、印象的だった。

解説

　数字による判断は、人のこころの迷いを断ち、固定する。M男の状態にあれこれと迷いつつ付き合ってきていたMoは、相談機関の判定にこころが定まったようであった。一方、多忙を理由にそれまで、あまりM男と接することのなかったFaは、かなりうろたえていた。特訓はM男のためだけでなく、Faのこころが判定を受け入れるプロセス

として必要でもあった。

一方、教師も「発達障害」とカテゴライズされたことで、特別支援を工夫する姿勢が定まった。スクールカウンセラーの役割は、その後の支援のあり方について、それぞれが迷い続ける柔らかなこころを保てるようにサポートすることだろう。

コメント　心理療法の理論ではまず「安心」が基盤であり、そこから自発性が生まれてくるという順序になっている。ところがスクールカウンセラーが対象とする子どもたちでは、「安心」な状況を与えようとするプランは効果が上がらないことが多い。むしろ「自信」「自尊心」を育てるプランが有効なことが多い。おそらく通常の「安心」は外界への安心であり、自信や自尊心は自分自身への安心体験なのだろう。統合失調症のリハビリとして行われるソーシャル・スキル・トレーニング（SST）は自分への安心を育てる方策でもある。

　一定度以上の知能を備えた動物では「できる（can）」という自覚が増えることが、活動性への意欲と情緒面での安定を引き起こす。ヒト種にあっては例外なくそうである。社会に受け入れられる活動が「できない」ときに、奇妙な行動が出現するのは、逼塞状況でのせめてもの「できる」活動なのかもしれない。（神田橋）

model 075

行動化の理解が両親の関係改善を導いた
軽度知的障害のある中学生のMo面接

対象の生徒　中2男子N男
相　談　者　Mo　発達相談指導員Oさん

経過の概要と対処　　N男は1歳の頃から、けいれん発作を起こしていた。言葉も遅く、普通の子とは違う印象だった。だが愛らしく、Moは「かわいくて、かわいくて、どこへ行くにも連れて歩いた」

と言う。

　幼稚園では自由にさせてくれて、元気だった。知人の臨床心理士に勧められて、教育センターにも連れていってみたが、「軽症」を理由に通所を断られた。そのとき知能テストを勧められたが、受けていない。

　小学校では普通クラスに入った。集団行動がストレスになり、床に寝転がったりする行動もあったが、学年が上がるとともに落ち着いた。だが、授業中は、ぼうっと椅子に座っているだけだった。

　中学でも普通学級に在籍した。成績は最低レベルだが、運動能力はまあまあある。だが、競争心がなく、体育会の短距離走でも、前の人を抜きたくないかのように走る。「学校は行くものと思っているので」欠席することもなく、Moは特に心配していなかった。

　だが中２になって間もなく、Moは家計簿をつけていて、数百円程度のお金の不足に気づくことが何度かあった。気をつけて見ていると、N男がMoの財布から小銭を抜いているらしい。好きなマンガの単行本を買い揃えているが、そんなお金は持たせていない。台所に置いていた貯金箱にこじ開けようとした跡も見つかって、Moは急に心配になり、来談した。

　家族構成はMo、N男の姉、N男の３人で、現在はMoの実家の近くに住んでいる。Faとは半年前に別居しており、理由はFaの借金だった。Moが止めるのを聞かずに、「頼まれたから」と知人の借金の肩代わりをするなどして、いくつかのローンが重なり、利息がふくらんでかなりの金額になった。何度かMoがやりくりして、清算したが、すぐに頼まれて、職場の同僚の借金の保証人を引き受けてしまう。そういう、けじめのなさがイヤで離婚したいが、踏み切れないでいるということだった。

　同居していた頃、Faは子どものことはほったらかしだったが、別居後は、子どもたちを毎週末、食事や買い物に連れていくようになった。Moは「そんなお金があったら、返済に回してほしい」と言うが、聞き入れない。

　一方、FaはMoに対して、「いつも所在を明らかにしてくれ」と言い、職場の仲間と食事に行っただけで不機嫌になる。そういうFaをMoはわずらわしく感じている様子だったが、Faが自宅に出入りするのを拒絶しているわけでもなかった。筆者は両親の関係のあり方が、N男の盗みに影響しているのではと考え、Moとの面接の継続を約束した。

　翌週、ある相談機関の発達相談指導員Oさんから、面談の希望が伝えら

第7章 障害

れた。N男はその相談機関が主催するグループ活動に参加していたが、ある日、箱庭に、柵を境にして、びっしりと人形と動物を置き、「どっちも壊れる」と言った。心配になったのでバウムテスト（樹木画テスト）を描かせると、幹に傷のある木とその影、落葉、根を描いた。

O指導員は精神疾患の発症を心配している様子だった。だがバウムテストの幹も樹冠もしっかりしていたので、筆者は〈知的遅れと、家族関係からの心的外傷が影響していると理解したほうがいいのでは？〉と答えた。Faの家とMoの家の、どちらが木で、どちらが影だろうという連想が湧いた。

その日、生徒指導委員会で、N男が夜中に家を飛び出すことがあったと聞いた。心配していると、Moが顔に青あざを作り、絆創膏を張って現れた。

聞くと、「1週間前の夜、Faに突き飛ばされて、数針縫うケガをした」と言う。その日の終業後、職場の用事で同僚の家に行き、帰宅するとFaが来ていた。子どもたちに荷造りさせており、「夜、家を空けるような母親に子どもは任せられない。連れていく」と大変な剣幕だった。言い争ううちに、はずみで戸棚の角に額をぶつけた。出血がひどく、N男の姉は心配してそばにいたが、N男はうろうろと歩き回って、「眠い」と寝てしまった。

数日後、N男は姉と、就寝時にドアを開けたままにする、しないでケンカになり、黙って家を出ていった。生徒指導委員会で話題になっていたのは、このことだった。1時間歩いて、Faの家に行き、明るくなるまで数時間、庭で待っていたらしい。筆者は、危機的状況の両親をなんとかつなぎたいN男の気持ちの表れのように感じ、Moにもそう伝えた。

N男のけいれん発作を診てきた医師は、一連の出来事でのN男の様子を聞き、ADHD（注意欠陥・多動性障害）を疑って、リタリンを処方した。「この薬で飛躍的に成績が伸びた子がいる」という説明だったが、しばらく服用しても効果らしい効果はなかった。筆者はMoから意見を求められて、〈漫然と飲む薬ではないと思う〉と答え、医師にもう一度相談してみるように勧めた。医師は似た作用を持つ、違う薬を処方した。

そして数ヵ月後の夜7時過ぎ、筆者の携帯が鳴った。「N男が姉とケンカしていなくなった。1時間、探しているが見つからない」ということだった。その前日、N男が「僕はいなくなったほうがいいんだ」とつぶやくのを聞いていたMoは、かなり動揺した様子だった。筆者は〈大騒ぎにな

ってもかわいそう。落ち着いて、もう少し探してみたら〉と答えた。

　その後、10時近くになっても連絡がないので、気になって、電話してみると、「まだ見つからない」ということだった。筆者は交番に届けるように勧めた。夜中も2時を過ぎて、Moから電話があり、Faの勤務先の近くで見つかったということだった。次の面接で、筆者はN男の心情をMoと話し合った。

　その後、Moの母親の財布から1万円がなくなることがあった。MoはFaに相談し、FaはN男の財布を確かめて、問いただした。N男は「Moに言わないで」と盗みを打ち明けた。「Faの母親の財布から盗った」と言うなど、説明にはつじつまの合わない部分もあったが、お金はFaを通じて、Moの母親に戻された。Moは経緯を一切聞いていないことにして、父子の秘密を守っている。その後、お金がなくなることはまったくない。

その後　数ヵ月後、Moは「経営方針に嫌気がさした」と勤め先を辞め、Faが勤める会社に移ることになった。Moは「就労条件がいいので」と言ったが、〈Faを嫌っていたらあり得ないこと〉と返すと、笑ってうなずいた。新しい職場の勤務の都合で終結することになったが、最後の面接で「姑から電話があって、『帰ってくるのを待ってるね』と言われました」ということだった。

解説　担任らによれば、「N男は授業の内容をあまり理解できていないようだが、おとなしく席に座っており、他の生徒の邪魔になるようなことも一切ない。同級には、N男がなんとなく一緒にいることができる生徒も数人いるので、特殊学級に転籍するよりも、このまま普通学級で卒業するほうがよいだろう」という判断だった。

　Moの希望により、筆者は家庭教師を紹介した。中3になり、Moは高校に進学させるつもりで、数校の体験入学にも連れていった。N男に受験の自覚はないようだが、楽しく勉強している様子である。家庭教師を引き受けてくれた大学院生と電話で話すと、「かわいいです」という言葉に温かな実感がある。

　MoはN男も姉も分け隔てなく、かわいがっていた。Moの口調に、N男の行く末を案じる気持ちは感じられても、障害を持つ子を産んだことを

悔やむ雰囲気はなかった。愛されて育った記憶は、N男の心の奥深くに沁みこんでいるのだろう。彼が育ってきた環境にいたずらに手を加えることなく、そのままに守ってやれる社会は、健常と言われる子どもたちにとっても豊かな社会である。

数値による判断や、画一的な施策は、有効であり必要だが、ときとして意図を超えて、いのちを傷つける。

コメント　「こころ」の専門家になるためのトレーニング内容は分極化している。一つは言語内容から理解を進める技術であり、もう一つは行動観察から理解を進める方法である。言葉の不得手な相手には、もっぱら行動観察からの「推論」が行われる。ここに重大な欠陥が生じる。臨床の知（技術）で最も有用な「気持ちを汲む」「思いを察する」トレーニングの不足である。臨床の知とは状況全体の味や雰囲気からの察しであり、空想である。知的訓練は、雰囲気を察する能力を低下させることがある。言葉の不得手なN男のほうが逆に、臨床の知だけで生きているのだと仮定して、このケースを読みかえしてみるとよい。（神田橋）

第8章　躁うつ体質

概説

概　説　医療の分野においては、双極性障害（躁うつ病）の研究がかなりの進展を見せている。かつて躁うつ病の生涯罹患率は0.4％から1.7％と言われていたが、統合失調症やうつ病、人格障害などと診断されていた症例の中に、かなりの双極性障害が含まれていたことが明らかになってきた。双極性障害は多様な病態を持つ疾患であり、妄想、幻覚が生じることも少なくない。

ちなみに現在、精神医学で広く用いられているDSM-Ⅳには、うつ状態が主症状の双極性障害Ⅱ型や、特定不能の双極性障害として、妄想性障害や精神病性障害などに重畳する双極性障害が明記されている。DSM-Ⅴでは、この特定不能の双極性障害の項の拡充が検討されていると聞く。

そして健常者から、明らかな躁・うつ両方の状態のエピソードを繰り返す躁うつ病（双極性障害Ⅰ型）までをスペクトラム（変動する連続体）で捉えるのが、国際的潮流となりつつある。

筆者は神田橋の陪席を長く続けてきて、他の疾患と誤診されてきた双極性障害の人々が、正しい治療を受けて、速やかに回復していくありさまを数多く、目の当たりにしてきた。

双極性障害に効果のある気分安定化薬は3種類がすでに広く認められているが、双極性障害と正しく診断されていても、処方された薬剤が不適切であるために、治療が進んでいないケースも少なくない。また「不安」を主な症状として訴えることが多いために、抗不安薬が処方され、常用した結果、不安に耐える力をますます失ってしまっている人々にも多く出会っ

た。

　神田橋（2005）は治療の体験から、双極性障害は、急性期には薬物療法も含めた治療によって、病気として対処するのがよいが、基本的には親から受け継いだ体質、すなわち"躁うつ体質"として、患者自身も治療者も対応していくと、資質の優秀さが発揮されるとしている。

　そして、①心理的、社会的に窮屈な状況が、状態の悪化を引き出すこと、②したがって、窮屈な生活の状況を緩めることが改善に不可欠であること、③それには生活のごく一部分に"気まま"を取り入れるだけで十分な効果を持つこと、④そのための生活指導的な援助が有効であり、内省的心理療法は、躁うつ体質者には反省を求める結果になることが多く、反省が精神状況を窮屈にして、かえって害があることを示した。

　そのような視点を得て、スクールカウンセリングの現場を振り返ると、躁うつ体質という理解が有効な事例が少なくないことに気づく。彼らは学校、特に中学校生活での適応に、非常に苦労している。中学校では生徒指導が最も細かく、厳しく行われるからである。これは、後に躁うつ病患者となった人々が振り返って、中学生時代から気分の波を自覚していたことが多いという神田橋の知見と一致する。しかも不適応をきたした生徒に対して、さらに生活を窮屈にする指導が行われることが多いために、彼らの適応はますます困難になる。

　躁うつ体質者への有益な対応については、各モデル中に記述した。

　躁うつ体質者は現実的関係を生きる人なので、モデル76のA子やモデル77のB子、モデル78のD子のようにリストカットしたり、派手に行動化したりすることが多いが、根は深くなく、あっさりしている。そのようなありようが、モデル79のE子のように、「お調子者」と受け取られることにもなる。苦しみを理解されず、周囲に受け入れられないことは、躁うつ体質者をますます追い詰めるので、うつ状態のイライラがひどくなる

　モデル80のF子もさまざまな行動化を見せたが、関係を求めての行動と理解すると、対処のアイデアが湧く。成長して、生活力をつけるとともに、F子が本来持つ能力が発揮されていくだろう。

　躁うつ体質の子どもたちの親もまた躁うつ体質者であることが多いので、その理解を共有することは、関係を求める躁うつ体質の子どもたちを支えることになる。モデル81のG男のMoは、G男の不登校がきっかけで自身

にも気分の波があることを理解し、Moの自己理解が進むとともに、G男も楽に生きられるようになっていった。モデル77のB子にとって、Moから躁うつ体質を受け継いだという理解は、内面を支えるものとなった。モデル82のH子も大人になるとともに、Moとの共通点に絆を感じるようになるだろう。

なおH子のMoのように、種々の薬を大量に処方されるようになるのも、双極性障害者の特徴である。医師に親しく接近する関係の持ち方が医師の親切心を引き出すからだろう。

躁うつ体質者は、気分の波を抱えつつ、社会に適応していかなくてはならない。そして、コントロールしがたい波によって破綻する不安が常にあるので、自身に最も向かない窮屈な考えを自己に強いるようになる。向かないありようを、自分で自分に無理強いするので、それはしばしば過剰なものとなる。「きちんと」を文化として取り入れていたモデル76のA子のMo、血のつながりを厳しく絶っていたモデル78の継母は、その典型と言える。自身の内面を縛るメカニズムに気づくことで、自他に楽な生き方を見出すことができる。

内省的心理療法によらずに、躁うつ体質者の自己理解を進めるには、客観的に自己を観察するように誘うことが有効だが、その手立てとして、数値などで気分の状態を把握する方法がある。モデル83のI男は自分で点数化する方法を見出し、モデル84のJ子は○△×という、より簡便な方法を自ら工夫した。そういう創意工夫を支持することも、躁うつ体質者に向けては必須の対応である。

ちなみに、彼らは自己のありようを自分で持て余していることが多く、加えて、人になじもうとする性格傾向を持つので、カウンセラーに親しみを感じると、自らカウンセリングを求めてくることが多い。本章に示したモデルにおいても、過半数において、生徒自らがカウンセリングを求めてきた。医療の章に示したモデル89のC男は、積極的に筆者との関わりを求めてきた時点で、統合失調症とは異なる可能性が推測できる。そういう特徴を持つので、スクールカウンセラーが躁うつ体質者に接する機会はかなり多い。

なじもうとする性格傾向は、思いやりのある対応に敏感に反応するということでもある。モデル85のK子の気のよさに、その表れを見ることが

できる。

またモデル86でも触れたが、教師にもかなりの比率で躁うつ体質者が見られる。他人を世話することが生きがいになる性格傾向から、そうした職業の一つとして、教職を志すのは当然の結果と言える。うつ病と診断されて、入退院を繰り返している教師の中に、双極性障害としての治療が有効な人々が少なくない。そういう教師が復職したときには、児童・生徒と生き生きとした関係を持つことが支持的に作用する。

そして、躁うつ体質者が多い職場であるがゆえに、スクールカウンセリングにおいて、教師への配慮として特記すべきことが2点ある。

まず第一に、教師は教育の場で機能していくために、"べし"や"きちんと"をわが身に染み付かせざるを得ない。前述したように躁うつ体質者が、文化として"きちんと"を取り入れると、過剰に自他を束縛するようになり、その結果、非常に口うるさくなる。自身の内側にコントロールしがたい気分の波を抱えている不安が、生徒指導の場における不安と重なって、過剰に生徒の行動を制限する窮屈な指導をしがちである。

ともに躁うつ体質である生徒と教師の出会いは、波乱万丈の泥沼となることが少なくない。結局、生徒の側が弱い立場にあることが多いので、さらに、はみ出していくことになり、それを強迫的に枠におさめようとする教師の努力との間で悪循環が続く。

躁うつ体質についての理解を深めて、事態が正しく把握できるようになると、その悪循環を断つ可能性が生まれる。

第二に、躁うつ体質者は仲間はずれにされると、心理的バランスを失いやすいという特徴を持つ。これは教師であっても同様で、スクールカウンセラーと、来談した生徒もしくは保護者との関係が親密になると、躁うつ体質の教師は疎外感を抱きやすい。その結果、教師と生徒との関係をスクールカウンセラーの介入が損なう状況になっているケースが、学校現場には少なくない。

そうならない工夫については、「家庭訪問」の章でも一部、教師との連携を当初から視野に入れておく必要性として触れているが、その実践については、「教師との連携」の章に示した。

なお躁うつ体質者であるカウンセラーの場合も、自身への配慮は、上記の教師への配慮を援用するとよい。

また、学校現場ではしばしば、うつ病と躁うつ病とが混同されて、双極性障害（躁うつ病）の状態にある生徒に、「登校せずに、静養を」という指示がされる場合がある。特に、校内で危険な行動をする事態になった生徒に対しては、この指示がかなりの頻度で行われる。これは本人が登校を希望している場合には、窮屈を処方することになるので、自殺企図などのさらなる行動化を招くことになり、禁忌である。「校内で危険な行動をしない」という約束をする程度に止めて、できるだけ自由に行動でき、仲間との交流を妨げない状況を保障することが、気分の安定につながる。

参考文献　American Psychiatric Association 『DSM-IV-TR　精神疾患の分類と診断の手引』医学書院　p.147-156　2002
　　　　　神田橋條治　「双極性障害の診断と治療――臨床医の質問に答える」臨床精神医学　34(4)　p.471-486　2005

付　記　躁うつ病と呼ばれてきた疾患は現在、双極性障害が公的名称であるが、著者らは関与するすべての人々が事態の本質への理解をより共有しやすい呼称として、体質に関しては"躁うつ体質"という表現を用いることにした。

model 076

部活の人間関係と窮屈さから離れることで
気分の波が穏やかになった女子生徒

対象の生徒　中３女子Ａ子
相　談　者　Mo　本人

経過の概要と対処　　Ａ子と初めて出会ったのは、体育会の全体練習の日だった。教師からメガホンを片づけてくるように指示されたＡ子は、職員室に入ってくるなり、居合わせた筆者に「これ、どこっ？」と乱暴な口調で聞いた。〈どこですか？でしょ〉と返すと、ぷいっと横を向き、棚のかごにメガホンを放り入れると、筆者の横を「毎日、むかつくっ」と言い放ちながら運動場に戻っていった。

たまたま職員室に戻ってきて、そのありさまを見ていた学年の教師が、「最近、感情の起伏が激しくて」と筆者にささやいた。筆者には、Ａ子の口調の中にある、言葉の激しさとは裏腹の甘えてくる雰囲気が印象に残った。

数日後に開かれた体育会では、Ａ子がチアリーダーを務めたブロックが優勝し、最優秀応援団演技賞も受賞した。賞状授与の列に並んで、うれし涙を拭い続けるＡ子の姿は愛らしかった。だがその朝も化粧をしてきて、担任らと一騒動、起こしていた。

その翌週、養護教諭から電話があって、Moの来談希望が伝えられた。「いつも元気なMoがひどく落ち込んでいる」とのことで、Moが落ち込んだ原因は、体育会の夜にＡ子が「打上げに行く」と言い出し、「夜間の外出は許さない」という両親と口論になって、自室の壁に穴を開けるほどの大暴れをしたことだと聞いた。

来談したMoによれば、「Ａ子が荒れだしたのは２年生の２学期から」だった。わざわざ人目につくところでタバコを吸って、近所の噂になった。その後、次第に反抗がエスカレートして、Moの手に負えなくなり、Faと一緒に説教をした。するとＡ子が「いつも妹と比較される」と言ったので、Moは心外だったが、Faは「ごめん。お前がそう感じるように育てていたのか」と謝り、その言葉を聞いたＡ子は号泣した。Ａ子はあまり成績がよ

くないが、3歳年下の妹は非常に成績がよい。「私たちの何気ない一言が、A子には比較と聞こえていたのでしょうね」とMoは語った。

筆者は出会ったときのA子の様子から〈かわいがられて育った子のよう〉と言うと、双方の祖父母にとって初孫だったので、「蝶よ花よAちゃんよ、でした」ということだった。「甘やかして育てたのが悪かったのか」と案ずるMoに、〈愛されて育った子は秘めた力を持つので、必ず立ち直る〉と答えると、ほっとしたような笑顔が出た。

翌週、A子は入部しているバスケットボール部の仲間から無視のいじめに遭うようになった。部活でも勝手な振る舞いが目立つので、それまでも部員の中で疎外されることがあったが、欠席した日に、部員の間で何かがあったらしい。事情はわからないまま、週末にあった試合には「行かなかったら私の負け」と出かけた。だが試合には出してもらえなかった。

その日を境にA子は登校しなくなった。さらに顧問教諭がA子に言った「練習の邪魔をしないで」という一言に尾ひれがついて、「顧問が『A子を退部させる』と言っている」という噂になった。それは欠席しているA子の耳にも届いた。この頃、部活内ではさまざまな友人関係のトラブルが生じており、A子が鬱憤のはけ口にされている印象が筆者にはあったが、A子にも、友だちをかばったつもりで利用される愚かさがあった。

顧問教諭は家庭訪問し、釈明したが、溝は埋まらず、A子は欠席を続けた。担任が、仲がよいと思われる同級生に電話をかけさせてみたが、いつものように明るく受け答えしていたものの、電話を切ると自室に閉じこもって、その日は食事もとらなかった。

数日後、Moが「気晴らしに」と買い物に連れ出した。そろそろ暑くなる季節で、長袖のシャツを脱いだときに、たくさんのリストカットの跡があることにMoが気づいた。さらに久しぶりに会った親戚が「抜け殻のよう」と驚いたこともあって、Moは精神科受診を考えたが、周囲の反対にあった。

筆者も明らかに気分の波があると気づいていたが、今は親子ともども無理をしないことが先と考え、受診を勧めることはしなかった。その代わりに、A子の現在の状態に厳しい対応は逆効果になる危険が高いと考えたので、担任らに〈しばらく静観して〉と働きかけた。

数週間の欠席の後、A子は登校してきた。その日はたまたまMoとの面接を約束した日だったが、Moはほっとしたのか寝込んでしまい、キャン

第8章 躁うつ体質

セルを伝えてきた。空いたその時間に、体育館で部活の練習をしていると聞いたので、様子を見にいくと、A子は絶え間なく動き回って、部員の誰彼に笑顔で話しかけていた。元気そうに振る舞っていたが、過剰に気を使っていることは明らかで、痛々しくさえ見えた。

数日後、A子は些細なことで学年の教師とぶつかり、職員室でひどい暴言を吐いて、たまりかねた担任が怒鳴りつけた。その出来事にあおられたかのように、A子は、顧問教諭に退部届けを叩き突きつけるように提出して、部活をやめた。筆者は、部活の練習も人間関係も、A子の精神状態には窮屈で、悪く作用していると感じていたので、退部はよい選択と思い、Moにもそう伝えて、支持した。

部活動と無縁になったA子は、夏休みになるとすぐに、ひとりで住むFaの母親（Gm）のところに行った。そこでGmから料理を習い、近くに住む幼い従弟の遊び相手になったり、世話をしたりする生活がよかったらしい。半月ほどで気分が落ち着いて、A子から「SCに会いたい」と言ってきた。

初めて相談室で向き合ったA子は緊張している様子だったが、進路について「保育士になりたい」と希望を語った。Moから、Moの友人の自閉症の子どもが、A子のあぐらの中に座りこみ、友人が「こんなことは初めて」と驚いていたことが話された。

筆者は〈A子が持って生まれた、気分に波がある資質は、保育士のように人の世話をする仕事にすばらしい才能を持つ資質でもある。自閉症の子どもを安心させるなんて、誰にでもできることではない。その資質を生かしてほしい〉と伝えた。

次の面接でMoは、親族にいわゆるいい大学、いい企業に入った人が多く、成績のよくないA子を受け入れられずにきたこと、自身にも「きちんと」をモットーに窮屈な生き方を強いてきたことを語った。

筆者はA子の言動から、ごく軽度の知的発達上の困難があるのかと感じていたが、躁状態になると一見、知的能力が低下したように見えることもあるので、両方の可能性についてMoに話した。Moは受容できたようであった。

部活の人間関係と窮屈さから離れることで気分の波が穏やかになった女子生徒

その後　保育科の高校に進学することに決め、落ち着いた様子なので終結にした。ときどき職員室まで筆者に会いに来て、何も言わず、笑って筆者の肩をたたいて帰っていった。無事、卒業し、高校には元気に通っていると聞く。

解説　Moは中学、高校とまじめ一筋で通してきていた。「まじめに努力しないのは許せない。A子は私とはまったく違う。理解できない」と言っていたが、MoとA子には、そっくりの柔らかい対人応答の雰囲気があった。Moは、人が嫌がるPTAや地域の世話役を進んで引き受けており、その様子からも、A子の躁うつ体質はMoからの遺伝と推測できた。

躁うつ体質の人が持って生まれた資質は、"きちんと"に向かない。だが文化からの制約を受け入れて、"きちんと"を内在化させると、無理をしているので、きちんとしていない人を許容できなくなる。口うるさい、きちんとした人には躁うつ体質者が多いと、筆者は観察している。そういう人は、自己に無理を強いてきた人生を受容できると、口うるささが世話好きというありように変わる。

コメント　躁うつの波を繰り返す遺伝体質は常に治療を必要とするものではない。むしろ精神医学的な治療が不要の場合のほうが多い。体質が家系の中に流れており、それを自分が受け継いでいるのだと認識することで、絶望感や傷つきをもたらすことは少ない。むしろ、これまで不可解であった自身の気分の上下、しばしば最近の環境の変化やこころの持ちようと関連づけて理解しようとして、うまくいかなかった気分の揺れを、生物学的な基盤をもつものだと知るだけでこころの安定が得られる。正しい"知"がもたらすこころの平穏である。波の程度が強くなって、やむなく精神科医の治療を受けるようになった場合にも、担当した精神科医が、本モデルのような家族教育、本人への教育をすることで、短期間で治療は終結する例が少なくない。（神田橋）

第8章 躁うつ体質

model 077
離婚した両親の間で揺れてリストカットしていた軽い双極性障害の女子生徒

対象の生徒　中3女子B子
相　談　者　本人　Fa

経過の概要と対処　筆者が配置されていた中学から転出した教頭から、「転任先にはスクールカウンセラーが配置されていない。リストカットをする女子生徒にどう対応したらいいのかわからなくて困っている。このケースだけでいいので相談にのってほしい」という依頼の電話があって、出向いた。

教頭はB子だけの面接を予定していたが、当日、Faも来談していた。教頭からは「両親が離婚している。B子はMoのところに行きたがっており、Faは『行かせてもいい』と言っている」という程度の情報だけを得て、B子と会うことになった。B子に〈Faと一緒に話す？〉と問うと、「誰かと一緒に話すのはいや。ふたりがいい」という返事だったので、Faに待ってもらって、用意されていた応接室に入った。

B子には最初から親しげに甘えてくる雰囲気があり、筆者に友だち口調で臆する様子もなく話しかけてきた。いきなり「精神科に行きたい」と言い、筆者の勤務するクリニックが都心部にあると聞くと、「いいねえ。行きたい」とうれしそうに目を輝かせた。リストカットの跡も、自分から絆創膏をはずして見せてくれた。

「家族のこととか聞かれると、後で落ち込む」と言いながら、自分から積極的に両親の離婚の経緯を話してくれた。筆者はできるだけ外的事実に話をとどめるように、B子の口調に合わせてやり取りしながら話を聞いた。

B子の両親は、B子が幼い頃に離婚していた。Moが再婚したので、B子は兄とともにFaに引き取られた。「あの人はね、マメなんですよ」とB子は言ったが、Faはかなり多忙な公務員でありながら、家事育児も几帳面にこなしていたらしい。しかし、小学校に入学した頃からMoがしばしば訪ねてくるようになり、夜中に家の前にたたずんでいるようなことも再々あって、まず兄が、しばらく経ってB子がMoに引き取られることに

なった。

　その後、中学入学をきっかけにB子は再びFaと暮らすようになった。中学で不登校になっていた兄はMoのもとに残ったが、定時制高校に進学したことがMoの再婚相手の気に入らず、Moは再婚相手と別居して、兄とふたりで暮らしていた。その兄が大学に合格して、家を出ることになり、Moが「ひとりになるから、一緒に暮らさないか」と言ってきているとのことだった。

　B子はMoについて「すぐに話が飛んで、面白いの、あの人」と言い、Moは接客業が得意で、あるレストランに就職したら、すぐにマネージャーに抜擢されたこと、今は体調をくずして退職しているが、経営者から「回復したら、すぐに戻ってきて」と言われていることを話した。

　筆者は、B子の話から伝わってくるMoの雰囲気から、おそらくMoは躁うつ体質の人であり、その遺伝子をB子が受け継いだ結果のリストカットだろうという仮説を持った。

　B子と交代して入室したFaに聞くと、案の定、「Moは結婚当初、家事を完璧にこなそうと努力していたが、すべてが同時進行で中途半端だった。その点はB子もそっくりで、勉強だけでなく、ゲームも途中で放り出してしまう」ということだった。

　しかもMoはB子を産んだ後から「うつ病」になり、病院で抗うつ薬による治療を受けたが、改善せず、特にカウンセリングの後の落ち込みがひどかったということだった。そこで気晴らしになればと、パート勤務に出ることを認めたところ、取引先の男性と恋愛関係になり、「その人のことしか眼中になくなったので」、Faが子どもたちを引き取って離婚することになった。

　「同時進行」「中途半端」「カウンセリングの後の落ち込み」など、Faが話すエピソードの一つひとつが、躁うつ体質者の特徴に合致していた。

　Faは、B子がMoのところに行きたがることを受け入れつつも、「育てたのは僕ですよ、そんなに母親がいいものですか」と言い、〈B子が今、苦しんでいるのは、Faをひとりにしてしまうことへのためらいでは？〉と返すと、天井を見上げて涙をこらえていた。

　筆者は〈B子は躁うつ体質だと思う〉という見立てを告げ、Moは「うつ病」ではなく双極性障害（躁うつ病）であった可能性が高いこと、不倫

model 077

離婚した両親の間で揺れてリストカットしていた軽い双極性障害の女子生徒

も躁状態における一時的な気分の高揚が原因の一つだったと考えられること、可能であれば神田橋の受診を勧めることを伝えた。するとFaは仕事の関係でしばしば鹿児島に行っているそうで、「すぐにでも連れていきたい」ということだった。

　面接を終えて、B子とFaの了解を得て、担任と教頭に筆者の見立てを伝えた。担任は、リストカットを自殺の予兆かと恐れていたので、〈一般論として、B子のタイプのリストカット常習者が死に直結するような自殺の試みをすることは少ない〉と伝えるとともに、〈窮屈な環境が状態を悪くするので、治療によって落ち着くまで、少し自由に過ごさせて〉と配慮を頼んだ。担任も教頭も見通しを得て、安心した様子だった。

　数日後、B子とFaは神田橋を訪ねた。やはり軽い双極性障害で、微量の炭酸リチウムが処方された。

　数ヵ月後、B子の中学を訪ねる機会があり、保健室で養護教諭の手伝いをしているB子と出会った。リストカットはしなくなっていたが、教室に入ることは拒否しており、遅刻も相変わらずだった。「ねえねえ先生、また鹿児島に行くからね」と甘えてくるB子と雑談して別れたが、たまたま同席していた生徒指導担当の教師が、後で教頭に「あんな笑顔を見せる子だとは思わなかった」と驚いて報告したということだった。内省も反省も求めない筆者への安心感が、笑顔を引き出していたのだろう。

　筆者は、Moも治療につながれば、両親の復縁も可能ではないかという期待をひそかに持っていた。最初は頑強に拒否していたFaも、「Moが神田橋先生の治療を希望するなら、僕はかまわない」と言うようになったが、実現にいたらないうちに卒業となった。

その後　「Moと一緒に暮らしたい」と言いながら、B子が志望校として名前を挙げるのは地元の高校ばかりだった。結局、Faが勤める官庁の近くの高校に進学し、出勤するFaと一緒の車で、遅刻も欠席もせずに通学するようになった。「将来は介護福祉士の資格を取りたい」と希望するようになり、元気に中学に報告に来たということである。

解説　他人の役に立つことで、自身も元気になるのが躁うつ体質者の特徴であるから、介護福祉士はB子にうってつけの職業である。

そういう目標ができただけで、元気になれるのも躁うつ体質者の特徴である。

　躁うつ体質者は概ね、言動が派手である割に根が深くない。だが派手であるために、周囲は徹底的に対処しなくてはと思い込む。その熱意は厳しさとなって、彼らを追い詰め、窮屈さをもたらし、さらに派手な言動を引き出してしまい、悪循環となる。

　垣間見る医療の世界でも、双極性障害（躁うつ病）の患者には、他の精神疾患の患者と比べて、薬物が大量に投与されて、徹底的な治療が行われることが多い。彼らのふわふわとした、魅力的なありようが、医師の治療意欲を引き出してしまうのだろう。その延長上に、深い内省を求めるカウンセリングがあって、さらに状態を悪くする。

　臨床心理士にとって、躁うつ体質者の心理的特徴を捉えるセンスの練磨は急務である。

コメント　症状が軽く目立たない程度の双極性障害はむしろ体質としてとり扱うほうがよい。ただ教師だけでなく、スクールカウンセラーや精神科医にさえ基盤にある双極性障害が見落とされることが多く、人格障害という見立てをされてしまい、事態が泥沼化している場合がしばしば見られる。双極性障害者は態度の人なつこさだけでなく、語り言葉の出だしと語尾に甘えかかる味があり、B子の語り口にその典型が示されているので、この味わいに注目してほしい。人なつこさと甘えの態度のせいで、軽い双極性障害者はいじめの標的になりやすい。小学校時代にいじめられた歴史を持つクライエントは要注目である。（神田橋）

model 078

両親の躁うつ体質を受け継いだ兄妹を育てていた継母の面接と
教師対応の過程

対象の児童　小6男子C男　妹D子（対応時、中2）
相　談　者　継母　本人（C男）　小学校養護教諭
　　　　　　D子の中学校担任

経過の概要と対処　　C男は、妹のD子とFa、継母の4人で暮らしていた。体調を崩したときに迎えに来る継母の態度があまりに厳しいので、見かねた養護教諭から筆者に「継母と会ってほしい」という依頼があった。

　養護教諭は継母の厳しさの例として、熱を出しているC男が、強い陽射しに思わず目をしかめると、継母が「そんな目つきをしないのっ」と怒鳴ったことを挙げた。C男には軽度の斜視があったので、養護教諭には「目つき」という言葉が突き刺さるように聞こえた。

　一方、継母には「成績が悪く、落ち着きのないC男はLD（学習障害）もしくはADHD（注意欠陥・多動性障害）ではないか」という思いがあったので、養護教諭からカウンセリングを勧められたのを機会に、「SCの意見を聞きたい」とC男を伴って来談することになった。

　やって来た継母は、C男を横に座らせたまま、再婚して同居するようになった小3のときから、C男が盗みを繰り返してきたことを話しはじめた。まず担任の机から100円、継母の財布から1000円、近所のマーケットでお菓子、友だちの消しゴム、最近ではFaの母親（Gm）の財布から1万円を盗んで、そのお金で遊びまわったということだった。

　「どうして盗んだのかと聞いても、気持ちを話さない」ということだったので、〈言葉にならない思いがあるのだろう〉と返した。そして〈今日、ここへ来るときの気持ちはどうだった？〉と聞いてみると、C男は黙って、体をくねらせた。間髪入れずに継母から「くねくねしないっ」と言葉が飛んだ。Faがこの「くねくね」を非常に嫌うということだった。筆者が〈少し嫌だったかな？〉と聞きなおすと、小さくうなずいた。

　継母は「C男が生母（Mo）にとても会いたがるが、Moは問題の多い人なのでとても会わせられない」と話した。Moは10代でC男を産み、さら

にふたりの女の子を産んだが、借金癖のために離婚となった。いちばん下の子は幼かったので、Moに引き取られていた。ときどき、Faの弟嫁がMoに電話で連絡を取っていたが、最近はその電話にも出なくなった。継母は「クレジット会社から督促の電話がかかってくるからだろう」と理解していた。

継母にも前夫との間に子どもがひとりいたが、継母も「わが子にまったく会っていない」ということだった。筆者は大人のしがらみが子どもたちを追い込んでいると感じて、〈継母から『Moに会わせてやりたい』と提案してみたら？〉と言ってみたが、「Faがとても許さない」という返事だった。Moの話が出ている間、C男はシャツの襟に顔をうずめたまま、声を立てずに泣いていた。継母はわが子の話をしたときだけ、一瞬切ない表情になったが、気丈にも涙は見せなかった。

2週間後、継母だけが来談した。Faの父親（Gf）は大きな家具店を営んでおり、Faはその支店を任されているが、GfはC男を「俺のいのち」と溺愛しており、C男を連れていかないと商品を回してくれないこと、Gfは一時期、家を出ていたが、年をとって戻ってきたことなどが語られた。

継母はまた、GfがC男に次々に物を買い与えるので、それがC男に「物の大切さ」を教えるしつけを難しくしているということを話した。「ダメになったら、すぐに次を与える」と言う継母の言葉は、自身の親族内での立場の脆さを語っているようにも聞こえた。

筆者が「物」に言葉を借りながら〈今、そこにある物の大切さ〉に共感すると、継母は「実家も帰ってこいと言う。私も、もういいかと思う。だけど……」と口ごもった。最後に筆者は、〈LD、ADHDの可能性はまずないと思う〉と印象を伝えた。継母は「わかりました」と答え、それきり来談しなかった。

1ヵ月後、養護教諭と会うと、継母の接し方がずいぶん柔らかくなったということだった。筆者は時間のかかるテーマだと思い、そのまま様子を見ることにした。

中学入学後も、C男は小さなトラブルに巻き込まれて、生徒指導委員会で名前が挙がることがあったが、特に心配するほどのことはなく経過していた。C男が3年生に進級するとき、妹のD子が中学に進学してきた。

そのD子が、2年生の2学期、リストカットをして、それが級友に知ら

れて、クラスで騒ぎになった。Faも継母も、D子のリストカットに気づいていなかった。学校からの連絡で知った継母はひどくショックを受けた様子で、「学校でのいじめが原因。ストレスから離すために学校に行かせません」と一方的に電話をしてきて、以後はFaともども、学校からの連絡を一切受け付けなくなった。

担任は家庭訪問を繰り返して、連携を試みた。Faと継母は、学校の対応を責めたり、「家庭内のことだから放っておいてほしい」と言ったりして、揺れた。そのありように筆者は、実の母親になろうと努めてきた継母と、それを支えきれなかったFaの無念を感じた。

一方、担任や関係する教師も動揺していた。緊急に学年の教師が集まって会議がもたれ、筆者も加わることになった。D子が「死にたい」と友人に手紙を書いていたこともわかって、教師の不安に拍車をかけたようだった。そこで〈リストカットから自殺企図に進むことはあっても、死に直結する方法が選ばれる可能性は、考えられているよりも少ない。リストカットは思春期の女子に多いが、伝播して集団発生する危険性はさほど高くない〉と伝えて、過剰に反応しないように求めた。

筆者は、C男の盗みについて継母が「運動会や担任の異動など、興奮する出来事の後が多い」と言っていたことを思い出し、またMoの借金癖などから、D子にも躁うつ体質による影響があるのではと考えた。

翌々週、D子は登校してきた。教室を訪ねて、それとなく様子を確認したが、同級生と話す姿に陰りは見られなかった。担任や養護教諭が熱心に対応していることでもあり、筆者は教師の後方支援にまわることにして、継母に連絡をとることはしなかった。

その後間もなく、学級も家庭も落ち着きを取り戻し、「リストカットなんかしたらダメ」と言う友だちに支えられて、D子は卒業していった。

その後　D子は自由な校風の高校に進み、無事、通学しているらしい。筆者はその後、小学校でC男の担任だった教師から、「先日、C男と偶然出会った。すっかり、たくましくなって、立派な青年になっていた」と聞く機会があった。

解 説　躁うつ体質者に情緒的メッセージを投げかけると、なじんでこようとする姿勢が感じられる。このなじもうとするありようによって、躁うつ体質者とは初対面のときから、打ちとけた関係が出来上がりやすい。さらに衝動的でもあるので、男女であれば、打ちとけた関係はすぐに恋愛になり、電撃結婚と言われるような結果になることが少なくない。

　C男のGfの人生の歴史から、C男のFaも躁うつ体質を受け継いでいる可能性が考えられ、借金癖のあるMoも躁うつ体質者と推測できなくもない。わが子を置いて、C男のFaと再婚した継母にも、筆者は躁うつ体質者の雰囲気を感じていた。

　躁うつ体質者は人間関係に敏感な触手を備えているがゆえに、関係のトラブルに巻き込まれやすい。トラブルが続くと、自身を守るために関係を切らざるを得なくなる。このときの、ばっさりと関係を絶つありようも、その後、絶つ必要性がなくなるとあっさりと関係を修復するありようも、ともに躁うつ体質者の"執念深くない"という性格傾向に基づく。

コメント　躁うつ体質者の特徴は単に気分の波があるだけではない。その他に、①秘めることが不得意で表出に傾きやすい、②内省して言語化することが不得意で、感性や感情が行動に直結するので、こころが浅薄であるとの印象があるが、かえって言語では表現できない微妙な自他のこころのあやを感知する能力があり、サービス業で成功することが多い、③伸び伸びした自由な人生を欲しており、窮屈な環境の下に置かれると苦しくなり、情緒が不安定となって、脱出を求めて種々の問題行動が突発してくる、などの特徴がある。この種の体質者を早期に認知して、ふさわしい対応をすることで自他の労苦が大幅に軽減される。（神田橋）

model 079

精神科デイケアに通う姉を持つ、
顎関節症と頭痛による不登校生徒の面接過程

対象の生徒　中1女子E子
相　談　者　本人　養護教諭　担任

経過の概要と対処　　E子は、3週間ほど前から、頭痛を理由に登校しなくなった。筆者に最初に相談に来たのは、養護教諭だった。E子は、「『休みたい』と言うと、親は休ませてくれる」と言い、養護教諭は親の対応に承服しがたい気持ちを抱いていた。2学期も終盤を迎える頃のことだった。

　養護教諭から、経過をざっと聞いた。中学入学後、顎関節症で歯科クリニックを受診するようになり、通院の日はうれしそうに早退していた。担当医と親しくなって、全幅の信頼を置いていたが、その医師が退職した。後任の医師を「信じていいのか」と迷っているうちに、抜歯をすることになり、抜歯後から頭痛が起こって、欠席するようになった。歯科の治療を中止して、内科を受診したが、異常が見つからず、「かみ合わせでは」と言われて、再び歯科に通院しているということだった。

　養護教諭は、欠席を続けるE子を放課後の保健室に呼んで、話を聞いていた。E子は「聞いてもらうと、気持ちが楽になる」と言って、進んで養護教諭を訪ねるようになり、よく話した。ときには涙を流しながら、「日に日に頭痛がひどくなる。入院して治るなら、我慢して入院する」「学校を休んで、学校が楽しいことがよくわかった。登校したい。だけど体がついていかない」と訴えた。

　養護教諭は「理解したい」と思いながらも、E子の「登校したい」という言葉が調子がいいだけのセリフに聞こえて、「そういう自分自身にイヤ気がさす」ということだった。養護教諭はMoの相談相手にもなっていたが、「MoもE子と似た話し方」で、「不登校」と言われることを気にしてか、予防線を張るように、E子の体調の深刻さを訴えるということだった。

　筆者は、養護教諭から聞いた、①自宅の戸締りを確認するなどの強迫傾向があること、②「一番が好き」と言っていること、③「頑張っているの

に、スランプになる」と言うように、好不調の波があるらしいこと、④頭痛がひどいときには「医師に怒りをぶつける」と言い、感情の表現が直截的であること、などから、躁うつ傾向のある生徒だろうと推測した。

翌週、E子は、自宅で倒れて、緊急入院した。医師は心理的要因が関与していると判断して、カウンセリングを勧めた。それを聞いて、養護教諭が筆者と会うことを勧めたが、Moが「学校でのカウンセリング」に強く抵抗したので、来談につながらなかった。

だが2年生になり、ときどき登校できるようになって、E子自身が「SCに会いたい」と面接を希望するようになった。養護教諭からは、倒れた後、心療内科を受診し、抗うつ剤や抗不安薬が処方されて、「薬を飲むときが幸せ」と言っていたが、「病院のカウンセラーの面接が問い詰められる感じがしてイヤ」と言うようになって、通院を止め、薬物治療も中断していると聞いた。

やって来たE子は明るく挨拶をし、筆者に話を合わせてくる雰囲気があった。だが手のひらにひどく汗をかいており、内心の緊張がうかがわれた。肩にも力が入っており、上げ下ろしをさせると、「ああ、ジンジンする」と声を上げた。

E子は次第に打ち解け、「生きがいがないので、弓道か和太鼓をやってみたいが、どちらがいいのか迷っている」と話しはじめた。そこで〈Oリングテストというのがあるけれど、遊びでやってみる？〉と聞くと、興味を示したので、やり方を教えて、一緒にやってみた。

弓道のほうが指先の力が強くなったので、〈こっちがあなたに合っているみたいね〉と言うと、「本当は弓道より、演劇などの人前ですることがしたい」と言い、「小学校までジャズダンスをやっていた。自由に表現させる教室で楽しかったけれど、合唱部の部活と両立しないと思ってやめた」と話した。〈ジャズダンスをやっていた頃の体調は？〉と問うと、「めちゃめちゃよかった」と答えた。

E子が「人に合わせることが大事だと思うけど、本当はひとりで勝手にやるのが好き」と話したので、〈和太鼓も合唱も人前でやるのは楽しいけど、全体に合わせる団体演技だから、あなたにはつらいかも〉と返すと、うなずいて、「私は協調性がないからダメなんだと思う」と答えた。そこで合唱や和太鼓の演技でのジレンマに言葉を借りながら、学校場面でのE子

葛藤について、〈協調性文化の呪縛〉と話すと、納得した様子だった。

　次の面接に、E子は表情暗く現れた。「学校は休んだけど、せっかく予約を入れてもらったから、カウンセリングは来ようと思って」と言ったが、軽いうつの波が来ている様子だった。そして「実は」と、姉が長く精神科にかかっていることを話しはじめた。この姉の存在が家族の大きな負担となっているらしく、姉の日常を、E子は細かに描写した。

　数日後、筆者は偶然のことから、当時、関わっていたある公的機関の精神科デイケアに、E子の姉が通っていることを知った。担当のスタッフによれば、「医師から神経症と告知されているが、実は統合失調症」ということだった。

　興奮がひどくなって、保護室に入院したこともあるが、現在はデイケアに通う数人の患者仲間と仲よくしており、一緒に遊びに行ったり、携帯電話で長話をしたりしている。そのために人間関係でトラブルになることが多く、手を焼くが、なついて、甘えてくるので、スタッフにかわいがられているということだった。

　不調のときは対人関係について、妄想的になるが、好調なときは「美容専門学校に行きたい」と言って、勉強もよくしているということだったので、筆者は双極性障害（躁うつ病）が統合失調症と誤診されていると考え、スタッフを通じて主治医に伝えてもらった。だが、「妄想」を理由に否定された。

　E子はその後、10回ほど来談し、自分で出席日数の目標を決めて、登校するようになった。筆者に合わせて、無理をしているようにも感じられ、しかし、それがE子を支えているようでもあり、筆者はどう対応したものかと迷っていた。だが間もなく、次のうつの波が来て、欠席するようになった。カウンセリングもキャンセルが続き、何度か電話をかけたが、来談を強いないようにしているうちに、自然に中断となった。

　その後は、廊下で出会ったときに声をかけたり、調子がよさそうなときには立ち話をしたりして、フォローした。浅く軽い付き合いがE子にとって、ちょうどよいようだった。

　筆者はまた、担任は熱心な指導する教師だと感じていたので、折々に〈窮屈が状態を悪くする〉と話し、緩やかな指導をしてもらうように頼んだ。担任は学年集会への参加を特別に免除するなどの対応をし、筆者は〈今の

いい加減な対応が、E子にはベスト〉と伝えた。

E子は徐々に欠席が減って、3年生になるとたまに休む程度になって、卒業していった。

その後　希望した私立高校に入学したが、すぐに退学した。不登校体験者への対応を標榜する高校に再入学して、卒業した。その高校では楽しく過ごしていたらしく、担任に何度か報告があったと聞いた。

解説　躁うつ体質者は相手の言わんとするところを察知して、合わせる能力に長けている。一般に、教師と生徒の関係では、行動を約束する場面が多い。そこで「求められている」と察知した行動を進んで約束するが、約束は窮屈なことなので、心身の負担に直結し、多くは体調の悪化という結果になって、すぐに破られる。約束を破った後ろめたさは、さらに躁うつ体質者の精神状況を窮屈にして、なんとか挽回しようというあがきが、次の安直な約束を引き出す。その悪循環によって、躁うつ体質者の言動は「お調子者」「口先だけ」と受け取られることになる。

上記のメカニズムは"察知"に端を発しているので、双方が躁うつ体質者の心理的特徴と行動傾向を理解することで、悪循環を脱することができる。

コメント　パラドックスのようだが、事実をイメージしてみると、協調性に価値を置く文化が最も束縛的であり、その価値観を受け入れている子どもは、窮屈な日常生活を自らに課して、日々を送っている。躁うつ気質は協調的な気質なので、外界の価値観を受け入れやすく、そのせいで窮屈になり勝ちだが、受け入れた価値観が協調性重視であると、過剰な協調性という、本人にとって窮屈なありようが具現し、周囲の目に不自然な迎合と映ってしまう。これはパラドックスである。ちなみに心理療法の核心部分には、必ずパラドックスがある。したがってパラドックスを探す作業は、問題の核心部分探求の作業である。

それにしても姉を診察してみたいなあ。（神田橋）

model 080
気分障害に環境の要因が加わり対応困難だった知的障害と診断された女子児童

対象の児童　小5女子F子
相　談　者　Mo　小学校担任　小学校校長　中学校担任
　　　　　　中学校養護教諭ほか

事例の概要と対処　F子は4年生になって間もなく、腹痛などの理由で休みはじめ、次第に欠席が増えていた。数ヵ月前に両親が離婚して、MoはF子の姉と幼い弟と一緒に近くの借家に移り住み、F子だけがFaのもとに残った。F子が残った理由については、Moも「どうしてでしょうね」と首を傾げるだけだった。

教師らによれば、F子は「おとなしいが、頑固な面もある」ということだった。低学年の頃、担任が居残りをさせていたのを忘れてしまい、気づいて、あわてて教室に迎えに行くと、薄暗くなった教室にひとりでじっと座っていた。渡された課題は手付かずのままだった。

担任が家庭訪問をすると、うれしそうな表情を見せるかと思うと、居るはずなのに出てこないこともある。「保健室はたくさん人が来てイヤ」と言うので、校長室にいさせたら、登校する日が増えた。

その頃、筆者が職員研修会で相談されたので、〈大人が見放していないという確かさと安心感を得られるような対応を〉と助言したところ、穏やかな雰囲気の女性校長は、F子のために校長室内に指定席を用意してくれた。

間もなく、Moが来談した。生活保護を受けることも可能な状況と思われたが、Moは「生活に干渉されるのはイヤ」と申請せず、早朝から深夜まで、いくつもの仕事を掛け持ちして、家計をまかなっていた。F子に愛情はあるが、かまってやる時間がないというのが実状のようだった。

数ヵ月後、F子はMoに引き取られたが、その後も教室に入ることができず、校長室で過ごしていた。進級して、新しい担任が来談し、「低学力だが教えればよく理解し、きれいな字を書く。男性教師に寄っていくことが多い」などが語られた。筆者にはFaを求めてのことのように感じられて、その年から代わった校長は男性だったので、〈父親として受け入れてあげ

て〉と伝えた。

　しばらくしてMoが再び来談した。「F子が夜道で男性に殴られて、誰かが警察に通報したらしい。だが何があったかを言わないので、SCから聞き出してもらえないだろうか」ということだった。さらに、F子が突然、興奮した様子で「Moに言えないことがある」と言ったことも気になるということで、Moは「次はF子を連れてくる」と言った。

　だが結局来談せず、夜道の被害の件は「占い師が大丈夫と言ったから、もういい」とそのままになった。筆者はMoのはっきりしない口ぶりから、性的被害を心配しているのではないかと思い、Moに確かめたが、即座に否定された。

　F子は中学に進学すると、完全不登校になった。担任によると「屋根のある物干し台に布団を敷いて生活しており、家族と交流がほとんどなくなっている」ということだった。Moが来談し、「SCにも家庭の様子を見てほしい」とのことだったので、行ってみると、F子は、人目のある時間帯は浴室に閉じこもっており、家族は、F子が寝ている早朝に入浴するとのことだった。食事はMoが物干し台に運んでやっており、布団の周りには、きれいにたたんだ着替えが置かれていた。

　筆者が声をかけると、F子は浴室の内側からドアを足で押さえて、開けさせなかった。浴室内は尿の匂いがして、すき間から足の爪が長く伸びているのが見えた。筆者が名前を呼びながら、ドアをリズムをつけて押してみると、同じようにリズムをつけて押し返してきた。Moは「このままでは体を壊す。精神科でもどこでもいい。入院させたい」と訴えた。

　入院が厄介払いになるのではと心配だったが、放置できる状態ではなく、受け入れ先を探して、筆者の知人が勤務する精神科の病院に入院させることができた。

　知能テストの結果、IQ = 40台で、主治医はテストに非協力的であった可能性を考慮しつつも、精神発達遅滞を主症状と診断した。入院中に赤いボールペンで手首に何本も線を引くことがあり、他の入院患者のリストカットの真似だとわかった。若い看護師にかわいがられて、一緒によく中庭を散歩していた。

　半年の入院を経て、主治医は退院後の生活の場を心配して、受け入れてくれる施設を探したが、確保できないまま、退院となった。

MoはF子を中学に連れてきた。すると養護教諭になつき、勉強を見てもらって、楽しそうに登校するようになった。養護教諭は数人の保健室登校の生徒の勉強を見てやっていたが、F子がいちばん理解も記憶もいいということだった。
　だが数日後、ふらりといなくなって、警備員室に入り込み、果物ナイフを持ち出して、職員トイレに立てこもるということがあった。養護教諭と担任に付き添われて、警備員室までナイフを返しにいったときには、両親と一緒に出かける子どものように、嬉しそうにしていたと聞いた。
　さらに数日後、夜遅くに学校に来た痕跡があることに、残って仕事をしていた教師が気づき、電話で確認すると自宅にもいなかった。そこで数人の教師が地域内を探し回ると、他人の家の倉庫の上に寝転がって、星を眺めていた。夜間徘徊は次第にひどくなって、二晩、三晩と帰宅しないこともしばしばで、F子は「1日2時間寝れば平気」と言っていた。
　そういう日が続くかと思うと、数日は不機嫌に家に閉じこもることを繰り返したので、筆者は双極性障害（躁うつ病）の可能性をMoに伝え、入院していた病院の医師から治療薬が処方されることになった。だがF子は「私は病気じゃない」と服薬を拒否し、Moも「精神科の薬」を積極的に飲ませる様子はなかった。
　仕事で疲れて寝てしまうMoは、F子の夜間徘徊を案ずる教師に遠慮して、「放っておいていい」と言ったが、そうもいかず、数人の教師が夜遅くまで探し回ることが続いた。Moが施設に預けることを希望したので、筆者も児童相談所に出向いて相談したが、「夜間、抜け出す子どもに対応できる施設はない」という返事だった。
　教師の疲労が蓄積し、限界に達しつつあった。またF子に鬼ごっこを楽しんでいるような雰囲気が感じられるようにもなったので、やむを得ず「もう探してやれない」と告げると、夜間徘徊をしなくなった代わりに、予測されたことではあったが、登校もしなくなり、そのまま卒業していった。

その後　Moの親戚が預かってくれることになり、親戚の家の近くの高校に入学したが、数ヵ月で退学して、戻ってきた。Moは途方に暮れており、筆者も様子を見守るしかない状態でいる。

解　説　　気ままに登校し、ふらりといなくなるF子に、週1日の勤務の筆者が面接を設定することは困難だったので、教師や保護者へのコンサルテーションによる援助となった。

　筆者は小学生の頃からF子に何度か会ってきたが、思わず保護してやりたくなるような愛らしさがあった。その愛らしさは、中学生になると、さらに増した印象があった。

　また小学校の担任の話や、保健室での学習の様子から、知的能力は、病院で測定したIQの数値よりもかなり高かったと思われる。夜間、学校に来た痕跡を、発見されやすいように残すやり方も巧みだった。教師らはいつの間にか熱心な対応を引き出されていき、次第に、教師が探してやることが、F子の夜間徘徊の報酬になり、強化している図が明らかになってきて、筆者がブレーキをかけざるを得なかった。

　F子は、周囲の人々の反応を感じ取って、よい関係を作る能力に長けていた。躁うつ体質者特有の優れた資質に加えて、幼い頃からの厳しい環境が、円滑な人間関係を作る能力をさらに育んだのだろう。

　人をひきつけるF子の才能は、学校の文化におさまりきれなかったが、社会に出て、資質を生かす環境に恵まれれば、存外、いい人生が待っているのではないかと思う。

コメント　　F子に躁うつ病の特徴があるのは確からしい。母親に似て、内省よりも外界対応が目立つ気質であり、言葉を用い、内省を求めるカウンセリングには不向きである。他方、いろいろな場面でF子には遊びやゴッコ風の動きがある。そこには情緒の豊かさも匂う。すなわちF子にはプレイセラピーの適応がある。そして「のびのび感・解放感」が生活の中に増えると、躁うつの波は縮小するのが通例だから、服薬不要となる。無論、体質としての波は終生続くのだが、生活の障害にはならなくなる。（神田橋）

model 081

Moと同じ気分の波を自覚し、
対応を工夫して不登校から立ち直っていった男児

　　　　　対象の児童　小４男子Ｇ男
　　　　　相　談　者　Mo　３年担任　４年担任

経過の概要と対処　　２年生の３学期に不登校だったＧ男は、３年生への進級をきっかけにしたように学級にもどり、半年は、元気に登校していた。朝は一番に教室に入り、授業では積極的に手を挙げて発言し、下校後は毎日、友だちと遊びに飛び出していった。担任は「元気すぎる」と言っており、筆者も息切れしないかと心配したが、当面は見守ることにした。

　案の定、10月の運動会が終わった頃から、休みはじめた。その頃、顔に湿疹ができており、それがきっかけとも思われたが、担任は腑に落ちない印象も持っており、Moを筆者との面接に誘った。だが「仕事が忙しい」という理由で拒否された。担任が家庭訪問すると、Ｇ男は青白い顔をして椅子の下に隠れており、メソメソ泣くなど、１学期の元気のよさとの落差は驚くほどだった。３学期になると、ぼちぼち登校しはじめたが、「傷つきやすくて不安定」という印象を担任は持っていた。

　４年生になると、クラス替えがあり、担任も代わったが、順調に登校するようになった。だが６月末、足の小さなケガをきっかけのようにして、再び欠席が続くようになった。担任がMoをカウンセリングに誘うと、今回は、快諾された。

　来談したMoは、Ｇ男がリビングルームの一角に大きな段ボール製の「僕の家」を作り、鍵までつけようとしたことを話し、「いいんでしょうか」と不安げに聞いてきた。Moの話から、筆者には子宮がイメージされ、子宮ならいずれ不要になる時期が来ると思われたので、〈楽しそう。好きにさせておいたら〉と答えた。Moはほっとしたような笑顔を見せ、「SCと話して楽になった。今度は甘えてみようと思う」と言い、来談の意欲を見せた。

　担任によれば、Ｇ男は家庭訪問すると、階段の上から紙吹雪のようなも

のをまいてみたり、「つかまえて」と言うかのように、担任の目の前を駆け抜けたりするということだった。〈不登校のたびに印象が違うのが不思議〉と言うと、Moも担任も同意され、しかも湿疹やケガというきっかけはあったにしても、特にトラブルがあったわけでもなく、不登校になる理由が釈然としないという点でも、3人の意見は一致した。

段ボールの家は3週間ほどでG男が自分から片づけたが、この頃、担任が妊娠していたことが後でわかった。担任が産休に入り、代理の担任のもとで、G男は元気に登校するようになっていた。しかし数ヵ月後、また不登校になった。Moは「これまで忙し過ぎたと思う」と仕事を辞め、時間の余裕もできたので、定期的に来談するようになった。話題も広がって、Mo自身が夏は人一倍元気だが、毎年、冬になると体調が悪くなり、家事をする気力もなくなって「冬眠する」ことが語られた。

間もなく、G男は登校するようになった。そこで筆者はMoに、「どうして登校できるようになったと思う？」とG男に聞いてみるように勧めた。G男は「わからない。でも登校できないときは、どうしても体が動かなくなるんだ。朝、始動できれば僕はOKなのに」と答えた。Moによれば、「夜9時にはベッドに入るが、不調のときはなかなか寝つけず、イライラしている。しかし登校できるときは、就寝時間が遅くなっても、朝は定時に目覚め、睡眠時間が短くても元気にしている」ということだった。

また友だちが来るとお菓子や飲み物に気を配ったり、好みそうな本を用意したりと、サービス精神が旺盛な子だということも語られた。クラスの人気者であることや、Moの「冬眠」からも、躁うつ体質に近いと推察されたので、Moに〈G男はじっくり勉強するより、ながら族のほうがいいのでは？〉と聞いてみると、「僕は自分の机より、食堂のテーブルで勉強するほうが頭に入るんだ」と言っているとのことだった。

そこでMoに〈もともと気分や体調に波がある体質を持った子のよう。その体質はMoから受け継いだものかもしれない。体質に逆らわず、上り調子のときはセーブするようにこころがけ、下り調子のときはいずれ回復すると待って、上手に波に乗っていくようにすれば、波そのものも小さくなる〉と告げて、生活のあり方について一緒に検討していくことを提案した。

〈躁うつ体質はこの道一筋が苦手〉と言うと、Moも一つのことに集中することが苦手で、「だからお前はダメだ」と言われ続けてきた歴史があ

model 081

Moと同じ気分の波を自覚し、対応を工夫して不登校から立ち直っていった男児

ることが語られた。〈体質〉という説明にMoは納得もし、安心もしたようだった。

〈生活をバラエティ豊かにするといい〉とアドバイスすると、「G男はマンガを描くのが趣味」ということだったので、〈自由に描かせてあげて〉と勧めた。Moがふんだんに用紙を用意すると、あっと言う間に2000枚以上の作品が仕上がった。また不登校の間に三国志を読んだことから、歴史が好きになり、読書量が増えて、さまざまな分野に興味を持つようになった。学校の勉強はあまり好きではない様子だったが、Moの知人の科学者と大人顔負けのディスカッションをやってのけ、感心されたりしていた。

5年生になって、また数ヵ月不登校が続いたので、G男にも来談を勧めると「僕の問題は僕が解決します」という返事があって、翌週から登校を始めた。この頃から張りきり過ぎたり、落ち込んだりの動揺が少なくなった。

その後　その後、小学生の間は、長い不登校はしなくなったものの、「そろそろ休みが必要だ」と2、3日の休みを取るペースが続いた。中学生になると、運動部に所属して体を鍛えたのがよかったのか、欠席はほとんどなくなった。

高校進学についてMoは「G男らしく自由に、のびのびと過ごせることを第一に選択したい」と言っている。Mo自身は、「冬眠」の波を自覚できるようになるとともにコントロールもできるようになって、次の職業に向けて、勉強を開始した。

解説　躁うつの波は中学生くらいから自覚されることが多いが、G男は早熟だったのだろう。Moは知的能力が高く、繊細な感受性を持つ人だった。家庭の中にも芸術的雰囲気が豊かな様子がうかがわれ、そのような環境で育ったG男にとって、平均的な文化を押し付けてくる学校は、他の子どもたちが感じるよりも窮屈な場所だったのかもしれない。

また、母親譲りの感受性を持つG男は、季節性うつ病に近い状態を繰り返すMoの気分の波に共振れしていたのであり、不登校になったときの状態が3年生と4年生の時点で異なったのは、それぞれの担任の個性に同調していたからだと考えられる。担任の妊娠を察知したかのような段ボール

の家は、G男の共振れ能力を示すものである。

躁うつ体質者は相手の情緒的反応をかぎ分けながら関係を作っていくのが得意なので、共振れする能力が育つが、それが心理的疲労ももたらす。

コメント　躁うつの体質はおそらく遺伝子に由来するものであり、努力によって制御することはできない。他からの、あるいは自らの努力によって枠にはめようとすると、不安定と自己嫌悪が増大する。そして天性の波が増大し、病的と見えるほどになる。このような体質を持つ人は、社会という外部環境への適応をしばらく棚上げして、自己の体質との無理のない適応の工夫をするのがよい。その具体的方法は本文中に述べてある。体質との折り合いがよくなると、社会との折り合いもそこそこ、できるようになるものである。（神田橋）

model 082
Moの双極性障害の治療とともに、不登校状態から改善していった女子中学生

　　　　　　対象の生徒　中1女子H子
　　　　　　相　談　者　Mo

経過の概要と対処　2学期が始まって間もなく、「中学入学と同時に転入してきたH子が、元の学校に戻りたいと不登校になった。Moもどうしたらいいのかわからず、カウンセリングを希望している」と担任から連絡があった。担任からは「Faの両親の介護をするために同居することになり、Faを勤務先のある他県にひとり残して、MoとH子が転入してきた」とだけ聞いた。

やってきたMoは普段着のまま、化粧もしていなかった。筆者の目をまっすぐに見つめて話すが、声がふわふわした感じで、どこか頼りない印象があった。「どうしてここにいるんだろう……」という言葉が、Moの言葉なのかH子の言葉なのか、曖昧なままに語られた。

H子は1学期の間は部活にも参加し、元気に過ごしていた。だが終業式を終えると、その足でFaのもとに行き、夏休み最後の夜、Moに引きずられるようにして、戻ってきた。始業式から登校をしぶり、担任からの電話で登校を約束させられた後は、自室にこもって泣いていた。

　話を聞くうちにMoは、H子が小3の頃にも友だちとのケンカがきっかけで1ヵ月間、不登校になり、Moが通院していたクリニックで投薬を受けたことを思い出した。〈クリニック？〉と問い返すと、Moは、H子を産んだ後、「うつ病」にかかって、そのクリニックで10年以上も治療を受けてきたことが語られた。

　筆者はMoの受け答えに柔らかな雰囲気があることから、うつ病ではなく、双極性障害（躁うつ病）である可能性が高いと感じた。H子にも好不調の波があるようであり、Moからその体質を受け継いでいる可能性が高いと思われたので、筆者の推測としてMoに伝えた。

　さらに躁うつ体質の特徴をいくつか伝えて、〈のびのび感とバラエティとに乏しい生活が状態を悪くする〉と言うと、Moは筆者の言葉の一つひとつに深くうなずき、不安そうな表情が次第に消えて、笑顔も見せるようになった。面接後に廊下でたまたま出会った担任は、Moの表情がこれまでになく明るいことに驚いていた。

　2週間後、Moが再来談したときには、H子は毎日登校するようになっていた。体育会の練習が始まって、授業時間が変則的になり、校内が活気づいたことがよかったらしい。6時前に目覚めて、早くから登校する。Moが忘れ物に気づいて学校に届けに行くと、まだ生徒の少ない教室にひとりで座って、勉強していた。友だちが家に遊びに来ることも増えた。

　その後、何度かの面接を通じて、Moの生い立ちも語られた。子どもの頃に母親の再婚、再々婚で転々と親戚に預けられたこと、思春期に母親の再婚相手と折り合えず、家を追い出されて自殺しようとしたこと、そのときお酒に救いを求めたこと、Faと出会い、H子が生まれて、やっとこころの落ち着く場所を得たことなどであった。Moの実家は近所だったが、母親はMoの「うつ病」を認めようとせず、ほとんど絶縁状態にあった。

　Faの両親も、Faと離れて暮らすMoの寂しさを理解していないようだった。Moは「もうここに居たくない」とつぶやき、〈それがH子に伝わっているかも〉と指摘すると、「言っていないつもりだったが、そうかも

しれない」と答えた。

　転居によって、Moの「うつ病」の治療は中断したままだった。Moの精神的安定がH子の状態改善につながると考えられたので、信頼できるクリニックをいくつか紹介し、Moが希望したクリニック宛てに〈躁うつ病だと思う〉と紹介状を書いた。「以前にかかっていたクリニックからの紹介状もある」ということだったので、両方を持っていくように勧めた。

　受診後の返書には、うつ尺度の数値とともに「うつ病」という診断名が書かれており、Moによれば「もとのクリニックとほとんど同じ薬が出された」ということだった。躁うつ病だとは診断されなかったが、Moは「元気が出てきた」と言い、「H子も最近、イライラがひどいので、クリニックに連れていきたい」と話した。筆者は医療とつながったことが、Moの状態によい作用を及ぼしていると感じたので、〈体質が同じだろうから、受診してみるのもいいかも〉と勧めた。

　次の面接は「H子が嘔吐下痢症で休んでいるので」とキャンセルの連絡があった。H子は2週間欠席し、内科で「大腸過敏神経症」と診断された。Moも落ち込み、抗うつ薬が変更されたが効果はなかった。Moは「あの姑と一緒に住んでいる限り、よくならない」と嘆いた。

　その頃、H子の担任から「これまでは強く言えば登校していたが、下痢は精神的なものと診断されたと聞いた。今後はどう対応したらいい？」という相談があった。筆者は躁うつ体質と判断していることを話し、〈窮屈へ追い込まないように〉と答えた。

　H子はしばらくすると登校を始めたが、Moの状態が改善しないので、筆者は投薬内容を見せてもらった。お薬手帳には1ページに入りきれないほどの処方薬が書き込まれており、抗うつ薬に加えて、抗不安薬、睡眠導入剤など、1日に数十錠もの薬が出ていた。Moが「薬が減ると不安、以前の医師と同じ薬を」と強く要求したとのことで、医師も苦労しているのだろうと思ったが、あまりの処方に唖然とした。そこで筆者は躁うつ病の治療に実績のある神田橋の受診を提案してみたが、経済的に困難な様子だったので無理には勧めなかった。

　しかし1ヵ月後、Moは現在の服薬量では車の運転ができないと知り、受診を決意した。神田橋は双極性障害（躁うつ病）と診断し、数回の診察で、薬を徐々に減らしていった。間もなく気分安定化薬と漢方薬だけの処

方になって、それまで薬の副作用でこわばっていた顔の筋肉が繊細な動きを取り戻し、細やかな表情が見られるようになった。

その後　H子も波を繰り返していたが、「Moと同じと言われたくない」と受診を拒否し続けた。校内きっての硬派である担任に、のびのび感を維持しながらの対応は難しい課題だったようで、欠席が続いたある日、ついに堪忍袋の緒が切れて、家に押しかけて引っ張り出した。翌日から遅刻はしても欠席はしなくなっていたが、数週間でまた欠席するようになってしまった。担任は追い詰めない対応を工夫するようになり、長期の欠席はなくなって、卒業していった。

解説　躁うつ病患者となった人々の話を聞いていると、「中学生の頃から躁うつの波を、体調や気分の浮き沈みとして自覚していた」と回顧されることが少なくない。中学校は、小学校や高校と比べて、生活面での指導を厳しくせざるを得ない条件が揃っており、受験を控えて、学習面での制約も厳しくなる。急激に窮屈になる生活が、躁うつ体質者の波を大きくするのだろう。H子が言った「元の学校」には、H子自身も気づいていなかったが、「小学校」という意味も含まれていたと考えられる。

　H子は転入後、親しい友だちもできていた。不登校の子どもたちに接していると、①登校すれば友だちともなんとかうまくつきあえる、②体育会や遠足、修学旅行などの行事には参加できる、などの特徴を持つ一群がいることに気づく。そのような子どもたちには、躁うつ体質の可能性を考えて、小さなのびのび感と気まぐれを保障しながら、学校や社会的場面に適応できるように導く工夫をするのがよい。①ちょっとした自己決定の場を増やし、本人の決定を尊重する、②部活をやめて、放課後を自由に過ごす、といった程度の工夫で、危機を乗り越えられることが少なくない。

　躁うつ体質の生徒は、登校してくると元気にしていることが多いので、怠学と間違われて、窮屈にする指導が行われがちである。躁うつ体質者はこころが柔らかいので、教師の期待に応えようとするが、生来の波によって、間もなく腰砕けになってしまう。その挫折感から、かえってこじらせる結果になっている例が多い。

コメント　家系の数世代にわたって、混乱や不安定のエピソードがあふれているように見える家族がある。あたかも"業"を背負っている家系のように思えて、"業"の観点から心理学的な説明がなされることがある。そのようなケースに出会ったとき、家系が背負っているのは"業"ではなく、資質なのではないかと視点を変えてみる習慣を持つのがよい。その多くは双極性障害（躁うつ病）の資質を背負っている家系である。躁うつ病の資質には社会生活上有利な諸点があり、自らの家系の資質を知ることは個々人にとって有益である。双極性障害の遺伝子（おそらく複数個）が発見される日は遠くないであろう。（神田橋）

model 083
気分の波を点数化する工夫を案出して、
Moへの暴力から立ち直った男子生徒

　　　　対象の生徒　中3男子I男
　　　　相　談　者　本人　Mo

経過の概要と対処　　I男は中2の後半からときどき遅刻するようになっていた。「勉強なんて無意味」と冷めた口調で言い、担任は投げやりな態度が気になっていたが、成績もよく、学校内では問題になるような行動もないので、特に指導を受けることもなく経過していた。

　だが3年2学期の半ばを過ぎた頃からさらに遅刻が増えてきたので、担任がMoに連絡をとると、「お話ししておきたいことがある」とMoが学校にやって来た。

　Moによれば、I男は寝つきが悪く、そのために朝、起きづらい。Moは遅刻させないようにと、毎朝、必死で起こしてきたが、だんだん腕力でかなわなくなってきて、不機嫌に暴れるI男を「怖い」と感じるようになった。数ヵ月前にFaが、試験前なのにゲームをしているI男を注意したところ、殴りあいになることがあった。その後も、Moを蹴飛ばして、腰の骨にヒビが入るケガをさせた。「親の目から見て、とても尋常ではない」

と精神科クリニックに連れていったが、睡眠導入剤を出されただけで、さらに医師が「学校に楽しいことを見つけなさい」と言ったことにⅠ男が反発して、治療は中断したということだった。

そこで担任がⅠ男を呼んで、話を聞いたところ、Ⅰ男自身も「今のままでは同じことを繰り返す。自分が変わらないといけない」と話し、担任が筆者のカウンセリングを提案すると同意した。

放課後、相談室にやって来たⅠ男は行儀よく挨拶し、Moにケガをさせたときに、Moから叩き返されてできた腕の傷を見せた。「僕がキレやすいのはMoに似たのだと思います」と語り、Moがヒステリックに家族の行動を支配する様子をよく観察していて、的確に表現した。また集団行動が苦手なので部活には入らず、好きな空手の教室に通っていると話した。

翌週、担任を通じて、Moから「親として、まずSCに話をしておきたい」と伝えられた。筆者はⅠ男の承諾を条件に、Moと会った。

Moは「ただの不眠だと思っていたが、先日、私に話してくれました」と前置きして、「Ⅰ男から『小さい頃から金属音に敏感で、そのために頭痛、吐き気があった』と聞いた」と話した。Moは「これは普通ではないと思った。病気ではありませんか？　病気とわかれば、諦めがつきます」と言ったが、筆者は、気分に波がある体質だろうと思いつつも、病気とまでは言い切ることができず、Moにもそう答えた。

Moはまた、Ⅰ男には3歳年下の妹がおり、心臓に先天的な病気があって、医師から「10歳の誕生日が目処」と言われて、それまで人並みに育つか心配してきたこと、Ⅰ男が中学に入学するとほぼ同時に「美しく変化した」ことを語った。

Moが言う「美しく変化」とは、それまでは親の言うことを聞くとてもいい子だったのに、正反対に変わってしまったという意味だった。筆者はMoの独特の言い回しに、わが子を突き放すような雰囲気があり、それが、Ⅰ男がMoについて語るときの雰囲気によく似ていると感じながら聞いた。

そして、Ⅰ男の「変化」が、妹の病気の心配がなくなった時期と重なることに気づいて、〈ちょうど物心がつく頃に妹の病気で、MoもⅠ男も大変でしたね〉とねぎらうと、Moは瞬時に顔をこわばらせ、「だからと言って、Ⅰ男に寂しい思いをさせたことは一度もありません」と答えた。

翌々週、Ⅰ男はまたMoに肋骨骨折のケガを負わせた。Ⅰ男は「Moに

パンチが入った瞬間だけは記憶が途切れている」と言い、一方で「空手の型を覚えてから、パンチがよく見えるようになった」とも話した。そこで〈その技術をさらに伸ばして、パンチを入れる自分を意識して観察できるようになるといいね〉と返した。

Ⅰ男は間もなく卒業を迎えた。筆者は〈ハイのときはやり過ぎない、落ち込んだときはあせらないで、上手に気分の波乗りを〉と伝えて別れた。

だがⅠ男が入学した高校は厳しい指導で知られる有名進学校だった。イライラがひどくなり、Moへの暴力もぶり返して、Ⅰ男が希望して、筆者の開業カウンセリングの場を探して、訪ねてきた。別途、医療機関も訪ねており、医師はⅠ男に「気分障害だろう」と言ったが、処方されたのは抗不安薬だけだった。筆者は神田橋の陪席において、抗不安薬を常用してきた躁うつ体質者が、不安な気分やイライラに耐える力をさらに失っていくさまを目の当たりにしてきたので、どういうときに服薬するかを、Ⅰ男と話し合った。

Ⅰ男は次第に欠席が増え、気ままな生活をするようになった。それに伴って、両親からの叱責もかなりのものになっていった。筆者は日常の出来事を話し合うカウンセリングを続けたが、しばらくすると、どうにもやる気になれず昼夜逆転の時期と、朝早く目が覚めて、勉強や部屋の掃除に爽快に取り組むことができる時期があることが明確になってきた。

そして「最近は気分の変化がグラフに書くようにわかる」と言うようになり、中学生の頃、担任の指導で、家庭学習の自己評価を数値化して記録していたことを思い出し、自分で工夫して、毎日の調子を5段階で点数化するようになった。

またMoが「家事をするのは私だけ。私ひとりがいつも大変」と口癖のように不満をもらし、Ⅰ男は「Moがブーブー言うのを聞くとキレそうになる」とぼやいたので、〈じゃあ、Moのブーブー度も5段階評価してみたら？〉と提案してみた。

Ⅰ男はMoの観察をするようになり、Moにも気分の波があることに気づいた。またMoのアルバムを見て、子ども時代のMoの表情にのびのびした感じがないことにも気づいた。そして長女であったMoは幼い頃から「しっかり者」でいなくてはならなかったこと、Moはある専門職の技術者だったが、Faが長男であったために、好きだった仕事を辞めて「きち

model 083

気分の波を点数化する工夫を案出して、Moへの暴力から立ち直った男子生徒

んとした」嫁になるように努力してきたことが語られた。筆者が〈自由が合う体質の人が無理して"きちんと"を身につけると、人一倍口うるさくなる〉と言うと、Ⅰ男の実感にぴったりであったらしく、うれしそうに笑った。

Ⅰ男は留年の決定をきっかけに中退して、通信制の高校に転校した。それが幸いして、評価点が上がり、志望大学の推薦入試を受験できることになって、猛勉強を始めた。妹が遊んでいるのを見ると、「お前は暇でいいよ」と皮肉っぽく言っている自分に気づき、「僕はMoとそっくりだ」と言ったが、その口調に初めの頃のとげとげしさはなく、しみじみとした雰囲気があった。

その後 親戚も知人もいない遠方の大学に進んだ。広々としたキャンパスで元気にやっているらしい。その後、Moと電話で話す機会があったが、Ⅰ男の様子を語る口調には、本来のMoのものであるらしい自然な温かさが感じられた。

解説 躁うつ体質者は関係を生きるので、外界を観察し、把握することが得意である。心理的にかなり混乱している状況においてさえ、かなり的確に言語化できる。それに反して、自己の内界を言語化することは、非常に苦手である。

躁うつ体質者に内省を求める心理療法を行うと、状態を悪くすることが多いと言われるが、関係の文脈で自己を振り返るせいで、内省は容易に、反省となるからだろう。加えて、カウンセラーとの治療者・被治療者関係における作業であることが、内省の反省化を加速する。反省は誰にとっても、心地よい作業ではない。先述のモデル77のMoもおそらく、カウンセリングによって同様の状況に置かれていた。

Ⅰ男が創案した数値化による毎日の気分の変動の把握は、反省に陥らずに、自己を振り返るのに有効な方法である。内界を、外界を見るときと同様に客観的に観察することを通じて、Ⅰ男は「僕はMoとそっくりだ」という自己洞察に至った。

躁うつ体質者に内省的カウンセリングが有害に作用する、もう一つの理由は、カウンセラーの解釈が、自己洞察に至ろうとする道程を妨害するか

らである。躁うつ体質者の本質は勝手気まま、自主独立志向である。介入はしばしば彼らの自主性を妨害することになる。

コメント　Ｉ男はおそらくMoの気質を受け継いで、躁うつの波のある体質なのであろう。それはともかく、人は自分や自分を取り巻く状況を少し離れて眺める能力をもっている。「客観化」と呼ばれるこの機能の核心は解離である。自分の感情や体験や自分が置かれている状況を生きるのではなく、観察し認識するという不自然な機能である。知力偏重のヒトという動物に固有のこの機能を用いることで、人は回避不可能な状況をすり抜ける。その典型例は「アンネの日記」である。客観化は最も優れた対処方法であるが、本質として不自然な姿勢なので、状況を生きることなく距離をとったことによる寂しさ、哀しさが必ず残る。

　客観化という作業をしている人には、その意識下にある寂しさ、哀しさを思いやりつつ接する姿勢が望ましい。思いやるとは、その気分に焦点を当てたり、言語化をさせようとしたりしないという態度のことでもある。「惻隠の情」と呼ばれるのがそれである。
（神田橋）

model 084
「結果を出したい」と訴える、
躁うつ体質を親から継いでいたらしい女子生徒の本人面接

　　　　　　対象の生徒　中３女子Ｊ子
　　　　　　相　談　者　本人

経過の概要と対処　　Ｊ子は中２の頃、大量服薬やリストカットを繰り返していた。心配した担任が、筆者と会うように勧めたが、拒否した。ところが、中３の２学期も半ばを過ぎたある日、担任に「カウンセリングを受けたい」と言ってきたそうで、教頭から「次の勤務日にぜひ面接を」と連絡があった。

第8章 躁うつ体質

　やって来たJ子は、制服をミニスカート風に短くしており、小柄な体がいっそう幼く見えた。後ろで結んで目立たないようにしていたが、髪の毛にはストレートパーマがかかっており、眉も細く手を入れていた。悪ぶっていると言うよりも、どうしようもなく内から湧き上がってくるものを、服装違反の派手な外観を装うことで発散しているような、あがきの雰囲気があった。

　家族構成を聞くと、Faは会社員。Moはパートで働いていたが、体調が悪くて辞めた。兄がひとりいる。本来ならすでに高卒の年齢だが、中退していた。〈お兄さんとあなたは似ている？〉と問うと、「全然、そんなんじゃない」と答え、「Moが入院することになって、アルバイトで家計を助けるために中退した」と話した。兄が家族の役に立っている事実が、J子には重要な意味を持つらしかった。

　Moの病気については、「ストレスによるぜん息。若い頃から体が弱くて、よく寝込んでいたけれど、無理をして働いていた」と話した。

　筆者はJ子の雰囲気から躁うつ体質だと感じており、Moにもその可能性があると考え、〈Moの体調には、よい時期がしばらく続くかと思うと、また悪い時期がしばらく続くなどの波があるのでは？〉と聞いてみた。すると「ある」と答えるなり、ぽろぽろと涙を流しはじめた。Moの体調の波はJ子には予測不能で、対処のしようもなかったのだろう。幼い頃からの蓄積した不安が、一気に噴き出した感があった。

　大量服薬について、〈何を？〉と聞いてみると、買い置きしてあった風邪薬を一瓶丸ごと飲んでいたということだった。「いやなことがあると、風邪薬を飲んで寝ていた」ということだったが、大量に飲んでも、一昼夜もすれば目覚めるので、病院に運ばれたことはない。リストカットの傷跡も見せてくれたが、すでに目立たない程度に回復していた。

　〈服薬やリストカットを止められたのはどうして？〉と聞くと、「Moや先生たちに迷惑がかかるので、我慢しようと思った」と答えた。大切な人との関係を壊したくない、という思いが強く感じられた。〈今回、来談することにしたのはどうして？〉と問うと、うまく言葉にできない様子だったが、これも担任らの配慮に応えたい思いからのようであった。

　面接が終わる時間を見計らって、担任が、J子の遅刻と欠席の回数を調べて、メモにして届けてくれた。グラフが目に浮かぶように、数ヵ月周期

の波があった。

　J子はそれから毎週、欠かさず面接にやってくるようになった。ある日、「何でも話していいですか？」と確認して、「Faがギャンブル好きで、Moの財布からお金を盗み、気づいたMoと夫婦ゲンカになることがよくあった」と話しはじめた。

　そして「Faにお金があれば盗らないだろうと思って、お小遣いを貸したら、それがMoに知られて、ひどく叱られた」ということが話された。J子が幼稚園の頃のことだった。「逆だった。私が親みたいだった」と言ったが、"アダルトチルドレン"などの概念は知らないようであり、筆者からも言及しなかった。

　Faは以前、勤めていた会社では人間関係で苦労して、機械相手の面白くない部署に追いやられて、吐血して入院したが、その後、今の会社に移ってからは、職場の人とも仲がよく、体調もいいということだった。Faも躁うつ体質かもしれないと、筆者は感じた。

　J子はまた、勉強も運動も得意な兄の賞状が居間にたくさん飾ってあるが、J子の賞状は一枚もないこと、兄は男ながら家事も手際よくこなし、J子がどんなに頑張っても、かなわないことを話して、「結果を出したい。出さないと認められない」と訴えた。兄妹の葛藤のようにも聞こえる言葉だったが、筆者には、親の役に立つ「結果」を出せない無念さのほうが強く伝わってきた。

　筆者はいずれにしても親面接が役に立つだろうと考え、J子を通じて誘ってみたが、返事はないままだった。J子が伝えなかったのか、親が受け入れなかったのかは確認していない。

　筆者は、担任の話も聞きたいと考え、J子の了解を得ようとしたが、これははっきりと拒否された。そこで手元にあったメモ用紙に、J子に見えるように〈担任とは話さないこと〉と書いた。J子の意向を尊重する姿勢を示すことが、現時点では最もJ子を支えるだろうと感じたからだった。

　そしてJ子に、〈あなたは、躁うつ体質という資質を持った人だろう。躁うつ体質の人は、窮屈な状況が続くと、躁うつ病と呼ばれる状態になって、薬が有効な場合もある。Moも躁うつ体質で、それが体調の波として自覚されているのかもしれない。だが、自分がそういう体質だと理解して、それに応じた生活をすると、薬に頼らずにやっていけるようになる〉と説

model 084

「結果を出したい」と訴える、躁うつ体質を親から継いでいたらしい女子生徒の本人面接

明した。烙印を押す言い方にならないようにと気をつけたが、J子は「病気なら、治療という可能性がある」と理解したらしく、ほっとした表情を見せ、「Moと受診したい」と言った。

J子はMoに筆者の言葉を伝え、一緒に受診するように頼んだが、Moは受け入れなかった。Moは過去に、精神科を受診した経験があり、「その結果が思わしくなかった」というのが理由だった。

そこで筆者はJ子に、毎日の気分の状態を数値化して記録するように勧めた。J子は自分で考えて、○△×で記入するようになり、気分の波を自覚するようになった。大量服薬もリストカットも再燃することなく、「体を傷つけるくらいなら、死んだほうがまし」と、いかにも躁うつ体質者らしい軽い冗談を言って、筆者と笑いあえるようになって、卒業の時期を迎えた。

高校進学について両親は「好きにしていい」と言い、私立高校に合格したが、J子は兄と同様にアルバイトで家計を助けたいと考え、通信制の高校に進学していった。

その後 J子はMoに拒否されてからも、「アルバイトでお金を貯めて、私だけでも診察を受けたい」と言っていたが、筆者は〈Moが承諾していない状況で、紹介はできない〉と断り続けた。卒業前の最後の面接で、迷ったが、先々の状況次第で受診が必要になった場合に備えて、〈くれぐれもMoの了解を得てから〉と言い添えて、病院名と筆者の連絡先を書いたメモを渡した。今のところ、受診の連絡はない。

解説 現実の円滑な人間関係からエネルギーを得る躁うつ体質者は、現実の生活場面で認められる場を必要とする。「結果を出さないと認められない」という言葉は、J子の一家の文化でもあっただろう。

筆者の、受容的態度で傾聴するカウンセラーとしての対応は、J子の現実社会での寄る辺なさを支えるものであった。それは現実社会とは隔離された面接室での現実であり、外部の現実社会に働きかけるサポートとは異なる。筆者に受容・支持された体験を、現実社会で生かすか否かは、J子の現実を生きる力による。いざというときの受診先のメモは、受診という仮想を支える実在として、J子の心的現実を支えているだろうと思う。

コメント　記録をつけることで自分の状態を正確に知る作業は、病や異常性を自覚して、援助する側と同じ見地に立つ効果があると考えられているが、むしろ、異常な自己部分を切り出すことで、健全な自己部分を救出するという効果に注目するほうがよい。健全な自己部分が救出されると、本モデルのように、援助者への依存は減り、何ら医療行為を行わずとも安定する。正しい自己認識は自己管理の能力、つまり自立の力を高める。それがヒトという動物が、進化の結果として身につけた特性である。情緒的サポートより、認識力を育てるほうが正しい支持である。それを一言で言うと「依らしむべからず、知らしむべし」である。（神田橋）

model 085
SCの異動への対応が、
その後のケースの進展に影響した不登校児童のMo面接

　　　　　　　　対象の児童　小5女子K子
　　　　　　　　相　談　者　Mo　K子　学年の教師

経過の概要と対処　K子は小5の秋から欠席が増え、MoとK子が来談した。その後はMoが継続して来談するようになり、筆者は、Moが幼い頃に大人の都合で親から引き離された体験を持つことを知った。その歴史が夫婦の関係にも影を落とし、それがK子の情緒不安定にも影響しているようだった。

　年齢の近い女どうしの気安さから、かなり込み入った話も聞き、Moの封印されていた感情が動きはじめたと感じていた矢先に、自治体がスクールカウンセラーの有用性を認めて、筆者が配置されていた地域に複数のスクールカウンセラーが配置されることになった。校区ごとに分担することになり、K子の住む校区は、若いが優秀なLカウンセラーが担当することになった。

　該当する来談者にはそれぞれに事情を説明して、納得してもらったが、K子のMoについては、子ども時代の外傷体験を再演することになりそう

で、筆者はかなり迷った。結局、Moに選択をゆだねることにした。カウンセリングの状況から考えて、Moは筆者との面接の継続を希望するだろうと思われたが、やはりMoはカウンセラーの交代を拒否した。

　そこで筆者はLカウンセラーと話し合って、①Mo面接は筆者が継続すること、②K子に対しては、母子並行面接とみなして、Lカウンセラーから自由にアプローチしてもらいたいこと、③今後も事態の推移に応じて、柔軟に連携していくことを確認した。

　Moは次第に、家庭をないがしろにするFaへの怒りを自覚するようになったが、それは同時に、幼い頃から「諦める」という対処方法を身に染み付かせてきた、自身のありようへの怒り、悲しみでもあった。Moは一時期、まるで思春期の少女のような食行動異常も見せた。

　一方、K子は相変わらず、気ままな登校を続けていた。Lカウンセラーが校内でプレイセラピー的面接を設定して誘うと、しばらくは喜んで通っていたが、間もなく「飽きた」と中断してしまった。

　迷路に入り込んだ思いでMo面接を継続するうちに、K子は中学に進学した。しばらくは喜んで通学し、部活にも参加して、復活したかのように見えたが、部室で盗難事件があったことを引き金に、家に閉じこもるようになってしまった。Lカウンセラーが家庭訪問をすると、喜んで話したが、何かと理由をつけて、登校しようとはしなかった。

　中２に進級しても、K子は不登校を続けた。夏休みも終わりに近づいたある日、Moから筆者の携帯に電話があった。K子が家の中で大暴れしているそうで、物を投げ散らかした部屋に座り込んで泣き叫び、Moが落ち着かせているうちに、「私もMoと一緒に、かしまSCと話したい」と言いはじめたということだった。だがLカウンセラーが対応していることでもあり、筆者は〈様子を見て〉と答えるにとどめた。

　しかし半年後、筆者の配置換えが急に決まった。残された時間がないことを知って、筆者はK子に会っておく必要を感じ、Moも希望した。LカウンセラーにK子との関係を確認すると、「最近はたまに電話で話す程度」とのことで、筆者が会うことの了解を得た。

　小学生の頃に会って以来のK子は、相変わらずMoに甘える雰囲気があったが、背筋が丸くなりそうになるとあわてて戻し、筆者に敬語で話そうと努力していた。〈そんなに相手に合わせようとすると、疲れない？〉と

問うと、驚いたような表情で筆者を見つめ返して、うなずいた。そして、無理をして疲れるので、何をやっても長続きせず、かえって「横着」「わがまま」と誤解される結果になるという認識が共有された。

筆者はまた、K子のなじんでくる応答の雰囲気から、軽い躁うつ体質であると感じた。Moの食行動異常が思い出されて、おそらくMoから受け継いだ体質だろうと推測した。そこで〈頑張っているのに、途中でなぜか突然、ダメになってしまうから、自分でがっかりするね〉と言うと、目を見張って「どうして、そんなにわかるんですか？」と聞いてきた。躁うつ体質について説明すると、腑に落ちた様子で、何度もうなずいていた。

翌週からK子は、Lカウンセラーの勤務日に相談室登校をするようになった。筆者とMoの面接にも欠かさず同席して、友だちと遊びに出かけて、時間に遅れそうになったときには、自転車でかけつけ、真っ赤な顔で相談室に飛び込んできた。

ある日、ふとしたことから、K子がすばらしい絵を描くことが明らかになった。筆者はこれが立ち直りのきっかけになると思い、知人が講師を務める絵画教室の情報を提供した。その講師なら、K子の才能を理解してくれると思われた。

絵画教室の話をしていると、Moが「あっ」と小さく叫んで、「Faが昔、油絵を習っていたことを思い出した」と話しはじめた。そしてMoも、ひとりぼっちで過ごすことの多かった子どもの頃、絵を描いて、寂しさをまぎらわせていたことが話された。3年半の面接過程で、親子3人をつなぐ話題が初めて語られた。次の面接でK子は、「Faから油絵の道具をもらった」と話し、父娘で会話が弾んだ様子だった。

筆者の最後の勤務の日、担任との合同面談の時間が持てることになった。担任はK子にいい印象を持っていない様子で、硬い表情だった。そこで筆者から躁うつ体質について改めて説明し、〈K子もその一人である可能性が高い〉と伝えた。そして〈感謝される状況がエネルギー源になる〉と言うと、担任は、はっと思い当たる表情になり、「そう言えば、卒業式の準備作業を手伝わせたときには、すごく頑張っていたね」とK子に声をかけた。

その話が出た頃から、次第に担任もK子も表情が和らいできて、卒業式の準備作業の際に、得意の絵の能力が発揮されたことが話題になると、さらに打ちとけた雰囲気ができてきた。

第8章　躁うつ体質

その後、なごやかに、3学年からの学級復帰に向けたリハビリメニューについての細かな打ち合わせをすることができた。

その後　K子が「絵画教室も続かないかも」と不安がったので、〈最後までやり遂げようと思わないで。やっただけが体験として残る〉とアドバイスした。別れ際、K子は「SCの信頼を裏切らないように頑張ります」と最敬礼し、躁うつ体質者特有の気のよさを感じさせた。

Lカウンセラーも交代したので、後任のスクールカウンセラーに問い合わせると、「一時期、登校するようになったが、やはり続かなかった」ということだった。卒業後は緩やかな対応をしてくれる高校に進学し、欠席は多いものの、どうにか通学を続けている。

解説　スクールカウンセラーの配置換えや卒業など、スクールカウンセリングでは、外的条件による別れの場面が多い。別れはスクールカウンセリングにおいて、特に重要なテーマとなる。

一方、教師の異動は通常、発令まで子どもや保護者に伏せられるので、スクールカウンセラーとの別れも同等のレベルで捉えられる場合が少なくない。だがカウンセリングの関係において、別れの不意打ちは心的外傷体験になることが多い。学校現場の理解を得る努力をしながら、できるだけ滑らかにカウンセラー交代ができるように工夫することが必要である。

特に躁うつ体質者は仲間はずれの状況に弱いので、異動が決まったら、情報をいち早く伝えることが必要である。そして異動後のサポート体制について話し合い、準備をしておくと、後任のスクールカウンセラーとの関係作りに役立つ。

このモデルでは、Lカウンセラーの協力が得られたことが幸いだった。

コメント　躁うつ体質者は"現実を生きる"体質であり、内省は浅い。同じ理由で、人間関係を生きる人であり、自らの人間関係への内省は表層的である。"現実を生きる"とは、前意識水準での気配りが活発かつ細やかであることを意味する。したがって内省と言語化とを強いるカウンセリングは禁忌であり、"思いやりのある付き合い"がカウンセラーの主な作業となる。助言は内側の指摘より

も、外部観察と行動教唆を多く含むものが好ましい。すなわち、心理面接より、心理的生活援助が適応となる。

　長所を見出して活かすという工夫は、躁うつ体質者に限らず、ヒト種すべてに共通する教育的処置であり、ヒト種を超えて、訓練が可能な生物すべてに適用できる知恵である。いやイネの品種改良などにまで連なるのかもしれない。（神田橋）

model 086
親友の死を契機に、自覚されずにいた緊張が希死念慮となった教師の本人面接

　　　相　談　者　中学校M教諭

経過の概要と対処　筆者が所属する教育事務所管内の、ある中学の女性教師が急死した。自死とも聞いたが、病死と報告された。筆者が配置されていた中学校の職員室でも、誰も話題にしないだけに、重苦しい緊張感が感じられた。

　それから数日が過ぎたある朝、校長から電話があった。「M教諭がカウンセリングを希望している。『次回のSCの勤務日までもちそうにない』と言うので、どこかで時間をとってもらえないだろうか」という相談だった。校長は「同僚の急死と直接の関連はないと思う」と言ったが、時間をおかずに対応したほうがよいと思われたので、M教諭に電話を代わってもらって、その日、筆者が勤務する別の中学まで、来てもらうことが可能かと聞いてみた。

　その中学とM教諭が勤務する中学は同じ教育事務所の管轄なので、教員同士は親しい。M教諭が来校すれば、「どうして？」という疑問が出るのは必至だった。しかしM教諭は、「かまわない」と答えた。そこで、その日の勤務が終わった時間にカウンセリングの時間をとることにした。面接室を使わせてもらう関係上、連絡窓口である教育相談担当の教諭や管理職に来談を話さなくてはならなかったが、それについても、「かまわない」という返事だった。

教育相談担当教諭に事情を話すと、M教諭とは非常に親しい間柄ということだった。「明るいスポーツウーマンの彼女が、カウンセリングを必要とするなんて考えられない」と驚きつつも、他の教師に「生徒のことで緊急に相談に来る」と説明する配慮をしてくれた。

　M教諭は約束の時間より30分も早くやって来た。40代前半の女性教師で、久しぶりに会う教育相談担当教諭に気さくに声をかけ、立ち話をする様子は元気そうに見えたが、話しながら落ち着きなく足踏みをする様子は、おそらく常にはないことだろうと思われた。

　面接室に入ると、やはり亡くなった同僚が話題になった。年齢も近く、同じ学校に勤務することが多かったので、いちばんの親友だったと言う。亡くなったと聞いた当初はショックではあったが、受け止めることができた。ところが7日めの土曜日、ぼんやり考え事をしているうちに、どんどん気が滅入っていき、理由は自分でもよくわからないが、「死」が頭から離れなくなったと言う。

　話の内容から、深刻な精神状態が推測されたが、話しぶりは非常に快活であり、気分に波があるタイプの人ではないかと感じた。そこで〈体調の波として自覚されることが多いが、気分の波は？〉と問うと、「若い頃、荒れたクラスの担任がダウンしてしまい、断りきれなくて、後任を引き受けたことがあった。卒業させるまでは元気だったが、卒業式後の数日間、寝込んでしまった」というエピソードが話された。

　現在はある研究事業の専任となって、2年目ということだった。文献を調べ、資料を作成したりする仕事と聞き、孤独な仕事は向かないはずと思って、〈やりがいは？〉と問うと、「それなりにあります」という返事だった。だが本来は生徒と遊んだり、叱ったりが好きな性質で、生徒と接触の少ない毎日は「寂しい」ということも話された。

　筆者は判断に自信はなかったが、〈躁うつ体質の可能性がある〉と伝え、〈教師は、学級全体の様子を見て、合間で生徒を叱ったりもしながら、授業も進めていかなくてはならない。躁うつ体質者は、そういう同時進行の能力に優れているので、教師の仕事に打ってつけの資質〉と話した。そして〈その資質が活かされない現在の環境が、もしかしたら、うつ状態を引き起こしているのかも〉と伝え、神田橋の受診を提案してみた。

　M教諭は筆者の説明に納得した様子で、即座に受診を決めた。そして「こ

ういう病気になる自分も自分だと認めています。恥ずかしくありません」と言ったが、筆者には無理に明るく振る舞っているように感じられ、〈しぶしぶ認めてあげてくださいね〉と返した。

玄関まで送る途中、M教諭はふと立ち止まり、「近く、産休の先生のピンチヒッターで、修学旅行について行くことになっている。行っても大丈夫ですか？」と聞いてきた。〈大いに結構〉と答えると、ほっとしたような笑みがこぼれた。

3日後、M教諭は神田橋の診察室にやってきた。神田橋は躁うつ病を視野に入れつつ診察をしたが、気分安定化薬の処方には至らなかった。腹診の結果、胃のあたりに冷えと緊張があるということで、イライラ、不眠にも効く胃薬の漢方が処方された。またM教諭の今の状態には、温かいお酒を飲むことと、ジョギングが役立つと助言した。

数日後、筆者はM教諭のいる中学に勤務した。M教諭は面接室に顔を出し、肩こりを訴えた。そこでゆっくりと肩の上げ下げを誘導すると、すっと肩の力が抜け、気づかずにいた緊張を自覚できたことが新鮮に感じられた様子だった。

その後、M教諭は数回、神田橋の診察を受けた。神田橋は、M教諭が大学時代に、スポーツチームの主力選手として活躍し、その頃が気力も体力も充実していたと聞くと、「その時代と共通するものを生活に取り入れるように。たとえば仲間と食事をともにするなど」と助言した。

状態は次第に改善し、亡くなった友人のことを思い出しても、耐えられる感じになってきた。また漢方を飲むことで、腹部の緊張が自覚されるようになり、「凍えていた内臓が、まるで解凍されるようにゆるんできた。その感じがわかってきた」ということだった。

筆者は不定期に短時間の面接を数回、行った。3月、M教諭は異動がほぼ確定的となった。最後の面接で筆者は〈研究事業は理念の世界。自覚できずにきた窮屈感が、志半ばに倒れた親友への思いと重なって、不調の原因となったのかも〉と伝えた。M教諭は「駅まで送りましょう」と言い、車で10分ほどの道程をふたりで雑談しながら行って、別れた。

その後 転出先の中学では、部活の顧問を買って出て、生徒と関わっている。その中学のスクールカウンセラーと毎週面接しているそ

うで、「ぼちぼちやります」と笑いながら話してくれた。

解説　　学校現場には「うつ病」の診断で入退院を繰り返している教師が少なくない。数ヵ月の病気休暇の後、職場に戻ってきたときには、周囲が「ケロッとしている」と感じるほどに元気になっている。しかしまた、短ければ数ヵ月、長ければ数年のうちに再び、うつ状態になって、病気休暇を取ることになる。そういう教師には、双極性障害（躁うつ病）ではないかと考えてみることを勧める。

　うつ病と診断されて、抗うつ剤を処方されると、薬の力で気分が持ち上げられるために、ときに躁状態となって職場復帰の際に、休みの間、仕事を肩代わりしてくれていた同僚に対して、顰蹙（ひんしゅく）を買うような言動をしてしまうことさえある。そのために同僚との関係が気まずくなって、躁うつ体質の人にとって最悪の、のびやかさのない人間関係・職場環境を自ら作り出す結果になる。

　筆者は神田橋の診察の陪席を続けてきて、本来なら子ども好きの優秀な教師であったろうと思われる人々が、うつ病、統合失調症、人格障害などと誤診されて、適切な治療を受けられずに、長く苦しんだり、甚だしい場合には退職に追い込まれたりしたケースを数多く見てきた。躁うつ病の治療が進んで、健康を取り戻すとともに、失った人生への無念を噛み締める姿を見るのはつらい。

コメント　　躁うつの体質というものがある。人間関係での労をいとわず、他者の幸せに奉仕する気質なので本来、教師（それも小中学校の）に向いている。しかしいろいろな事情で、窮屈な立場となり、自分の創意工夫を生かすことのできにくい日々となると、躁うつの波が動きはじめ、気分安定化薬が必要となる。その状態は躁うつ病と呼ばれる。つまり躁うつ病は遺伝的体質に起因するものであるが、多くの例で、自分の資質を生かす生活ができている間は、医療を必要としない。治療に際しても、薬の処方より、資質を生かせる生活部分を処方することが基本であり、このセンスを身につけた援助者は、精神科医よりも優れた治療的役割を行うことができる。（神田橋）

第9章　医療との関わり

概　説

　　　スクールカウンセリングの場ではしばしば、精神疾患の発症が懸念されるケースに出会う。スクールカウンセラーは疾病診断も薬物療法も行えず、対処方策に限界があるので、早い機会に医療との連携を図るのが望ましい。その場合に、「病気」と「健康」について考えておくことが、スクールカウンセラーが学校という生活場面で、サポート役として機能していく上で役に立つ。

　風邪一つを取っても、「風邪気味」という言葉があるように、「病気」と「健康」の境目は曖昧である。現在の状態を、「風邪」と名付けて対処するのがより望ましいと判断される状況においてのみ、風邪という病名は意味を持つ。精神疾患においては、「病気」と「健康」の境目はさらに曖昧である。精神症状は網目のように交錯する文化の中で規定されるので、「健康」と自他ともに認める人々が、視点を変えればかなり病的でもあり得る。また、なんらかの精神疾患だと診断された人々も、人格のすべてが病むわけではない。

　大きな仕事をやり終えた後で、風邪を引くということはよく体験されることである。風邪のウイルスは常に身近にあり、身体はずっと風邪を発症する危険にさらされているが、体力や気持ちの張りなどのさまざまな身体的・心理的・環境的要因がバランスを取り合って、通常、症状は抑え込まれている。そのバランスが崩れたとき、風邪という症状が発現する。

　精神疾患も、風邪と同様に、これらの要因の影響を受けやすい。身体的素因に加えて、環境からの影響が精神的ストレスになるなどの、さまざまな要因が作用して、発症に至る。

そこで薬物が投与されると、薬物は脳の働きにブレーキをかけて、環境の影響から脳を守り、脳の自己治癒過程がよりスムーズに進むように促す。だが薬物はもともと脳にとって異物であり、治療効果とともに、負担も課す。
　一方、現実の環境を調整し、脳への負担を軽くすることは、薬物ほどの即効性を持たないが、精神疾患の治療として、より直接的な働きかけとなる。加えて言及すれば、環境調整がうまく行っている状況にあって、さまざまな社会的要因のバランスが整っていれば、脳に身体的・遺伝的な素因があっても、精神症状を発現させることなく経過することは少なくない。
　子どもたちにとって、環境要因の中で学校はかなりの比重を占める。したがって、精神疾患への対応においても、スクールカウンセラーは大きな役割を担う。モデル87のA男は担任や部活顧問の理解が得られなければ、発症のリスクにさらされたかもしれない。
　また精神科医療においては、診察室内では症状が著しく軽快したり、悪化したりして、病像が正しく把握されにくいことはよく知られている。精神症状が環境の影響を強く受ける証左である。モデル88のB男、モデル89のC男、モデル90のE子を診た医師らも、生活場面での様子を見る機会がもっとあれば、より的確な診断が可能であっただろう。学校生活における様子を知るスクールカウンセラーからの提言は、医療による援助活動にも大きな助けとなる。
　親はさらに、スクールカウンセラーよりも、つぶさに子どもの生活の多様な側面を見ている。モデル91にその例を示したが、精神疾患については、本人や家族など、当事者の実感にもっと耳が傾けられてよい。
　モデル92のG男、モデル93のH子は的確な治療を得て、才能を開花させたが、2人とも学校教育の枠を超えた才能を秘めていた。彼らの才能がのびのびと発揮できる環境にあったなら、治療を必要とすることはなかったのかもしれない。
　ちなみに、精神疾患への不安を秘めていたH子のMoは「スクールカウンセラーがもし精神科医だったら、絶対に来談しなかった」と話したことがあった。スクールカウンセラーの「相談」のスタンスは、必要な医療へとつなぐファーストステップとしての役割も担いうる。「相談」のスタンスを保つには、医師よりも、臨床心理士によるスクールカウンセリングの

ほうが有利である。

　またモデル94のＩ子のような甲状腺疾患による気分の変調は、若い女性に多く、心理的ストレスとの関連が指摘されている。スクールカウンセラーの基礎知識として、心得ておきたい。

　なお神田橋のもとには、モデル89のＣ男のような症例が少なからず受診する。彼らを診てきた医師はみな、決して怠慢だったわけではない。Ｃ男の主治医も非常に評価の高い、優秀な医師であった。

　多くの医師は、熱心に研究し、論文を読み、薬剤についても最新の知見を学び、診察も丁寧に行っているが、患者の病態を正確に把握するセンスを身につける機会に恵まれていない。そのセンスは優れた先達の診察に陪席して、目の前で見て、感じることでしか得られない。神田橋は多くの先達に陪席の機会を求めて研鑽してきて、現在も漢方治療に関して、小川幸男先生のもとで毎月１回の陪席を重ねて、勉強を続けている。小川幸男先生は50年間、漢方治療一筋に歩んで来られた方である。

　スクールカウンセラーも、自身のスタイルに合った優れた先輩カウンセラーを探して、陪席による教育の機会を得る努力をしたい。スクールカウンセリングは面接室の中だけの仕事ではないので、陪席も面接場面に限らないことは当然である。

model 087

「考えが人に伝わる」と言う中学生を
担任や部活顧問の理解を得て支えた過程

対象の生徒　中１男子Ａ男
相　談　者　担任　Mo

経過の概要と対処　１年生の２学期の終わりも近くなった頃、Ａ男について担任から相談を受けた。「９月頃から休みが増えていた」ということで、成績もそれまではよいほうだったが、最近はずるずると下がってきているということだった。

部活はバスケットボール部に所属し、背が高く、動きが俊敏なので、１年生からレギュラーに登用され、「プロのバスケ選手になりたい」と将来の希望を、語ったりもしていた。だが日常の動作は非常に遅いので、Moから口やかましく叱られているらしい。担任がＡ男を呼んで話を聞くと、しきりに「悩みがある」と繰り返したが、具体的にその内容を聞こうとすると黙りこんでしまい、「対処のしようがない」と担任は困り果てていた。

担任がMoから聞いたところでは、Ａ男の起床は早く、登校の準備もできているのだが、テーブルの前で急に動かなくなったり、玄関で靴を履いたまま、靴下にとまった虫をじっと見ていたりして、登校できなくなってしまう。また些細なことを気にするようになって、そのために動作が止まってしまうこともあるということだった。

心配した担任は、両親に筆者と会うように勧めたが、Faは「忙しい」と言い、Moは「学校で相談はしたくない」と拒否した。Moは朝、「登校しようとしない」と担任に泣きながら電話をしてきたり、占いに凝って、事あるごとに「厄年だから」と言ったりするので、担任は「情緒的に不安定」という印象を持っていた。また担任はMoを通じて、Faが自律神経失調症という診断で通院中と聞いており、Ａ男の姉も中学生の頃に不登校だった時期があるという情報を得ていた。

Moが来談を拒否しているということだったので、担任に〈短時間の家庭訪問をこまめに〉とアドバイスした。担任が「もう一度、カウンセリングを勧めてみたい」と言ったので、〈Moがその気になられたら、いつでも〉

と答えた。

　すると翌週、Moがやって来た。「昨日から登校している」と言い、「1学期末に1、2回遅刻したことを通知表に書かれて、それから表情が変わって、登校をしぶるようになった」と口調は柔らかだが、「教師の対応に責任がある」と訴える雰囲気があった。

　Moは「A男はデリケート」と言い、筆者がうっかり〈神経質〉と言い換えると、即座に「神経質ではありません」と否定し、「神経質」という言葉に敏感であるらしかった。

　Moはまた、A男が「考えが人に伝わる。この頃、自分はおかしい」と言うようになり、その話を部活の先輩のMoにしたところ、受診を勧められて、心療内科に連れて行ったと話した。心療内科の医師は児童精神科を紹介したそうで、すぐに受診したが、児童精神科の医師からは「学校がうるさ過ぎるのだろう。苦しくなったら、学校に行くような気持ちで受診を」と言われたということだった。Moは「薬も出ませんでした」と言い、担任が問題扱いして、筆者のカウンセリングを勧めたことも暗に責めている雰囲気があった。

　筆者は担任のことには触れないようにして、〈思春期は人に知られたくない考えが、こころに浮かぶようになる時期〉と返した。すると、「最近、ベッドシーンのある洋画のビデオをよく見ている」ということが話された。筆者は〈中学生の男の子として健康な成長〉と答えた。

　するとMoから、「担任と部活顧問の教師はツーカーの仲なので、顧問の教師がA男に『黙っていても、お前のことは何でもわかる』と言ってくる」ということが語られた。Moが語る内容に理解しがたい部分もあったが、Moの不安げな様子から、今のA男の状態では、そのような何気ない言葉も精神的に負担が大きいだろうと感じた。そこで〈その点についてはSCが対応できる〉と答えて、顧問教諭らに事態の概略を話すことの了解を得た。

　その日の面接を終えて職員室へ行くと、顧問教諭も担任もまだ残っていた。そこで関係する教師数名に集まってもらって、〈一時的な思春期の混乱の可能性が高いが〉とことわって、A男の状態について〈精神疾患発症の前触れという最悪の事態も想定しながら対応したほうが安全だと思われる〉と話した。そして「言わなくてもわかる」という言葉が、今のA男の

こころには通常、予測されるレベルとは異なって届く危険性があることを、できるだけ日常の言葉を使いながら話した。

顧問教諭は筆者の説明を冷静に聞き、バスケットボールの試合においてしばしば、「こちらの動きが相手チームに読まれているぞ」という声かけをしてきたことが話された。Moの言葉は、そのことがどこかで間違って伝えられたのか、Mo自身が曲解した結果であるかもしれなかったが、顧問教諭は「難しいが、なるべく言わないようにしましょう」と約束してくれた。

担任は「授業に出なくても、部活には参加するように」とA男に勧めた。担任の保証を得て、安心して部活に参加したA男は、次第に授業にも出るようになって、学年末には担任の言葉を借りれば「普通の子どもになってしまった」ということだった。その頃、Moから筆者に電話があった。「A男が元気になったので、礼を言いたくて」ということだった。

しかし2年生の2学期になると再び、「教室にいると苦しい」と訴えるようになった。登校はできる状態だったので、担任の配慮により、相談室で心の教室相談員と勉強したり、保健室で休んだりしながら、過ごしていた。今回はMoも動揺することが少なく、そのおかげか、A男は1ヵ月ほどで調子をもどした。筆者はたまたま、相談室で自習しているA男に出会うことがあったが、〈笑顔がいいね〉と声をかけると、「笑顔だけで生きてます」と返してきた。こころにゆとりができた印象を受けた。

その後、担任はA男の表情を見ながら、短時間ずつ上手に授業に誘い、A男は間もなく、教室へ戻った。その間もバスケットボール部の活動は休まず、それが支えになっているようだった。3年生になってからはほとんど欠席もなく、特に心配することもないままに卒業を迎えた。

その後 高校進学後もバスケットボールを続けている。担任を懐かしんで、しばしば中学に訪ねてくる。表情もよく、特に変わりなく通学しているということである。

解説 身体的に脆弱な場合と異なって、精神的な脆弱性はわかりにくいし、集団の中で共有されにくい。一部の教師が特定の生徒の精神的な脆弱さに気づいても、それを集団教育の場で共通理解にしていく

のは、プライバシーの問題も絡んで、容易なことではない。そのようなとき、学校に対して、スクールカウンセラーの専門性と外部性が役に立つ。

一方、医療に対しても、スクールカウンセラーは現場に身を置いている分だけ、学校の実情を医師よりも理解しているという利点を持つ。学校の文化との折り合いをつけながら、危機的状況にある生徒を保護する工夫が、スクールカウンセラーの技術となる。

なお「考えが人に伝わる」は、精神疾患でよく見られる症状の一つであるが、A男の場合がそうであったと断定することはもちろんできない。

コメント　家族成員の特徴から、精神神経系の脆弱性の素因があるのかもしれない。しかしほとんどの精神疾患は素因と、その素因に相性のよくない精神生活との合作である。一つの危機を上手に乗り切った体験を通して、自身の素因に相性のよい精神生活や人生選択を学ぶことができるならば、将来の人生において、危機をやり過ごす能力が高まることになるだろう。ひょっとしたら、球技のチームプレーには「言わなくても、考えを伝えあう」デリケートな感性が必要なのかもしれない。（神田橋）

model 088
学校に伝えずに終結した「妄想」で
精神科受診を勧められた男子児童のMo面接

　　　　　　対象の児童　小1男子B男
　　　　　　相　談　者　Mo

経過の概要と対処　「地域の広報誌で見た」とB男のMoが相談室に直接電話をしてきた。〈原則として、学校を通して申し込んでもらうことになっているが〉と言うと、「担任には知られたくない」ということだったので、例外であることを確認したうえで来談を承諾した。

やって来たMoは乳児を抱いていた。「姑も実家の母も働いていて、預けられる人がいないので」と言ったが、あやすしぐさからも、懸命に子育

てをしている様子が伝わってきた。

相談内容を問うと、「言葉にするのが難しいが」とことわって、「長男のB男が『頭の中にいっぱいお友だちがいる』と言う」と話した。楽しいときには楽しいお友だちが出てきて、それぞれに「ましましくん」「ゆめくん」「グルーンくん」などの名前がついている。しかしイヤなことがあると「全然知らない悪いおじさん」が出てきて、そのときは頭痛がする。「ほら見て。車の横をニヤニヤしながらこっちに来る」と言うこともあり、ひどくなると「お母さん、追い出して」と泣くということだった。

心配になって、ある相談機関に電話で相談したら「それは妄想」と言われて、大学病院の児童精神科を紹介された。すぐに電話をしたが、予約の順番待ちで、診察は1ヵ月後になった。それまで心配で待ち切れず、たまたま見た広報誌をたよりに電話をしてきたと言う。

学校での様子を問うと、「担任は『明るくて、クラスでいちばん優しい子』と言い、問題を指摘されたことはない」ということだった。しかし「何をするのもゆっくり」と言われて、それは家庭でも感じている。B男自身もMoに「僕、ぼうっとしてたでしょ」と言い、「知らないおじさんが来て、気がついたら違うところにいた」と言うこともある。Moは「そういうとき、この子がこうなるのも私が悪いからだと思って、叱ったり、叩いたりしてしまう」と話した。

Moがしきりに「原因は家庭にあるのでしょうか？」と問うので、家庭の状況を聞くと、Faの会社は非常に忙しく、帰宅はいつも夜10時を過ぎるということだった。それでも前の会社は夜中の2時、3時が当たり前で、3日連続の徹夜もあるような生活だったので、Moが頼んで、今の会社に転職してもらったのだった。

またMoは実家に同居していたが、母親（Gm）は仕事で忙しく、家事はほとんどMoに任せっ放しで、Moが何を相談しても、「ぜいたく」という答えが返ってくるということだった。Moの父親（Gf）の面倒は、母親に代わってMoが見ていたが、父親はMoに「俺に干渉するな」と言い、仕事と趣味三昧の生活で、食事を作って待っていても食べないことが多い。Moの言葉には聞く耳を持たないが、近くに住むMoの弟とはよく話し、弟から言われたことは聞くということだった。

幼い子どもを育てながら、心の通わない父親の世話をし、誰にも頼るこ

とができずに家庭を支えるMoの思いが迫ってくるようだった。筆者にはMoの孤独が、怖がりながらも「知らないおじさんについて行ってしまう」と言う、B男の心情と重なって見えた。〈Mo自身が慰められる必要があるように感じる〉と言うと、張り詰めた思いが緩んだのか、いきなり顔がゆがんで、涙があふれ出た。

Moの母親（Gm）はB男を精神科に連れていくことに反対しているそうで、Moも迷っているようだった。筆者もB男に見えているものは「妄想」と言うよりも、"イマジナリー・コンパニオン"（想像のお友だち）とでもいうようなものだと思ったが、B男本人に会っていなかったので、〈必要ないかとも思うが、念のために〉と受診を勧めた。受診後に再度の面接を提案すると、Moは「B男に会ってください」と希望した。

受診後、Moはすぐに電話で報告してきた。病気とは言われなかったが、「ADHD（注意欠陥・多動性障害）かLD（学習障害）が疑われる」と指摘されそうであった。「自宅で書いてくるように」と心理テストのPFスタディ（絵画欲求不満テスト）とSCT（文章完成法テスト）を渡されたが、PFスタディを少しやっただけで、「イヤなことばかり書いてある」と言って、やりたがらないということだったので、〈無理強いすることではない。拒否したことも重要なデータの一つ。医師に『やりたがらない』と伝えて〉と答えた。

翌週、MoはB男を連れてやって来た。「頭の中にいるお友達」の絵も持参されていたが、子どもらしいかわいい絵だった。絵が好きな様子だったので、紙とエンピツを渡して「木を描いてください」とバウムテスト（樹木画テスト）をしてみると人の姿とも見えるような木を描いたが、病的な印象はなかった。やや神経質ではあるが年齢相応の発達をしているようであり、筆者にはADHDやLDとは思われなかった。

そのことを伝えるとMoは「前回、SCから『寂しくて当たり前』と言われて肩の荷が下りたように感じた。なぜ、あんなに気を張っていたのだろうと思った。私のB男を見る目が変わったと思う。そのせいか、最近はおじさんの話が出ない」と言った。

B男は退屈したらしく、ズボンに手を入れてペニスを触りはじめた。Moが「あれもストレスから？」と不安げに問うたので、〈赤ん坊がおっぱいを恋しがるのと似たようなもの〉と答えると、安心した表情が見られ

た。

　B男とMoの様子から、自然な経過に任せたほうがよい印象だったので、〈必要なときにはいつでも連絡を〉と告げて、いったん終結とした。「精神病」という目で見られることを心配して、学校を通さずに筆者を訪れたMoの意向を考え、また学校と連絡を取る必要もないと判断したので、学校へは何も伝えないままにした。

　その後　B男は中学生になり、問題なく経過しているようなので、中学の教師にも来談歴のあることは話していない。本稿作成のために、Moに電話をしてみた。2回会っただけだが、Moは筆者を覚えていた。Moによると、B男は「好きなことには夢中になる性質」だそうで、最近は環境問題に関心があり、Faが知らないような情報にも詳しい。久しぶりに聞いたMoの声が母親らしく、たくましく変わっているのが印象的だった。

　解説　その後の経過から見て、B男は病気でも障害でもなかったと判断できる。幼い子どもを育てる母親は些細なことでも不安になる。孤独が加わると、不安はさらに増大する。母親の不安は子どもに取り入れられて、悪循環が生じる。とりあえず母親の気持ちが支えられると、子どもの状態が驚くほど変化することは少なくない。子どもの変化が、母親を支える良循環のプロセスも生じる。見立てを伝えるのは、その可能性を確かめてからでも遅くない。

　コメント　小学生までの子どもで幻覚・妄想様の言動が見られたら、最初から薬物を用いるのは禁忌である。病像をゆがめるからである。まず脳の器質的疾患、たとえば脳腫瘍やてんかんではないことを確かめる。次に、芸術的センスのある資質ではないかと考える。芸術的センスのある子は、現在の困難をイメージ界に浸ることで切り抜けようとする。その可能性があるときは、幻覚・妄想様の言動内容から類推される芸術活動（音楽・絵・ダンス・粘土etc.）へ導入するのが治療的である。加えて、その子の未来を豊かにする。（神田橋）

model 089
「統合失調症」と誤診されていた生徒を
正しい治療に導入したMo面接の過程

対象の生徒　中3男子C男
相談者　Mo　本人　心の教室相談員Dさん

経過の概要と対処　隣市の中学に転出していった校長から、職員研修会の講師を頼まれて、出向いた。その中学にはまだスクールカウンセラーが配置されていなかったので、研修会の終了後、教師から、個別に相談を受ける時間が設けられていた。

用意された部屋で待機していると、ドアが開いて、C男が入ってきた。「カウンセラーの先生ですか？　僕も話をしたいんです」と言う表情は目がうつろで、切羽詰った雰囲気があったが、どこか人懐こさも感じさせた。だが何も聞いていないことだったので、「ごめんなさいね」と断ると、素直に出ていった。

表情筋の動きが乏しいその様子から、抗精神病薬を大量に服用していることは明らかだった。しかもそれは適切な薬ではないように感じた。筆者は神田橋の陪席を数年間続けてきて、誤診されて、間違った薬を長い間、大量に飲み続けてきた精神科患者の悲惨な状態を数多く見てきた。その人々と重なる雰囲気があった。

個別の相談を終わって、校長と雑談しているときに、C男の様子が気にかかったので問うと、「統合失調症と診断されて、入院している精神科の病院から相談室登校をしている。幻聴がある」と説明された。校長は「小学校でいじめに遭ったという申し送りを受けている。その影響もあるだろう」と話した。

すでに治療を受けている生徒について、余計な口出しかと迷ったが、校長とは長い付き合いでもあったので、自ら関わりを求めてきた様子から、〈統合失調症は誤診かも〉という印象を伝えた。校長も赴任時からC男の状態を心配しており、「特に相談室登校に対応している心の教室相談員、Dさんの負担が大きいことが気がかり」ということだった。

数日後、校長から電話があった。学校教育課と交渉して、筆者を自治体

403

雇用のスクールカウンセラーとして採用する内諾を得たそうで、「都合がつくときだけでいいから、勤務してくれないか」という依頼であった。筆者もC男を見捨てておけない気がしていたところだったので、不定期を条件に勤務を承諾した。

1ヵ月後、Moと会う時間が取れた。〈幻聴はいつ頃から？〉と問うと、内容が「隣の家に高校生の男女が来て、僕の悪口を言っている」というようなものなので、幻聴と現実の区別がつきにくく、Moも「いつから始まっていたのか、わからない」ということだった。だが小学生の頃に統合失調症と診断されて、すでに4年近く治療を受けていた。

またMoは、C男はひとりでいることを嫌って、いつも人との関わりを求めること、宿題も家族のいるリビングでしたがること、主治医と話すことを楽しみにしており、主治医の勧めで通うようになったテニス教室でも、仲間とのおしゃべりを楽しみにしていることなどを話した。Moからそういう様子を聞くにつれて、筆者には〈統合失調症ではない〉という印象がますます強くなっていった。

だが「C男は主治医をとても信頼している」ということだったので、いきなり〈誤診〉と伝えるのはためらわれた。そこで、よい関係を維持しながら、正しい治療に導入するために、〈最近の医療ではセカンド・オピニオンが常識となりつつある〉と伝え、〈『他の医師の意見も聞いてみたい』と主治医に相談してみては〉と提案した。Moはうなずきながら聞いていたが、「看護師さんに『今日、スクールカウンセラーと会う』と言ったら、『また一喜一憂するんだろう』と笑われた」という話が出た。病院にセカンド・オピニオンを歓迎しない雰囲気があるようだったので、〈無理はしないで〉と言い添えて、別れた。

数週間後、心の教室相談員のDさんと話す時間が取れた。穏やかな笑顔の女性で、「心理臨床は素人」ということだったが、〈センスのいい人〉という印象を受けた。

C男は、些細な言葉に反応してわめき出し、納得するまでしつこく質問してくるかと思うと、いつの間にかいなくなって校舎内外を徘徊するようなことを繰り返しており、対応にかなり困惑している様子で、「登校しない日は、正直なところほっとする」とためらいがちに話された。また入院先で大人の男性に囲まれて生活しているせいか、性的な話題を他の生徒の

前でも露骨に話すようになっているそうで、「入院して、かえって悪くなった感じがする」ということも話された。

その後も、筆者が勤務していると知ると、C男は面接中の部屋に入ってこようとするなど、関わりを求めてきた。

また、いつも喉が渇いており、十数分毎に洗面所に駆け込んでは、水をがぶ飲みしていた。薬の副作用による口渇と思われた。がぶ飲みによって、必要な体内イオンが排泄されるために、最悪の場合はけいれん発作や、生命の危険も懸念されたが、誰もその危険を認識していない様子だった。

そこで校長に〈Moから連絡がないか？〉と聞くと、「担任から連絡を取らせているが」と言葉を濁された。Dさんは、C男のことを話題にすると、申し訳なさそうに目をそらした。何か、筆者に言いづらい状況が生じているようだった。もどかしくはあったが、静観するしかないと思われたので、折々に校長やDさんと、C男のことを話題にしながら待ち続けた。

数ヵ月が経ったある日、筆者の勤務日にMoが突然、中学にやって来た。

案の定、セカンド・オピニオンの提案に、主治医はかなり気分を害したということだった。筆者の言葉を受けて、両親がそろって病院へ出向き、お願いしてみたが、激しい言葉で拒絶されたそうで、治療関係が悪くなることを恐れたFaは、Moに筆者との接触を禁じていた。だが改善する気配のない病状に、Moは不安になって、筆者を訪ねてきたのだった。

Moに継続して来談する希望があったので、〈学校との連絡調整の相談に乗る〉という契約で承諾した。その後、Moと面接を重ねるほどに、筆者は〈統合失調症ではなく、双極性障害（躁うつ病）〉と確信するようになり、双極性障害の治療に実績のある神田橋の受診を勧めたい気持ちが強くなった。だが、Faの反対もあるので、無理強いしても事態は進まないだろうと思いながらMoと会い続けるうちに、さらに数ヵ月が過ぎた。

C男は高校入試が近づくとイライラがますますひどくなり、対応のしようがないほどの状態になった。その様子に、ついにFaも神田橋の受診を決意した。

双極性障害の薬を飲みはじめると、C男は1週間でかなり穏やかになり、2週目には「家中の雰囲気がすっかり変わりました」とMoがうれしそうに報告してきた。薬の調整が進んで、量が減っていくとともに、C男は少年らしい自然な表情を取り戻していった。

ある日、Dさんから呼び止められた。「C男の食事の仕方が粗雑。あれでは友だちに嫌われるのではないかと心配。そろそろ注意をしてもいいだろうか」という相談だった。長い間、「統合失調症」の対応に追われて、しつけらしいしつけを受けられずにきたことが哀れだった。Dさんと筆者は、C男が傷つきやすいことを考えて、よいところを認め、褒めながら指導していく方法を話し合った。

その後　神田橋の受診から2ヵ月もすると、普段、接触のない教師にもはっきりとわかるほどに、C男の状態は改善した。脳の働きがよくなった分だけ健康な悩みも増えたが、高校に進学して、友だちもできた。神田橋の紹介で近医の治療を受けている。今もときどき躁状態で感情のコントロールが難しくなると、筆者に電話で鬱憤をぶつけてくるが、しばらく相手になっていると、「ありがとう、落ち着いた」と切ることができるようになっている。

解説　一般に、医師はかなり多忙であり、そのために診察室以外での患者と接する時間が少ない。Moによれば、C男は病棟でも患者仲間に積極的に関わりを求めていたそうで、主治医もその姿を見れば統合失調症ではないことに気づいたはずである。
　スクールカウンセラーは学校での生の生活場面を見ることができるし、教師を通じて、いろいろな場面での様子を聞くこともできる。保護者も、医師に対するよりも率直に話すことができる。精神疾患についての基礎知識をスクールカウンセラーも得ておくと、役に立つ場面が少なくない。
　なお主治医は「幻聴」の治療に苦心していたらしく、抗精神病薬を小柄なC男に、成人基準量の倍近くも投与していた。だが幻聴の内容や状況を聞くと、いじめられ体験のフラッシュバック（モデル6参照）であった可能性が高い。フラッシュバックに抗精神病薬は効かないというのが定説である。
　躁うつ体質者は、人との関わりを求めるので、いじめに遭いやすく、いじめられ体験のフラッシュバックを起こしやすい。いじめられ体験の情報は鑑別診断の参考になるが、そういう情報も、スクールカウンセラーは得やすいポジションにあるので、医療とスクールカウンセラーが連携できる

と、医療の側にとっても実りが大きい。

コメント　幻覚や妄想を伴う双極性障害（躁うつ病）はさほど稀ではない。そのことを精神科医はみな知識としては、知っている。しかし目の前にいる患者がそうであるとは思わず、統合失調症として治療を続けている事例はとても多い。遺伝負因や両親の性格、本人の生育史など、昔の精神科診断では重要視されていたデータが無視される近年の風潮が、誤診・誤治療を生んでいる。医療技術が進歩すればするほど、誤診の害は鋭く、深刻なものとなるので、セカンド・オピニオンの必要性は増す。（神田橋）

model 090
オナラ不安による不登校生徒のMoの「もれる」不安に、
「つなぐ」対応をした過程

　　　　　対象の生徒　中2女子E子
　　　　　相　談　者　Mo

経過の概要と対処　E子は中1の秋から、「お腹の音が周囲の人に聞こえる」と気にしはじめた。その頃、Moに「学校でオナラが出た。私とは気づかれなかったけれど、それがトラウマ」と話すことがあった。排便をすませないと登校できないようになり、遅刻が増え、全校集会も避け、Moに車で送られて、ようやく登校する状態になった。

　中2の進級時、クラス替えで仲のよい友だちと離れると、数日、欠席が続いた。心配になったMoは、E子を胃腸科専門の大きな病院に連れていき、精密検査を受けさせたが、異常は見つからず、下剤を処方されただけだった。そこでMoが、かかりつけの小児科医にオナラのトラウマについて相談すると、思春期専門の精神科医を紹介された。

　Faは「心配しすぎ」と受診に消極的だったが、Moは早速、病院に連れていった。最初の診察では、学校の様子を聞かれて、胃腸薬が処方された。

　だが二度目の診察で「首が反り返っている。精神的なストレスによるも

の」と言われ、「オナラ以外にも、ストレスになるようなことが何かあったでしょう？」と繰り返し聞かれた。E子はしばらく考えて、「友だちにイヤなことを言って、謝ったけれど許してくれないことがあった」と答えた。精神科医は「そうでしょう」と納得した様子で、「あなたは人を寄せつけない性格。傷が深い」と言い、新たに3種類の薬を処方して、再受診を約束させた。

　処方された薬について、医師から説明はなかったが、Moは薬局で詳しく聞いて、統合失調症などに処方される抗精神病薬と抗うつ剤と精神安定剤だと知った。驚いたMoは「飲ませたくない」と思ったが、E子が「一度だけ飲んでみたい」と言ったので、試してみると、顔がたるんだようになって、1日中ボーッとしていた。

　不安になったMoは、PTAの広報誌で見た筆者への相談を思い立ったが、遅刻や欠席が多いながらも登校していたE子は、学校での相談を拒否した。そこでMoだけが内緒で来談した。

　その初回面接の途中で、Moは突然黙りこんで、「カメラですか？」と聞いてきた。背後の掛け時計の音を、隠しカメラのシャッター音と勘違いしてのことだった。筆者はあっけにとられたが、深刻な病理などではなく、〈テレビドラマの見過ぎです〉と冗談で返したくなるような、健康な雰囲気があった。

　翌週もMoは、靴を手に持ち、隠れるように相談室にやってきた。首の反り返りが話題になり、Moは「E子は小さい頃から背が高く、いつも前かがみにしていた。ストレスではなく、そのせいだと思う」と話した。MoもE子もかなりの長身だった。

　筆者はE子の首の状態について把握していなかったので、〈精神的ストレスが骨格のゆがみを引き起こす場合もないとは言えない〉と答えた。そしてMoの首や肩の筋肉にも緊張があると感じたので、Moの肩に手を添えて、ゆっくりと肩の上げ下ろしをさせると、スーッと力が抜けた。〈これが本来の肩の位置〉と言うと、Moは「私はこんなに、なで肩だった？」と驚き、〈これが、肩の力を抜くということ〉と言うと、うなずいていた。

　次の面接では、筆者が前の来談者に手間取り、Moを相談室の外で待たせることになった。Moは待ちきれずに向かいの保健室を訪れ、養護教諭に予約の確認を求めた。Moが筆者と会っていることを知った養護教諭は、

相談室を訪れて、保健室でのＥ子の様子を筆者に話してくれた。Ｅ子は友人たちとしばしば保健室にやって来て、屈託なく「外国籍から帰化した」と話しているということだった。帰化について、筆者は初耳だった。

面接ではＥ子が結婚数年目でようやく授かったひとり娘であること、Ｅ子はしばしばMoのベッドで寝ること、その一方で、家の中でのＥ子とMoの会話はほとんど、携帯電話のメールによることが話された。家の中での母子のメールに筆者は違和感があったが、Moは特に不自然なこととは感じていない様子だった。

ある日、Moは筆者に「ここで話した内容を全部、教師に伝えるのか？」と聞いてきた。筆者は事実を、できるだけ丁寧に伝えることが必要だと感じて、〈ＳＣは職員室で教師と日常的に接している。だから、生徒と先生の関係がよくなるようにという判断から、カウンセリングの中で話された内容を伝えることはある。重要な秘密を明らかにするときには、緊急でない限りは当人の了解を得ることにしているが、その判断において、もちろんミスはあり得る〉と答えた。

Moは「ＳＣを信頼して話しますが」と前置きして、Ｅ子が担任を非常に嫌っており、Moもこれまでの担任の対応に不信感を持っていることを、具体例を挙げながら話した。筆者は誤解もあると感じ、〈その話を担任に伝えて、調整したい〉と提案したが、Moが拒否したので、伝えないことを約束した。

その後、ある日の面接で、オナラの不安に話が及んだとき、筆者が〈自分の中の隠しているものが漏れるのではという不安の表れだという説もある〉と言うと、Moは話をかわすように「思春期にはよくあることですよね。誰にでも秘密はあるから」と一般論で答えた。

Moの口調から筆者は、今、ここで、帰化の話題を持ち出すのが適当な応答であろように感じた。だが、いきなりというのもためらわれたので、Moの反応次第で話をそらすことができるように、〈確かＥ子のことだったと思うが〉と前置きして、〈『帰化した』と話していたらしい〉と言ってみた。

Moは驚きつつも、「Ｅ子に苦労をさせたくなくて、帰化の手続きをした。Ｅ子も当然、帰化を希望していると思っていたので、事前に相談しなかった。ところが『外国籍のほうがカッコよかったのに』と言い、自分から友

だちに『帰化した』と言ってまわる。理解できない」と話した。Moと同世代の筆者には、Moの気持ちがわかる気もしたが、国籍にとらわれないE子のこころの伸びやかさを好ましくも感じた。

　そしてMoは、在日外国人であることを幼い頃からずっと隠してきたこと、だが隠していることへの後ろめたさが生じて、高校生の頃に親友に告白したことを語った。筆者は被差別感と後ろめたさの、二重の自己否定を強いられたMoの歴史の言語化を手伝う気持ちで、話を聞いた。

　その後も、Moは担任のちょっとした言葉に不信感を募らせることがあったが、筆者は折々に、守秘義務に配慮しつつ双方の思いを伝えるパイプ役として機能するように努めた。

　ある日、職員室で雑談をしていたとき、担任が「うちのE子は真面目ないい子」と言うことがあった。「うちの」という言い方は自然で、担任の素朴な愛情を感じた。その言葉と、担任から受けた印象とをMoに伝えると、Moは「今、初めて、担任にこころを許せそうな気がしてきた」と答えた。筆者は、Moの言葉をそのまま、担任に伝えた。

　筆者はまた、養護教諭の計らいで、保健室でE子と自然に出会う機会を得た。確かに背骨と頸椎にゆがみがあり、精神科医が指摘した「首の反り返り」はこのことだろうと思われた。そこで体に手を添えて、簡単な体操を教えた。

　帰宅したE子はMoに筆者のことを話したそうで、それを機会に、Moは来談を打ち明けた。E子はすんなりと受け入れたということだった。

その後　　3年生になるとE子は登校する日が増え、第一志望の高校に合格した。担任によれば、校門前で登校指導していると、高校に自転車通学するE子と出会うそうで、中学在学時よりも親しく声をかけてくるということである。

解説　　オナラの不安は自我漏洩の不安に基づく症状であり、重篤な精神病として治療が必要だと診断されるケースを、精神科医療の場でしばしば見る。E子を診た医師もその理解に立って、E子の話を聞き、治療方針を決めた。

　だが近年、若い人々の間で、「クサイ」が人格に関しても日常的な言葉

として使われるようになって、体の臭いへの不安もより日常的になった。語られる不安の病理水準の鑑別は、さまざまな生活場面での様子から総合的になされるべきだろう。

　一方、体の臭いは肌のぬくもりに直結する記憶を呼び覚まし、こころの奥深くを揺さぶる。Moのベッドで、Moの匂いに包まれてまどろむE子に、その揺さぶりに耐えられるこころの健康さを感じる。

　Moの秘密が漏れる不安は、隔絶の不安も生み、その葛藤はE子にも影響を与えていただろう。対象と安全につながる体験を提供する筆者の働きかけは、Moに葛藤の意識化を促し、葛藤を対処可能なものにした。Moの安定がE子にも作用して、不登校状態の改善につながったと理解できる。

コメント　ヒトは本来、群れ動物であるので、群れて交流することを好むし、そうすることが心身を健全にする。他方、ヒトは知的動物であるので、知的に生み出された諸文化を個人や集団の中に持ちこむ。そうした文化はしばしば自然な生物としての交流を妨げる。国籍・役割などは、その最たるものである。カウンセラーとは、失われてしまった生物間の交流を再開発する仕事である。ことに本モデルのような交流の途絶にあふれているケースではそうである。オナラ恐怖を交流欲求と途絶状況との葛藤として理解するのは、当を得ている。

　ところでE子は自分のオナラを嗅いだことがあるのだろうか。嗅いで、どんな感じを持っただろうか。果たして嫌悪感だけなのだろうか。それを問うてみることは何か治療的であるような気がする。（神田橋）

model 091
奇妙な薄笑いから統合失調症を心配したが間違いだった不登校生徒のMo面接

対象の生徒　中２男子Ｆ男
相　談　者　Mo　本人

経過の概要と対処　　Ｆ男は４、５歳の頃から、ぜん息の発作が出て、小学校に入学するとさらにひどくなった。Moは「からだだけでなく気も弱いので、いじめられるのではないか」と心配して、担任に相談したが、「みんなに好かれるタイプだから大丈夫」という返事だった。実際、遊びに来る友だちは多く、学校を休むこともなかった。

中学に入るとテニス部に入部したが、６月のある日、からだがだるくてコートの横で動けなくなっているところに顧問の教師が来て、「なぜ練習しない？」と声をかけられることがあり、それから部活に行けなくなってしまった。そして朝、ぐずって欠席するようになったので、部活をやめさせると、登校できるようになった。

だが２年生になって６月になるとまた、登校時間にぐずるようになって、大雨の朝、Moが車で送っていくと、車から降りようとせず、通りかかった男性教師が抱えるようにして降ろすということがあった。その日はそのまま教室に入り、終わりまで授業を受けてきたが、翌日からまったく登校しなくなってしまった。

学校に相談すると、筆者と会うように勧められた。来談したMoは地元企業で事務職のパートをしているということだったが、土地の方言が丸出しの、いかにも気さくなおばちゃんという雰囲気の人だった。Ｆ男が休みはじめたときは、かなり叱り飛ばし、ひどく叩いたこともあったらしい。

〈Faは？〉と問うと、Moが心配して相談しても「そのうち、なんとかなる」と取り合ってくれない。１日、仕事を休んでＦ男と話をしてくれたこともあったが、「ラチが明かないまま」であった。造園業を営むFaは、Moによれば「典型的な職人気質」だそうで、Moは、Faをあまり当てにしていない様子だった。筆者は後に担任から「Faは仕事一筋。家族とはほとんど関わりがないのでは」と聞いた。

学校を休みはじめてからは、F男は毎日ぼんやりしているか、ゲームをしているかで、勉強は一切しない。期末テストの問題を担任が届けてくれたが、「見てもわからん」と放ったままになっている。〈中学に入って、部活も勉強も厳しくなって、ついていけなくなった？〉と問うと、Moは「そういうこと」と答えた。

　不登校が長引くにつれて、遊びに来る友だちもいなくなり、遊び相手は年の離れた妹だけになっていた。話題も乏しくなって、Moは「だんだん幼稚になっている感じがする」と話した。筆者はいまひとつ、F男の状態がつかみかねていたが、ぜん息を診ている小児科医は、「少し、うつの傾向があるのかも」と言っているとのことだった。

　そんなある日、Moと一緒にF男が相談室にやって来た。F男が来るとは思っていなかったので驚いたが、「小児科に行ったついでに」と強引に連れてこられたらしい。来談について、F男がどう感じているのかと気になったが、何を聞いても、口は動かすものの、聞き取れる言葉を発することは一度もなく、場にそぐわない奇妙な薄笑いをずっと浮かべていた。

　表情から心中をうかがうことはできなかったが、筆者が〈中学に行かなくても道は開ける。今は自分に合った道を探しているのだろう〉と言ったときだけ、少し真顔になったように感じた。

　だが、F男の薄笑いが対人緊張を紛らわすためのものなのか、病的な空笑なのか、筆者は判別に確信が持てなかった。そこで、ときどき家庭訪問をしている不登校担当の教師に問い合わせてみると、その教師も気になっていたそうで、「あの笑いが出るようになったのは、不登校になって1、2ヵ月経ってから。それまでは固まって、泣くばかりだった」ということだった。

　次にMoが来談したとき、筆者は医師の判断を仰いでほしいと思い、受診を勧めた。Moは小児科医からも「不登校に強い」心療内科の医師を紹介されており、受診を決心した。だがF男がどうしても病院に行こうとしなかったそうで、Moだけが心療内科医を訪ねた。医師は「20分も話せば、病気かどうかはわかるが、本人が受診しなければどうしようもない。本人を連れてきなさい」と答えた。

　同じ頃、Moは知人に誘われて、宗教の集まりに参加するようになった。「SCはどう思うかわからないけど」と、筆者が信仰に否定的かと心配して

いるようだったので、〈どういう宗教？〉と聞くと、「家の仏壇の前に座って、お経を読むだけ。お金はかからない」ということだった。「Faもお経を読むようになり、そのときはF男も横に座る」ということだったので、〈案外、いいかも〉と賛成した。

その後も、筆者はそれとなく受診を勧め続けた。薄笑いから統合失調症を心配していたのだが、Moを不安にすると思ったので、そうは言わなかった。無理強いすることはしないようにしていたが、Moは筆者の雰囲気から、精神病を疑われていると察知したらしい。「病院のことを言われるのはつらい」という話が出て、「仕事を辞めるかもしれない。そうなったら、面接の時間を変えてほしいので、次の予約は改めて連絡する」と言い、そのまま中断となった。

その後も教師を通じて様子を聞いていたが、引きこもったまま、卒業となった。

F男は卒業式に出席した。式典を終えて、帰宅するMoとF男に校門の近くで出会った。Moは筆者の姿を見ると、中断した後ろめたさからか、一瞬、身構えたが、筆者から二言三言話しかけると、すぐに来談していた頃の調子を取り戻した。

しばらく立ち話をすることになったが、F男は相変わらずの薄笑いを浮かべたまま、一言も発せず、Moと筆者が話しているのを横で見ていた。

その後　中学卒業後、フリースクールでマンツーマンに近い形で指導を受けながら、通信制の高校を卒業し、地元の大学に進学した。Moによれば、大学にはきちんと通っているとのことである。

解説　その後の経過を見ると、統合失調症ではなかったと思われる。父親譲りの集団になじみにくい気質のために、中学のような集団凝集性の高い場では生きがたかったのかと思う。

思春期は統合失調症の好発時期でもあるので、それらしい兆候がある場合には、専門家である医師の診断を早めに仰ぐのが安全である。だが、心理臨床の専門家であるスクールカウンセラーを含めて、"専門家"の仕事はともすると力ずくになる。

素人である親の判断と対処のほうが、状況にふさわしいことも少なくな

い。日常をともにしている分だけ、無理がない。「なんとかなる」と言って、事態を見守ろうとしたFaや、お経を一緒に読む場を設定したMoの判断のほうが、F男にとって適切であった。筆者の力ずくになりそうな働きかけを、Moの健康さがうまくかわしてくれた。

コメント　現代は体験を基盤にもたない薄っぺらな言葉が氾濫している。職人気質の人は言葉が不得手なのではなく、体験と言葉が強く結びつく気質なのかもしれない。父親に似ているF男にはまず何よりも、父と無言のまま接する時間が有効だと思われる。父の仕事を傍で見学する、たまには手伝いをするという、一昔前の家業の継承という作業が、治療として有効なのかもしれない。基盤の薄っぺらな言葉の流行から取り残されて消えてゆくかに見える職人の資質は、文化にとらまえられた人間にとってではなく、ヒト種という生物にとって、最も基本的資質なのだから。（神田橋）

model 092
初期統合失調症（疑）の生徒の才能開花を
家庭教師、医療と連携して支えた過程

　　　　　　対象の生徒　中1男子G男
　　　　　　相　談　者　本人　Mo

経過の概要と対処　G男は、小学生の頃は、学業成績があまり振るわないことを除けば、特に問題なく過ごしてきた。中学に入学して、最初の中間考査の日に休んだ。Moは「成績が悪いから、試験がイヤなのだろう」と考えて、休ませた。だがその後、「数人の同級生に『暑苦しい』と言われて、いじめられた」と言うようになり、次第に欠席が増えて、不登校になった。大柄な体格をからかわれたらしい。

　数週間後、他の生徒の目を避けるようにして、G男とMoが来談した。筆者はG男が興味を持ちそうな話題を選んで話しかけてみたが、ほとんど無言で、イエス・ノーで答えられる質問にわずかに首を振って答えるだけ

だった。ただ、〈あなた自身も将来が心配なんじゃない？〉と問うと、このときだけは、はっきりとうなずいた。

　子どもの頃について問うと、Moが「よく段ボール紙で車の模型を作っていました」と答え、学校を休みはじめてからは、兄のコンピュータのお絵描きソフトで一日、絵を描いているということだった。「勉強もしないで」とMoは不満な様子だったが、〈何かを作ることが、あなたのこころの健康法らしいね〉と言うと、G男の表情が明るくなったように感じた。そこでMoに〈やりたいことを制限しないで〉と伝えた。

　次の面接でMoは「G男は『SCはすごい。僕のこころをよく見抜く』と先生にお会いするのを楽しみにしています」と愛想よく話したが、G男は話題にされるのが不愉快であるらしく、Moをにらみつけていた。

　数回面接を続けた後、試みに、毎日1時間だけ保健室に登校することを勧めてみると承諾した。Moが車で送ってきていたが、数日で来なくなった。「校門の横にある木がにらむ」と言ったそうで、面接にも来なくなった。Moはひとりで来談するようになり、ある日、「統合失調症でしょうか」と問うてきた。〈どなたか身内に思い当たる方でも？〉と問い返すと、即座に否定したが、いきなり病名が出てきたことに唐突な印象が残った。その後はG男も来談するようになったので、筆者は病気の可能性を視野に入れつつ面接を続けた。

　ある日、相談室前の廊下でしばらく待たせることがあった。たまたま小学校時代の仲良しが通りかかり、数人の友人が集まってきて、G男が楽しげに談笑しているのを目にした。思いがけない光景だった。

　人間関係を広げることが役に立ちそうであり、成績不振も不登校になった原因の一つと考えられたことから、遊び相手を兼ねた家庭教師の採用を提案してみた。Moはすぐに乗り気になったが、G男にしぶる様子が見られたので、〈あなたがイヤがることはしない。でも希望するなら、あなたに合いそうな人を探すから、いつでも言って〉と言い、G男の返事を待つことにした。

　しばらく返事はなかったが、Moだけが来談した折に「兄を異常に怖がるようになった。『兄のコンピュータでは思うように操作を練習できないから、自分用に買ってほしい』と言う」と相談があった。成績不振のG男が、コンピュータには知的な好奇心を発揮しているようだったので、〈可

能なら、買ってあげたら〉と答えた。自分用のコンピュータを手に入れて、G男はますます操作の練習に熱中しているようだった。

　事態が進展しないまま数ヵ月が過ぎたある日、突然、G男がひとりで来談して「家庭教師を頼もうかと思う」と言った。これまでのMo主導とは異なって、G男の意思が感じられたので、〈まずあなたが会ってみて、合格かどうかを試験してみて〉と答えた。

　筆者は心当たりを探して、研究室の後輩の穏やかな人柄の男子大学院生が適任ではないかと思い、G男と引き合わせてみると合格だった。大学院生も快く引き受けてくれた。週1回2時間の約束だったが、うまく遊んでくれたらしい。意外にも家庭教師とはよくおしゃべりをするということだった。

　順調に行くかと思われたある日、家庭教師から、困惑した様子で筆者に連絡があった。「最近、『霊が見える』としきりに言う。『人気のあるホームページを作って月に1000万円稼ぐ』と大きなことを言ったりするので、心配」ということだった。

　そこで次の面接で精神科受診を勧めてみると、G男は少ししぶる様子を見せはしたが、承諾した。筆者が信頼する医師を紹介すると、すぐに受診し、「初期統合失調症（疑）」という診断を受け、ごく微量の非定型精神病薬を服用することになった。

　薬が効いてくると、G男は次第に意欲的になり、嫌いだった外出もするようになり、Moに身体接触を求めるようにもなった。幼い頃からほとんど甘えてくることがなかったそうで、Moは驚いていたが、医師から「母親に身体接触を求めるようになったのは、回復の一つの目安」と説明されて、安堵した。

　そのうちに、デザイン・ソフトを使いこなして、コンピュータ・グラフィックに取り組むようになった。インターネットで配信したところ、プロのデザイナーから評価され、あるロックバンドのCDジャケットに使われることになった。またゲーム会社のプロデューサーの目に止まり、ゲームの画面に採用された。

　家庭教師の大学院生は、G男の作品を見て、「すばらしい」と筆者に感動した様子で電話をしてきた。筆者も〈ぜひ見せて〉と頼んでいたが、なかなか承諾せず、数ヵ月してやっと見せてくれた。だが次の面接は、「SC

第9章 医療との関わり

はきっと作品から僕のこころを読み取っただろうから」と来談しなかった。G男のコンピュータ・グラフィックは独学とはとても思えない、すばらしい出来だった。

その後 中学には登校しないままだったが、希望して高校に進学した。しかし「怖い人がいる」と言い、通学は続かなかった。その後もごく少量の抗精神病薬の服用を続けていたが、間もなく、治療中断となった。

デザイナーとしてプロになることにMoは希望を持ち、専門学校への入学を勧めたが、G男は「ビッグになる自信はあるが、なりたくない。人々に僕のこころを知られてしまうから」と言って、拒否した。定職についていないが、好きな作品を作り続けて、日常生活は問題なく過ごしている。

解説 G男の才能開花は、筆者にとっても思いがけないことだった。多くの才能豊かな人々が、社会や学校への適応を強いられて、内側から噴き上げてくる才能との狭間で苦しんでいるのだろう。G男は、不登校という選択ができたのであり、それはG男の健康さだったと理解できる。もし周囲からの有言無言の圧力に流されて、登校を続けていたら、状態を決定的に悪くしていたかもしれない。不登校によって、G男は結果的にわが身を守り、才能を開花させることができた。

コメント カウンセラーや臨床心理士が精神医学の勉強をし、学んだ諸概念がいつも頭に浮かぶようになると有害である。なぜなら医学概念は、カウンセラーと連帯する健康な部分をクライエントの内側に育成するという、カウンセラーの志向と技術とを妨げるからである。精神病であっても全人格が病むわけではない。家庭教師導入の際の見立てと配慮に、育成の技術が盛られている。それらを一言で言うと"誘い"である。待つことさえも、誘いという技術の一部である。(神田橋)

model 093

遺伝負因から精神疾患を懸念した不登校生徒を受診につないだMo面接の過程

対象の生徒　中1女子H子
相　談　者　Mo

経過の概要と対処

　H子は小学生の頃、登校をしぶることはあったものの、成績もよく「親から見てもいい子」で通してきた。中学入学後はバレーボール部に入部し、しばらくは「クラスも部活も楽しい」と喜んで通学していたが、1学期末考査の前日、突然「頭が痛い」と休み、それから10日近く休んだ。両親は「考査前に部活が休みになり、両立しようと張り詰めていた気持ちがはじけた」と理解していたものの、「このまま不登校になったら」と非常に不安になっており、部活顧問の教諭が筆者との面接を勧めた。

　夏休み前最後の筆者の勤務日に来談したMoは、見るからに〈いいお母さん〉という印象の人で、結婚前に長く保健師の仕事をしていた。「H子の将来を考えて完璧な子育てをしてきた。だが、がんじがらめにしていたかもしれない」と言い、Faから「もう少し気を抜いたら」と言われるということだった。

　そこでFaについて問うと、Moは「何でもできる人」と答え、「子どもにいい雰囲気で勉強を教えるし、スケートに連れていくなど、遊び相手も小まめにしてくれる」ということだった。

　温かい家族の雰囲気が伝わってきたが、「Faの兄が十数年前から世間との付き合いを絶っており、一家が帰省してもほとんど会話がない」ということが、親族の唯一の心配として話された。Moがそれ以上、話そうとしなかったので、筆者も聞かなかった。

　Moは時折わっと涙ぐんだが、すぐに自分を励ますように気を取り直して、状況を語った。数日の欠席にしては切羽詰った様子が気がかりではあったが、Moが「夏休み明けから登校するかも」と期待も語ったので、とりあえず様子を見ることにして、その日は別れた。

　だがH子は2学期の始業式には出たものの、翌日からずっと休み続けた。

Moは来談し、さらに不安になっている様子だった。そして穏やかな口調ながら「教師が大きな声で生徒を叱る中学の雰囲気が、生真面目なH子を追い詰めていった」と訴えた。H子の担任である男性教諭も、大きな声を出す教師の一員だった。

その中学は荒れかけた時期があったが、"教師一丸となって"の指導が奏功して、その頃には見事に秩序を回復していた。教師の努力に筆者も感服していたが、〈行き過ぎ？〉と感じる場面に出会うことも何度かあったので、Moの訴えが理解できなくもなかった。一方で職員室での付き合いから、担任が繊細な一面を持つ人だということもわかっていた。

そこで担任と話してみると、家庭訪問した際に、H子が顔を上げることなく、数学の問題を解きながら、黙って涙を流し続けていたことが、戸惑いの表情で語られた。担任に戸惑いの気分があれば、対応に行き過ぎる危険は少ないと判断できたので、〈家庭訪問を続けるのがよいと思う〉と伝えた。だが念のために、〈教師の熱意が負担になる場合があることも考慮してほしい〉と言い添えた。

担任が家庭訪問を続けるうちに、H子が少し気を許してくる雰囲気があったので、〈参加しやすい時間帯から登校を誘ってみたら〉と勧めた。担任が希望を聞くと、H子は「部活なら」と答えた。担任には以前に怠学傾向の生徒が部活にだけ登校したという体験があり、H子の希望を「わがまま」と受け取ったようだった。校長も他の生徒との兼ね合いから困惑していたが、H子の状態について筆者の見通しを話すと理解してくれ、担任も了解してくれた。

H子はMoに車で送ってもらって部活に参加するようになり、元気になった様子もあったが、半年ほどでまた引きこもってしまった。

一方で、Moとの面接を重ねるうちに、Faの兄について、次のようなことがわかってきた。元来内気な性格だったが、父親を亡くした後は、長男として家族を支えてきた。だが親友の裏切りがきっかけで、混乱し、入院することになった。そのとき、薬の副作用にかなり苦しみ、以来、医療不信になって、治療は中断している。今はFaの母親（Gm）とふたり暮らしだが、「自分のことが書いてある」と新聞を取らなくなり、「うだうだ言うな」と幻聴との会話のような独言があるということだった。Moは診断名を統合失調症と聞いていた。

H子の不登校が発病の前触れである可能性があったが、いきなり受診を勧めても抵抗があるだろうと思われた。そこで不安を共有することから始めようとしたある日、Moから「実は私の母親（Gm）が躁うつ病で治療を受けています」と聞かされた。季節の変わり目に寝込むことが多かったが、親戚とトラブルがあったときに状態が悪くなり、躁うつ病の診断を受けた。

　両親ともに精神疾患の遺伝負因があることを知って、早めの受診を勧めたい思いが強く湧いたが、受診を話題にすると、Moは来談をやんわりと拒否した。だが、病気についての不安を共有できる相手は筆者しかいないらしく、「やはり、ほっとする」と来談を続けた。筆者はMoも躁うつ体質を遺伝している可能性を考えて、内面に深く入り込み過ぎないように気をつけながらカウンセリングを続けた。やがてMoは自身の不安に直面できるようになり、受診を含めた諸々のことについて、現実的な話ができるようになった。

　しかし兄の入院を外傷体験として持つFaは、なかなか現実を受け入れられなかった。受診を考えはじめたMoから頼まれて、医師への紹介状を書いたが、筆者はそれを、まずFaに見てもらうことにした。Faは筆者が書いた紹介状をコピーして修正を入れ、それをまた別のコピーに清書し直して返してきた。こまごまと書き込まれた修正を見て、Faの不安とH子への深い愛情がひしひしと伝わってきた。

　初回面接から1年半後、MoがH子を説得し、H子も納得して、受診が決まった。受診の前日、FaとMoは結婚以来という大ゲンカをしたが、それは、夫婦が初めて本音で語り合う体験でもあった。

　医師は慎重に診断を保留したが、自発性を目標とする短時間のカウンセリングと、微量の抗うつ剤単剤処方とで治療が進められ、間もなく笑顔が出るようになった。家の外に出ることもなかったのが、ひとりでスケート場に行くようになったと聞いて、筆者は〈登校よりも大切なこと〉と支持した。Faは一度だけだが、医師を訪れたと聞く。

　行事の練習では、教師の大声が出る場面が多い。卒業式を前にH子は短時間、教室に入れるまでになっていたが、担任は卒業式の練習への参加は無理と判断していた。だがH子自身が「なんとかなりそう」と参加を希望し、卒業式当日は同級生と一日を共にして巣立っていった。

model 093 遺伝負因から精神疾患を懸念した不登校生徒を受診につないだMo面接の過程

その後　不登校体験者を積極的に受け入れる高校に進学し、休むことなく通学を続けている。校則も非常に緩やかで、H子のように繊細な感受性を持つ生徒には最適の高校である。Moからの便りでは同級生と気軽に冗談を言い合うようになって、楽しく過ごしており、成績も見事に挽回して、大学進学を目指している。

解説　Faも几帳面な人だったが、Moによれば、Faの兄も生活全般に几帳面で、きちんとした生活をしているそうで、統合失調症の患者らしい精神的な脆弱さが感じられない。もしかしたらFaの兄も躁うつ体質で、幻聴や妄想と思われたものはフラッシュバック（モデル6参照）だったのかもしれない。

　躁うつ体質者は、社会に適応しようとする傾向が強いので、自身の内側から起こる気分の波を過剰にコントロールしようとして、強迫的になる人々がいる。元来、気ままが性に合い、窮屈に向かない人が、環境に合わせて生きていく方策として、窮屈な生き方を選択しているのだから、無理がある。Faの几帳面さには〈無理をしている〉という雰囲気があった。

　一方、面接で語られるエピソードから、Faの実家にも、Moの実家にも温かい家族の思いやりが感じられた。Faの母親は、Faの兄の状態を受け入れ、穏やかに過ごすことができるように心を砕いていた。そのような家族の文化がH子の一家にも受け継がれて、H子を支え、症状の表出を穏やかなものにしていたのだろう。心身の状態はすべて、素質と環境の合作である。

コメント　精神科を受診することは、精神の病だと自ら認める行為であり、精神科を受診しなければただの悩んでいる人である。この考えは世の人々が共有する迷信である。他方、受診した人の隠れている「病」を発掘できないのは専門家としての恥であるとの考えは、ほとんどの精神科医が共有する悪癖である。したがって治療をしながら経過をみる、診断を保留しつつ援助的治療を行うという、一般医では日常的な処置である医療サービスを行えるのは、真に自信のある精神科臨床医だけである。H子の、その医師との出会いは稀なる幸運というほかはない。（神田橋）

model 094

甲状腺機能亢進症と診断された女子中学生と
昼休みの面接でつきあった過程

対象の生徒　中２女子Ｉ子
相　談　者　本人

経過の概要と対処　Ｉ子は半年前に転入してきた。会社員だったFaが、家業を継ぐために退社し、実家を２世帯住宅に建て直して同居することになったからであった。都心部のマンション暮らしから一変した生活に、公務員の仕事を続けているMoは、「通勤が不便になった」と嘆いていた。

　Ｉ子は「おじいちゃんもおばあちゃんも優しいから、一緒に住めてうれしい」と言い、転居を喜んでいる様子だったが、「友だちができない」と欠席がちになっていった。多忙なMoからは欠席の連絡さえないこともあって、「Moにカウンセリングを勧めても無理」と判断した担任が、Ｉ子に来談を勧めた。

　初回面接に先立って養護教諭から、３ヵ月ほど前にＩ子が「家出」して、一晩、帰宅しないことがあったという情報が伝えられた。すでに夜は冷え込む時期だったので、翌日、学校で熱を出して、保健室に来た。Ｉ子は養護教諭に「家出じゃない。イライラしたから、庭に出ていただけ」と説明したということだった。

　週の半分は登校していると聞いたので、授業時間に重ならないように、放課後に面接の時間を設けた。やって来たＩ子は愛らしい少女だったが、口数が少なく、筆者の質問にもぽつりぽつりと答えた。最近は、朝、起きづらいので、10時近くに登校しているということだった。

　事前の情報から、家庭内の葛藤が影響しているのかと思われたので、両親について聞いてみると「優しいときと怖いときがある」と答えた。〈優しいのはどんなとき？〉と問うと無言だったが、〈怖いのは？〉と聞くと「手伝いをしないとき」と小さな声で答えた。毎日の風呂掃除と食事の後片付けがＩ子の役割であった。

　Ｉ子には年の離れた小学生の弟がひとりいるが、Ｉ子は弟の世話も任さ

れており、弟が宿題をすませていないと、MoはⅠ子を叱るということだった。小学校の教師によれば、弟は一家の跡継ぎとして大事にされており、成績も友だち関係もよく、まったく問題なく登校しているということだった。

　男性優位の家風の中で、Moの不満や鬱憤が、同性のⅠ子に向けられているのかとも疑ったが、筆者から話題にはしなかった。一晩、帰宅しなかったエピソードについては、聞かれたくなかったのか、「覚えていない」と言うように、首を傾げるだけだった。

　面接の後、「Ⅰ子がうれしそうだった」と担任から聞いた。その後の1週間も遅れてきたり、休んだりの繰り返しだったが、翌週のカウンセリングの日には朝早くから登校しており、相談室にも約束の時間より早く来た。

　終わり近くになって、ドアがノックされて、同級の女子生徒が迎えに来た。聞くと、「友だちがふたりできた」ということだった。翌週も、終わり近くに、その同級生が迎えに来た。筆者との関係を友だちに見せようとしているのか、と思うような雰囲気があった。

　その翌週は、面接の時間になると、その同級生を伴って相談室に来たが、待ち合わせ場所と時間を決めさせて、同級生を室内に入れることはしなかった。面接の中で「あの子も『相談したい』と言っている」と言ったので、〈自分でSCに言うように勧めてあげて。この時間はあなたのための時間だから〉と答えると、ふっと笑顔が出た。

　その日、Ⅰ子は「なぜカウンセラーになったんですか？」と聞いてきた。初めての自発的な言葉だった。筆者はしばらく考えて〈私自身にとって、この仕事に就くことが必要だったからだと思う。考えてみて、もっと的確な答えが見つかったら、また言うね〉と答えた。

　筆者から〈あなたは何になりたい？〉と問うと、答えられない様子だったが、〈好きなことは？〉と聞くと「絵を描くこと」と答えた。マンガのキャラクターを写し描きするそうで、〈いつか見せてくれる？〉と言うと、恥ずかしそうにうなずいた。その後、Ⅰ子が友だちを相談室に連れてくることはなかった。

　翌週は発熱したということで休んでいたが、その前日、養護教諭のところに絵を持ってきて、マス目を書いて、拡大して写し取る方法を説明していったということだった。

間もなく3年生に進級して、統率力のある体育科の男性教師が担任になった。始業式の翌日、「気分が悪い」と保健室に行こうとしたのを、「それほどでもない」と判断した担任が止めたことに反発したらしく、翌日からまったく登校しないようになった。

　筆者はときどき自宅に電話して、〈来週、待ってるね〉と言うと、涙声になって「はい」と答えるが、来ることはなかった。

　数週間後、生徒指導委員会で、Ｉ子が甲状腺機能亢進症と診断されたことを知った。看護師をしているFaの妹が、甲状腺の腫脹に気づいたということだった。「家出」や発熱もそのためであったのかもしれない。筆者は甲状腺機能の異常が精神面と関連することを話して、学校での対応に理解と配慮を求めた。

　2ヵ月が過ぎた頃、担任から「昨日、Ｉ子が電話をしてきて、SCに会いたいと言っていた」と伝えられた。放課後の時間はすでに他の面接を入れていたので、昼休みに会うことを約束した。翌週、来談したので、お茶を入れて一緒に昼食をとった。

　その雰囲気が、Ｉ子にとっては居心地のいいものであったらしい。さみだれ的に登校するようになり、面接の日には必ず登校して、自分で作った弁当を持ってくるようになった。ある日、「あっ」と小さく声をあげ、いかにも「今、思い出した」というようなそぶりで、ポケットから手作りのビーズの指輪を出して、プレゼントしてくれた。

　甲状腺疾患の治療の状況について、担任からMoに問い合わせてもらうと、「専門医にかかっており、Ｉ子はきちんと通院しているが、変化がない」ということだった。さみだれ登校のまま、不登校生を受け入れる高校に進学し、卒業して行った。卒業式の日、あちこち筆者を探したそうで、「ありがとう」と書いた手紙を渡していった。

その後　結局、高校も続かなかった。現在は家業を、アルバイトとして手伝っている。不登校のストレスから解放されたからか、甲状腺機能のほうは小康状態ということである。

解説　甲状腺機能の異常は、亢進するとイライラが激しくなり、低下すると抑うつ的になるなど、精神面に影響が大きいが、その因

果の関係は双方向であるらしい。甲状腺機能の異常は精神的不調を招き、精神的負担は甲状腺の機能に影響する。Ｉ子の場合も、転校や家庭内のストレスなどの心理的要因と、甲状腺機能異常の身体的要因とが並行して作用していたと考えられる。

　いずれにしても身体的治療とともに、心理的にストレスの少ない環境の整備が必要となる。甲状腺機能の異常は簡単な血液検査でわかるが、甲状腺疾患と気づかれにくく、検査の実施に至らないことが治療上の困難となっている。甲状腺疾患が見落とされたまま、心理的対応を求めて、来談するケースも少なくないので、スクールカウンセラーの常識として、頭の片隅にとどめておきたい。

コメント　描画療法や描画テストに「枠づけ法」という手技がある。画用紙の中にさらに枠の描線を加えることで、確かな活動空間を確保してあげる方法である。不登校を典型とする社会不安の子どもたちと接するとき、「枠づけ法」のセンスが最も重要である。侵入されず、強制されず、拒絶されず受け入れられる、などの個々の具体的応待の底に「確かな場の提供」というカウンセラーの意思が流れているときにのみ、子どもの内側が開示されてくる。子どもは成長過程の最中にある。だから内なる動きは常に確かな開示の場を探し求めている。適切な場が乏しくなっていることが、近年の重大事である。（神田橋）

第10章　失敗例

概　説

概　説　あるカウンセリングの結果を、失敗と見るか、成功とするかは、判定の物差しにもよるので、明確ではない。

　筆者は本書を書くにあたって、それぞれのモデルの基となった原事例について、可能な限り、児童・生徒のその後の状況を確認した。本人の現在を脅かさない範囲内で、旧担任や保護者などに問い合わせ、その結果を"その後"の項目に示した。

　その際に筆者が注目したのは、語られた内容よりも、語る相手の雰囲気だった。電話を通じての場合であれば、語る人の声の調子に、直接、会った場合には、表情や顔色などに、生き生きとした雰囲気が見られるかどうかに注目した。

　特に保護者の場合、ほとんどが突然の電話での問い合わせだったので、筆者だとわかった瞬間に、懐かしむ雰囲気が生じるか、戸惑う気配が伝わってくるかで、筆者はカウンセリングの成功・失敗を感じ取った。適応状況の改善・悪化・不変、たとえば不登校が解消しているかどうかなどは、本人を取り巻く環境からの影響による部分が大きいので、カウンセリングの成否を判定する資料としては下位に置いた。

　だが、懐かしんだか、戸惑ったかの判断は、筆者の思いこみによるものである。また、筆者の側に懐かしむ気持ちがあれば、相手にも同様の気持ちが引き出される。回顧調査で測定されるのは、過去を話題にして、問うてきた対象との間で生じる、過去の話題に対する「今、ここで」の判断、感情である。

　一方、来談者側の基準によらずに、カウンセラー側の内部で成功・失敗

の判断がされることがある。特に、時間を経て、失敗に気づいたときには強い悔いが残る。本章では、そのようなモデルのいくつかを提示した。

　モデル95のA男のMoの場合、筆者は「うつ病」と、活動エネルギーの高さとのギャップに戸惑って、Moが抱えていた適応上の困難に気づこうとしなかった。軽度の困難の場合、成人すると、ほとんどわからない程度に回復あるいは克服されるが、「先生」と呼ばれる人との関係など、気を許した場で脆さが露呈してしまう。筆者の助言に従って、関係の持ち方をすぐに変化させるためらいのなさが気になったが、あのときが気づくチャンスだった。

　モデル96のC子のMoも、C子よりは軽度だが、場の空気が読めない困難を抱えていた可能性がある。C子のMoは、モデル95のA男のMoより周囲の身近な人間関係で傷つくことが多かったので、援助を求めるときにも不器用だったのだろう。筆者の気配りの不足と鈍感さで、Moをさらに傷つけた。

　外的要因の前に、どうしようもないと手をこまぬいていたことにも、筆者の怠慢の影が差していたことに後で気づいて、愕然とすることがある。モデル97の不登校を続ける姉妹のMoとの関係においては、「継続中のケースに介入は無用」というルールが、筆者にとって格好の逃げ道となった。面接の最後のMoの一言は、現実場面での援助を求めるMoからのSOSだったと理解するのがやはり妥当だろう。モデル98のF男に、筆者の力の限界をきちんと伝えることができていたら、F男の現実検討を促す効果があっただろうと思う。

　来談者との対話に嫌悪感や不安が湧いたり、理解できなかったり、逆に関係にのめりこむようなときには、カウンセラー自身が抱えるテーマとの共振れが起こっているというのは心理臨床の世界の常識だが、知識として知っていても、現場でそのことに気づくのは難しい。モデル99のG男のMo、モデル100のH男のMoと筆者は、共有するテーマを抱えていたのだろう。それぞれの話をうまく理解できないままに終わった。

model 095
関係を求めて同じ話を繰り返すMoの困難を理解しきれないままに至った終結

対象の生徒　小３男子Ａ男
相　談　者　Mo　ジュニアバレー主任指導員Ｂさん

経過の概要と対処　ある日、出勤すると、校長から「小学校のジュニアバレーの主任指導員のＢさんが来るので、話を聞いてあげてほしい」という依頼があった。

相談は、ジュニアバレーに参加しているＡ男のMoについてであった。MoはＡ男を送り迎えするついでに、Ｂさんら指導員に「悩みがありすぎて」と訴えて、毎日長時間、話しこんでいく。短くて30分、長いときには１時間以上にもなる。子どもがケガをして、その対応に追われていたときにも、指導員のひとりをつかまえて、「悩んでいるんです」と話しはじめた。帰宅しようとしたところにやって来て、話が終わらず、２時間近く足止めを食ったこともある。

Moの「悩み」は、①Ａ男の担任が３年生になって代わって、Ａ男もMoもなじめないこと、②Moのパート先での人間関係、③Moは昨年から「うつ病」にかかっており、何もする気にならないこと、などであった。毎日、ほぼ同じ話が繰り返され、「仕事は辞めないほうがいいですよね」「病院に行ったほうがいいでしょうか」などと判断を求められる。

Ａ男が１、２年生のときの担任は、Moよりかなり年上の女性教諭だった。Moは放課後に担任を訪ねて、話し込んでいくことが何度かあり、連絡帳に仕事の悩みを書いてきたこともあった。担任は時間のあるときは相手になっていたそうで、Moは「担任とは母娘のような付き合い」とうれしそうに話すということだった。

３年生の担任は若い男性で、Moの話を聞こうとしなかったらしい。Moは「Ａ男が担任を怖がって、学校やジュニアバレーの練習では元気そうにしているが、家ではしくしく泣いている」とＢさんに訴えていた。

Ｂさんは優しい雰囲気の中年女性で、Moはいい相談相手と頼ったらしい。困り果てながらも、しがみついてくるMoを突き放せないでいる様子に、

第10章　失敗例

〈できるだけたくさんの人で接してあげるように〉とアドバイスした。だがBさんは「私たちではうまく対応できない。Moのカウンセリングを引き受けてほしい」と、懇願にも近い表情で訴えられた。

　Moの意向も確認しないままの話だったので、答えは保留にした。ところが翌週、中学に行ってみると、すでに筆者のスケジュールにMoの面接が入っていた。A男の小学校の校長から中学に直接、依頼があったということで、対応する人々の切羽詰まった気持ちが伝わってくるような迅速さであった。

　やって来たMoは、「悩みがありすぎて」と繰り返しながら、Bさんから聞いていたとほぼ同じ内容の話をした。途中で「他に話すことはなかったかしら」と言い、話す内容よりも、話す関係を必要としている印象があった。Bさんから「時間厳守」を念押しされているらしく、時計をちらちらと見ながら時間いっぱい話すと、「私はいい方に出会う。親しくなるのは『先生』と呼ばれる人ばかり」と笑顔を見せた。

　玄関まで送って別れたが、Moはその場で、1、2年生のときの担任に携帯電話で面接の報告を始めた。筆者をくり返し絶賛していたそうで、たまたま耳にした教師がわざわざ報告に来たほどだった。

　次回から、Moは欠かさず来談した。Bさんによれば、その後はA男の送迎に来ても、顔をそらす感じで、話し込むことはなくなったということだった。筆者は、Moにとって対人関係の幅が狭くなるのは望ましいことではないと考え、〈広く、浅くのお付き合いがいいのでは〉と伝えたところ、早速、Bさんを訪ねて、30分ほど話し込んでいった。

　ある日、Moは「校長先生に手紙を書く」と言い、その下書きを筆者に見せた。一見、まとまりがないように感じられて、筆者は統合失調症かと危ぶんだが、よく読んでみると、内容は現実に即しており、疾患の印象は消えた。

　だが、その日の話の流れの中で、〈あなたの「うつ病」は歴史が長いもののように感じる〉と言うと、「どうしてわかるんですか？」と驚いた表情を見せた。そして10代の頃に「筋肉がつっぱる」症状が出て、精神科を含むいくつかの病院を受診したことが話された。詳細はMo自身も把握していなかったが、筆者は、薬の副作用である可能性や、何らかの器質的要因による痙攣発作である可能性などを考えた。

次の面接でMoは、前年に「うつ病」の治療を求めて、いくつかのクリニックを受診したときのことを話し、「この数週間、うつ状態がひどくなって、家の片づけがまったくできなくなっている。SCの勧める医師を受診したいので、紹介してほしい」と求めた。筆者は次の面接で、医師への紹介状を渡すことを約束した。

　だが翌週、Moは中学の養護教諭をつかまえて話し込んだり、他の教師を通じて、筆者の自宅の電話番号を聞きだそうとしたりした。筆者に引き継がれた後、ジュニアバレー指導員たちとの間で見せた態度の変化から推察して、精神科受診によって、今度は筆者との関係が切れる不安が生じて、その不安を紛らわすための行動化だったと考えられる。

　そして数日間の逡巡の後、受診すると、すぐにその医師を気に入り、予約日以外にも頻繁に受診して、話を聞いてもらうようになった。医師は診断を迷っていたが、微量の抗うつ剤を処方した。筆者は医師の診察と並行して、面接を継続した。

　間もなく、筆者の配置換えの話が持ち上がった。Moには、早めにそのことを伝えるのがよいと思われた。Moは「私の悩みはスクールカウンセリングを超えている」と答え、暗に例外的な継続を求めているようにも聞こえたが、現実的に無理であり、徐々に面接の時間を短くしながら、終結に向けて、準備を進めていくことを提案し、了解を得た。

その後　「別れ」はやはりMoにとって苦手なことであったらしい。筆者が〈終結は年度末〉と伝えたのを、どう聞き間違えたのか、早々に「今日で最後だから」と面接に手土産を持参した。その後も遅刻をしたり、はっきりしない理由でキャンセルしようとしたりした。

　筆者が紹介した医師はその後、交通費の負担を考慮して、Moの自宅に近い医師の紹介を提案し、Moも「先生が勧める医師なら」と承諾した。Moはその医師もすぐに気に入って、頻繁に受診しているらしい。

解説　Moとの面接で、職場の同僚や、母親どうしなどの対等な関係が話題になることは少なかった。対等な関係は、関係の維持も終結も、双方が半々の責任を負う。「先生」と呼ばれる対象との関係は対等とはなり得ず、その結果、関係を維持する努力と責任はすべて「先生」

の側が負うことになる。。

　別れを直視できないありようからも、Moは関係の維持と喪失に不安を持つ人だったのだろう。「カウンセリング」や「うつ病の治療」は、Moに永続する関係の幻想を抱かせるものだったと考えられる。

　筆者はMoとの面接を深めることができなくて、もどかしく感じ続けていた。Moは、ある工場で働いていたが、仕事を要領よくこなせないらしく、職場仲間からいじめのような目にも遭っていた。もしかしたら若い頃の「筋肉がつっぱる」症状は癲癇発作で、その後遺症があったのかもしれない。筆者がMoの状態をもっと的確に把握しようとしていれば、よりよいサポートができたはずと、申し訳なく思う。

コメント　カウンセラーは自分がクライエントに求められていると思い勝ちである。クライエント自身も、カウンセラーその人を求めていると自覚していることが多い。しかし治療面接を続けていると、クライエントが求めているのは「関係の場」であることがわかる。そのとき、「関係の場」が必要なのに、それが実人生の中で得られていないことを話題にすることができると、焦点の定まった（問題点を共有している）カウンセリング関係が出現する。問題点を解消することよりも、問題点を明らかにするほうがカウンセリングの本質的作業である。（神田橋）

model 096

Moの不安を受け止めきれずに中断した、
場が読めない女子生徒のMo面接

　　　　　　　対象の生徒　中2女子C子
　　　　　　　相　談　者　養護教諭　Mo

経過の概要と対処　　C子は毎日、昼休みになると保健室にやって来る。教室に居場所がないらしいが、保健室で過ごすことで、ますます同級生との溝が広がっていくようで、養護教諭は心配してい

た。

　話すことすべてに「一応」という前置きがつく。教室に行かせようとすると、「一応、私も」と口の中でぶつぶつ言う。指先を血が出るほどにむしっていることも、養護教諭は気がかりだった。

　学級ではおとなしいが、保健室では、自分より弱い相手には強い態度に出る。1年生がノートに落書きしているのを見とがめたときは、首の後ろを傷が残るほどにひねり上げた。

　養護教諭に対しても、むかっとくるような話し方をする。机の上の書類を見ようとするので、注意すると、「見るくらい、いいじゃないですか。何、いらついてるんですか」と言い返す。

　養護教諭から相談されて、昼休みの保健室に様子を見にいくと、C子と同様に保健室を居場所にしている女子生徒が、筆者に個人的な相談を持ちかけてきた。するとC子がすぐに「何の話？」と割り込んできた。相談してきた生徒が困惑している様子だったので、少し離れた場所で話を聞いた。

　その日の午後、学級活動の時間に、筆者が教室に入っていくと、すぐに気づいて親しげな笑顔で寄ってきた。「さっきの話、どうなりました？」と聞いてきたので、〈何のこと？〉と聞き返すと、「いえ」と言い、席に戻ったが、ちらちらと筆者のほうを気にしていた。教室を出る前に、〈じゃね〉と肩に手を置いて声をかけると、うれしそうな笑顔を見せた。

　養護教諭によれば、「成績はいいほうではない。場の空気が読めないので、クラスの仲間に入れない」ということだった。筆者はC子に会ったときの印象から、〈もしかしたらなんらかの軽度の障害があって、C子自身もどうしようもなくて、困っているのかも〉と伝えた。

　1ヵ月後、養護教諭から筆者に相談があった。C子が塾からの帰宅途中に、一緒の塾に通う女子生徒に万引きを強要する出来事があり、その女子生徒が、養護教諭に相談に来たということだった。女子生徒は塾の講師に相談して、自宅まで送ってもらうことにしたが、C子は途中で待ち伏せしている。「塾からC子のMoにも連絡してある」ということだったので、養護教諭はMoを呼び、担任にも同席してもらって話をした。

　Moは「女子生徒の親を知っているので、謝りに行きたい」と言ったが、女子生徒が「誰にも言わないで」と言っていたことなので、養護教諭が止めた。養護教諭はC子の障害の懸念も話題にしてみたが、Moは話を聞こ

model 096

Moの不安を受け止めきれずに中断した、場が読めない女子生徒のMo面接

うとしなかったので、筆者と会うように勧めたということだった。

　翌週、Moがやってきた。大手企業に勤務するエリート・サラリーマンであるFaはC子の成績が悪いことをひどく嫌い、「自分と違う。なぜこんな子が生まれた」とMoを責めるそうで、Moは「C子は小5でいじめに遭ってから、急に成績が下がった。それまでは問題なかった」と強調した。だが、発語の時期を確認するとかなり遅く、もともと発達上の困難を抱えていたと推察された。

　C子には兄がひとりいたが、Moによれば、兄は成績がよく、友だちも多くて、中学時代はまったく問題なく過ごしたということだった。絵の才能にも秀でており、両親は地元の進学校に進んでほしかったが、本人の希望で遠方の美術大学の附属高校に進学した。だが入学間もなくから、「同級生がにらむので怖い」と言うようになり、食事がとれなくなった。寮生活も負担のようだったので、今は帰宅させて、心療内科で治療を受けているということだった。

　ひと通り家族の状況を聞いて〈では4人家族？〉と問うと、Moは「犬が1匹います」と答えた。その答え方に、かすかだが現実離れした雰囲気があった。

　塾帰りの出来事について、Moは筆者にも「相手の親に謝りに行きたい」と言ったが、事情を養護教諭から聞いただけの筆者には、答えようがなかった。

　翌週、Moは時間通りに来室した。だが筆者の勘違いで、廊下で数分待たせることになった。中学の玄関から逃げるように走り出ていくMoに養護教諭が気づいて、追いかけたが間に合わなかった。自宅に帰り着く頃を見計らって電話をすると、Moは「相談室の前でC子と会った。とっさに『進路のことで』とごまかしたが、C子と会って動揺した」と言い、〈今からなら、生徒も授業中で、廊下には誰もいないから〉と誘っても、「今日は行けない」と取り付く島がなかった。

　Moはまた「担任が塾に電話をしたと聞いた。講師から『私が対応するつもりだったのに』と言われた。そのような状況になって、親が対応しないわけにいかないので、Faに事情を話した。Faが叱ったので、あの問題はもう解決した」と話した。担任の介入を拒む言葉を借りて、カウンセリングの拒絶を筆者に伝えているように聞こえた。後で確認すると、担任が

塾に電話をしたのは、別の用件に関してだった。

さらにMoは「仕事を始める。また何かあったら連絡する」と言い、筆者はそれを受け入れるべきかと迷ったが、〈C子と会わないですむように、電話での相談も可能だが〉と提案してみると、Moは「一応」と承諾し、時間を約束した。

電話を切って、いつもの巡回のふりをして、教室へ行ってみた。目が合ったので、〈今日、Moと進路について相談する約束をしていた〉と話すと、C子は「先生だったんですか」と納得した様子だった。

だが翌週、約束の時間に電話をしても、Moは出なかった。電話をかけ続けるのは、Moを追い詰めることになりそうな気がした。

同時に、塾帰りの出来事が事実であったのかという疑念も湧いてきた。相手の女子生徒も、何かと悩みが多く、保健室にやって来ては、養護教諭を相談相手にしていた。でっち上げではないにしても、事実がいくらか歪曲された可能性は否定できなかった。C子に、万引きを強要するような、人を操作する力があるとも思えなかった。そこで担任と話してみると、同様の印象を持っていたので、養護教諭と担任に対応を任せて、しばらく様子を見ることにした。

Moが「相手の親に謝りたい」と繰り返したのは、相手の親と話すことで、事実関係について確認をしたかったからではないか、と気づいたのは、中断からしばらく経ってのことだった。

その後　C子は、筆者がMoに会った頃を境に、保健室にほとんど来なくなった。Moから止められたのかもしれない。高校に進学したが、その後は担任にも消息が伝わってこない。

解説　発達障害にしろ、精神障害にしろ、精神科領域で対応する障害・疾患には、健康と非健康の境が曖昧であることが多い。特にスクールカウンセリングでは、疾患・障害とラベリングされる前の段階に出会うことが多いので、判断に迷う。

C子はおそらく、本人の努力不足でも性格の問題でもない困難を抱えていた。もしかしたらMoも似たような困難を抱えていて、その不安が介入の拒絶につながったのかもしれない。もっと丁寧に関わることができてい

第10章 失敗例

たらと思う。

　C子の兄については正確な状態を把握できないままだったが、C子がもっと早い段階で適切な援助を受けることができていたなら、C子のみならずMoや兄の人生もより生きやすいものになっていただろうと思う。

コメント　犬・猫などのペットが巧みに場の雰囲気を読み取って適応しているらしい様子を見るにつけて、群を作る動物にとって、場を読む能力は生存に不可欠の機能であると思わずにいられない。この基本的能力の発育が不十分な個体の体験を、その身になったつもりで空想してみると、日々とまどいの連続であろうと推察され、そこからさまざまの逸脱行動が生じてくるのは当然だろうという気がする。この種の障害の早期発見と、育児指導の方策や技術が、乳幼児健診のルーチンとして組み込まれるとよいと思うのだが。
　　　　　　　（神田橋）

model 097
援助を求めるMoの屈折した表現をやり過ごすSCが
隠れ蓑にした心理臨床の常識

　　　　　　　対象の児童　小4女子D子　妹E子（対応時、小3）
　　　　　　　相　談　者　担任　Mo

経過の概要と対処　D子は小4の6月、突然休みはじめた。「風邪」と連絡があったが、休みが長引いたので、心配した担任が電話をすると、Moの母親（Gm）が出て、「D子は元気なのだが」と答えた。

　数日後、Moから担任に長い手紙が届いた。「私は母親ではなかったと気づいた。D子が話せなかった気持ちが、やっとわかるようになった。精神的に満たしてやりたいので、学校は休ませます」とあった。担任は納得できなくて、すぐに家庭訪問したが、Moは手紙に書いたと同じ話を繰り返し、Faは「Moの考え。中学で不登校になっても困る。学校に問題はな

い」と答えるのみだった。

　D子については「気持ちの優しい子」というのが教師の一致した評価だった。1年生のときに数日の欠席があったが、その後は特に心配するようなことはなかった。Moが前年に大きな手術を受けており、その影響が考えられたが、Moの入院中に欠席はなかった。今回、欠席するようになってからも、友だちが訪ねてくれば一緒に遊んでいた。

　戸惑った担任は筆者に相談に来た。担任は中年の男性だったが、同じ頃に同様の手術を体験しており、「Moの病気への不安は理解できる」と言った。筆者は担任の優しい雰囲気がMoを支えると判断し、〈Moの心に何かひっかかりがあるのだろう。先生がMoの気持ちに寄り添ってあげれば、Moも状況を理解するかも〉と答えて、担任を支えることを筆者の仕事として引き受けた。その後、担任は頻繁に家庭訪問をして、筆者にも折々に報告があった。

　夏休みが明けても、D子が登校する気配はなかった。担任が学習の遅れを心配すると、Moは「立ち直れば、すぐに追いつく」と言い、「カウンセラーから『今は育て直しの大切な時期、学校どころではない』と言われた」と答えた。

　その教授は、不登校や非行についてもたくさんの著書があり、主宰する研究所で独自の立場から援助活動を行っていった。筆者も名前だけは知っていた。

　Moの来談は難しいと思われたが、担任は「筆者と会うように」とMoを説得し続け、数ヵ月後に「1回だけ」の約束で実現した。やって来たMoは「癒しの作業」という言葉を何度も繰り返して、「1年後のD子は、はきはきと話せるすばらしい子になっている。絶対に間違っていない」と笑顔で言い、「私は母親から温かいものをもらってない」と話したときだけ涙を流した。〈お母さんと話し合ってみたら？〉と言うと、「あんな人、話しても通じません」と答え、〈研究所のカウンセラーは不登校がすでに半年になっていることを知っている？〉と問うと、「言わなくてもすべてわかってくださる方」と答えた。

　次回の約束は無理と思えたので、祈るような気持ちで、〈D子にとっては、過去と同じように現在も大切ということを忘れないで〉と伝えると、Moは「あなたもカウンセラーなら、もっと深い心理を勉強してください」と

返した。〈研究所のカウンセラーと連絡を取りたい〉と申し出ると、強く拒否された。

　だが面接を終えて、いざ立ち上がろうとしたとき、Moは「あなたとは、また会うような気がします」と言った。筆者は、Moが再来談の希望を伝えているように感じて、もう一度、誘うべきか迷ったが、「継続中のケースに介入は無用」という心理臨床の世界の常識が頭をもたげ、何も言わないまま別れた。今にして思えば、常識が浮かんだ背景に、無理に引き受けて、教授との関係に巻き込まれるのはかなわない、という気分も確かにあった。

　その後も担任は家庭訪問を続け、「Moは『とてもよくなっていると言われた』と喜んだり、落ち込んだり、気分の波が声だけでわかるほど」と報告してきた。

　5年生への進級時にクラス替えがあったが、担任は希望してD子を受け持った。筆者には徒労感にくじけそうになる自身を、無理に励ましているように感じられた。同時に、力になれない自分が後ろめたくもあった。そして6年生になってしばらく経った頃から、担任からの連絡が途絶えたので心配していると、体調を崩して入院しているということだった。担任の病気はかなり進行していた。

　D子は同級生と一緒に見舞いに行き、それがきっかけになったのか、Moに付き添われて登校するようになった。最初はMoも一緒に教室に入っていたが、しばらくするとMoは別室で待機して、D子は教室で過ごすことができるようになった。

　そのまま小学校は卒業したが、中学に入学して間もなく、教室でひどく退行する出来事があり、Moが付き添って登校するようになったが、数日で不登校になった。筆者が介入のタイミングを計っているうちに、小学生の妹E子も不登校になった。長引く経過に、カウンセリングは教授に引き継がれ、電話ではなく、面談になっていた。Moは月に数回、D子を連れて遠方にある研究所まで通い、「今度は教授が直接、カウンセリングしてくださるのだから」と期待していた。

　妹のE子の担任は家庭訪問をして、関係作りを試みていたが、Moから「E子が『先生の顔を見ると吐き気がする』と言うので」と断られた。小学校の校長から相談を受けて、〈Moの了解を得て、教授に『学校はどう対応

したらよいか』と相談してみたら〉と勧めた。Moから電話番号を聞いて、校長がかけてみると、教授は「カウンセリングの方針は私の本を読んでください。これはMoの問題。学校はプリントでも届けてくれればいい」と答え、以後は何度、電話をしても多忙を理由に出なくなった。

MoはE子も教授に会わせたが、「D子が回復すれば、E子も回復するので心配ない」と言われたということだった。小中の連携を取りつつ対応しようと考えていたところ、D子の担任になった男性教師がMoに働きかけて、D子は夜、誰もいない教室に入ることができるようになった。この担任によれば、「高校入試が近づいて、両親は焦りはじめている」ということだったが、翌年、担任が異動したこともあって、それ以上の進展はなかった。

その後、E子の担任と話し合って、Moに電話をしてみた。Moは筆者を覚えていて、電話を喜んだが、「時間はかかっていますが、いい方向に進んでいると思います」と介入を拒む口調だった。だが、「私が子どもと上手に接することができないから」と言う言葉に、以前、感じられたMoの母親を責める勢いはなく、自責の弱々しさが伝わってきた。教授から「だから回復しない」と言われている様子だった。

筆者は、教授に対してか、それとも自分自身に対してか、対象の定かでない憤りを感じつつも、やはり来談を誘うことはできないまま、ねぎらう言葉だけをかけて、電話を切った。

その後 筆者は翌年、配置をはずれた。D子は結局、登校しないまま卒業したと聞いたが、進路については確認できていない。E子は中学に進学後、欠席はやや多いが、登校するようになった。

解説 筆者が引き受けたところで、事態は好転しなかった可能性が高い。だが筆者は、D子、E子の現実の生活により近い場にいたのだから、遠方にいるカウンセラーより、働きかける道筋は多様にあったはずである。

筆者のMoに辟易する気持ちが、心理臨床の世界の常識を隠れ蓑にして、逃げ腰になることを許した。辟易する気持ちが生じたのは、筆者が無意識に、Moの強い甘え欲求を感じ取っていたからかもしれない。もし筆者が、

model 097

援助を求めるMoの屈折した表現をやり過ごすSCが隠れ蓑にした心理臨床の常識

自身の辟易する気持ちを直視していれば、援助の道筋を探すことも可能だったと思う。

推測だが、Moのカウンセリングを引き受けたカウンセラーや教授は、Moの甘え欲求を満たすことで、自身の甘え欲求を満たそうとしていたのではないだろうか。カウンセリング漬けは、必ずカウンセラーの側の内的必要性があって生じる。

不動の心理学理論は、こころも不動にする。巻き込まれて筆者も、揺らぎ続けるこころのありようを失っていた。Moが抱えていたもともとの心理的な病理は、それほど根が深いものではなかったのかもしれないと思う。

コメント　子どもの時期は脳成長の過程でもある。脳の成長の過程では、各年齢のそれぞれで出会っておくことが有益と思われる雑多な山ほどの体験群がある。不登校の最大の損失は、雑多な体験のチャンスを逃すことにある。人生の多種多様な体験群に比べたら、カウンセリングはごく貧しい体験である。言いかえると雑多な体験群の蓄積があるときにのみ、それらを整理し統合してゆく作業として、カウンセリングは豊かな体験となりうる。材料なしでは料理は作れない。マイナス探しの体験ばかりを積み重ねても、料理にはならない。（神田橋）

model 098
現実を支える術を持たないSCの限界を超えられなかった
不登校生徒との関わり

　　　　　　　　　対象の生徒　中3男子F男
　　　　　　　　　相　談　者　本人　Fa

経過の概要と対処　F男は小学生のとき、Moを突然亡くした。病死だった。その葬儀の席で、何かトラブルがあったらしく、Fa は以後、親戚とのつきあいを絶った。

　F男の家族はFaと年の離れた弟の3人だった。Faは公務員として働き、

校納金などはきちんと納めていたが、養育能力はほとんどなかった。アルコール依存症という噂もあった。毎日の食事はコンビニで菓子やジュースを買ってすますようになり、F男は間もなく重い内臓疾患を患った。弟は完全不登校になり、家の中はゴミ箱同然の状態になった。

　心配した小中学校の校長を中心に、自治体の福祉課、保健師、民生委員などが協力して、生活支援の手が差し伸べられた。まずヘルパーが派遣されて、家の中の大掃除が行われた。F男は入院して、治療と食事指導を受けることになった。弟は面倒を見てくれる人がいなかったので、養護施設に預けられた。

　生活の立て直しは図られたものの、1ヵ月あまりの入院から帰宅すると、F男はまったく登校しなくなった。中2の終わりに、校長の熱心な関わりで数日は登校したが、中3になるとまた完全不登校になった。友だちも少なかったが、数人の不登校仲間とは一緒に遊んだりもしていたらしい。

　そのひとりが適応指導教室に通うことになり、F男も通所を希望したところ、「F男については、スクールカウンセラーに相談を」と回答があった。そこで筆者が会うことになったが、養護教諭は「慣れない人とはほとんど話さない。カウンセリングに耐えられるか」と心配した。

　制服は小さくなっているだろうということだったので、予め担任を通じて、〈自由な服装で〉と伝えた。面接の場所は養護教諭が、人目につかない部屋を用意してくれた。時間も放課後の生徒の少ない時間を選んだ。Faに付き添われてやって来たF男は、いかにも不健康な太り方をしており、Tシャツの上に派手な模様のアロハシャツ、すそ引くようなズボンといういでたちで、落ち着きなく体をゆすっていた。

　Faは愛想笑いを浮かべて、カウンセリングに同席を誘うと尻ごみする様子がうかがわれた。そこで廊下の立ち話で〈病気の治療はその後？〉と聞くと、「病院の先生が、注射が下手で見ておられん」と答え、確認すると、まったく受診させていないことがわかった。

　そして「これが食べるから」とF男を責める口調になった。大人でも難しい食事のコントロールを考えると、筆者は思わず〈それはFaのお酒も一緒〉と返した。するとFaは、「病院に20万も払った」と一瞬、強い口調になり、すぐに「わが子だから、入院費ぐらいは払う」と付け加えた。

　F男とふたりだけで部屋に入り、病気の怖さを話した。涙を隠しながら、

第10章 失敗例

聞いているF男の姿に、食事を楽しむ時間をともにしたいという思いがわき、〈週に1回だけだけれど、SCが来る日にここで一緒に給食を食べない?〉と提案してみた。F男は黙ってうなずき、〈SCにまだ話せないようなことがあるんじゃない?〉と聞くと、それにもうなずいた。

筆者は言葉が無力に感じられて、F男の背中に手を置いた。寒い季節ではないのに、ひんやりと冷たい背中だった。手を置いたままにしていると、F男も不快ではないのか、じっとうつむいて動かなかった。

和室から出てくると、待っていたFaが周りに教師がいないのを確かめて、筆者に、福祉課や学校の対応についての不満を訴えた。Faに鬱積した思いがあるように感じたが、詳しく聞く時間もなく、〈くれぐれも受診を継続して〉と頼んで別れた。

翌週、F男は約束の時間より15分も早く、30分の道程を歩いて学校に来た。頬を紅潮させているF男を和室に誘い、担任、養護教諭と一緒に給食を食べた。F男は一口食べただけだったが、養護教諭の冗談に笑顔を見せ、翌週の約束にもうなずいた。

だが翌週、F男は来なかった。筆者は諦めずに関わっていくことが必要だと思い、担任と養護教諭に〈短時間の家庭訪問を小まめに続けてあげて〉と助言した。担任と養護教諭は訪問を続けていたが、「ドアをノックし続けても、誰も出てこないことがある」ということだった。筆者も週に1回、電話で話すことを続けていたが、その電話も通じないことがしばしばだった。

何も進展がないまま数ヵ月が過ぎたある日、養護教諭から「至急」という連絡があった。担任が家庭訪問をすると、F男が出てきて、「SCの電話番号を教えて」と言ったということだった。そこで早速、筆者から電話をかけてみると、F男とFaが交互に出て、「弟を施設から引き取りたい」という相談だった。

だが、弟が施設に預けられたのは、筆者が関わる以前のことであり、理由の詳細も経緯もわからないので返事のしようがなく、〈校長先生に話してみる〉と約束するのみだった。校長に伝えると、関係した人々によって協議が行われたが、「弟の生活を維持できる保障がない」という結論に達したそうで、F男の願いは叶えられなかった。

数ヵ月後、「F男が書いたまま放っておいた手紙が出てきた」と、Faが学校に持参してきた。「カウンセラーの先生へ」と書き出された手紙には、

Moが亡くなって、弟とふたりで励ましあった日々と、その弟が施設へ連れていかれた日の悲しみと怒りが懸命につづられていた。

少ない家族とともに暮らしたいという望みは十分に理解できることだったが、現実を支える術を持たない者が安易に口出しできることではなく、歯噛みするしかなかった。

その後　卒業後もときどき電話をしていた。F男はつっけんどんな口調ながら、「お腹をこわした」「歯が痛い」などと答えた。体調を話題にすることに、抑制された甘えを感じて、Moならこう言うだろうと思う言葉を探しながら、短い会話を続けた。その電話も通じないことが多くなるままに、筆者も疎遠になってしまった。

解説　カウンセラーは教師とは異なる立場の人だと認識されると、現実の場面でも、教師とは異なる動きをしてくれると期待されがちである。だがカウンセラーは、現実場面では無力である。本人が現実場面に対応しやすくなるように、現実への認識を細やかにする作業を共有できるに過ぎない。筆者は、F男をその作業に誘うことができなかったのみならず、F男に現実対応してくれる人だとの幻想を持たせたままに終わってしまった。

カウンセリングは、カウンセラーとの関係の幻想から始まる。筆者は、F男をスタートラインに立たせたまま、置き去りにした。

コメント　決して治癒することのない病を負い、ほとんどの絆を失って、それでも生きているF男の心境を察し、その未来を予測するとき、われわれの援助の無力を思い知らされる。しかし日ごろのわれわれは、なまじ援助可能な領域があるせいで、本質的に他者の立ち入れない部分を、見ぬままに過ぎているのではないか。そして見過ごした部分こそは、そのケースの本質部分なのではないか。F男に対する無力感を通して、われわれ援助者の負う本質としての無力感に思いをはせてみよう。（神田橋）

model 099

やっかいなMoに対して中立であろうとして
傷つきを理解しきれずに招いた中断

対象の児童　小２男子Ｇ男
相　談　者　Mo　担任　同学年の担任ほか

経過の概要と対処

　Ｇ男が在籍する小学校に、筆者は折々に出向いて、コンサルテーションを行っていた。次第に、該当の事例に関係する教師が集まるようになり、グループ・コンサルテーションになっていった。事例を共有できるので、筆者にとっても、教師にとっても好都合なやり方だった。Ｇ男の事例もそのコンサルテーションの場で取り上げられた。

　そのときは学年の教師全員が参加していたが、話題の中心はＧ男よりも、やっかいなMoにどう対応したらいいかということだった。Ｇ男は入学当初より集団になじみにくく、特定の子の名を挙げては、「いじめられる」と訴えてくることが多かった。Moからも「ケガをさせられた」という電話が頻繁にあり、担任も気をつけて様子を見ていたが、事実を確認できることはなかった。

　１年生の担任はベテランの女性で、「うちの子が嘘を言っているというんですか」という電話攻勢にうんざりしながらも、できるだけ話を聞くようにして、どうにか関係は保たれていた。しかし２年生で担任となった、いかにも正義感の強そうな男性教諭との間で、事態は険悪になった。

　毎日のように続く電話と連絡帳でのやり取りに、担任が、Ｇ男の中耳炎の治療がいつまでもされないことを取り上げて、「わが子を思う気持ちと矛盾を感じます」と連絡帳に書いた。それに対して、Moが「医者に連れていけない事情があることもわかってくれず、人権問題」と激昂した。さらに担任が「スクールカウンセラーに相談を」と筆者を紹介するパンフレットを渡したことから、「そんなに問題のある母親にPTAの委員はできないでしょうから」と、委員を降りるという話にまでなった。

　それがきっかけとなって、Faと学校長も交えての話し合いが持たれて、「Moは今後一切、学校に口出ししない」ということで決着したというこ

とだった。しかし担任をはじめとして関係する教師の不安は強く、「参観のときも廊下からこっそり見ている。不気味さを感じるほど」ということだった。

「一切、口出ししない」という決着の仕方に、筆者はやや疑問を感じた。だが参加した教師全員の困惑しきった口調と、不満があると校長や教育委員会にも直接電話をして、訴えていく行動のありようから、Moは、周囲が対応に苦労する一群の人々の範疇かと考えた。

そこで〈担任の負担は相当なものだと思う。こういう人には、たくさんの人が少しずつ関わるのがよいと言われている。学校に来られたときには、先生方から積極的に声をかけてあげるとよい。長電話には『じゃ、また』と言うと、スムーズに切ることができる〉と答えた。

その後は同学年の教師によるサポート態勢ができて、担任もゆとりができたらしく、しばらくは小康状態が続いた。

ところが数ヵ月が過ぎて、偶然の出来事から、G男が訴えていた「ノートに落書きされた」「上靴を隠された」「友だちに階段で押されてケガをした」といったことが、ことごとく狂言であったことが明らかになった。さらに近所の数軒の家に忍び込み、泥棒まがいのことをしていたことも発覚した。担任らが再度、筆者と会うように勧めると、Moも承諾して、G男の担任に、妹の担任も付き添って来談した。「妹を通じて、一連の出来事が明らかになったから」という理由だった。

実際に会ったMoは、教師らが口をそろえて語った内容から想像していた人とは少し印象が違った。筆者はできるだけ中立でいようと心がけながら双方の話を聞き、「『先生の困った顔が見たかった』と言うG男にどう対処したら？」と問う担任らには、〈特別扱いをしないで、他の子と同じに〉と答えた。

帰り際、妹の担任が「話せなかったこともありますから」とささやいて、用意してきた封筒を置いていった。中には事態が明らかになっていった経緯を詳しく書いたメモと、Moが書き綴った連絡帳のコピーとが入っていた。

その後、Moは、面接の継続を希望して数回、ひとりでやってきた。「担任からカウンセリングを勧められたときは、私が異常だと言われた気がした」と言い、「SCに会う前は、どう決め付けられるのかと、不安だった」と語った。

model 099

やっかいなMoに対して中立であろうとして傷つきを理解しきれずに招いた中断

またFaの仕事がうまくいかなくなって転入してきた事情が語られ、そのためにG男を幼稚園にやれなかったことが親として引け目になっていること、Mo自身がひどいいじめに遭ってきて、その傷がまだ癒えていないことなどが語られた。Moの両親は離婚していたが、「帰るところが二つできて、よかったと思います」と肯定的に語る口ぶりの中に、寂しさを認めない頑なさが感じられて、かえって痛ましかった。

数回、面接を重ねたある日、Moは「最初に会ったとき、SCは私のことを『想像と違った』と言った。教師から私のことをどう聞いていたのか？」と問うてきた。そのときとっさに筆者のこころに、言質を取られて、Moと教師の対立構造に巻き込まれる不安が湧いた。そこで〈どういう文脈でそう言ったのか覚えていない〉と答えをそらした。そして〈Moは対人関係に楽観的でない方のように感じる。うなずいていても、本心は違うような〉と現在の印象を述べると、Moは「その通りです」とうなずいた。

その日、Moは次の予約を「仕事を探すので」としぶり、予約はしていったものの、当日の朝、キャンセルをしてきて、結局、中断となった。

その後　担任と数年後、新たな配置校で再会した。気になっていたG男の様子を聞くと、「学年が上がるとともに集団になじむようになり、仲良しもできて、卒業していった」ということだった。Moと教師の関係も、その後は特にトラブルもなかった。久しぶりに会った担任には経験を積んだ教師のゆとりが感じられ、繊細な問題を抱える不登校の児童が教室に復帰するまで、緩やかに働きかけながら、見守る姿勢に好感が持てた。

解説　終結からしばらく経って、筆者は、Moが書き綴った連絡帳の文章を読み返して、いくつかの読み落としがあることに気づいた。Moの心中を理解することを拒否し、距離を置こうとしていた自分を筆者は発見した。

筆者も、そしておそらく担任も、Moと同じテーマを抱えていたのだろう。スクールカウンセラーや教師という、専門家として機能しなくてはならない場に持ち込まれた自分自身のテーマに、筆者も担任も足元をすくわれた。カウンセリングの場ではよく見られる、ありふれた失敗である。

Moの健康度が想定したよりも高かったこと、周囲の教師の協力が得られたことが幸いして、事態はとりあえず平穏に推移した。

コメント 「問題」に取り組むとき、それをとりあえず「個の問題」と見なすか「関係の問題」と見なすかの見立てをするとよい。問題が2種あるわけではなく、接近法が2種あるからである。「関係の問題」だと見立てたら、そう提案して、当事者たちの話し合いの場を設営し、同席して、互いのコミュニケーションのずれを調整する。その技術と資質とがスクールカウンセラーには必要である。このモデルでは、Moが「どう聞いていたのか」と質問してきたときが、SCと教師を含めた三者同席での話し合いの場を提案するチャンスであった。（神田橋）

model 100
「息子と会話が成り立たない」と訴えるMoの寂寥感とすれ違ったSCの理解

　　　　　対象の生徒　中2男子H男
　　　　　相　談　者　Mo　担任

経過の概要と対処　筆者のスケジュールの管理をしてくれている教師から、「Moの仕事の都合上、17時以降を希望」と面接の依頼があった。夕方からの時間帯は仕事を持つ保護者の予約でふさがっていたが、他の来談者に譲ってもらって、時間を確保した。

　H男については、担任や複数の教師から「遅刻が多く、ときどき欠席もある。表情が暗く、集団に入ろうとしないことが気がかり」と何度か聞いていた。「Moとの関係が悪く、Moも困っている」ということで、担任がMoに来談を勧めた。

　ところが当日になって、Moから「用ができた」とキャンセルの連絡が入った。そこで筆者からMoに電話をして、次回の日程について相談すると、「H男と学校で顔を合わせると大変なことになる。早い時間にしてほしい」

と言われた。スケジュール担当の教師はそういう連絡ミスをする人ではないので、食い違いが気になったが、Moの希望に沿って、次の時間の約束をした。

やって来たMoは服装も若々しく、顔立ちも美しい人だったが、歩き方に力がなく、ふとした表情に、疲れきった老婆のような雰囲気がのぞいた。H男はひとり息子で、会社を経営する一家にとって、大事な跡継ぎだった。

Moがいちばん困っていることは、「私との会話が成り立たない」ということだった。H男はFaとは話すが、中学入学以後、Moと一切話さなくなっていた。Moも一緒にいると気詰まりなので、H男が在宅のときは、自室でテレビを見て過ごす。たまにMoがリビングにいると、H男はカーテンで顔を隠して、パソコンに向かっているということだった。

またMoがいると食事をせず、Moが作った物は食べない。Moはこの数年、体調が悪くて食事が作れず、特に昨年はほとんど出来合いの弁当ですませていた。「だから、いいように受け取れば私への思いやり」とMoは話した。だが理由を聞いたことはないそうで、「聞いても言わないだろう」と諦めていた。

さらに、H男はときどき食欲がなくなり、朝からまったく食べないで一日寝ていることがあるということだった。そのときには、めまい、吐き気がひどく、Moの目から見て、ずる休みとは思えないので、メニエル氏病かと思って病院へ連れていこうとしたが、H男が嫌がった。

〈Moの作ったものを食べなくなったのはいつ頃から？〉と問うと、「小3の頃から、あれっと思うことはあった」とMoは答えた。その頃、Moは婦人科の病気の手術のために家を留守にして、H男は何十本ものロウソクに火をつけて遊び、「私がバシバシ叩いたら、先生にも歯向かうことがあって」という話が続いたが、最後まで聞いても、食事の話題にはならなかった。ただ、Moの体調の悪さが、その手術と関連するらしいことは推察できた。

そしてMoは「思春期になって、私を女として見ている？」と問い、「男の子を育てるのは驚くことばかり。小2までは理想どおりに育った。塾でも中学生のレベルの問題を解いて、天才だと思った」と語った。小3で何かがあったようだが、問い返しても、はっきりした答えはなかった。筆者は、いきなり「女として」という問いが出てきたことに違和感を持つとと

もに、Moに底知れない寂寥感も感じて、婦人科の手術が関連するのかと思いつつも、どうにも理解しきれない奇妙な印象を抱きながら話を聞いた。

そこで、MoがH男の吐き気を心理的な原因によるものと理解している様子だったので、心療内科の受診を話題にしてみた。するとMoは積極的になり、「私が言ってもきかない。Faから説得させるので、SCがFaに電話をして話してくれると助かる」と言い出した。筆者は、Moが自身でFaに話さないことを奇妙に感じて、それを話題にしようとしたが、Moからそれを話題にすることへの拒絶の雰囲気が伝わってきた。Moの要求を断ることも考えたが、ここでFaと話をしておくことが先で役に立つかもしれないとも考えて、結局、Faに電話をすることにした。

Faは突然の電話に驚きつつも、話の内容は理解した様子で、「H男が行かないだろう」と答えた。面倒くさそうな雰囲気もあったが、H男のことを心配しているようでもあった。受診については否定的な応答だったので、筆者も無理強いせず、そのまま電話を切った。横で聞いていたMoに、Faとの電話の結果を整理して伝え、次の面接日時を約束して別れた。

翌週の生徒指導委員会で、筆者は各学年からの報告の中で、Moが担任に「SCと会っても無駄だった。病院を紹介してほしくて行ったのに、話を聞くだけだった」と激昂して電話をしてきたことを知った。早速、担任に会って事情を聞くと、担任は筆者に伝わるとは思っていなかったようで、「申し訳ない」と謝られた。

そこで〈こういう情報を伝えてもらうと、SCとしてとても助かる〉と礼を言って、〈何があったのか、SCにもよくわからない。会ったときの印象では、関係に深い傷つきがある人のように感じた。もしかしたら、SCと話して、かえって不安が大きくなったのかもしれない。諦めず、動揺せず、気長に付き合ってあげることが必要だと思う〉と伝えた。

担任に筆者のことを悪し様に言ったことで、Moも傷ついているだろうと思われた。筆者から連絡を取ることで関係を修復しておくほうがよいと判断して、電話をしてみると、「SCがFaに電話をしてくれたおかげで、FaがH男と話してくれた」と穏やかな応答であった。様変わりの理由はわからなかった。

だが次の面接にMoは現れず、電話をすると「担任にキャンセルと言っておいた」とのことだった。そこで〈Moの苦しさがSCにわかってなか

ったのだと思う。Moにわかってもらえない寂しさがあるのかも〉と言うと、「苦しいや寂しいと言うよりも、私は病気なので」と答えたが、話を聞くうちに「やはり寂しいのかも」という言葉が出た。次の予約は決めたくない様子だったので、〈いつでも都合のいいときに〉と伝えて、電話を切った。

　Moの激昂への筆者の対応は、担任にとって新鮮な出来事ではあったらしい。担任の提案により、次の職員研修会で、筆者が保護者との関係の持ち方について講話をすることになった。

その後　　H男が中学を卒業して1年半が過ぎた頃、Moから中学に「SCと話したい」と電話があった。「相変わらず体調がよくない」という訴えがあり、心療内科にかかっているということだった。「SCがまだ大学の相談室で相談員をしているなら、大学でカウンセリングを受けたい」ということだったが、筆者はすでに退いており、しばらく話すと落ち着いた様子だったので、〈電話でよければ、中学でも対応は可能〉と伝えて、電話を切った。

　3年時の担任に問い合わせると、H男は志望した高校に進学して、「元気ですよ」とのことだった。

解説　　おそらく筆者は、初回面接で重要な言葉を聞き落としている。だから、その後の話の内容が理解・共感できにくいものになったのだろう。他の来談者に無理を言った挙句にキャンセルされたことが、筆者のこころに作用していたのかと思う。録音していれば、聞き直して、キーワードに気づくかもしれないが、臨床は常にライブで進むので、筆者の勉強にはなっても、H男のMoには役立たない。

　激昂して担任に電話をしてきた背景はいろいろに推論できるが、MoがFaへの電話を要求したときに、夫婦の関係を話題にできていれば、おそらく、その後の事態は変化しただろうと思う。

コメント　　「頭がよい」もおおむね遺伝に由来する資質である。頭のよい人は事態の全体を見通すことができるため、全体像というイメージを描き、その地図のようなものの上で考えて、現実へ対処するようになる。計画性のある対応なので、しばしば「裏と表」のある

生き方となり、それが家庭内で伝承される文化となる。この文化は生の現実との生の関わりを妨げるので、瞬間瞬間の情緒的関わりではチグハグで不器用になってしまう。そうなっている人々は頭のよい人なのだから、このカラクリを認識してもらうことが最良の策である。あとは自分で工夫・改善してゆかれるものである。
（神田橋）

model 100

「息子と会話が成り立たない」と訴えるMoの寂寥感とすれ違ったSCの理解

あとがき

　臨床の勉強を始めたばかりの頃、当時、九州大学の教授だった村山正治先生が講義で、「著名な精神科医である中井久夫先生はたくさんの著書を書かれているが、『いちばん多く書いたのは、症例の記録だ』とおっしゃっていた」と話されるのを聞いた。臨床の力をつける道は、記録を書くことだと理解した私は、せっせと記録をつけることにした。

　だからご贔屓の鹿児島・天神房丸新でお蕎麦をご馳走になりながら、ふとした話題から神田橋先生が「スクールカウンセリングの本を一緒に書こう」と言ってくださったとき、すぐにいくつものケースが頭に浮かんだ。

　その一方で、少々の戸惑いもあった。神田橋先生から「イギリス留学中に教えを受けたパデル先生は『わたくしは患者さんの治療で生計を立てているので、患者さんの信用を損なうと生活ができなくなる。だからケース論文を書かないことにしている』とおっしゃっていた。僕も、パデル先生の真似をしてケース論文を書かないことにした」と聞いていたので、私も神田橋先生の真似をして、ケース論文は書かないつもりで、なんとなくいたからだった。

　パデル先生の「生計」、神田橋先生の「真似」、ふたつの言葉に、臨床家として生きる決意をした人の深い思いがこめられているのを私は感じていた。その末席に座らせていただこうとしていたのを、そっと押し戻された感じがして、戸惑ったのかもしれない。

　だが、お蕎麦一枚を召し上がる間に先生は、「編集は渡辺明美さんにお願いしよう。すっごく優秀な人だから」と決め、「来月、京都に行くから、そのとき、渡辺さんに会ってこよう」と決め、「1事例はA4見開き程度の文字数がいい」と決め、「事

あとがき

例の概要と対処と、その後の経過、解説をあなたが書いて、僕がコメントを書く」と決め、タイトルも、公刊されなかった先生の著書「家裁精神鑑定モデル集」にならって、「スクールカウンセリング　モデル100例」と決めてしまわれた。100例になったのは、「僕は100という数字が好きだから」という理由だった。

　「渡辺さんに会うときに、原稿のサンプルを持って行くから、とりあえず5事例くらい書いてらっしゃい」と言われて、あわてて書き始めはしたが、それでもまだ、私の中には戸惑いがくすぶっていた。

　ふっ切れたのは、先生が書いてくださったコメントを読んだときだった。あっという間に書き上げられて、私の手元に戻ってきたコメントには、私がカウンセリングでお会いしている間中、なんとか伝えたいと思いつつ、うまく表現できなかったものが、ほんの数行の中に凝縮されていた。「このコメントを事例の当事者である子どもたちや、お母さんや先生方にぜひ読んでもらいたい」という気持ちが湧き上がってきて、「彼らに伝えるために、私はこの本を書き上げよう」と腹が据わった。

　神田橋先生は常々、「ケース論文を書くときには、事例の当事者とともに論文内容について検討することが発表者にも当事者にも得るものが大きいので、ぜひそうするように」とおっしゃっている。だが神田橋先生と何度も話し合って、本書については、当事者の了解を得ないことにした。村山正治先生、滝口俊子先生から、同様の示唆をいただいたからでもある。

　事例の当事者、ことに子どもたちに、私が書いた文章を読んでもらうことは事例の公表についての判断を求めることになり、それはとりもなおさず、承諾した責任を彼らに負わせることになる。承諾してもらえば、私の責任も心理的負担も軽くなる。だが終結した事例とは言え、当事者である子どもたちはまだ成長の途上にある。たとえ「モデル」と言えるま

でに改変していたとしても、若い彼らに、そのような責任を負わせたくはなかった。

その代わりに、事例の本質を損なわないと考えられる限界まで、個人を特定されないように配慮して、データを改変することにした。だが、それは微妙なバランスを求められる仕事でもある。「神田橋先生のコメントを届けたい」という、かしまの思いが、もしかしたら、改変作業における判断を甘くしたかもしれない。ここで、データ改変に関する責任はすべて、かしま個人にあることを明記しておく。

かしまは、神田橋先生のスーパーヴィジョンを受けるようになって間もなく、スクールカウンセラーになった。スーパーヴィジョンの期間と、スクールカウンセラーとして仕事をしてきた期間はほぼ重なる。だが、本書を書き始めて気づいたが、スーパーヴィジョンにおいて、スクールカウンセリングで出会った事例についての具体的な指導はほとんど受けていない。そして、これも書き始めて気づいたことだが、スーパーヴィジョンで神田橋先生と話し合ったことが、事例の展開のあちこちに顔を出しているのである。

神田橋先生のスーパーヴィジョンは、しばしば教育分析に近いレベルにまで深化する。それは先生が意図してそうされるのではなく、事例の展開には、自身でも気づかぬうちに、カウンセラーであるスーパーヴァイジー個々の資質が深く関わっているからであり、先生が事例について話されたことが、事例の本質を突いていれば、他でもないスーパーヴァイジーのこころの奥が最も揺さぶられるからである。

人のこころも行動も切り分けることはできない。どのように特異に見える心理や行動にも、人は必ず自身と似通った部分を見出して、喜んだり、不安に駆られたりする。それがテレビのワイドショーが視聴率を集める機制であり、事例研究が心理臨床家教育の重要な手立てとなり得る根拠である。

ある程度の経験を持つ臨床家は、良質な事例研究に接すると必ず、「このケースのこの部分は、私が関わった、あのケ

ースと同じだ」という感じを持つ。場合によっては、「ここに書かれているのは、私のことではないのか」という関係妄想的な念慮を引き出されて、こころの不思議に戸惑うことさえもある。

　モデル100例の中にも、もしかしたら、そのような印象を持たれる例があるかもしれない。そこを手がかりに読んでいただけると、筆者として有難い。

　地方の片隅で、迷いながら細々と続けてきた仕事を、神田橋先生に助けていただいて、本にまとめることができた。カウンセリングの場で出会った人々に、心理臨床家は必ず愛着を抱くものであり、かしまも、そのひとりである。そうして出会った人々との大切な関わりの中から、読者の参考になることを基準に100の事例を選んで、モデルとして示した。100のモデルを示しはしたが、もしかしたら私は、かしまえりこというたった一つの事例をさらしたに過ぎないのかもしれないと思う。少し、恥ずかしい。

　　　2006年　蝉時雨降る夏に　　　　　　かしまえりこ

あとがき

　8年ほど前、かしまさんのスーパーヴィジョンをはじめたとき、驚嘆した。
　当時、彼女は落ちこぼれ意識の只中にいた。論文らしい論文も書けず、学会発表をしても満足できないので、学究の世界には居場所がなかった。ところが、自分の生きる場所はここしかないと、臨床心理士として生きる最後の場と定めたスクールカウンセラーとしての営みは実学そのものであった。スーパーヴィジョンをしていて、ケースのすべてに、彼女の「現場勝負」としての工夫とひらめきが散りばめられていた。あたかも宝の山を見る思いがあった。
　かしまさんにとって、言葉は実体験や実感と地続きのものでないと使えない道具であった。そして彼女の豊富な体験には、まだほとんど言葉が与えられていなかった。
　僕はかしまさんの体験が言葉でまとめられたならば、スクールカウンセラーの後輩たちはもちろん、教師・保護者、そして児童・生徒にとっても多大の助力となるであろう、それに何より、かしまさん自身のアイデンティティの確立は、この豊富な体験に言葉を与えることを介してしか得られないだろうと確信した。
　そこで彼女に「スクールカウンセリング　モデル100例」という出版物をつくることを提案した。幸い創元社の渡辺明美さんが引き受けてくださったので、作業を開始した。3年ほど前である。ようやく完成を見た。嬉しい。
　体験に言葉を与えるのは僕ではなく、かしまさん自身であり、僕はそれが進み易いようにと願いながら関与しただけである。そのさまは、かしまさんが学校現場でおこなった黒衣

としての作業と似たものであった。そこにフラクタルの構造がある。また僕の関与の実際は、本書の各モデルに付記しているコメントに似たような連想を語ることであった。ここにもフラクタルの構造がある。

　本書が、みなさんの現場での実務に新鮮な視点を開くお手伝いとなり得るなら、わたくしたち両名の体験がさらなる展開を得たことになり、この上ない喜びである。

　　　　　　　　　　　　　　　　　神田橋條治

■ 著者紹介……………………………………………………………

かしま　えりこ

九州大学大学院人間環境学府博士後期課程単位取得退学。臨床心理士。かしまえりこ心理室。創元社セミナー『かしまえりこのスクールカウンセリング・ケースカンファレンス（年6回）』講師。放送大学分担協力講師。福岡女学院大学大学院非常勤講師。九州大学で村山正治、田嶌誠一の指導を受けるとともに、1998年より神田橋條治の診療に陪席し、週1回、個人スーパーヴィジョンを受けてきた。また2000年より3年間、西園昌久の診療に陪席した。病院臨床の傍ら、1999年よりスクールカウンセラーとなり、数十の小中学校に関与してきた。著書に『事例に学ぶスクールカウンセリングの実際』『現場で役立つスクールカウンセリングの実際』（いずれも共著、創元社）、『いじめ臨床』（共著、ナカニシヤ出版）、『改訂版スクールカウンセリング』（共著、日本放送出版協会）など。

神田橋　條治（かんだばし　じょうじ）

鹿児島県生まれ。1961年に九州大学医学部を卒業後、1984年まで同大学医学部精神神経科。現在、鹿児島市にある伊敷病院に非常勤で勤めるかたわら、後輩の育成と指導に努める。著書に『精神科診断面接のコツ』『精神療法面接のコツ』『精神科養生のコツ』『発想の航跡』『発想の航跡2』『「現場からの治療論」という物語』（いずれも岩崎学術出版社）、『技を育む』（中山書店）、『治療のこころ1〜8, 10〜21』『対話精神療法の初心者への手引き』（いずれも花クリニック神田橋研究会）、『ちばの集い㈠㈡㈢㈣㈤㈥㈦』（ちば心理教育研究所）、『対談 精神科における養生と薬物』（診療新社）、『神田橋條治　精神科講義』『本を遊ぶ』『治療のための精神分析ノート』（いずれも創元社）、『不確かさの中を』（共著、創元社）、『発達障害は治りますか？』（花風社）、『うつ病治療―現場の工夫より』（共著、メディカルレビュー社）、『ともにある〈1〉〜〈5〉』『いのちはモビール』（共著、木星舎）ほか。

スクールカウンセリング モデル100例
─────────────────────────
2006年9月20日　第1版第1刷発行
2018年3月30日　第1版第6刷発行

著　者 ……………………………………………
　　　　　　　かしま えりこ
　　　　　　　神 田 橋 條 治
発行者 ……………………………………………
　　　　　　　矢 部 敬 一
発行所 ……………………………………………
　　　　　　　株式会社 創 元 社
　　　　　　　http://www.sogensha.co.jp/
　　　本社 〒541-0047 大阪市中央区淡路町4-3-6
　　　　　　Tel.06-6231-9010　Fax.06-6233-3111
　東京支店 〒101-0051 東京都千代田区神田神保町1-2 田辺ビル
　　　　　　　　　　　　　　Tel.03-6811-0662
印刷所 ……………………………………………
　　　　　　　株式会社 太洋社

©2006　Printed in Japan
ISBN978-4-422-11379-1　C3011
─────────────────────────
落丁・乱丁のときはお取り替えいたします。

JCOPY 〈出版者著作権管理機構 委託出版物〉
本書の無断複写は著作権法上での例外を除き禁じられています。
複写される場合は、そのつど事前に、出版者著作権管理機構
(電話03-3513-6969、FAX03-3513-6979、e-mail: info@jcopy.or.jp)
の許諾を得てください。

心理療法ハンドブック

乾　吉佑・氏原　寛・亀口憲治
成田善弘・東山紘久・山中康裕
〔編〕

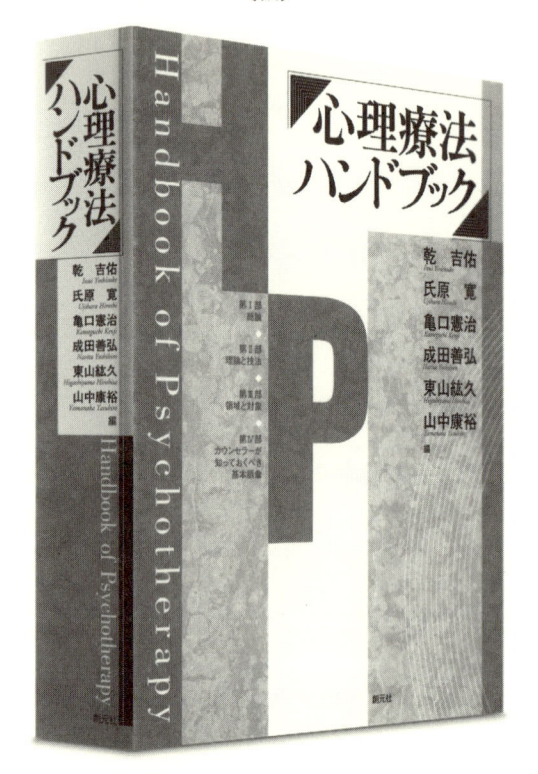

心理臨床の理論と技法の実際、
各領域の臨床現場で行っている実践内容や基本的な語彙など、
心理療法の基本的な枠組みを示し、
現在得られる最高度の知識を一冊に網羅。
資格試験にも最適の内容で、
初心者やこれから臨床心理士を目指す人必携。

A5判・並製・616頁・3,500円

表示の価格に消費税は含まれておりません。